All is Buddha.

BuddhAll

如觀自在

「如觀自在」，千手觀音莊嚴寶相・大悲行者洪啓嵩恭繪

原畫(H)240X(W)120cm 宣紙 彩色水墨

洪啓嵩禪師珍藏
之等身沈木千手
觀音，現供奉於
台灣心茶堂千手
觀音殿供十方瞻
禮。

增·訂·典·藏·版

講佛經

Buddhist
Sutra Expounding

如觀自在

—千手觀音與大悲咒的實修心要

序

觀世音菩薩是中國最著名的菩薩之一，他代表著諸佛的大悲菩提心，永遠以慈目觀照與守護一切眾生。他聞聲救苦，不稍停息；在《法華經．普門品》中說：「**若有無量百千萬億眾生受諸苦惱，聞是觀世音菩薩，一心稱名，觀世音菩薩即時觀其音聲，皆得解脫。**」可見其法門的廣大，與悲願的弘深。

其實，觀世音菩薩早已成佛，佛號「正法明如來」，但是，為了濟度一切眾生，所以倒駕慈航，示現菩薩之身。在《千手千眼觀世音菩薩廣大圓滿無礙大悲心陀羅尼經》中說：「**觀世音菩薩，不可思議威神之力；已於過去無量劫中，已作佛竟，號正法明如來。大悲願力，安樂眾生故，現作菩薩。**」而當時釋迦牟尼佛在其座下為苦行弟子，由此亦可見佛法的平等無二。

觀世音菩薩以大悲救度為主要的德行，但是蘊藏於大悲之後的，乃是無邊的大智，所以在中國佛教界最廣為人知的智慧經典《般若心經》，其主講者即為觀世音菩薩。

觀世音菩薩的另外一個特色，為普門示現——即眾生有任何的需求，應以那一種身份得度，觀世音菩薩即示現出何種身相來救度。觀音菩薩由「普現色身三昧」現起的不可思議變化身，常在十方世界作無邊的救濟，使苦難眾生得到無限的安慰與清涼。這種大慈大悲的精神，使人無限嚮往，總希望得到其救助之餘，亦願與其同悲同力，效法偉大的觀世音菩薩，在十方世界救度一切有情。千手觀音正是觀世音菩薩以無量手眼護育眾生的具體顯現。

千手觀音（梵名 Avalokiteśvara-sahasrabhuja-locana），全稱「千手千眼觀自在」，又稱為「千手千眼觀世音」、「千手聖觀自在」，或稱「千眼千首千足千舌千臂觀自在」。

「千」是代表無量、圓滿之義。在《千光眼觀自在菩薩祕密法經》中說：「**大悲觀自在，具足百千手，其眼亦復然，作世間父母，能施眾生願。**」也就是「千手」象徵此觀音大悲利他的方便廣大無量。「千眼」象徵其度化眾生，觀察眾生根機的智慧圓滿無礙。

在《大悲心陀羅尼經》中記載：過去無量億劫有千光王靜住如來出世時，因為憐念一切眾生的緣故，宣說廣大圓滿無礙大悲心陀羅尼。觀世音菩薩一聞此咒，就從初地直超第八地菩薩境界，心得歡喜，所以發起利益安樂一切眾生的廣大誓願，並應時由身體生出圓滿具足千手千眼，滿足眾生一切需求。廣為流傳的大悲咒，即是由此而來。此咒不可思議的靈驗事蹟，自古以來時有傳聞。

大悲咒流傳雖廣，幾乎每個修持佛法的人都會唸誦，但是大部份的人都著重在口唸的咒音上，無法更深入了知大悲咒的精髓，非常可惜。

本書的出版，緣於一群對觀音法門熱切修學同修們的祈請，請我講授大悲咒的修持法。從二〇〇五年十二月至二〇〇六年四月為止，每週一次，共計講授了十八堂課。為了讓更多人知道這個殊勝的法要，讓有心修學觀音法門者能直趣觀世音菩薩的大悲精髓，迅速增強修持大悲咒的力道，所以將上課內容編輯出版，以期廣大流通，讓更多有心的朋友能得以修學大悲法門。

本書內容架構，主要分為以下三個部份：

第一篇，如何修持大悲咒，首先從深入闡述觀世音菩薩的大悲心意開始，解說《大悲心陀羅尼經》心要，內容包括大悲咒的傳承來源、持誦大悲咒的十大心要祕訣、大悲咒的特別護法等。

第二篇，千手觀音四十手眼修持法，詳細解說千手觀音的形像，最具代表性的四十手其手上持物的密義、功德利益與修持方法。

第三篇，體性大悲王‧千手觀音行法儀軌教授，本篇是筆者依於體性大悲自然顯露所造之法本，「體性大悲王」象徵了大悲心陀羅尼的傳承。這個法本可以幫助學人總攝大悲千手觀音完整的修法心要，並融入每一天的生活修持與實踐。此外，由於本書為授課內容結集所成，在內容上保留了許多上課學員的提問，也能幫助大家對許多佛法問題獲得釐清。

祈願本書的出版，讓我們從內在的心意到外在的形像、音聲，都能時時與觀世音菩薩感應道交，隨時獲得無上的威神守護，成為生命的觀自在者！

如觀自在

從無上的大悲心中
拈出吉祥的觀自在王
用一千隻慈悲的眼睛
觀注著你我
用一千隻有力的臂膀
做為我們永恆的依怙
大悲的心聲　是大悲心的陀羅尼
一字一句　每一個音符
穿透我們最深的心海
呼喚出我們心中的觀自在
大悲心陀羅尼　是觀自在菩薩向觀自在者的呼喚
大悲咒是所有觀自在者的共同聲音
於是所有的人都成了觀自在王菩薩
我們的心現出了一千隻的手眼

我們的身現出了一千雙手眼
我們的呼吸與聲音都成了　大悲心陀羅尼
這一切都是法界中的施無畏
大悲觀自在菩薩的真心所現
我們同成了觀自在王菩薩
在宇宙中永遠傳述著他的故事
並成為他　不斷的圓滿讓眾生成佛的諾言
向您祈請啊！
偉大的大悲觀自在王菩薩
您這位永遠的觀世音者
請您傾聽我至心的祈願
大慈大悲的觀世音菩薩
請您容受我至心的祈請
大慈大悲的觀世音菩薩
請您允諾我至心的祈求
大慈大悲千手千眼廣大圓滿無礙的觀世音菩薩

懇請您的大悲光普照
讓法界的所有眾生都成為與您完全同樣的觀自在者
大悲觀世音菩薩
請您幫助一切的眾生　超越一切的疾疫苦難
無災無障具足無上福德　直至成佛
請您讓這些依止您的大悲行者
成為您的至心子女　如觀自在者
讓他們住入您的心中　住在您的身上　成為您的聲音
永遠實踐您觀自在者的身、語、意
與您同樣成為大悲觀世音的無比妙身
廣度眾生成為觀自在者　直至成佛
大悲觀世音菩薩
向您至心的頂禮
顯現出這些大悲行者的名號
現觀您的大悲身、語、意啊！
我看到了他們的名號在您的法界妙身中　如實的銘記

南無千手千眼大悲觀世音菩薩
南無廣大圓滿無礙大悲心陀羅尼

普願這些大悲行者的名號
在您的眼中同成了觀自在
銘刻在法界中的無上大悲傳承
在十方三世中　永遠的成就您的大悲光明
讓您的身、語、意　成為這些大悲行者的身、語、意
讓法界眾生也同成為觀自在者
一切眾生都同成了佛
一切眾生都是佛陀

大悲行者　洪啟嵩
二〇〇六．五．十六

目錄

附錄

第一篇
如何修持大悲咒

Buddhist
Sutra Expounding

第一章

大悲咒——千手觀音的誓言

大悲咒是廣為中國佛教徒所持誦的咒語，出自觀世音菩薩之《大悲心陀羅尼經》，全名為《千手千眼觀世音菩薩廣大圓滿無礙大悲心陀羅尼經》。這是釋迦牟尼佛在觀世音菩薩的道場——補陀落迦山的宮殿所宣說。這是一部以圓滿無礙的慈悲與智慧的力量，來總持大悲心的經典。

「大悲咒」即是在本經中，由觀世音菩薩所宣說的，是過去無量億劫以前，千光王靜住如來傳授給觀世音菩薩的，這部咒全稱為「廣大圓滿無礙大悲心陀羅尼」。當時，觀世音菩薩還是初地的境界，一聽聞這個咒語，就直超八地菩薩的境界。當時他就發起誓願：「假若我在未來，能夠利益安樂一切有情，就讓我能夠即時由身體上出生圓滿具足的千手千眼。」當他發起這個弘大的誓願時，立即具足了千手千眼，這也是千手千眼觀音示現的由來。千手千眼觀音以千眼悲視眾生的煩惱，以千手攝持救護眾生，更將廣大圓滿無礙的大悲咒運用於千手千眼上，現起千變萬化的力用。

千手千眼觀世菩薩具足千手千眼，千手千眼是觀世音菩薩廣大悲心所示現，「千」是無量無邊的意思，「手」象徵慈育眾生成佛的廣大妙用，「眼」則是以智慧之眼注照觀察眾生。本書即是要幫助大家迅速掌握千手觀音與大悲咒的實修心要。

在開始講授大悲咒與千手觀音的實修法門之前，有一些真心話要告訴大家。生命是很危脆的，好比今日我們在此相會，明天我們會在那裡？我也不知道。佛陀說：「生命在呼吸之間」，生命對我而言，我有很深刻的體會：「一生一會」。一生當中，大部份人我可能只見一次面，對我而言，下次見面，已是另外一生了。所以希望在每一課堂我所講的話，大家都能夠立刻受用、體悟；這堂課，能解脫就解脫了，不要等到下一堂課。或許你們會擔心，到下一堂課還沒解脫怎麼辦？沒關係，下堂課我們再繼續努力。

我所有教學的目的只有一個，就是幫助大家讓原來所使用的修行方法更圓滿，而不是要大家捨棄原來使用的法門來跟我學，我是幫助大家如何使它更好，這才是核心。如果每次學習都要全部重新來一次，生命那有那麼多時間重新再來呢？我們要讓原來好的事情做得更好，讓大家修行修得更好、更有成就、更殊勝。

什麼是「咒」？

在進入大悲咒的主體之前，我們先來了解：什麼是真言？什麼是咒？現在很多人持咒，但「咒」是什麼意思？如果僅以信心來持咒，這是很好也是很有用的，但如果能夠先知道咒的意思再去持咒，那會更好也更有用。

首先我們來探討「真言」的意義。雖說持誦大悲咒的人很多，但是對於大悲咒這個「咒」字的字義，或是大悲心陀羅尼的「陀羅尼」一詞的詞義，或許不是那麼完整的理解。

再來，我們要對觀世音菩薩有更進一步認識。觀世音菩薩是誰？雖然大家都很熟悉，但我會跟大家做更深入的介紹。觀世音菩薩為什麼會講大悲咒？大悲咒又有什麼功效？透過本次的講說，希望讓大家都能體悟、受益。

每一個真言咒語都有它的意義，傳統佛教界都依循著咒語不翻譯的舊規，但是那個時代應該過去了。為什麼呢？以我們現在要修習的大悲咒為例，大悲咒的每一句都是梵文，如果我們把大悲咒的梵文拿到印度去問印度人，他們不懂這個大悲咒梵文的意思的話，那就很奇怪了。也就是說印度人如果都能夠懂這個大悲咒的咒義的話，那為什麼中國人反而不需要懂？知道真言咒義後再去持誦，並不會減損持誦者的功德利益，也毋庸擔心有洩露祕密的疑慮。

真言（梵名 mantra 曼怛羅）在密教的修法中，有著核心的地位。事實上，離開了真言，密教的祕密事相，就無法成立了。但是「曼怛羅」這個辭彙，並非密教所特有的，而是印度文化自古以來即具有的，是承襲古代婆羅門所使用的辭彙，再賦予佛法的內義，而使之昇華。

在佛教的經典中，除了真言之外，相關性的語詞另有「陀羅尼」、「咒」、「明咒」、「密咒」、「神咒」等。這些相關的名稱，雖然相異，但是所指涉的對象則大約相同，僅是在名詞的著重點，稍有差異而已。

所以，不空三藏在《總釋陀羅尼義讚》中說：「**或有一字真言，乃至二字、三字，乃至百字、千字、萬字，復過此數，乃至無量無邊，皆名陀羅尼、真言、密言、明。**」

因此，由宣說如來真實密境，直顯如來身、語、意三密中的語密，並顯示如來的言語為真實契理，全無虛妄，所以稱之為「真言」。而真言能照破無明迷暗，使修行者能證得圓明清淨，所以稱為「明」或「明咒」。又當誦持真言明咒，能使我們身心一如，能總攝無量的密義；而真言不管其字數多寡，皆能總持無盡教法義理，所以稱為「陀羅尼」。由持誦真言，能引發悲、智、神通及各種禪定三摩地，消除災患，所以稱為「咒」或「神咒」。

由此可知世俗間以為「真言」是指密咒中較短的語句，而「陀羅尼」是指像佛頂尊勝陀羅尼、或寶篋印陀羅尼等長咒。其實是一種誤解，真言等這些語辭，在本質上並無差別。

真言在形式上可分為大咒、中咒及小咒等三種。

大咒又稱為根本陀羅尼、根本咒或大心咒。是將本尊的內證本誓功德，加以詳細解明實說的真言陀羅尼。

中咒又稱為心真言、心祕密咒或心咒。是實說根本陀羅尼心要的真言。這種真言是顯示這位本尊內證祕密境界的真實精要。

小咒又稱為隨心真言或心中心咒。這種真言乃是從本尊內證本誓的真言中，再提出核心的祕奧所成的真言。

除此之外，本尊大都有其核心精要的種子字，這種子字，也可做為真言誦持，或種子字前加上皈命語句，稱為「一字咒」。因此任何本尊的種子字，都可以稱為一字咒。

用什麼音唸大悲咒最好？

同樣一個真言跟咒語，要用什麼音唸好呢？國語音唸好不好？好！台語音唸好不好？好！藏音唸好不好？好！梵音唸好不好？好！用什麼音唸都是很好的，重要的是唸的人用心，用心唸就好！不用心唸就不好！否則的話，那印度人用梵音唸咒不就特別有效？是這樣子嗎？不盡然。那唸錯音就沒有效了嗎？也不盡然。

很多人都聽過那個用心唸：嗡嘛呢唄美「牛」的老婆婆，唸到碗裏的豆子都會跳。直到有一天，有人告訴她：「老菩薩，你唸錯了，應該是嗡嘛呢唄美『吽』才對啊！」老婆婆聽了非常傷心，心想：「那我以前唸得不都白唸了？」於是越唸越傷心，碗裏的豆子也不跳了。所以用心最重要，用什麼音，唸得準不準倒是其次。

所以像我們現在常唸的「嗡嘛呢叭美吽」（藏音），或唸台語音、國語音，跟梵文原音比起來，即使你唸藏音也不見得準，藏音跟其它語音比起來會比較準，因為它是拼音來唸的，所以會準一點，但也不見得很準。比如像「金剛」，金剛的藏音唸「班雜」，要有一點捲舌音，但就像日本人唸英文一樣，還是會偏離原音，所以就音的準確度而言，仍以梵音較準。

但與其在發音的準確度上較量，其實都是「音不及心」，心才是重點，大家如果要在發音上也趣向正確的梵文原音的話，那麼台語會比國語更接近原音，台語音或是客家話，或是廣東話來唸咒會比用國語音唸的還準，為什麼呢？因為現代我們所唸的真言，它翻譯的時代是在唐宋之前的時代，那時候的真言發音是漢音，而我們現代日常所用的國語普通話是屬於後期的，近三百年來才盛行的，所以，像《心經》裡的咒語，台語音較準是因為它是古中原音。

跟大家講這些，主要讓大家了解咒音有各地域及時代等不同的演變差別，但以梵文發音最接近原音，不過用心來相應於咒義，更為殊勝增上。

持誦大悲咒的重點

大家聽法或者是修法，有一點很重要，不要怕聽不懂或字不懂，你們只要心懂了就可以，語詞不懂沒有關係，但是心要懂！所以，希望大家不要因為我講的東西，文字你不懂，而感覺到不懂，你們只要心裡面「心開意解」就對了。在佛陀當時，絕大部分人是文盲，即使到現在，印度還是有很高的文盲人口比例，何況是佛陀當時？當時佛陀的弟子裡面，那些大阿羅漢，文盲的比例有多高？我認為至少是七、八成，這還算是保守估計的數字，當時很多是不識字的歐吉桑、歐巴桑，卻成就阿羅漢的。

不懂中觀，可以開悟，不明唯識，也可開悟！現在有些人在推廣某部論典的時候，常常會過度推崇的說：「不讀這個論，就不能成佛！」，我跟大家講，那部論佛陀沒看過，龍樹菩薩也沒看過，所以，講這句話是不如法的。

當初佛陀講法，都是使用普通人所用的白話文，並沒有說你要讀完法相詞典才能開悟，佛陀才跟你說法。所以，大家聽法用心最重要。我上課所講的話裡面有些文字因為是古代的語詞，可能有一點難，但你們不必怕，你們只要懂它的意思就可以了。字不懂或不會寫都沒關係，因為字不會寫或不識字，一樣可以成證阿羅漢果。很多人說：「老師，我有些字聽不懂，但是我知道你的意思」，我說：「那就對了」，或者有人說：「你寫的字我都懂，但是我不了解你的意思」，我說：「這樣你就知道厲害所在了」。所以，我希望大家了解一件事情，我所傳達的是一個心法，是心的法，不是語言的法。

在中國佛教的環境裡，因為經文都是在古代翻譯完成的，我也沒有辦法一部一部重新以現代的白話來改寫，雖然說在現代的經典裡面，大部分的標點是我重新做的，像《大般若經》六百萬字是我所重新標點的，《白話華嚴經》是我翻譯的。雖然如此，但是我認為自己做得還不夠。

在中國傳承了將近二千年的佛法，畢竟是有相當龐大的質量存在，但是不要被它嚇到了，只要用「心」就好了，文字不懂的你們就問我，不清楚的問我，還是不懂怎麼辦？就把文字拋掉，意思是說，「知道」就可以了。

再次跟大家強調，不懂中觀、不懂唯識、不懂部派佛教的名相，照樣能開悟，不要說：「我佛法概論還沒讀完，能開悟嗎？」大家想想看：佛陀時代的那些阿羅漢們，也沒有讀過佛法概論，他們只是煩惱丟掉就開悟了。

還有人跟我講：「老師，我沒有辦法開悟」，我問他為什麼？他說：「我的福德不夠！」，我說：「福德不夠也可以開悟呀！」

我告訴大家一個故事：以前有一個阿羅漢，他過去世是從來不修福德的，結果他開悟了，開悟之後，他托缽乞食，但永遠討不到完整的一餐飯，每天都吃不飽，或是都托到人家的餿掉的食物，從來也沒吃一頓飽過。但他是不是阿羅漢？是！

當他臨終的時候，阿難尊者、舍利弗、目犍連等大阿羅漢，特別為他去化緣，讓他吃一頓完整的飯才走，他一面吃一面掉淚，今生終於吃一頓飽了，然後就入涅槃。所以說，沒有福報，也能開悟！說「沒有福報不能開悟」的人是在說什麼？是「推託之詞」！真正是你自己不想開悟，才會牽拖這個，牽拖那個，講一堆似是而非的理由，來掩飾自己的「不肯」與「不想」開悟！

另外，很多人有這樣的說辭：「我業障深重，沒有辦法開悟。」

我問他：「你殺過人嗎？」

他大驚失色地說：「唉呀，老師，你怎麼這樣講？」

我說：「你沒殺過人，那你會有什麼大的業障？」，佛陀在世時，鴦掘魔羅殺了九十九個人，他最後要殺的人是他母親，佛陀觀察到這事情時，為了度化鴦掘魔羅，所以佛陀就出現在鴦掘魔羅面前要讓他殺。結果鴦掘魔羅武功雖然高強，但佛陀在前面慢慢走，他在後面一直死命地追，怎麼苦追就是追不到佛陀，只好喊道：「沙門呀，請你停下來讓我殺了吧！」佛陀就回他說：「我早就已停下來了，是你自己沒有停下來而已。」結果這罪惡深重的鴦掘魔羅一聽佛陀的話，就開悟了，成證阿羅漢果。所以大家不要再講什麼「我業障深重，所以沒有辦法開悟」這種話，大家又沒殺過人，不算業障重，再講的話，只是自己的藉口而已。

還有一些人說「我善根不夠，沒有辦法開悟」，我說：「嗯，你有大神通呀！否則你怎麼會知道？」在我看來，依佛陀的說法，你們的佛性跟佛陀的佛性是一樣的，所以你們的根器剛好跟佛陀一樣好！

各位，解脫是你要不要，開悟，也是你自己要不要，不要推諉。煩惱，就像我手中這支筆，你要如何讓煩惱從你的心中遠離呢？我手一放開，筆就掉下來了，放下就可以了。

各位，你的煩惱，一定不是你的心，否則佛經不會說，這一切是「客塵煩惱」，所以說，這一切煩惱它一定是「客」，而不是你的心，然而是誰把客塵煩惱抓住，把這煩惱當作是自己的心呢？是你的心啊！所以，當你的心知道這煩惱不是它自己，是客人而不是主人，放下煩惱，就可以了，也就是如何解決煩惱？就是把煩惱丟掉就好了。

但是，大家會有很多問題，例如，你會問：「老師，我要用那個指頭放掉煩惱呢？用食指嗎？那食指要打開幾度才能放下它？用食指放下的時候，又要用食指的那一條控制神經去放下？」你們有很多人就一直在研究這個問題，就是不肯把煩惱放下來，你們現在可以把煩惱丟掉了嗎？如果能當下把所有煩惱徹底丟掉，就能成就阿羅漢。如果你們能回答：「可以。」這就有希望了。當你講可以的時候，雖然說現在或許還沒有辦法可以真正放下，但是這句話會幫助你有一天真正的放下。千萬不要講「但是」。

我最怕聽到人家說：「老師，你講得對，但是……」、「經典講的對，但是……」，我聽到這句話就知道，就是「因為……，但是……，所以……」你就沒有辦法解脫。各位，沒有「但是」，沒有「所以」，心放下就是了。

咒語與真言的祕義

真言到底是什麼？《大日經》中說：「**諸佛甚稀有，權智不思議，離一切戲論，諸佛自然智，而為世間說，滿足眾希願，真言相如是，常依於二諦。**」，二諦是指真諦與俗諦。不論大家是久修或者是初學，我現在告訴大家的都是真實的第一義諦。

「諸佛甚希有，權智不思議」，權智就是方便智，方便的一種智慧，它有方便，它有方法。很多人作早晚課都會讀到四弘誓願：「眾生無邊誓願度，煩惱無盡誓願斷，法門無量誓願學，佛道無上誓願成」，這裡的法門就是方法，度眾的方法，「權智」是一種智慧，它具有方便性，用現代的話來講就是一種「有知識的智慧，有智慧的知識」，這種智慧能讓人知曉如何在恰當的時間用方法來幫助眾生解脫。

智慧有二種：一種是「根本智」，像阿羅漢他不執著煩惱而放下煩惱，所以他解脫了；但是現在眾生他心中執著煩惱，「權智」就是能夠幫助他把這煩惱拿掉的方便智慧，阿羅漢不具備這個智慧，但菩薩要學這個，所以這個就是第二種智慧叫「道種智」，故菩薩是要有方法的，用方法來幫助眾生。

「遠離諸戲論」，什麼叫戲論呢？就是說只是用嘴巴講，卻沒有心中的實證，只停留在口水的議論當中。很多人在研究佛法的因明，佛法的邏輯，或佛法的哲學，事實上，佛教沒什麼哲學，佛教的邏輯是因世間的因緣而建立的，佛教不是一種觀念，不是一種思想，不是一種哲學，而是實證。大家可能聽過一本很有名的佛教論典《中論》，現在有很多人在研究所謂「中論的哲學」，中論是一種哲學嗎？不是，《中論》是龍樹菩薩是現證開悟之後，把他開悟的內容跟方法說明，以及告訴你如何開悟的一本書。《中論》裡面所講的「不生不滅，不一不異，不來不去，不常不斷」的八不中道，跟一般世間A或非A基本的邏輯觀相對，你就可以知道這「不生不滅」並不是世間的邏輯，它不是推論，不是推理，而是超越於世間相對法之後的實證。所以，如果只是推演，沒有實證，這就是「戲論」，是分別心之下的分別戲論。所以以哲學的觀點探討佛法有沒有用呢？講一講是可以啦，但是要替你解決煩惱恐怕不行。為什麼？因為這是用想的解悟，而不是用證的證悟，所以，遠離一切戲論是不落在一種言語分別上的戲論。

「諸佛自然智」，自然智就是佛智，自然智並不是自然去得到的一種智慧，而是這個智慧在當下現，純任自然。「而為世間說，滿足眾希願，真言相如是」，這是為了眾生所說，為滿足大眾的希願，真言的相貌就是如此；「常依於二諦」，二諦是什麼？真諦與俗諦。月亮在天空，你手指著月亮，這月亮叫「真諦」，手指叫「俗諦」，諸佛依於這真、俗二諦而為眾生說法，目的是為了證得真諦，但是如何證得真諦呢？要依於俗諦！也就是要證得解脫的第一義諦，要靠俗諦的語言來教導眾生。但是眾生往往會執著於這俗諦的標月指，而忘記了真諦的月亮，所以「真言相」是什麼？就是要讓你藉由真言，而證入究竟的實相，佛陀在這種究竟的實相裡，他宣說真言，讓你能夠入於他的自性，所以這是什麼？方便智慧道！是大方便智慧道，真言之相，即是如此。

佛教咒語與一般世間咒語的不同

大悲咒的「咒」，又稱「神咒」，也稱「密咒」。咒的原稱是祝禱的祝，從外相來看，這個咒原來是為了息災、增益等各種目的而誦的，也就是咒在原來一開始的時候，它並不是源自於佛教，而是古代在印度婆羅教就已流行的東西，中國古代也有咒。一般來講，對婆羅門徒來說，咒是一種防護、祈請的工具，在許多的文化或宗教裡，大概都有這樣的東西存在，可以說咒語在全世界各地都是存在的。

但是佛法的咒，有什麼特別的意義？一般來講，佛菩薩的咒有所謂的長咒、中咒、小咒，長的咒叫「大咒」，有時又叫「大心咒」，中咒叫「心咒」，小咒叫「心中心咒」。

我們現在要把焦點集中在這個「心」字上面，佛法裡面的咒與一般世間的咒有一個根本的不同，就是佛法的咒最主要是講心，這個心是諸佛的心。所以真言是什麼？是諸佛的心所發起的聲音！那麼諸佛的心是什麼？慈悲跟智慧，再加上不可動搖的三摩地（三昧）大定；所以真言就是諸佛安住於本具的大定之中，從不亂之心所發出的智慧與慈悲的音聲，也就是諸佛真言的本相。所以真言我們可以把它當作是解脫的音聲，智慧的音聲，大悲的音聲，更進一步說，它也是空的音聲，是從空性所發出的音聲。

我們必須去認識與了解的，就是「空」必須作為佛教真言跟其他宗教真言的界別，這是一個很核心的議題。我們前面講到佛教真言的特點：「心、悲、智、定」，其實已經夠了，因為這幾個特點裡面，已經蘊含「空」的意思。但是，我們還是必須特別地去拈出其中所含藏的一個根本的東西，那就是「空」。

「空」也就成為佛法真言跟其它宗教真言的一個分別之處，因為佛法是透過「空」來實踐的，其它宗教是透過大梵（大我）、超越意識或者上帝的祈禱，所以其它宗教的真言有沒有作用？有！但是不能解脫。

真言可以持誦得很有效驗，但是不見得能解脫——只要執著在真言上面，就沒有辦法解脫；只有透過空性誦持才能解脫。

咒語是諸佛清淨無染的語言

咒語屬密法中身、語、意三密之「語密」，在此對密法稍作介紹，讓大家對密法有一點簡單的了解，也可以幫助大家對佛法真言的受持有更深的體會。

真言在密法中，基本上是屬於語密，而身密跟結手印有關，意密主要是指觀想。這身、語、意三密，是相對於眾生的三業，即身業、語業、意業。眾生的身語意三業是雜染的，佛菩薩的三業則是清淨的，所以稱為「三密」，「密」就是清淨的意思。

「業」是什麼？「業」是指行為，這個字本身它在一開始的時候是中性的，但是當我們在行動做事而有執著的時候，這個中性的行為就被扭曲變質而成為染業，染業會產生業障。很多人說：「我不敢造業」，應該是我們不要造惡業，但是要造善業與淨業。

大家都聽過「七佛通偈」——「**諸惡莫作，眾善奉行，自淨其意，是諸佛教**」，諸佛都是這麼教誨弟子的，為什麼？因為所有的佛法都在裡面，一切佛法都含攝在這四句偈中。「諸惡莫作」是不行一切惡，要斷一切惡，這是根本的。「眾善奉行」是要行一切善；善有善報，惡有惡報，善報比惡報好，但還是會輪迴，所以必須「自淨其意」，也就是行一切善而不執一切善，才是究竟解脫之道。

我們對因果要有正確的觀念，有的人修行到後來，有了一點小小的靈通、感應，就以為自己可以不落於因果中，做什麼事都可以不受業報了。他認為因果是別人要遵守的，像自己修行這麼好的人，比佛陀還偉大，當然是不受因果限制。這樣的修行人在現在多不多呢？很多，他們的弟子也信這套，但這是邪見。

所以，「諸惡莫作」是不行惡業，「眾善奉行」是要行一切善，但是行善時，要如同《金剛經》裡所講的：「**如是滅度無量無數無邊眾生，實無眾生得滅度者**」，行一切善法而無所執著，這就是「淨」，也就是不執著任何所行的善，這時所行的善業就叫「淨業」。淨土是怎麼來的？淨土是由淨業所成。所以，我們不要怕造業，而是要造「淨」業，清淨的業力，因為佛菩薩是要行淨業的，《金剛經》中說的：「無相布施」，無相就是不執著，就是淨業，布施就是善業，佛菩薩就是行「無相布施」而成就的。

眾生是行染著的三業，而佛菩薩的三密則是清淨的三業。眾生的三業如何轉成清淨的三密？透過空性來轉化。所以，不要誤以為結手印、口誦咒、意觀想本尊的形像，這樣就可以即身成佛了。如果沒有空性，沒有悲心，則身口意雖然這樣的模擬，只能得到加持罷了；沒有空性，就不能「入我我入」，你不空的話，雖然佛菩薩是空的，卻不能入你，你也不能入佛。空性可以讓一切變成三輪體空，是佛法的核心。所以，我們持咒必須了解，咒是空的，是無可執著的。

觀想本尊千手觀音的次第

了解咒語的意義之後，我們現在更進一步來觀想大悲咒的宣說者——千手觀音，及其種子字。首先跟大家介紹密教的「種子字」。什麼叫「種子」？就是種下去，能夠生長出來之義。所以種下這個白色的紇利（）字會長出千手觀音，會長出大悲咒，這就是佛菩薩種子字的意義。

在密法中，我們觀想千手觀音現起，然後放光加持，這有沒有用？很有用！但是，密法只是這樣子嗎？當你觀想玄天上帝或大梵天王有沒有用？也有用！而且很有感應。如果觀想帝釋天王降下冰雹，力量夠的話會有效驗的。這樣子都會有感應的話，那麼佛法的觀想與上面所講的觀想之間如何去分別呢？

佛法修的是「本尊觀」，而不是修「本神觀」，因為本尊觀是空性的，而本神觀則是神性的，佛法不修神性，而是修空性。

大家要注意，任何佛法所修的觀想與在觀想任何一位佛菩薩、本尊或護法的時候，最重要的核心要點是要「觀空」。空是什麼？是無可執著！空不是什麼都沒有，而是心契於空，也就是心沒有執著，一切外相都沒有執著，都是因緣所生法，沒有一個實體不變、常住不變的神性存在，所以不是本神觀。

沒有空，就沒有佛法，就沒有解脫。佛教的清淨是因於空才有清淨，是無相，所以是清淨法。

我們對「清淨」這二個字意思要很清楚，只有透過空才能真正的清淨。了解這個根本，再依以下的次第進行觀想：

1 觀想心中現起月輪

在進行觀想時，首先觀空清淨，在法界現空當中，現起清淨的法性之相。在密法中以月輪來代表清淨的法界體性，這個月輪也就是我們的自心。

心月輪就代表我們的法性，由因緣中出生。

對法界而言，一切都是平等的，沒有佛跟非佛的分別，但是對眾生來講，因為我們有無明煩惱，所以必須修證來顯現空性，從空性再回來顯示在月輪上的圓明月輪，就是我們的本心。

所以，本心要從那裡開始？從空開始，沒有空就沒有本心！你的本心就是心月輪，所以指月是指向你的心。六祖惠能大師有一首偈：「**佛法在世間，不離世間覺，離世覓菩提，恰如求兔角**」，我們把它改一下，成為「**佛法在自心，不離自心覺，離心覓菩提，恰如求兔角**」，那就更貼切於我們今天所講的旨趣。

眾生執著於他的心而不空，所落入輪迴，如果能知道一切為空而心無所著，這時凡夫的心就轉為大圓鏡智。從我們心中所出生的清淨月輪，在法界是法性，在你自心就是心性、就是佛性，因為空的緣故，它清淨了，以是圓明月輪來顯現。

2 觀想月輪上出生種子字

接著，在這清淨的圓明月輪上，出生了種子字。不同的本尊有不同的種子字。種子字無論是梵文、藏文或是中文，都是有效的，當然，能用梵文就用梵文，但不是說非用梵文不可。

修持大悲咒時，我們可以觀想紇利（）種子字，它代表千手觀音的智慧。阿彌陀佛的種子字也是這個。種子字是入佛心之門，入佛智之門，在此處就是入於千手觀音的法門，大悲咒即是由此而來。

關於種子字，我們如果再擴大一點來認識跟了解，甚至可以把它當作禪宗所參的「話頭」。話頭就是話的前頭，念是今心，話頭就是指這個起心動念還沒開始的本心，參到分別心未發時的那個根本智慧，就是你的本心，而這也是佛菩薩的圓明智慧心發起的地方，也即是「法門無量誓願學」的法門之智。所以種子字是佛菩薩一切智慧結晶的表達方式。

3 觀想本尊的三昧耶

有了本心智慧之後，就會顯示出特別的標誌，如：蓮花、五輪塔，或是劍等。這些標誌稱為「三昧耶」，代表佛菩薩的誓願，用現代的話來講，就是代表佛菩薩的服務標章，猶如企業的CI，象徵著企業精神，服務品質保證。這也是佛菩薩服務眾生的誓願、標誌。

從以上的步驟，我們可以發現到佛法修持的脈絡：

空性（法性、智慧）＋悲心＝現起佛菩薩本尊

如果不是如此，那就不是佛法的「本尊觀」，透過如上的心要修持，才是「本尊觀」，才是真

正佛法的修行。

為什麼講大悲咒的修持要先講到這些？因為修持大悲咒這個法門時，前面所講的「本尊觀」的次第修法都會用到，也就是要讓大家了解，空性在佛法的修持中是非常重要的，沒有空性就沒有佛法，沒有智慧跟慈悲，就沒有佛菩薩，沒有智慧就不能解脫。

反過來說，要成就佛菩薩就要有智慧跟悲心，所以修持本尊觀，要觀想自身成為千手觀音，但並不只是從外相上去觀想觀音菩薩。如果只是外相上作觀想，只會得到保佑跟加持，但永遠沒有辦法成為真正的觀世音菩薩。

大家要知道，佛菩薩之所以要出現於世間，不是只為了保佑大家，那只是佛菩薩能力上的一點小方便。佛菩薩出現於世間，真正核心的議題，是為了幫助大家成佛！所以《法華經》才會說：「**諸佛以一大事因緣出現於世**」，即是欲令眾生「**開、示、悟、入佛之知見**」，就是教導眾生成佛！因為眾生自視凡庸下劣，妄自菲薄，自認無有佛分而不肯成佛，所以佛菩薩便以各種方法來幫助眾生，令其發心，發成佛之心。

觀世音菩薩為什麼要教大家念大悲咒？並非只是要以方便力滿足眾生對於世間小小福報的祈求，最主要是要大家發心發願成為觀世音菩薩，大家都成就觀世音菩薩的佛果跟願力，這才是持誦大悲咒的核心意義。

觀世音菩薩是無所求的，他唯一的希望是每個人都能成為觀世音菩薩。我們學佛，要了解諸佛菩薩出現於世，他們心裡真正在想的是什麼？

觀世音菩薩出現於世，就是要幫助我們成為觀世音菩薩，教我們唸大悲咒，就是要教我們大家透過大悲咒的修持，成為觀世音菩薩。雖然我們現在尚未成就，但是慢慢修習，就會成為觀世音菩薩。

從中脈發出空性的咒音

真言就是從諸佛菩薩圓具智慧、悲心跟定力的本心裡，所發出來的聲音，是佛菩薩自心裡最圓具的法。那麼，這個真言應該如何持誦？真言是從那裡發出聲音而來的？應該怎麼去看待呢？

真言就是我們的身心完全放下，放空、放鬆之後，從圓明的心月輪裡面，從中脈裡面所發出來的聲音。而這個中脈又存在那裡呢？

在介紹何為中脈，以及如何由中脈發聲持誦大悲咒之前，我們先了解一下自己身心的一些狀況。

佛陀的身相是三十二相、八十種隨形好，其中最頂上的相稱為「無見頂相」，《觀無量壽佛經》裡面曾提到無量壽佛及觀世音菩薩、大勢至菩薩，他們的身相都已圓滿具足，相好莊嚴，唯有在「無見頂相」一項，觀世音菩薩及大勢至菩薩都不及佛陀的圓滿。「無見頂相」是什麼？就是我們永遠沒有辦法看到佛的頭頂。

眾生的基本生命層次是「無明」，由於無明才造就眾生。「無明」讓我們看到任何東西，都要去分別、對立，產生種種執著。

我們常說「我執」，乍看之下，好像是先有一個「我」，產生了「執著」，會去執著東西，一般人以為這個叫「我執」。但是，這個「我」是真的還是假的？是假的呀！所以「我執」真正的意涵應該是「執我」才對，也就是說：「我」是被「執著」找來的，找來假冒的，是冒牌貨，所以「我」是虛妄的，是執著找來的人頭戶，所以真正的狀況是先「執我」，才有「我執」。

這個「執」又是什麼？是無明分別心！什麼又是無明分別心？無明分別心是一種輪迴的習慣，這個堅固的習慣，讓你一碰到那個境界，自然就起分別，自然就發起原始本能，自然就沒有智慧。就像一個人處在一個快被大水淹死的境地，這時如果有一個人游泳過去要救他，那個溺水的人此時的大腦皮質已經失去思考鎮定的作用，他所剩下的就只有本能反應，結果就是看到什麼就亂抓一通。

難道大家看過快被溺斃的人，還氣定神閒的告訴救生員說：「我很放鬆哦，看手要放那裡我都可以配合你，你只要把我拉上去就可以，我不會打擾你的救援行動！」大家看過這樣的人嗎？溺水的人這時僅有的，就只有無明反應，本能反應！就是只有本能的習慣在作祟，而本能就是一種自然的輪迴習慣。我們之所以會落入輪迴，就是這樣來的。所以，當我們臨終的時候，如果沒有輪迴的習慣，就可以解脫了。但是如果是跟著無明分別心跑，就會再度落入輪迴的掌控！

所以，無明就是分別心。阿羅漢之所以能跳出輪迴，是因為他的無明沒有了，分別心也沒有了，他的生命層次從無明裡面解脫，變成一種無分別心的狀態，所以他對周遭的種種事物，他不起分別。阿羅漢與菩薩不同之處，只是他這個無分別心在運作的時候，他並不能把他過去所學到的各種知識，所有的生命經驗統合起來，所以除了自身解脫生死之外，並不能發揮大作用。除非他迴小向大，轉入菩薩行，才能改變這個狀況。

總約而言，一個阿羅漢他基本的運作層次已經改變，但是他沒有辦法改變他的大腦，只能改變少部分，沒辦法完全改變，只有成佛時，才能全部完整的改變大腦及其運作，整個左右大腦及所有的知識及生命經驗此時全部統合起來，裡面所含的二個類屬，理性部分昇華而成為智慧，感性部分昇華而成為悲心，也就是此時的大腦全部統合成為悲智雙運的狀態。

所以佛陀頭頂上有一個高隆聳起的頂髻，其實是有它生理學上的基礎，它象徵人類腦部的再進化，理智與情感的和諧統一及完全昇華。轉輪聖王也有這個相，但是轉輪聖王頂上的隆起跟佛陀不同，他是由福報而來，而不是像佛陀是由圓滿的悲智雙運而來。

我們常聽到的「佛頂尊勝佛母」，就是由佛陀的頂髻所示現而來，所以「佛頂尊勝佛母」就是代表佛智，密教很多的諸尊就是佛智的展現。

回到前面所講的「中脈」。中脈位在那裡？我們現在把身體從正面中間切一條直線（左右分剖線），再從身體側面，就是從側面看，在頭頂髮髻向後約八指的位置，也切一條通過頸部的直線（前後分剖線），兩切線在身體裡面垂直交界所形成的直線位置，就是「中脈」的位置。

大悲咒的修持，為什麼要講到中脈呢？因為中脈關係到我們持咒的品質。佛菩薩教導我們咒語時，就是從中脈發出咒的音聲。

前面講到「**真言相如是，常依於二諦**」，真言相是二諦的顯現，所謂二諦的顯現，一個是真諦，也就是第一義諦，就是空性，就是智慧跟悲心，跟佛陀的大定；另一個是俗諦，也就是從空性裡面依因緣法而顯現為聲音，而這聲音是從那裡出來的？一定是在最放鬆、最圓滿的狀況裡面發出來的，就是從中脈裡發出來的，中脈是空性的顯現。所以，中脈就是空的通道，覺悟的通道，它不是世間的相，它是空性的，但是它在世間裡面會顯現出來。

中脈是真言音聲的通道，我再講一個例子幫助大家更進一步了解中脈。我們看小嬰兒呼吸，他們是用丹田呼吸，而且聲音很小，但是長大以後就不是這樣了，不再用丹田呼吸，而且呼吸聲音變大，壓力來的時候肩膀還會高聳，呼吸也接著跟著變淺變短，講話的聲音也變成是由喉部以上氣道出聲。

佛菩薩則不同，佛菩薩的身心是處於極為放鬆的狀態，所以他們的聲音是由中脈，是由空性裡頭所發出的聲音。本來小孩子的身心開始的時候也是處於放鬆的狀態，但是當他逐漸成長而產生執著的時候，他的身心也開始累積緊張，看東西的眼神也變成呆滯僵化。

佛菩薩的身心是完全放鬆、放空的，所以他的發聲處是在中脈底部的海底輪，海底輪的位置接近丹田，但比丹田更向內，處於身體中心線上。在中脈底端，近於臍下四指處。咒音由海底輪發起，自然向上，沿著中脈，振動全身的脈輪及脈輪所串聯的全身每一個細胞，這咒音是空性的聲音，蘊含著佛菩薩的慈悲跟智慧，像大悲心陀羅尼是觀世音菩薩的大悲心所發起，透過中脈而發出聲音，每一個聲音都是不同的。

當我們持誦大悲咒時，身心要全部放空放鬆，這時會感覺到全身每個脈輪，每個細胞都會振動，到最後因為身心是空的，所以這由中脈所持誦的大悲咒音就會跟大悲觀世音菩薩所持誦的咒音完全會合在一起，就進而成就大悲咒的圓滿功德。

我們持咒時，觀想時佛菩薩放在心輪，但是誦咒時是由中脈底部的海底輪發起，沿著中脈，自然向上而振動全身脈輪細胞。

要如何實際的練習中脈持咒呢？

先想像自己的頂輪上，有一顆小小的摩尼寶珠，然後這顆小小的摩尼寶珠沿著身體正中心線往下掉到眉心輪的位置，再往下掉到喉嚨的正中心（喉輪），接著再繼續往下掉到心輪位置的正中心，再向下掉到臍輪位置，最後落底於臍下四指處海底輪位置。

從現在開始，大家平常就可以用這個中脈的海底輪呼吸，也就是「中脈呼吸法」。如何練習這個中脈呼吸呢？當你吸氣的時候，就想像前面所講的那個小小的摩尼寶珠在海底輪處慢慢變大，像氣球一樣慢慢變大，呼氣的時候，它又變小，用這樣的方式呼吸。如果中脈位置忘記了，就把前述的步驟再重新想像一次：摩尼珠由頂輪↓眉心輪↓喉輪↓心輪↓臍輪↓海底輪，順著身體的中脈，一層層往下掉落，掉到海底輪位置，再練習中脈呼吸。

中脈呼吸法要在日常行、住、坐、臥當中，不斷的練習實踐，這個呼吸對我們的身心修行、除去身心的各種障礙會有很大的幫助，如果能夠長期保持這樣的中脈呼吸方式，久而久之身體自然會直起來，呼吸會變細，心也會容易得定，這是自然的中脈呼吸法的利益。

學會了前面的中脈呼吸法，接著再用中脈來持咒。以下我們所講授的中脈持咒法，是日本空海大師所傳下來的，我將它略作調整而成為升級版的中脈持咒法。

我們現在想像在海底輪的地方有一朵美麗盛開的蓮花，這蓮花的花瓣很薄，像蟬翼一樣，蓮花香氣四溢，娉婷幽雅，具有重瓣，蓮花的花蕊中心處有一個白色的海螺，現在你開始誦咒，咒音就由這海螺鳴響而出，練習時，可以出聲唸，也可以金剛誦的方式持咒，重點為：持咒時身心要放鬆、放空、放下，而且持咒要跟生活、修行完全合在一起。

怎麼說呢？更深刻的了解咒語的意義之後，我們就會知道，大悲咒是觀世音菩薩的聲音，那麼，反過來，觀世音的每一句話都是從大悲心出發，都是大悲咒。所以，什麼是大悲咒？由大悲心所說出來的話就是大悲咒！這是大悲咒更深的祕密！所以，我們如果以此大悲心去持誦大悲咒，將來我們就會跟觀世音菩薩完全一樣，我們的心就是觀世音菩薩的心，我們講出來的每一句話就是大悲咒，這也才是最後的大悲咒。

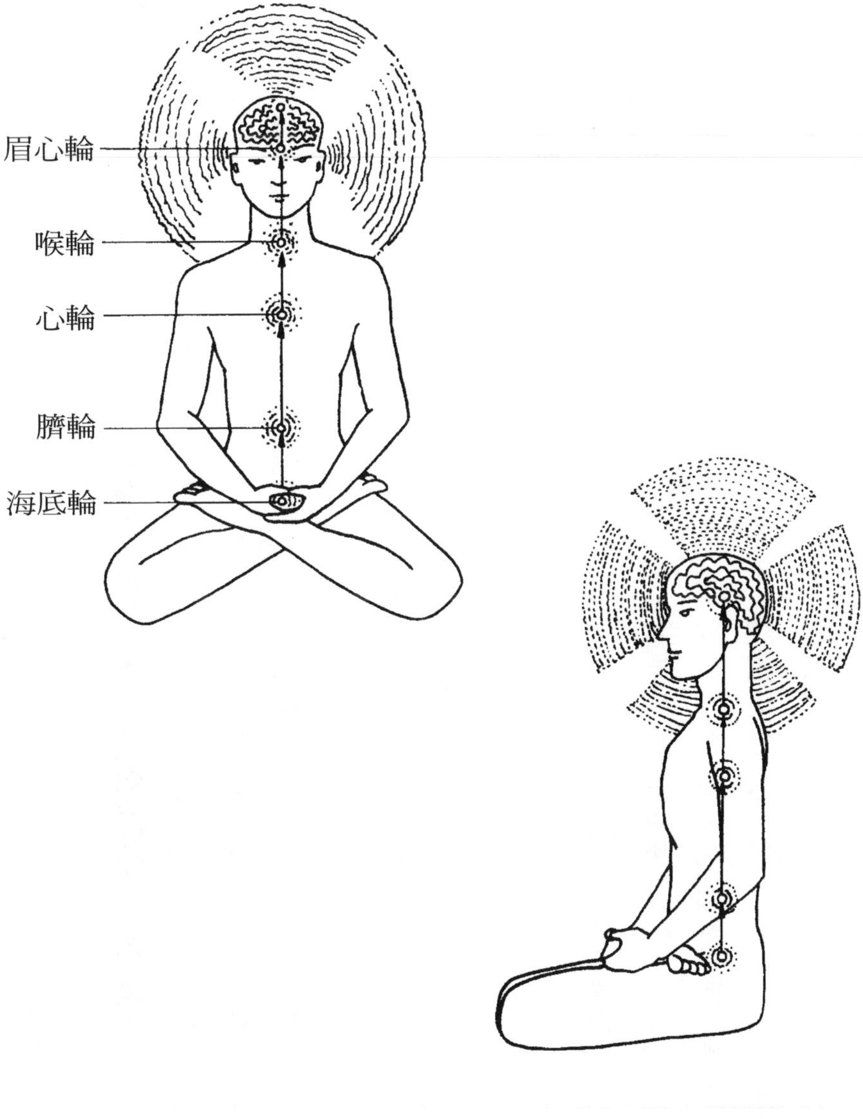

輪脈圖

課中開示

問：未受大悲咒灌頂者，唸大悲咒以前，是否要先唸大輪金剛陀羅尼才可以持誦？

答：大輪金剛陀羅尼是出自於安樂妙寶，早期在台灣學密是一件很困難的事情，而且很多密教的書拿起來一開頭就寫著「未經灌頂，請勿修學」，以免犯盜法之罪的字樣，所以大約在二、三十年前，那時候我們想修學密法就先唸大輪金剛陀羅尼，這樣學起密法就很安心了，而且也不會有盜法罪。

但大悲咒現在是普傳的法，不是什麼很深的密咒，所以要不要先唸大輪金剛陀羅尼，見人見智，唸一下也不錯。大輪金剛就是「六道輪迴圖」裡面張著大嘴，手持巨輪的閻摩鬼王。

問：持咒時要一個字一個字唸，還是快速誦唸？

答：不一定，這要看個人的因緣，但是不管是快持或是慢誦，都要清清楚楚、明明白白。不管任何咒音，持誦到最後它會轉出一個音出來，這個音會發出空性。其實不同法門之間像禪、密、淨其中有很多是共通的，不要把它們之間切割太清楚，像在北宗禪裡面，它唸佛是「南無佛……」佛的尾音拉的很長，而且聲音越來越細，到最後幾乎是聽不到消失一般，只剩下佛在心裡相續不已，到最後就是空。唸六字大明咒時最後一個「吽」字，或唸長「阿」字時，其尾音也可以是用這樣的延長聲入細，再入空的誦法，所以持咒用這種慢持的方式也是可以入三摩地。

我以前在山上閉關修行時，打坐用的是默照禪，走路時是持藥師咒，結果藥師咒唸到最後是整個自己變成客體，整個山河大地變成我，這個山河大地就唸藥師咒給這個不是我的我聽，所以到最後你會發現整個山河大地都在唸大悲咒給你聽。

《阿彌陀經》裡談到極樂世界「**彼佛國土，微風吹動諸寶行樹，及寶羅網，出微妙音，譬如百千種樂，同時俱作，聞是音者，皆自然生念佛念法念僧之心**」，所以到最後，是整個山河大地、風聲、水聲、鳥聲都在唸大悲咒，你身上的每一個細胞也在唸大悲咒，你的呼吸也是大悲咒，這個境界需要大家慢慢去實證。

問：持咒要不要算次數？

答：只要唸的比法本上寫的次數多就好了，或者說能算次數就算，不能算就不必去算，計算次數是因為那是一個基本的功課，但還是以專注為主要。

問：唸大悲咒時可以觀想全部的眾生都是觀世音菩薩，而且全部都在一起唸大悲咒嗎？

答：可以，但是要先自己唸的很純熟，然後再作這樣的觀想，而且可以觀想全部的眾生都是千手觀音，你身上的每一個細胞都是千手觀音。

問：依照密法，沒有灌頂是不能自觀本尊的，如果依老師的教導，卻是可以自觀為千手觀音而持大悲咒，那會不會因此而違犯什麼戒律？

答：釋迦牟尼佛需要自觀本尊嗎？觀世音菩薩要不要自觀本尊？大圓滿根本的前提是：一切眾生是佛，這樣子的話，你為什麼不能自觀本尊？所以，安心去修吧！修行是要安心，不是要擔心，是要今天比昨天快樂，明天比今天歡喜，每天都比以前更慈悲，更有智慧，更有力量。

第二章
千手觀音修法的心要

大悲咒出自《大悲心陀羅尼經》，為密教部經典修法，本經在雜部密教中，屬於千手法。我們持誦大悲咒，修千手觀音法門，也是屬於密法的一種。因此，在正式進入主題之前，首先向大家簡單介紹密法的系統，以及修持密法的核心要義。

千手觀音的千手代表密教中的五部、五方佛，即蓮華部、金剛部、佛部、寶部、羯摩部分別以阿彌陀佛、阿閦佛、大日如來、寶生如來、不空成就佛為部主，總攝了金剛界一切諸尊。

密教的佛跟顯教的佛兩者的系統不太一樣。密法上的佛之施設，其功能上是用於修法，顯教的佛則是屬於時空系統，是時空位置上的佛。

如《阿彌陀經》說：「**從是西方過十萬億佛土，有世界名曰極樂，其土有佛，號阿彌陀**」，這是從時空的系統中來顯現。「佛土」是什麼意思？在佛教的宇宙觀中，一千個日月系統叫作一小千世界，一千個小千世界，叫作中千世界，一千個中千世界，叫作大千世界。所以「三千大千世界」其實是一個大千世界，而不是三千個大千世界，這是因為印度數字的用法跟我們不一樣，比如印度人不說「一萬」而說「十千」，是以「千」為計算單位；又如所謂「四禪八定」，其實不是十二個定，而是只有八個定，是指「四禪」再加上「四定」，所以這也是數字計量單位的用法概念不同。

而密法上的佛，則是觀修用的佛。我們以阿彌陀佛為例，顯教中的阿彌陀佛身體是金色的，但是密教中的阿彌陀佛卻是紅色的，為什麼會這樣？因為密教的阿彌陀佛是代表地、水、火、風、空、識六大中的火大，而火大的顏色是紅色，所以密教的阿彌陀佛是紅色的。

這個顏色是不是一定呢？也不盡然。像密教中的不空成就佛本來是黑色的，傳到西藏之後，因為文化差異的關係，不空成就佛又被轉成以綠色來呈現。這是因為文化差異的關係，使佛的身色轉化的例子。在中國的開元三大士時，也有同樣的狀況出現，因為中國傳統有金、木、水、火、土五行的看法，即中央屬土，故為黃色，東方屬木，故為青色，南方屬火，故為紅色，西方屬金，故為白色，北方屬水，故為玄色。這種種因素，也就是我們為什麼會常常看到佛身顏色不定的原因。因為有些會直接套用中國五行配色的說法，有些則保有原來五大（地、水、火、風、空）的顏色。而有些則是因為胎藏界跟金剛界諸尊的不同（胎藏界跟金剛界在阿彌陀佛方面有差異，這代表因為兩者是不同系統的修法，就好像電腦作業系統上，Microsoft 和 Linux 兩個作業系統的不同）。

金剛界有九會。所謂的「會」是指聚會，大家在一起開會，譬如我們現在要研習一種課程，大家相約到澎湖去開研討會，這個聚會就叫「澎湖會」。《地藏經》有「忉利天宮會」，就是大家到忉利天宮去開會，如果會議開了好幾次，第一次會議專門討論某個主題內容，第二次會議又再討論另外一個主題……等，就有好幾會。如「金剛九會」則是指《金剛頂經》裡面九次的修法。《金剛頂經》裡共有十八會，所以金剛九會並不是指《金剛頂經》十八會中的九會，而是由中國及傳到日本的金剛界的修法中，將《金剛頂經》中的十八會整合而成九會，修證完成這個九會的次第內容就可以了，這叫作「金剛九會曼荼羅」，這是在印度及西藏都沒有的金剛界九會曼荼羅。

金剛界曼荼羅，是大日如來及諸佛菩薩，在色究竟天宮及須彌山頂的集會場所，所依止的是如金剛般堅固不壞的智慧體性所建立，因此名為金剛界。

在《祕藏記》中說：「**胎藏者理也，金剛者智也，界者身也。持金剛者身，身即聚集義也，言一身聚集無量身。**」在此金剛界大日如來屬智身，胎藏界大日如來屬理身。由聚集無量無邊的如來金剛智體，而成就為金剛界大日如來。

金剛界曼荼羅是金剛界中九會曼荼羅（九種曼荼羅）的合稱。一般所稱的金剛界九會曼荼羅，並不是指《金剛頂經》十八會中的九會，而是指初會〈金剛界品〉中所說六種曼荼羅：金剛界大曼荼羅、陀羅尼曼荼羅、微妙金剛曼荼羅、供養羯磨曼荼羅、四印曼荼羅、一印曼荼羅。第七種理趣會，出自《金剛頂經》第六會〈大安樂不空三昧耶真實瑜伽〉，其略本即為《理趣經》，廣本即為上述的《最上根本大樂金剛不空三昧大教王經》。此外再加上初會的〈降三世品〉的第一及第二種曼荼羅，就成了金剛界九會曼荼羅。

「金剛九會曼荼羅」是屬於金剛界系統的曼荼羅，另外一個系統的曼荼羅是「胎藏界曼荼羅」，兩個系統並不相同，前者是由循環系統出來的，後者則是從同心圓的系統出來，兩者造型因此有所不同。兩個曼荼羅中央同樣都是大日如來，但金剛界曼荼羅中央的大日如來手結智拳印，胎藏界曼荼羅中央的大日如來則是手結法界定印。

顯教上的阿彌陀佛是金色的，我們在時空上極樂世界所看到的是「阿彌陀佛身金色」但密法在修法上，相應於宇宙中的五大元素相應，配合將我們凡夫的心性（九識）轉化成佛陀五智的修法，也把我們身體裡的質素從凡夫的業障身轉成清淨身，因此將五方佛的作用特定化，而變成我們修法上的用途。所以阿彌陀佛在密法就轉成紅色，代表一切如來語。五佛的身色，同時也代表著宇宙的五大元素的顏色。

發展到密法中的無上瑜伽部，我們現觀自身就是諸佛壇城，而五方佛就在我們身體裡面。

密教為了修法的緣故，它對於五方佛建立，作了許多修行上的施設跟安排，所以密法的佛是屬於修法上的佛。像《西藏生死書》或《中陰救度密法》裡所說，在往生時會見到五方佛或顯現的各種諸尊的身色，這並非每個人都會看到的。如果沒有灌過頂，修過這些法，那麼意識裡就不會有這種意象，自然也不會看到書中所描述的景象。

舉例子來說明，大家就會明白其中的道理：佛經裡面講，「阿彌陀佛成佛以來於今十劫」，那麼你在十一劫前，修五方佛的話，五方佛中會有阿彌陀佛嗎？沒有，因為彼時阿彌陀佛尚未成佛。另外一個問題，假設這中陰救度密法裡面的所有景象，是每一個眾生都看的到的話，那麼十一劫以前的眾生，當時阿彌陀佛尚未成佛，那麼他在中陰階段裡所看到的景象是如何？

由此可知，五方佛它是代表一個灌頂修法上的用途，它不是每一個人都會看到的。也就是說，如果這五方佛，果真是每一個人都看的到的話，那麼中國歷代以來的成就者，不管是禪宗、淨土宗，應該也都看得到才對，但是幾乎沒有這樣的記載。為什麼？因為他們沒有受這個灌頂，也不修這個法。

佛法是應病與藥，每個人的病症不同，所服的藥也不同。就像打坐時，因為每個人的身體狀況不一樣，打坐一段時間後身體出現的狀況也會不同。像有些人如果肺部曾經有病，這氣可會在肺裡面調整，他打坐時覺得老是有氣在肺部滾動，最後他的肺病好了。於是他把這經驗寫出來。然後另外一個人肺部沒有毛病，但是看了這個人的打坐經驗後，就以為每個人打坐應該都會這樣，但是為什麼他打坐時，肺部沒有氣滾動的感覺呢？他以為自己學錯了，就硬把氣引到肺裡，反而傷到肺。所以說，修法要有智慧，每一個人的身心狀況不一樣，如果沒有那個病，為什麼要治那個病呢？應該應病與藥才對。

所以，五方佛是修法上的佛，是灌頂之後顯現的。但為什麼會這樣顯現？我們中陰階段的生命有每七天作為一個週期而轉換一次的狀況，就是地、水、火、風、空、識，每天一個現象的展現，到最後是六大的綜合，所以是七天一個週期，不斷的，這個週期結束了，另外一個週期又現起。那五大會顯現什麼樣子？不一定，它是依你所有的心、意、識來顯現五大的顏色，沒有執著的話，你要顯現天神也可以，顯現餓鬼也可以，所以這代表天神、餓鬼或佛菩薩都是空的，都是你的心意識所現！

回到前面所講的五部五方佛，千手觀音跟五部有關係，五部如來的每一部有八種作用，所以五乘八等於四十種作用，這個作用是救度眾生的作用，也就是千手觀音是相應於五部如來，而五部如來是相應於五種法：如來部↓息災法，金剛部↓調伏法，寶部↓增益法，蓮華部↓敬愛法，羯磨部↓勾召法；因為每一部都有八種救度眾生的手法，所以五部共有四十種作用。

接下來，每一種作用又可以破二十五種有情的執著，所以四十乘二十五等於一千，然後再加上原來的二隻手，所以千手觀音菩薩共有一千零二隻手來救度眾生，滿足眾生的一切願望。二十五種有情，是源自於佛教欲界、色界、無色界，三界眾生的說法。「有」是存有，就是一切的生命，一切的有情，總共有二十五種。

通常我們看到的千手觀音最簡單的有四十二隻手；十八隻手的觀音是準提觀音，但是準提觀音是不是只有十八隻手？也不一定，因為在錫蘭的佛菩薩造像裡面，也有四手的準提觀音。另外有一種白瓷的佛像，它把千手觀音和準提觀音合塑在一起，而成為二十四隻手的觀音，但是它根源是那裡來的就不得而知了，只是後人自己的創作品罷。再者，如意輪觀音的本咒是六字大明咒，而西藏的四臂觀音本咒也是六字大明咒，所以如意輪觀音跟西藏的四臂觀音可能是一尊。

從以上的脈絡我們可以得知，千手觀音的修法與金剛界五部的密切關係，因此我們首先講述密法修持的核心要義。

在此，我把密法裡面一首很重要，也很核心的偈頌，跟大家介紹並作些許的說明，就是日本密宗開祖空海大師所寫的《即身成佛義》；空海大師在日本佛教的地位，不只限於密宗，而是在各宗派中他的地位都可說是最高的。日本佛教史上出了兩位偉大的天才，一個是道元——日本曹洞宗的開祖，一個是空海——日本密教的開祖。為什麼叫東密？因為空海大師自中國習密歸來，就住在日本天皇賜住的教王護國寺（又叫東寺），所以日本的密宗又叫東密。

空海大師是一個不世出的奇才，他在中國的惠果阿闍梨處，以三個月的時間便盡得金、胎兩部大法的教授傳承，當時在惠果足下有很多的中國出家眾很不服氣，因為他們有的依止惠果阿闍梨學習了二、三十年，都沒有得到什麼深密的教授，但是空海大師卻在短短三個月便盡得大法傳承，空海大師正是這麼一位偉大的天才。空海大師肉身不壞，至今還安奉在日本高野山，距今約一千二百多年了，但是到現在他的頭髮和指甲都還在生長，所以每年都要修剪一次。

空海大師所寫的《即身成佛義》，解明真言密教的根本原理，可稱為真言密教的精髓祕要，這裡我只寫出第一偈，也是最重要的四句：

六大無礙常瑜伽（體）　四種曼荼各不離（相）
三密加持速疾顯（用）　重重帝網名即身（無礙）

以下我們分別來解說這四句的要義。

1 六大無礙常瑜伽（體）

「六大無礙常瑜伽」，六大就是指地、水、火、風、空、識，也有四大、五大、七大的說法。四大只含地、水、火、風，五大則是地、水、火、風、空，七大只有在《楞嚴經》裡提到，就六大再加上一個見大。六大中，地具堅固性，水具濕潤性，火具軟性，風具運動性，空具含容性，識具了別性；六大對我們眾生而言是有分別質礙的，因為我們有分別心，所以六大就成為我們眾生輪迴的一個主體，但是就法性上而言，是六大無礙，也就是六大不可得，不可得名為無礙，空名無礙，就是六大現空不得。但是一般人無法了知此實相，執著煩惱，輪迴生死。

《金剛經》是空性智慧的經典，其所說的也是「六大無礙常瑜伽」，即「境」、「智」雙如的道理。經中裡有兩個重點，一個是「心」要無所住，一個是「境」要不可得。「心」就代表我們的智慧，「境」就代表現空的實相，所以是心境如如，就是代表智慧的心如如，境如如，心無所住，境不可得。而這境不可得時，智慧就自然會生起，也就是「境了智生」，「智生境了」，亦即境智雙如。藏密的無上瑜伽部中，有雙運的佛像，有佛父、佛母，雙運佛一個是代表智慧，一個是代表所觸之境。以我們自身而言，我們的六根就是佛父，外境六塵就是佛母，兩者雙運，一執著，就落入輪迴，不執著，那麼你所顯現就是金剛薩埵，境智就雙如。

《金剛經》裡有一句話：「**應無所住而生其心**」，一般人很容易困在這裡面，因為他很難「**應無所住**」，所以到最後就變成不敢「生其心」，但是如果我們現在把這句話稍為改動一下，改成「生其心時，應無所住」，那就比較容易受持實踐了。要大家不生起煩惱妄想是很困難的，那麼就教大家生起煩惱時，不要執著。所以禪宗說：「不怕迷起，只怕覺遲」。

「六大無礙常瑜伽」，其實講的也就是「境智雙如」，六大無礙，六大不可得，那麼你的心就自然無所住而能瑜伽了。六大互通互屬，所以「瑜伽」是相應的意思，就是「感應道交難思議」而完全相應了。「六大無礙常瑜伽」是說明「體」的六大一如。

2 四種曼荼各不離（相）

「曼荼」是指曼荼羅（Maṇḍala），就是圓壇、壇城，有些是立體的，有的是平面的。四種曼荼羅是指種子曼荼羅、三昧耶曼荼羅、大曼荼羅、羯摩曼荼羅。

種子曼荼羅，就是以種子字代表佛菩薩本尊，如以阿（𑖀）字或鑁（𑖪𑖽）字代表大日如來。種子曼荼羅又稱為「法曼荼羅」，是指文字的曼荼羅，從諸佛菩薩的名稱與本誓，而把頭一個字用梵字表現，則稱為種子。《即身成佛義》中說：「**法曼荼羅，本尊種子真言**」。種子是代表諸佛菩薩的智慧，是智慧的種子，菩提心的種子。「阿字本不生」，從「阿」字悟入，就是大日如來的修法，因為「阿」字代表大日如來的智慧根源，所以從這種子字就得以入大日如來之門。

什麼是「三昧耶曼荼羅」？三昧耶有「平等」、「本誓」、「除障」、「驚覺」四義，其中「本誓」是最接近原意的。密教中以三昧耶表示諸佛菩薩或諸尊的本誓（因位的誓願），就佛與眾生之體性而言，二者是平等無二，無有差別的（即平等義），所以佛發願為所有眾生開示悟入佛知見（即本誓義），眾生由於佛的加持，故能祛除煩惱障礙（即除障義），使眾生由迷惑之中幡然醒悟（即驚覺義）。而象徵佛菩薩或諸天本誓的器杖、印契等物，稱為三昧耶形，例如：寶塔是大日如來的三昧耶形，蓮華是觀音菩薩的三昧耶形，金剛寶劍是文殊菩薩的三昧耶形；而用描畫三昧耶形以代表本尊形相的曼荼羅，稱為三昧耶曼荼羅。

三昧耶曼荼羅是用一種圖像的方式表現，這也是密教的特色。所以我們可以說顯教是文字教學，密教是圖像加文字的圖文式教學。三昧耶曼荼羅是用圖像來表示佛菩薩在因位時，所發誓句誓願的內容，所以阿彌陀佛四十八大願、藥師佛十二大願的發願內容就可以用三昧耶曼荼羅來表達，這就像現代企業中的CI，像IBM、微軟，或麥當勞等，各有其企業特有的標記，這標記也同時保證了其企業的服務品質及對客戶的承諾；同樣的，佛菩薩的三昧耶誓句就代表了其菩提心及大悲心的發願及承諾，而以圖像的方式來表達。沒有慈悲心及智慧就不能成就佛的身（大曼荼羅），就不能發起救度眾生的事業行動（羯摩曼荼羅）。

什麼是「大曼荼羅」？大曼荼羅是表示宇宙全體的形相，是指萬有的普遍相，從六大所成的現象、諸法的全體叫做大曼荼羅，大曼荼羅又可以說是佛菩薩的相好具足之身；大曼荼羅也是以圖像的方式表達。

什麼是「羯摩曼荼羅」？羯摩是作業之意，羯摩曼荼羅是表示諸佛的威儀事業，比如寶樓閣曼荼羅、摩利支天曼荼羅、或釋迦牟尼佛的八相成道圖等，都是羯摩曼荼羅，羯摩曼荼羅是動態的、影片式的、而前面介紹的種子、三昧耶、大曼荼羅等三種曼荼羅是靜態的、照片式的。

密教的修行必須跟生活結合在一起，是行動瑜伽，一般人以為密教是只有修觀的，不是的，任何一種修行都必須與生活結合才能產生力量。

所以三昧耶誓句這種甚深的悲心，一種發願的內容，就是他如是講，如是作，如是的發心，就用曼荼羅如是來表現，所以圖像是有意義的，就是他的悲心，而我們觀修的內容就是如此，第一個是先觀空性，然後顯現自在的法性，再來是智慧（種子字），然後是悲心誓句三昧耶，而後形成身，成身後就開始行動。行動時能不能離開你的身體（大曼荼羅）？不能！能不能離開你的悲心跟智慧（三昧耶和種子曼荼羅）？不能！所以「四種曼荼各不離」，講的就是我們，我們在做任何一件事的時候，要有智慧、有菩提心，還要有法門，還要有弘誓，就是「眾生無邊誓願度，煩惱無盡誓願斷，法門無量誓願學，佛道無上誓願成」，有了這個悲智的身，才是有力量的身體，這時候幫助眾生才有力量。

舉個大家常見的例子，我們看到很多醫師，他在幫助病人的時候，已經呈現空殼的狀況，也就是說他只剩下專業，而他的悲心跟智慧已經不在他日常的工作上面，只是職業本能性的反應。其實也不能怪他們，因為他們太苦了。很多醫生一開始是很有熱情的，但是投入太深時，如果病人死了，或許多情況是他們無能為力的，到最後他自己的情緒會受不了。所以，怎麼辦？他只有把自己保護起來，他把自己跟外界切割開來，只剩下空殼對外。我很能理解他們的那種心態，所以說，一個醫生必須有空性的基礎，才能夠清理他的情緒。現在很多人就是自己先受不了，就把自己的心封閉起來，不再讓人家倒垃圾。

我常倡導一個觀念，即擔任心理輔導的人，必須具備有三個基礎條件：

1. 助人的專業：專業的心理諮商技術。

2. 健康的身體：如此才能有強健的體力與心力。

3. 有清理心靈垃圾的工具跟力量，這需要具備空的基礎與禪定的修學，也就是每天要修行鍛鍊。

要具足這三個能力，才能真正幫助別人，否則到時候自己變成垃圾桶，卻無法清洗的時候，自己就先受不了。

我們再回到「六大無礙常瑜伽」，一切相應不斷，不斷的相應，「六大無礙」就是心跟物完全圓融無礙，境是現空不可得，心智如如，完全不執著，這才能完全相應，這時候的六大已經不是輪迴的主體，而是轉成佛的六種妙德——六種諸法萬有實體上所具足的體性，即所謂堅、濕、軟、動、無礙、了知等作用，稱為「性」之六德。「四種曼荼各不離」是佛所應具足的，這不是單純的圖像，而是利用圖像告訴你要怎麼作，告訴你永遠不要忘記智慧、悲心、身心以及行動力。

3 三密加持速疾顯

三密是指身密、語密、意密，對於佛陀是三密，對我們眾生則是三業。為什麼佛陀的三密能夠加持我們？這裡要注意一下，三密能夠加持我們的核心就是「空」！舉例子來說，比如共鳴，共鳴是二個不同物體之間因為頻率接近的關係，當二個物體之間靠得很近的時候，如果敲響其中一個，另外一個也會跟著發聲而唱和起來。因此，我們來看看佛陀的頻率是什麼，當我們調向佛的頻道，就能得到加持。所以說，這裡面一定要有個介面，否則「三密加持」會變成不可能，沒有這「空」的界面，「三密加持」是不可能的！並不是手結智拳印，口誦真言，意觀想大日如來，就得到大日如來的「三密加持」，這樣子所得到的只是很小的加持，如果心沒有空，所得到的加持只是外相的，有沒有幫助？有，但是不能夠究竟；只有在心空掉的狀況下，身、語、意三密都相應了，才能得到佛的真正加持，究竟加持！沒有空的話，你修法有沒有用？有用，但不會究竟。

要得到真正的「三密加持」，一定要有「空」，才能夠達到「入我我入」。什麼是「入我我入」？就是佛入我，我入佛！如果你執著我的話，佛怎麼入你？你就把佛隔絕掉了。反過來講，如果我不空，怎麼入佛？所以我們最常聽的一句話：「三輪體空」，三輪是什麼？主體（能）、介面（作用力）＋客體（所），這三個（三輪）都是空的，所以是「三輪體空」，你能夠了解「三輪體空」，你就能夠得到佛的加持，因為你跟佛的體性是一樣的，這時候你手結手印，口誦真言，意觀想佛身，就能得到佛的真正加持，究竟加持，才能「入我我入」，所以說「三密加持速疾顯」，快速的顯現，因為你是空的緣故，你空所以你跟佛是一樣的緣故，所以你能夠直接顯示佛的究竟空。

4 重重帝網名即身

空海大師所修證的密法，他是透過什麼來圓融無礙？這是很核心的問題，也是空海大師密法中的一個祕密。我們常聽到的一首《華嚴經》裡的偈頌：「**能禮所禮性空寂，感應道交難思議，我此道場如帝珠，一切如來影現中**」，「能禮」是主體，「所禮」是客體，「能」、「所」加「禮」是三輪，這三輪是空寂，所以「能禮所禮性空寂」是一樣的說明「三輪體空」，如此才可能「感應道交難思議」。

「帝網」是指帝釋珠所串成的珠網，帝釋珠是帝釋天王的寶物。帝釋天是誰呢？在這裡，我順便補充一些佛法概論的知識：

以佛法的認知來說，我們人類所居世界的上層叫天界，天界的第一層天叫四天王天，四天王天有東、西、南、北四大天王，其中對我們來講最重要的是北方天王，即毗沙門天王，又叫多聞天王，他是八地菩薩，示現為天王身。四天王天的一天等於人間五十年，他們的天人可以活五百歲，等於人間壽命九百多萬歲；四天王天再上去是帝釋天，帝釋天的一天等於人間一百年，那裡的天人可以活一千歲，所以他們的壽命等於人間三千六百五十萬年。

帝釋天這一層天又名為三十三天，因為它的中間一天是帝釋天王所居的善現城，而東、西、南、北又各有八天，加起來就是三十三天，所以帝釋天又稱名為三十三天，也因此這一層天裡有三十三種天人。很多人不清楚，以為佛教有三十三天，其實佛教講二十八天，就是欲界有六天，色界的初禪、二禪、三禪各有三天、四禪有九天，再加上無色界有四天，所以總共有二十八天。

帝釋天王就是民間所稱的玉皇大帝，因為這個天是處於欲界，所以和人間一樣有男女相。如果是色界天以上的天界就沒有男女相了。這帝釋天王有一個寶物稱為「帝珠」（帝釋之珠），是一種隨色摩尼珠，每一個人看到這如意寶珠，它會隨色顯現，隨著不同人的不同心念而顯現它顏色，所以佛經就用這個帝珠串成的珠網，來比喻華嚴境界，所謂「我此道場如帝珠，一切如來影現中」。

「重重帝網」是什麼意思呢？我們現在想像一下，現在有多個透明的水晶球，把它們作成一個網子，任何影像顯現在水晶球裡面，它的數量將是無窮。

從這裏我們也可以看出，空海大師是透過《華嚴經》來圓滿密法的修證。近代中國有一位密法的大成就者——陳健民上師，陳上師一直認為修學藏密的人，要透過《華嚴經》及東密的五相成身觀，才能進一步向上修學，否則便屬躐等而修。陳上師是看到了《華嚴經》在密法修證過程中的重要性，事實上整個金剛界、《金剛頂經》的密法修持，其實是華嚴的密法，所以《華嚴經》是很重要的一部經典，而其中的「如來出現品」交代一個最重要的事實：當諸佛成就的時候，他看到一切眾生皆是如來。《華嚴經》中說：「十方三世，同時炳現」，也就是說時空在這時候是沒有意義的，如來成佛的時候，看到一切眾生成佛，空海大師就是透過這句話「重重帝網」，最後用華嚴來處理而即身成佛。

透過空海大師這套義理，我已經把所有密法核心的精要，都向大家宣說完畢。

課中開示

問：持咒時，如何印證三輪體空？

答：在持咒的時候，第一個要讓自己心中沒有任何執著，身心無所執，不要想說我持咒要得到功德，很多人會這樣子：我要持咒，我要得到功德，我要這個，我要那個。

不是的，持咒是完全身心放下之後，從空性裡面自然產生，陳健民上師在講金剛誦時有一個很好的口訣，他是這樣講的：「不假循誘，純任自然，脫口而出」。

各位，我要請你們原諒我，因為我生命很有限，所以我跟大家講法的時候，都直接講最核心的，就是即身成佛的方法，因為我等不得了，我是一個沒有明天的人，基本上我從來不活在明天的。

我問大家一個問題：「你們活過明天嗎？」不可能的。「你們活過過去嗎？」也不可能，所有的活就只有活在當下而已，沒有人能夠活在過去跟未來，那是鬼話！所以我想跟大家講真話，就是只有當下好活，所以好好活在當下！只有當下好活，所以我當下就跟你們講最上乘的法。聽不懂沒關係，你們聽過總是會懂，我既然講過，你們不懂就是我的責任，所以我再講我的三昧耶，你們要記得這句話：「你們直到成佛，都是我的責任！」這是我的三昧耶，是我的事情，不是你們的事情，跟你們無關，而你們要做什麼事情都是你家的事，我只負責我的事情。

現在很多人所說的「三昧耶」是很奇怪的，怎麼奇怪法呢？他們說三昧耶是你對上師發的誓，你不能違背上師，你要作這個，你要作那個，上師要你作什麼你就要作什麼，一般對三昧耶的說法就是這樣講的。但是我的三昧耶跟這個相反，我的三昧耶是我的事，「我要幫助你們成佛」，除了這個之外，你們沒有任何責任，你們要做什麼是你們的事。

有人問我：「洪老師，你有多少學生？」我說我怎麼知道？或問：「誰是你學生？」我說我不知道。為什麼？因為你要去問他，不要問我，他認為我是他老師就是老師，他認為不是那就不是，那是他的事，跟我無關。所以說你們沒有責任，但我有責任！我面對大家我有責任，而你們要發願或做什麼，那是你們的事情，但是我一定要幫助你們成就，從現在到成佛，你們記得這句話就好了。

回到前面持咒如何達到三輪體空的主題。有時候我會提到一些好玩的事情來跟大家講，大家聽了印象會深刻一點，比如說，有些人好像有被鬼壓床的經驗，結果因為很害怕而叫不出聲音，你們知道為什麼這時候叫不出聲音？心想唸咒卻唸不出來？因為招式都還沒使出來就被人家封住了。為什麼？因為你怕，你心裡怕，怕是有畏懼、有恐懼，這代表什麼？不空！所以這時候怎麼辦？身心放下，完全放空！你直接放下，完全放空之後，那個壓住你的鬼就噗一聲的摔倒了，就抓不到人了。

古代有一個金碧峰禪師的故事，他已經可以進入覓心了不可得的禪定境界，連鬼神也找不到他。但是他唯一的牽絆是一個紫金鉢，那是皇帝送給他的，他十分珍視。

有一天當他世壽已盡，黑白無常二鬼要來拘捉他的時候，卻屢次找不到他，因為他進入空性禪定了，後來那黑白無常就跟當地的土地公打聽，怎樣才能讓金碧峰禪師出定，土地公就告訴二鬼，只要敲動那個金鉢，禪師就會出定，就可以抓到了。後來那二鬼果然依計而行，就敲動那個金鉢，然後等在旁邊，結果金禪師一聽到有人在敲動他那心愛的金鉢，果然趕快出定，一出定立刻就被鬼卒抓住了。

他很奇怪鬼神怎麼找得著他，兩個鬼卒洋洋得意的述說他們的計謀，禪師一聽，「哦！原來是如此」，然後就放下走了，不知所蹤。所以現在大家知道「空」是怎麼來的了，就是「放下」就空了，如果怕就沒有空，你空的話，那麼你的鬼就摔倒了。除了這個空之外，我再跟你們講一個，就是當你完全放空之後，可以用「呸」字訣，「呸」一聲，只是這個時候，鬼就會受到極大的震撼。

回到前面的「不假循誘」，就是身心放空之後，你心裡不假循誘，純任自然，「呸」就脫口而出，這口訣本來是金剛誦裡的，其實不管是禪宗的獅子吼，或密宗的「呸」字、「吽」字，都是同樣的道理；或是你現在唸大悲咒時，一樣也是完全放鬆，完全放空，完全沒有任何執著。大家想想看，觀世音菩薩是不是沒有執著，從空性裡面生長出悲心，自然的大悲音聲，大悲心具足，然後這樣的唸出來。

觀空，還是可以觀想，空不是沒有，是不執著。所以大家不要怕，以為觀空人就沒了、死了，正好相反，而是觀空之後人會活得更好，是沒有執著。

各位持咒，就是這樣子持，修密法也一定要空的基礎！不要因為恐懼去修密法，很多人修密法是因為去灌過頂之後，不修密法的話，很怕護法會來找麻煩才修的。或是，沒灌過這個頂而來修這個法，是不是有問題？

我告訴大家，「空」一點都不會有這些麻煩。我們可以依循修法的儀軌去修，但這是禮貌，而不是恐懼。所以在修密法之前，唸大輪金剛陀羅尼是禮貌，但不要恐懼。很多修密法的人在修法時都是很恐懼的，怕違犯什麼規定。現在有太多的人修佛法是基於恐懼心在修佛法，而不是基於空性或悲心在修佛法，重點都不是說「佛法能夠讓我們改善什麼」，而變成「佛法能夠讓我不怕」，這樣的佛法未免太消極了。

問：「帝網重重名即身」是說我們不斷的努力精進修行，到最後「十方三世，同時炳現」的時候，就知道自己成佛了？直接成佛了？

答：對，而且不只是這樣子，也知道大家都成佛了。大家知道「全佛」是怎麼來的嗎？是依《華嚴經》的義理而來的。大家要記得這句話：「看一切眾生是佛，是對眾生最大的慈悲心，也是自己最大的智慧，這是『悲智雙運』的最究竟表現！」

所以，你們修大悲咒要怎麼修呢？就是要看每一個人都是千手觀音，而你自己是不是？當然是！要看一切眾生平等都是千手觀音。第二個，一切音聲就是大悲咒，你持大悲咒持到最後一切音聲都是大悲咒，一切人都是千手觀音，一切人的心就是大悲心，我們如果這樣子的修，這個真正就叫「六大無礙常瑜伽」。

「四種曼荼常不離」，曼荼羅在那裡？這裡就是曼荼羅，你的家就是曼荼羅，你家有很多老菩薩，小菩薩，不老不小的菩薩，乃至你的公司，任何一個地方都是！「三密加持速疾顯」，「重重帝網名即身」，修大悲咒就是如此，看一切眾生就是千手觀音，他的語言就是大悲咒，他的心就是大悲心，這個才是核心。其次才是技術層面的問題，但技術仍是不可偏廢的，意即，你就是佛，但儀軌還是要依法而修，因為這是因緣上的禮貌，不過大家要了解的是，「有體才有禮」，要真正掌握了修持的核心要義之後，儀軌的禮儀才是有意義的，才能展現真正的禮貌，否則「無體而有禮」，那個禮（儀軌）也未免太表相而令人奇怪了。

問：「不假循誘」是自己內心不要自己循誘，還是不要被外界循誘？

答：自身不假循誘。就是你在很寂靜的時候，你心裡面一念悲心出來，那麼就開始（持咒），完全放下，不假循誘，純任自然的（持咒）。一念就起了，起了就起了，如果沒有的話，「應無所住而生其心」，「生其心時應無所住」，所以沒有的話怎麼辦？沒有的話，放下、繼續唸……，你念念自覺，念念不執，念念不假循誘，念念自然，每一個念都是當下這一念心，就是這樣子唸去。

不假循誘就是心不要去造作，念頭起時，悲心起時，因為這大悲咒就是悲心的聲音，整個放鬆，放鬆到完全都空掉，自然的，一念心起動時，此時不要去想我要唸多久，要唸什麼，不要有這樣分別心的污染、干擾跟介入，自然的，一念悲心起時就這樣子的唸去，自自然然的，放下的心去唸。

所以唸大悲咒是對眾生唸的，你唸給你自己全身每一個細胞，全身的骨頭，全身裡的一切生物，以及法界一切眾生都聽到這大悲咒，法界一切聲音是大悲咒；你的身，你的心都是千手觀音，任何人都是千手觀音，到最後全法界是大悲咒的世界，全法界是千手觀音的世界。

問：持咒不斷，持到最後「嗡」一聲很長的長音一直拉下去，直到聲音都完全沒有了，然後止息在那個當下的寂定狀態，這樣可以嗎？

答：可以，心念就這樣放下而入於寂定。但其實這有二種修法，一種是你不要停在那邊，繼續唸下去；另外一種是整個停了，我認為二種修法都可以。整個停了就完全進入空性的世界，比如以我在前面講的金剛誦：「嗡、阿、吽」的修法來說，當你發「嗡……」「阿……」，這樣一直下去，這叫「長阿一聲入空定」，嗡字也可以是這樣修，也就是在這金剛誦的字裡面就入了空定，而其實所有音聲的陀羅尼都是一樣的，我上次有講過，唸佛時「南無佛……」，這佛字聲一直拉下去，聲音愈來愈細，到最後外界的佛聲已經聽不到了，但心裡面的佛聲還在持續著，等到最後連心裡面的佛聲也幾近消失了，然後再下去就自然而然的入了寂定；所以唸「嗡」也是一樣的道理。

我現在再多講一點修行上的經驗，順便讓大家了解。比如說「數息」，「數息觀」修的數息（數呼吸）剛開始是唸一、二、三……，到最後數一、二……就數不下去了，為什麼？因為心念就停那邊，就定在那裡，所以這時候不能數了，要隨息，或就入定去了。一切法都是如此。

但是現在，佛教的各宗派裏，顯教是顯教，淨土是淨土，禪宗是禪宗，密宗是密宗，東密是東密，藏密是藏密，好像涇渭分明，互不相干，但其實那一個不是佛法？不過各位會發現我所講的東西，每一個都好像是互通的。因為任何法門都是在修鍊我們的身心啊！怎麼會是我們的身心有那麼多的差別？所以法門是用來幫助我們身心，服務我們身心，讓我們身心能夠昇華，但是現在常常是反其道而行，所以解脫變成不是依你而來解脫，而是傳承比較重要，但傳承是什麼？應該是讓傳承來幫助你解脫的，不是你要依附傳承，一定要按照那個傳承的系統。

所以，不管是唸佛、持咒、參禪，甚至是數息的方法，其實它心念的運作方式，以及人類的心念運作方式都是一樣的，在初禪就是這樣，二禪就是這樣，三禪就是這樣，空定就是這樣，你跟印度人的心念運作方式不會不一樣。雖然我們和印度人所講的話不一樣，但發音都是喉嚨出來的，心念的運作方式也是同樣的道理，沒有什麼人是不一樣的。

第三章
宣說大悲咒的因緣

觀世音菩薩於久遠劫前聽聞大悲咒，發起偉大的弘願，救護無量眾生，出生千手千眼，以千眼注照（智慧），千手慈護（悲心）一切有情。他的體性是悲心，但貫穿悲心裡的智慧卻是一切佛法的根本。

佛法講「空」或「無相」、「無我」，這是佛法最核心的，或者用三法印的說法，就是「無常、無我、涅槃」。這裡講的「無常」是「諸行無常」，屬於行動性，也就是在時間方面，一切是在不斷變化當中；「無我」則是指空間方面，一切無自體性；了解了這個一切無常無我事實之後，你的心就入於寂靜，就是「涅槃」，所以「三法印」是處理我們時間、空間跟心的問題。

同樣的這個問題，在《金剛經》中，它是以「無相」來處理，但是後來是用「緣起」跟「空」，就是所謂一實相印來同時處理這個問題。

佛法講的是因緣法，一切因緣就是空，所謂「**因緣所生法，我說即是空，亦名為假名，亦名中道義**」，這裡講的「中道」等於「假名」等於「空」，這偈語是在講什麼？現前的因緣就是空！就是不生不滅！注意，不是「有一個不生不滅」，而是說：你是不生不滅，我是不生不滅，為什麼？

因為一切本不生！不生即無生，無生所以無滅，所以一切「不生不滅，不一不異，不來不去，不常不斷」，這是建構在不生上面所開展出來的，你體悟無生的話，怎會有「一、異」的差別？怎會有「常、斷」的差別？怎會有「垢、淨」的差別？所以一切的核心點是「無生」，「無生」就是體悟「空性」，空性就是無生！你真正體悟空性，你見到一切是空，這境就是不可得，你證悟到空性，這心就是無所住，無所住就是「般若智慧」！

這個「無生」的智慧證得了之後，並不是需要對眼前現實的一切作什麼樣的翻轉，而是現實當下一切就是「空」，所以貫穿一切佛法的就是「空」，透過對「空」的證悟，你看到一切是「空」，就是智慧，這叫「空智」，這時你的心是智慧，智生境了是空，境了智慧就生，所以空與智是一起的。

密教經典裡面常講的一句話：「**大悲空智**」，所以「空智」貫穿小、大、密乘一切佛法，小乘是空，大乘、密乘也是空，一切都空，但小乘跟大乘的差別是在那裡？在悲心！雖然小乘與大乘都是由空智所貫串，但大乘由於悲心大的緣故，它讓一切的緣起相都能夠產生絕對的圓融，所以空可以產生悲智的作用，而悲智的運作也一定在空性裡面。當一個菩薩的悲智如果是偏重於智慧的話，那它就是「寓悲於智」，也就是以智慧來顯現。另一種菩薩偏重於悲心，以悲心來顯現則是「寓智於悲」。

例如文殊菩薩即是寓悲於智，文殊菩薩的智慧廣大，是以智慧為核心的菩薩。那麼他的悲心大不大呢？悲心如果不大的話，就不可能有文殊菩薩的大智慧。悲、智好比車兩側的輪子，它只可以差一點點，不能差太多。所以文殊菩薩的智慧是一百分，悲心是九十九點九分，他悲智兩輪差不多，所以跑的很快，佛跑的最快最穩，因為佛的悲智都是滿分一百分。觀世音菩薩則是寓智於悲，他的悲心是一百分，智慧是九十九點九分。

文殊菩薩的願力廣大而不可思議，他發了什麼願力呢？文殊十大願裡面說：我用天眼觀察十方世界，如果有一個世界，那裡面的眾生從發心到成佛，有一個不是我救度的話，我不取涅槃，這悲心夠大了吧！觀世音菩薩的悲心很大，但他的智慧高不高？像智慧的經典《般若波羅密多心經》就是觀世音菩薩講的。有二種說法，一種是佛對觀世音菩薩講的，一種是觀世音菩薩自己講的。但無論如何，都是以觀世音菩薩為主，這也象徵了從大悲出生大智。

大悲咒的說法主——觀世音菩薩

千手觀音，正是觀世音菩薩具足廣大悲心與智慧所現起的不可思議化現。

空性是一切佛法的核心，小乘佛法是以空性體悟無我而入涅槃，大乘菩薩則是以空性來出涅槃，《心經》中說：「**色即是空，空即是色**」，小乘聖者悟一切色就是空，所以他入於寂滅。但是對大乘菩薩而言，既然是空的話，為什麼一切不能自在顯現？所以對於小乘聖者而言，他是「**般若將入畢竟空，絕諸戲論**」，一切戲論分別都停止了，所以他就入於涅槃；就大乘菩薩而言則是：「**菩薩將出畢竟空，嚴土熟生**」，從空出發，「嚴土熟生」，莊嚴佛土，成熟眾生，使世界成為清淨的佛土，幫助一切眾生成佛！

這個空性悲智的道理了解了之後，我們就會認識到這大悲心陀羅尼，第一個它是空性的，第二個它是智慧的，但是這二者要如何才能顯現？這要悲心才能導引出來。所以《大智度論》說：「般若是諸佛之母」，「大悲是諸佛的祖母」。修行大乘佛法最速捷的道路，正是大悲心！大悲心讓你能夠超劫成就！而觀世音菩薩就是這種典範。

觀世音菩薩從空性裡面，展現了大悲的千手千眼，用智慧觀照，「眼」是觀照義，用千手來扶持眾生，正是悲智雙運的顯現，因此觀世音不只是聽而已，他善觀一切眾生，大悲心陀羅尼即是在這樣善觀眾生的悲苦裡面而產生的。

《大悲心陀羅尼經》全稱《千手千眼觀世音菩薩廣大圓滿無礙大悲心陀羅尼經》。什麼是「廣大」？慈悲和智慧圓滿具足就是廣大，本經就是用圓滿無礙的慈悲及智慧的力量，來總持大悲心的一部經典。「陀羅尼」的另外一個意思就是總持，所以當我們具足這一部陀羅尼，具足持誦大悲咒，這樣具足之後，你就有力量來總持一切的大悲心，你的悲心也就永遠不會忘失，所以觀世音菩薩是誰？就是一切諸佛悲心的總體顯現，他總持的是一切諸佛的悲心，這也就是為什麼觀世音菩薩具足了五部如來的功德，這是悲心所致！

觀世音菩薩以大悲心為始，以大悲心具足，讓眾生得到一切利益，但是他的體性是什麼？還是智慧！具足慈悲而沒有具足智慧的話，就容易流於濫情。這世間有很多人對於慈悲心的認知多所誤解。「**慈是與樂，悲是拔苦**」，這裡面很清清楚楚的揭示，只有對於眾生的利益，而沒有情緒的作用，慈悲是超越情緒的。而智慧不是只有知識，但是很多人卻把慈悲心跟情緒混淆在一起。

當我們對於慈悲沒有清楚的認知的話，常會誤以為慈悲就是要和眾生一起痛苦，他哭的時候你要跟著他一起哭，他生病的時候你要跟他一起生病，到最後就是他跳樓的時候，為什麼你沒有跟他一起跳樓！但我們試問一下，這樣的情緒附和，對他有什麼用處？一點用處都沒有！所以，慈悲不是情緒。不是沒有同情，而是沒有同樣的情緒。

我們在幫助別人的時候，一定要有清清明明一念心，才有辦法真正的幫助，當然我們可以細細傾聽，真誠同情，也可以感同身受，但是必須了解的是：每一個人承受痛苦的能耐是不同的，只能承受一公斤的人，兩公斤對他而言是痛苦的，但對一個能承受十公斤的人而言，可能要到十公斤以上才會有同樣的痛苦感覺。所以，當我們幫助別人時，不是不能了解他的痛苦，而是不能用和他一樣痛苦的情緒去面對要幫助的人，不然的話，我們會被拖入情緒的輪迴，也無法真正幫助眾生。

所以，真正的慈悲是什麼？記得，就是「給予快樂，拔除痛苦」，而這裡面一定要有智慧，沒有智慧，就會流於濫情；也就是要以大悲心為始，來總持慈悲跟智慧，最後再以大悲心為究竟，這樣才能成為總持。

所以，本經就是以慈悲跟智慧為作基礎，以大悲心為根本的一個經典。大悲咒是總持大悲心的咒語，所以反過來說，能夠總持大悲心的都可以叫大悲咒，你持任何一種咒，任何一句話，你的心如果是總持大悲心的話，那就是觀世音菩薩的話，那就是大悲咒。

菩薩的四攝法：「布施、愛語、利行、同事」，在這樣的心裡面，你安住在慈悲心，就算發出的是毫無意義的聲音，對方也能感受得到，就算沒有發出聲音，對方也會聽到心的聲音，這就是大悲咒。

所以，持大悲咒首先要深刻了解的是，大悲咒的體性是什麼？大悲心要怎麼發？這才是根本！沒有一顆慈悲、柔軟、具足空性跟智慧的心，怎麼持大悲咒呢？所以持大悲咒要悲智具足，空悲雙運，發出大悲心而持大悲咒！

慈悲的智慧──觀自在菩薩

觀世音菩薩在所有的菩薩裡面，他示現最多的化身，有最多的相貌，以大悲示現，尋聲救苦，又稱為觀自在。玄奘大師的弟子窺基大師說：「觀」是「照」之義，即了達空有的智慧；「自在」為縱任之義，即所得勝果，過去廣行六度，現在得證果圓，慧觀為先而成就十種自在。

這十種自在是指⑴壽自在⑵心自在⑶財自在⑷業自在⑸生自在⑹勝解自在⑺願自在⑻神力自在⑼智自在⑽法自在。得十種自在的勝果，所以又叫觀自在。

觀世音菩薩早已成證佛果，名為「正法明如來」，倒駕慈航，示現菩薩之身。什麼叫「倒駕慈航」？這是一種通俗的說法，有些菩薩是果位菩薩，就是已經成佛之後，再示現菩薩的，有些則是因位菩薩，因位菩薩中最有名的是地藏菩薩，地藏菩薩是因位菩薩的代表，因為他發願要度一切眾生成佛之後才成佛，所以老是成不了佛。他自己是不煩惱這事，只是很多人都希望他早日成佛。地藏菩薩的功德很高，而且境界不可思議，就是他發願發得太大了，至今未能成佛。我也刻了一個印章「宜成佛」，每次修地藏法的時候，都勸請他成佛。

有些菩薩則是成佛之後，又示現菩薩相，是果位菩薩，像觀世音菩薩是過去「正法明如來」，釋迦牟尼佛過去是他座下的苦行弟子，現在他又成為菩薩。普賢菩薩也是過去都成佛了。

另外一個比較特別的例子，是文殊菩薩。文殊菩薩是三世佛，他過去就成佛了，名為龍種上如來（龍種上尊王佛），但他同時也是未來佛，而且是現在佛，他現在是在他方世界成佛。用現代的話來說，就是美國總統來兼我國這邊的行政院長。

這到底怎麼一回事呢？這些菩薩為什麼又是當佛，又是當菩薩？現在這個娑婆世界的教主是釋迦牟尼佛，這些過去已成佛的菩薩，現在又是佛陀的弟子，這裡面有兩個道理存在：

其一是願力，已成佛卻又當菩薩，體性上是由願力所成，宇宙中最大的力量是願力，佛要隨順願力而行，一切菩薩隨順願力而行，會成佛是因為願力，成佛之後也是依願力而行。

其二是首楞嚴三昧的威力，《楞嚴經》是首楞嚴三昧的因地修法，而《首楞嚴三昧經》是果位修法，是很重要的經典，雖然很短，但這本經很重要。一切諸佛菩薩會示現佛或菩薩，正是由於首楞嚴三昧的威力，所以釋迦牟尼佛示現在我們這個娑婆世界成佛，但他也在上方世界、東方世界……等其他世界示現成佛，所以有些佛在這個地方示現成佛，而在他方佛土示現菩薩相，這個是首楞嚴三昧的威力。「大悲周遍」就是首楞嚴三昧的威力！果位上的菩薩就是這樣子來的，觀世音菩薩也是。

觀世音菩薩以大悲救度眾生為主要的德行，但要注意一下，有大悲者不可能無大智。什麼是智慧？智慧就是遠離能所分別。智慧不是有一個什麼東西，而是沒有什麼東西——沒有分別心，因為沒有分別，所以事情看清楚了，這就是智慧。所以說，大悲在外，內心有智，所以觀世音就是觀自在，觀自在是「內智」，觀世音是「外悲」。

「觀自在菩薩，行深般若波羅蜜多時，照見五蘊皆空，度一切苦厄」。「照見五蘊皆空」是我們現在所用通行本上的文字，是玄奘大師翻譯的，但是在窺基大師所著的《般若心經幽贊》裡面是寫「照見五蘊等皆空」。可能「照見五蘊等皆空」是蠻符合古意的，為什麼？因為窺基是玄奘的弟子，所以他的註解應該是看到很多的原本才加字上去的，「照見五蘊等」一切法皆空！

有一次我應邀到某個佛教團體演講，題目是「佛教的財富觀」，我就給他們一部「財富心經」，這部「財富心經」我是這樣講的：「財富觀自在菩薩，行深財富般若波羅蜜多時，照見財富五蘊皆空，度一切財富苦厄。舍利子，財富色不異財富空，財富空不異財富色，財富色即是財富空，財富空即是財富色，財富受想行識，亦復如是……」，這是《財富般若波羅蜜多心經》，這是佛教解決財富苦厄問題的方法。

那生死問題要怎麼解決呢？「生死觀自在菩薩，行深生死般若波羅蜜多時，照見生死五蘊皆空」，這樣會不會解決問題呢？這是說任何一切法，照見一切法皆空，財富、生死、愛情、事業，……，都是這樣子來解決，所以現在大家會不會用《心經》了？很多人每天在誦《心經》，卻不知道《心經》是幹什麼用的，《心經》是一切的心法，不管家庭、事業、健康，或者是任何東西，你把它套用在《心經》上都是可以處理的。

觀世音菩薩行深般若波羅蜜多，能度一切苦厄——就是能度一切法的苦厄，有什麼煩惱，把《心經》拿出來，把煩惱添註上去，就處理掉了，這樣唸起《心經》來會有不一樣的感受。上班的時候，可以隨身帶一張《心經》的影印本，碰到問題時就用紅筆把煩惱加上去，例如財富觀自在或事業觀自在……，唸一唸這樣改寫的《心經》，你馬上會覺得「心涼脾透開」般放下的感覺，心有般若的沁涼，一切問題好像煙消雲散似的，佛法就是這樣子讓我們觀自在的，佛法不是要來增加我們的煩惱、增加我們的恐懼，而是要增加我們的能力——處理生命的能力、處理生命中一切煩惱的能力！

智慧的慈悲——觀世音菩薩的普門示現

觀世音菩薩的另一個特色是「普門示現」，什麼是普門示現？悲智圓融，智慧為裡，大悲周遍，智慧因為悲的緣故，所以門門通透，是為「普門」。就是他通透到每一個門，他救度到每一個眾生，不管眾生有什麼需求，他都會示現那個或那類眾生的角色來變化他們，所以觀世音菩薩是以普現色身三昧，現起的不可思議變化身，恆在十方世界作無邊的救濟，使苦難眾生得到無限的安慰與清涼，正所謂「**眾生被困厄，無量苦逼身，觀音妙智力，能救世間苦**」。

觀世音菩薩另有一個非常重要的名號叫作「施無畏者」。「施無畏者」一般來講它是悲心，也就是大慈悲的一個作用，但是只有大慈悲的作用能夠讓他真正施無畏嗎？施無畏的背後一定具有大智慧。觀世音菩薩由大悲救濟眾生，所以又稱「救世尊」、「救世大悲者」。

觀世音菩薩相現在一般都以女身呈現，但在唐代以前卻是以男身為主，所以那時的觀音菩薩相都畫有鬍鬚。觀世音菩薩的女身相就是所謂的多羅菩薩，多羅就是度母，度母是一個很重要的多羅菩薩，西藏的度母有二十一尊之多，因為觀世音菩薩是隨時隨地在化現救度眾生，所以這麼多尊度母是必然的。

宣說《大悲心陀羅尼經》的場景

《大悲心陀羅尼經》是釋迦牟尼佛在觀世音的道場——補陀落迦山講的，觀音菩薩是西方極樂世界，繼阿彌陀佛之後的佛陀，號「一切功德山王如來」，他的淨土名「眾寶世界」。其實，觀音菩薩也是過去佛，號「正法明如來」。觀世音菩薩在地球上的道場是在普陀山，就如同文殊菩薩在地球上的道場是在五台山一樣。

五台山在中國古籍上，自古就有五髻仙人的傳說；觀音菩薩在印度南邊的哥摩林岬附近的補陀落迦山上也有道場，根據記載，唐代的玄奘大師應該有去過；中國浙江的普陀山也是觀音菩薩的另一個轉法輪地點，西藏的布達拉（藏語即與補陀落迦山同名）宮及承德的外八廟（仿布達拉宮所建）也是觀音菩薩道場，日本、韓國也有普陀山。其實，從另一個角度來說，菩薩的道場就是菩薩願意住的地方，所以你們家也可以是普陀山，你唸大悲咒的時候，心非常的清淨，你的心就是普陀山，所以你唸起來就特別有效。

經中記載，持誦大悲咒的功德有十五種，細項大家可以參看經文。有的人可能會覺得，那些功德和我們現代的生活沒什麼相關，而且其中有很多是屬於世間趨吉避凶，增長財富官位的功德。的確，經典中所說很多讀經持咒的功德，這些功德往往是和我們現實世間生活的需求有關，為什麼呢？佛法常常是「先以欲鈎牽，後令入佛智」的，所以這裡所講的功德，是依時代時空的因緣而出現的，因為這大悲咒的經典是古代的經典，所以它所講的功德是針對著古代眾生的需求而建立的，因此像經中所講的「枷禁杖楚死」現在這種機會不多了，古代比較多，又像「豺狼惡獸殘害死」，現代人被老虎咬死機會微乎極微，除非是自己鑽入獸籠。但在古代的機會就很多。不過現在我們被病毒感染的機會就比被老虎咬死的機會多太多了，也比古代的人感染的機率高很多。

以禽流感為例，現在全球都在密切注意。因為古代沒有飛機往來世界各地，現在則是飛機跟候鳥都飛來飛去。所以，經中所講的功德、所反映的需求，是依著時空的因緣而出現的，因此在經典中我們不會看到「被火車撞死，車禍而死，飛機失事而死⋯⋯」等等，因為經典宣說的那個時代沒有這種因緣。

我們讀經時要了解，任何的經典它在時代裡面，會依這個時代的因緣而宣說，根本的意義不會改變，但是外相是會隨著時空因緣而改變的。所以，讀經時對於經典本身的意旨要確實把握，善加體會它的悲心、智慧，以其意旨來面對外相，這是因緣法。

很多人持誦經典，是對於外相的執著，遠勝於悲智的核心，結果修行到最後他只是注重在外相，所以就有很多的修行人或佛教徒，他只關心二千五百年前印度人的生活，卻從來不關心他自己現在的生活。

佛經是佛陀的智慧，這個智慧不是二千五百年前的智慧，而是法界中永遠不變的實相智慧，那個智慧是用來處理我們當前的生活問題。佛法是讓我們用來超越現在的生活問題、煩惱問題的，但是很多人讀佛經，學佛法，卻被二千五百年前的煩惱所困擾，也就是他自從學佛法之後，他就被二千五百年前的困擾，來壓在他現在的生活上面，結果本來沒有的煩惱，現在卻都有了，越來越多的煩惱，而且那個煩惱他根本沒有辦法解決，因為那是二千五百年前的問題。

佛法是要來解決你現在問題的，你現實生命的問題的。你的煩惱、你的身體、你的心、你的智慧、你的慈悲、你的家庭問題、你的孩子的問題、你的事業的問題，每一個人的問題會因為時空因緣而不一樣，但解決問題所依靠的智慧是一樣的。

所以，大悲咒所提出解決需求的，不只是不受十五種惡死，以及獲利益的十五種善生而已，那只是外相的，它是要幫助你趣入大悲咒的核心。真正大悲咒的核心，我們在一開始已經講的很清楚了——就是要成為觀世音菩薩。

觀世音菩薩為什麼能夠一聞大悲咒就直超八地，超劫成就？我們想想看，一個人的心如果是停留在為了不受十五種惡死、得十五種善生，所以他才持大悲咒的話，那有可能他會直超八地嗎？因為觀世音菩薩一開始就是無我、無功用行，所以他直達八地；要達八地必須具足大悲如幻三昧——大悲心、如幻智，悲智要雙運。

當然，在外相上我們也會這樣子如經典所說，得十五善生、避十五種惡死。我們在生活上也會有很多現實的需求，我建議大家不需要刻意隱藏自己現實上、生活上的真實需要，不要說我修佛法要修一個很高雅、高尚的佛法，無所求的佛法，所以我的現實問題，我自己解決就好。

大家不必如此，不妨就把觀世音菩薩當成自己的爸爸媽媽一樣的祈求，把自己現實的問題好好跟觀世音菩薩祈求，不要像我這樣子。習慣上我不會為自己祈求現實上的問題，但是我建議大家，真的需要時，還是要祈求。只是在祈求的時候，不要忘記一個更核心的問題，就是我們要學習觀世音菩薩，成為觀世音菩薩，一面學習他，一面向他祈請。

修學大悲咒的正確目標與心態

我們修學大悲經咒應該抱著什麼樣的心態呢？前面我們講到四種曼荼羅，就是你的慈悲，你的智慧，你的成就，你這身體，然後你的行動，這代表什麼？身、語、意、功德、事業！我們要把自己的身、自己的語、自己的意、自己的功德、自己的事業，全部圓具在千手觀音，自己就是千手觀音。

各位，修持大悲咒，要記得，你們就是千手觀世音菩薩，不要說：「唉喲！我怎麼敢哪，我怎麼敢當千手觀世音菩薩」，如果這樣，要勸你們敢去當千手觀世音菩薩也很難，因為你們的我執太重。

我執有二種狀況，一種是「我一定非當千手觀音不可」，另一種是「我不敢當千手觀音」，這是二種我執，也就是一種是「我要」，另一種是「我不敢」，所以這裡面也很為難，但是沒有關係，我們還是從這為難地方去下手。

現在雖然你不是百分之百的千手觀音，你可以當百分之一吧？百分之一感覺還是做不到，那千分之一好不好？還是不好意思的話，那萬分之一可以吧？至少一點點，有一點點的話，無論多麼微小，就從那一點點開始，試試看，讓你的行為，你的語言，你的思想，你的一切，每天二十四小時就是這樣相應於觀音菩薩，你的心就是大悲心，你的語言就是大悲咒，你的行動就是千手行，要這樣子去做，你在工作的時候你是千手觀音，你用大悲咒的語言跟眾生講話，用大悲心來做。

所以，我希望大家當一個全職的觀世音菩薩，二十四小時實踐。各位，修行一定是二十四小時的，千萬不要一天之中，只有持大悲咒的時候才跟觀世音有關，其他時間就跟他無關，不是這樣的。

人間正是菩薩的道場。很多人在佛前，表現是比什麼都好，但一出了佛堂，就各自做眾生去了，大家不要這樣。真正檢測我們修行的功力，一定是在人間，而不是在佛前，在佛前你會跪在那邊很乖，所以真正的考驗是在人間的生活當中！佛陀不會在佛前考你的，他會在路上考你，故意撞你一下，看你會起什麼反應，你是會用千手觀音的手來擋，還是氣得煩惱萬端？

佛陀會在這個現實的世間裡面，跟你相應，來檢測一下到底這個大悲咒是不是入你的心，或者你的嘴巴只是當個播音機而已，希望大家能夠了解這個大悲咒要能真正入心的道理，而在生活的24小時裏去實踐。

啟動說法因緣的瑞相

以下正式進入佛陀宣說《大悲心陀羅尼經》的盛大法會，依《大悲心陀羅尼經》的內文為主軸，來講說修持大悲咒的心要。

「如是我聞：一時，釋迦牟尼佛在補陀落迦山觀世音宮殿寶莊嚴道場中，坐寶師子座，其座純以無量雜摩尼寶而用莊嚴，百寶幢旛周匝懸列。

爾時，如來於彼座上，將欲演說總持陀羅尼故，與無央數菩薩摩訶薩俱，」摩訶薩又名摩訶薩埵，摩訶是大的意思，薩埵是有情的意思，所以摩訶薩埵是大有情，就是大士的意思。菩薩的全稱則是菩提薩埵，菩提薩埵或摩訶薩埵都有意指菩薩的意涵。

「其名曰：總持王菩薩、寶王菩薩、藥王菩薩、藥上菩薩、觀世音菩薩、大勢至菩薩、華嚴菩薩、大莊嚴菩薩、寶藏菩薩、德藏菩薩、金剛藏菩薩、虛空藏菩薩、彌勒菩薩、普賢菩薩、文殊師利菩薩，如是等菩薩摩訶薩，皆是灌頂大法王子。」我們可以看到，很多經典在一開始時，都有很多佛菩薩的名號，大家不要覺得這和經典內容無關，大家要了解，菩薩的名號基本上是他特有的德性，他特別的修法，我們一看到這個佛菩薩的名字，大概就會了解，他是從事那一行的，比如藥王菩薩、藥上菩薩——這應該是和醫藥有關，或是寶王、寶藏——這大概都是寶部一族。所以，佛菩薩的名字就是他們所修持、行持的法門。

有鑑於一般人將修行與生活切割，我不斷倡導生活跟經典要結合在一起，並提出「生活即佛經，佛經即生活」的修持理念。什麼是「佛經即生活」？像我們現在在讀這個經典的時候，「如是我聞：一時，釋迦牟尼佛在補陀落迦山觀世音宮殿寶莊嚴道場中……」我們看到這段經文的時候，要作一個基本的參與——現在就把我們所在的這個地方，想像成是在普陀山的道場，佛陀就在這邊說法，而我們大家就坐在這邊聞法，讀經的時候就是這樣，做這樣的觀想，想像自己也參與盛會，道場佈置莊嚴，很多菩薩就在你近旁左右，都是灌頂位的大法王子。

「佛經即生活」，就是我們讀經的時候，要觀想參與其中，親歷聖會，這是第一個。「生活即佛經」就是把經本裡面的意義內容放在我們的心上，就在我們的人生中實踐這本經典，兩者統合起來，你的生活就是佛經，佛經就是你的生活。

這樣的生活，不論是用在《金剛經》、《心經》或《法華經》，都是一樣的，此時此刻就把《大悲心陀羅尼經》變成你的身、語、意，變成你的生活！

接下來，「**又與無量無數大聲聞僧，皆行阿羅漢十地，摩訶迦葉而為上首。**」，所謂的「聲聞十地」是受三皈地、信地、信法地、內凡夫地、學信戒地、八人地、須陀洹地、須陀含地、阿那含地、阿羅漢地等，所謂的四果，即是「聲聞十地」的後四地，許多的名詞只是開跟合，多與寡的問題，開則為十，合則為四。

「**又與無量梵摩羅天，善吒梵摩而為上首。又與無量欲界諸天子俱，瞿婆伽天子而為上首。又與無量護世四王俱，提頭賴吒而為上首。**」，護世四王就是四大天王，「**又與無量天、龍、夜叉、乾闥婆、阿修羅、迦樓羅、緊那羅、摩睺羅伽、人非人等俱，天德大龍王而為上首。**」，這些是天龍八部。前面「梵摩羅天」是梵天，梵天又分為三天：梵眾天、梵輔天、大梵天，這三天是初禪的三天，梵天中又以大梵天王中的善吒梵摩為首座；接下來是欲界六天，而以瞿婆伽天子為上首；護世四大天王是東方持國天王（提頭賴吒即是此天天王）、南方增長天王、西方廣目天王、北方多聞天王。

天龍八部中，「乾闥婆」是樂神，「阿修羅」瞋心大，有天福而無天德，「迦樓羅」即是大鵬金翅鳥，「緊那羅」是音樂神，「摩睺羅伽」是腹行神，是指大蟒蛇，「人非人」是指樂神名等，以上是天龍八部。其中是以天德大龍王為上首。

「又與無量欲界諸天女俱，童目天女而為上首。又與無量虛空神、江海神、泉源神、河沼神、藥草神、樹林神、舍宅神、水神、火神、地神、風神、土神、山神、石神、宮殿等神，皆來集會。」

「時觀世音菩薩，於大會中，密放神通，光明照曜十方剎土，及此三千大千世界，皆作金色，天宮、龍宮，諸尊神宮，皆悉震動，江河、大海，鐵圍山、須彌山、土山、黑山，亦皆大動；日月、珠火、星宿之光，皆悉不現。」密放神通，是偷偷的放出神通，因為觀世音菩薩所密放的神通光明太大了，所以日月星宿的光明就黯淡不見了。「於是總持王菩薩，見此希有之相，怪未曾有，即從座起，叉手合掌，以偈問佛：如此神通之相，是誰所放？」像這樣的密放光明的狀況，都是有它的因緣，這是屬於瑞相，這瑞相的緣起，都是要啟動說法的因緣。

有了這說法的瑞相因緣，所以接下來總持王菩薩「以偈問曰：誰於今日成正覺，普放如是大光明，十方剎土皆金色，三千世界亦復然？誰於今日得自在，演放希有大神力，無邊佛國皆震動，龍神宮殿悉不安？今此大眾咸有疑，不測因緣是誰力？為佛菩薩大聲聞？為梵魔天諸釋等？唯願世尊大慈悲，說此神通所由以。」

在經典裡面，這個以偈問曰的這一段是屬於偈誦，就是對句的，中間散文的部分叫做「長行」。

接下來是佛陀回答總持王菩薩的啟問，「佛告總持王菩薩言：善男子！汝等當知今此會中，有一菩薩摩訶薩，名曰觀世音自在。」，一般來講，「觀世音」跟「觀自在」是兩個不同的譯音，就是兩個不同的翻譯，相差一個音節，鳩摩羅什的古音是翻成「觀世音」，玄奘大師是翻成「觀自在」，他認為鳩摩羅什翻錯了。但其實不是，因為鳩摩羅什根據的是中央亞細亞的版本，是由於兩個人所根據的原典的經文字句已經不同，但基本上「觀世音」和「觀自在」有同義之處。

玄奘大師的梵文跟中文都很好，所以有時候他講的很篤定，但其實有時候是因為版本的問題所造成的翻譯上的差異。就像《法華經》也是一樣，鳩摩羅什拿到的是中央亞細亞的版本，玄奘大師拿的是印度的版本，但是光是印度的版本可能就有很多種，更何況一百年前的版本跟一百年後的版本可能又有不一樣。

但在這邊我們不必把「觀世音」和「觀自在」分得那麼清楚，可以把兩者看成是相同的，畢竟兩者在內義上有相通之處，所以這裡就合起來稱作「觀世音自在」，亦即伽梵達摩這個譯者他並不認為兩者在意義上是衝突的，所以他就直接把兩者統合在一起，疊稱為「觀世音自在」。

「**從無量劫來，成就大慈大悲，善能修習無量陀羅尼門**」，陀羅尼門就是總持門，陀羅尼也是咒的一種，但基本上它是總持的意思。咒本身有一種能夠總持一切法的意思，所以對於「咒」，我們可以把它當作是一個心法，具足這個心法之後，就能夠總持這個菩薩的心，或總持這個菩薩的法。觀世音菩薩的法有多少？無量無邊！如果要總持觀世音菩薩的法，只要記得，你能夠隨時隨地不失大悲心，總持大悲心，就是具足觀世音菩薩的一切法，因為觀世音菩薩就是一切諸佛大悲心的總集，法是無量無邊的，從根本心要來掌握，如此才能夠總持，而不是你收集多少法本，修了多少座法。

以前我認識一位密教的朋友，他是在很早期就開始引進密教佛像的人，大約在民國六十幾年的時候，那時的密教佛像在台灣很罕見，所以價格非常之高。他有一個興趣，就是專門收集各種祕密法本。

當時很多人以為我手上有很多祕密法本，但其實我沒有，因為我最祕密的，除了我的心之外，其它大概沒有什麼祕密。但他們都以為我有，比如是陳健民上師的或是誰的密法法本，可能是他們看我深不可測的。因為我在大學時代有很多傳說，可以算得上是傳奇人物。

那位朋友就以為我有很多祕本，他年紀比我長多了，有一次他對我說：「洪師兄啊，聽說你有很多密法的祕本。」，我說沒有，因為我學法就是用心在學，我根本不大用什麼法本，也不大去背它們，結果他一直認定我有，還說他願以高價來換取。

我很好奇的問他：「你要這些法本幹什麼？」他說他要完整的收集這些法本，將來要好好的修，我告訴他說要修就趁現在，怎麼將來才要好好的修？可惜他沒有聽進去，還是繼續收集法本，等以後好好修。沒想到後來，他在一次花蓮的空難事件中罹難了，法本還沒收集完，人就已經先走了。

每次想起這件事，心中就十分感傷。所以，各位啊！不管你有沒有法本，趕快修行要緊。沒有煩惱就是解脫了，你有大悲心就有大悲咒，什麼法本會比這個重要？什麼法本會比不執著更重要？什麼法本比大悲心更重要？不可能的！真正的法本在你的心裡面，所有的一切法只是開啟你自心本具的佛性，讓你了悟自心本佛，讓你了解你就是觀世音菩薩，就是千手千眼，就是這樣子，就像《大悲心陀羅尼經》這本經就是告訴你，你就是千手千眼的觀世音菩薩。

「善能修習無量陀羅尼門」，什麼是「無量陀羅尼門」？總持一切。

很多人看我的年紀和我的著述，都感覺到很不相稱，為什麼我的年紀不大，但是寫的書、講授的法門這麼多。其實，人就算活到一百歲，能學多少東西呢？有人可能會懷疑我的年紀，可是我就算從娘胎裡面就開始修法，也不可能學那麼多東西。所以，法在那裡？在你的心裡！不然你怎麼可能看懂佛經裡的東西，很多人是一輩子一個法門就已經看不懂，那你又如何去了解無量陀羅尼門那麼多的東西？你的心要跟佛菩薩一樣啊！要跟佛菩薩相應，你想要懂他的法，當然要心跟他相應，不然只懂得文字相而已！所以總持無量陀羅尼門是怎麼總持？是心總持！

「**為欲安樂諸眾生故，密放如是大神通力。**」，觀世音自在他為了安樂所有的眾生，所以密放這些神通力。這時候呢，透過佛陀的介紹，啟動了觀世音菩薩宣說密法的因緣。「**佛說是語已，爾時觀世音菩薩，從座而起，整理衣服，向佛合掌，白佛言：世尊，我有大悲心陀羅尼咒，今當欲說，為諸眾生，得安樂故，除一切病故，得壽命故，得富饒故，滅除一切惡業重罪故，離障難故，增長一切白法諸功德故，成就一切諸善根故，遠離一切諸怖畏故，速能滿足一切諸希求故，惟願世尊，慈哀聽許。**」（師言：大家注意，我們現在已經參與了這個大悲盛會）佛陀告訴總持王菩薩這些話以後，觀世音菩薩從座位上起來，向佛合掌，向佛陀說：「我有這個大悲心陀羅尼咒，現在要宣說」，這大悲咒是什麼？這是觀世音菩薩的三昧耶！所以觀世音菩薩講這個法有沒有誓願？有！就是向所有聽聞此咒者的救度發願。但我們常常是把最珍貴的東西放在前面，卻讓它空手而過。

觀世音菩薩這麼說了，我們要怎麼做呢？要準備受法。

現在觀世音菩薩要直接跟我們傳法，所以不要再問我說：「要不要唸大輪金剛陀羅尼之後才可以受法？」，就直接把心打開，觀世音菩薩現在要對我們講法，這是經典跟你講的。這個神咒可以幹什麼？你們現在要不要得安樂？經典所說的這眾生是誰？就是我們啊！觀世音菩薩是為了我們而講的，眼前的這位觀世音菩薩，不是為了古代的人講的，你不要以為他是為古代人講，現在他當然是為了現在的我們講的。如果不是為我們講的，這本經怎麼會流到我們手上？我們怎麼會在這裏講說此經？

很多人拿到這本經只是在讀經，讀完之後，他卻不知道這經是真真實實在為他講的。所以我們現在要得安樂，受持這部經你可以得安樂，可以除一切病，得壽命，得富饒，滅除一切重罪，離障難，增長一切白法功德，成就一切善根，遠離一切怖畏，速能滿足一切諸希求，最後是什麼？你能夠成就觀世音菩薩，能夠成佛！

因為大悲咒是這樣子，能讓眾生得到無量的安樂利益，所以「惟願世尊，慈哀聽許。」觀世音菩薩祈請佛陀能讓他宣說此神咒。

「**佛言善男子，汝大慈悲，安樂眾生，欲說神咒，今正是時，宜應速說，如來隨喜，諸佛亦然。**」，佛說：「你真是大慈悲啊，為了安樂眾生的緣故，所以宣說神咒，現在正是時候。」

「今正是時」，那時候是恰當的時機，現在我們讀的時候，也正是時候，他就是對我們說的，而在你讀這部經的時候，「如來隨喜，諸佛亦然」，所有如來都隨喜贊歎，給你加持，你難道不是現前者嗎？

所以讀任何一部經典，都可以現前得到灌頂，現前得到加持，但可惜我們都輕忽而過，讀了一輩子經典，還是輕忽，不知道觀世音菩薩在我們前面，給我們灌頂！同樣的，你讀《阿彌陀經》的時候，是阿彌陀佛在你面前把極樂世界展開，告訴你說：「你來這邊吧！」我現在告訴大家的，是讀經最重要的核心要義，大家要善自了解掌握！

諸佛贊歎隨喜的大悲神咒

當觀世音菩薩請佛陀允許他宣說大悲心陀羅尼時，佛陀很歡喜的回答他：「善男子！汝大慈悲，安樂眾生，欲說神咒，今正是時，宜應速說！如來隨喜，諸佛亦然。」

「如來隨喜，諸佛亦然」，隨喜是讓你增益自身的功德，增益你自心的智慧，增益你自心的善法，增益你的一切最簡單、最有效的修行方法。

「隨喜」，到最後是不作意，也就是你心裡隨時是喜、是樂，所以看到喜事樂事現前時，心裡面會很高興，這不容易啊！很多人看到別人做得好就很生氣呀，其實大部份的人都是這樣，只准自己做得好，不准別人做得好，所以什麼事情都能替人隨喜，真的是一種心靈的成就，這是隨喜功德。

「如來隨喜」，什麼是「如來」？《金剛經》中說：「**無所從來，無所從去**」，那「如來」到底是什麼？「如來」就是「如去」。最重要的是這「如」字。什麼是「如」？佛法裡面講「真如」，講真如以前，我想先跟大家做一個簡單的「如」跟「空」的演變史的介紹。

中國是從東漢才開始有佛教傳進來，東漢以前沒有佛教，所以東漢以前的中國並沒有「空」的思想，像我在最近用英文講《心經》，有許多嫻熟中英兩種語文的朋友就說，「空」如果翻譯成Empty或Emptiness是錯的，這樣不能翻出佛法「空」的真義。

我聽了覺得很有趣，就問他們：「好，現在請大家到台北市去，到忠孝東路或什麼地方都好，你們在路上隨便找到任何什麼人就問他『空』是什麼意思？」十之八九的人大概都會這樣回答你：「就是空間嗎！空空的呀，什麼都沒有。」你問一百個人，有幾個人會跟你講「空」就是「般若」？是「無相」？沒有呀！你所問的這個字是中國字「空」，只有佛教徒知道這「空」還有另外的意思，更只有少部分的佛教徒知道這「空」的確定意思是什麼，但回過頭來還不是很確定是真的懂，當然更少佛教徒能證到「空」到底是什麼意思。所以如果你去問美國人，他回答Empty並沒有錯，因為這不是翻譯問題，而是證量的問題！

從「如」到「空」是一個般若化的過程，《金剛經》是講「空」的經典，但裡面找得到「空」這個字嗎？有，但它這個空是講空間、虛空的空，裡面沒有講空是般若實相等等。因為在鳩摩羅什的時代，中國文字裏還沒有找到和般若對應的字可以翻譯。

本來這「真如」是譯成「本無」，為什麼是譯成「本無」呢？這跟《道德經》有關係，老子《道德經》第一篇「**道可道，非常道；名可名，非常名。無，名天地之始；有，名萬物之母**」，所以當時是用道家的思想去理解佛教，這叫「格義」。這就像兩個電腦系統，彼此之間要進行聯結對話，中間就需要一個轉換介面。這格義佛教就是像這樣的一個轉換介面，就是要透過道家的思想，比較接近佛教的思想，將佛法轉入中國進來。

由於經過這個格義過程，所以我們在看早期佛經裡有些翻譯是很有趣的，譬如現在大家常常聽到的「轉輪聖王」，在早期漢譯的經典是翻成「飛行皇帝」，因為這輪王有輪寶，是會飛的，這就是格義過程的佛經翻譯。這格義的過程從東漢開始就一直在進行，不斷的發展，鳩摩羅什是魏晉南北朝的人，那時候格義過程還沒有完成，但已經差不多接近尾聲了，到最後是在僧肇的手中完成的。

僧肇是鳩摩羅什的弟子，他寫「不真空論」，「空」是什麼意思？「不真」即「空」！

各位也許讀了很多佛經，不管你們對空的理解為何，現在我很簡單讓大家了解什麼是「空」。我現在拿起這支筆，這叫空。為什麼？因為這筆是緣起所成，它本身並沒有一個自體性。萬事萬物都是空！因為沒有一個東西是真的有那個東西，萬物性空，一切現空。

了知萬事萬物性空，就有了正見，也就是你看到這個，你當下現觀它是空，你就有了般若。所以「境了」智就生，「智生」境就了。「境了」就是現觀一切是空，你不執著了，智慧就生起了，這就是「境了而智生」，反之「智生則境了」，當智慧生起時，就不會執著、輪迴了，所以這兩者是一對的。有沒有說「境了」而智慧卻沒有了，或者智慧生起卻執著於境？不可能的。所以金剛經中說「應無所住」，也就是心無所住，心所觀照的境不可得，為什麼是不可得？因為空，就是不真，了解了這個，才是悟道的根本。

前面說「真如」本來翻譯成「本無」，這個「如」，也可叫「法性」、「空」、「實際」、「實相」……這許多名稱都是在用不同的方式說明「如」，就像觀世音菩薩又叫觀世音、光世音……等不同名稱，而這些不同名稱所講的都是同樣的內容。

「空」或「般若」，是你證悟了就是般若，所以真如不是真的有一個「如」，而是說「如」是真的。真的意思是什麼？就是真的沒有一個東西叫做如。如果照《金剛經》的說法，就是：「所謂真如，即非真如，是名真如」，所以這裡面我們要清楚：這個東西是真的，為什麼這個東西真的？因為沒有一個東西是真的，所以它是真的！你執著有一個東西是那個，那就不是真的，所以《金剛經》說：「**若以色見我，以音聲求我，是人行邪道，不能見如來**」，但是若你一執著有一個「不是真的」，那你又走錯了，所以：「所謂不真，即非不真，是名不真」，也沒有一個不真的！

這點很重要，所以《金剛經》又說：「**莫作是念：『如來不以具足相故，得阿耨多羅三藐三菩提』…何以故？發阿耨多羅三藐三菩提心者，於法不說斷滅相**」，所以若說不以三十二相八十種隨形好見佛，是名斷滅，故金剛經講空又破空，你一有空，說空，即非空，是名為空。

「如來」的「如」，無所從來，無所從去，是自由的，在你的心是完全自由的，沒有障礙的，在外境也是自由的，因為是現空。你心一執著外境，心的智慧就沒有了，你心的智慧一沒有，就執著外境。所以，什麼叫「三輪體空」？三輪中一個是主體，就是自身，一個是客體，就是對象，第三個是中間這個，用現代的白話講就是介面，所以三輪空就是講「智、境、觀」這三個都是空的，也就是主、客、介面三個都是空。

佛法是可以用白話文講的很明白的，佛法如果用白話文講不通的話，那就不是佛法了。因為釋迦牟尼佛以前是用當時印度的白話文講的，如果他當時講的是用沒有人聽得懂意思的語言，聽的人卻忽然間就開悟了，有這種事情嗎？佛陀當時的印度，大部份的印度人幾乎都是文盲，就算是現代的印度人不識字的比例也是很高，更何況是二千五百多年前的印度呢？不要說印度，二千五百年前的中國有多少文盲？孔子當時會有多少文盲？另外，佛陀的弟子中，開悟的弟子中，也有很多是文盲，因為佛陀所帶領的團體跟孔子不一樣，孔子所帶領的是知識份子的團體，是一個知識系統，但佛陀卻不是如此，他帶領的是平等系統，所以他的弟子裡面有婆羅門、剎帝利、吠舍、首陀羅，婆羅門是宗教官員，剎帝利是貴族，這二種可能都識字，吠舍是平民，可能不識字，士農工商可能識字或不識字，但首陀羅是奴隸賤族不可能認識字，所以佛陀說法當時講的一定是白話文，並不需要讀過中觀或唯識，或佛教概論才能開悟。

所以，以「無所從來，無所從去」來形容如來，是代表沒有任何境界會障礙他，因為他的境界是空，他的心是般若，所以心是無所住。

什麼叫「般若」？般若不是你戴著一個智慧的眼鏡，然後到處看，而說：「我有智慧！我有智慧！」不是這樣的，而是看到東西不執著就叫智慧，離開這個，沒有一個叫智慧的東西。為什麼要帶著智慧呢？智慧是要用時就有了，很多人很緊張，隨身隨時帶著智慧，這樣太辛苦了！《金剛經》不是說：「**如筏喻者，法尚應捨，何況非法**」。你臨終時，也不可能說：「等一下，我準備一下我的智慧」，來不及了，智慧是那時候不執著，就是智慧，就解脫了，所以不需要準備，智慧是不需要準備的，不執著就是了。

用「無所從來，無所從去」來解釋「如來」意涵是很好的，但是講久了大家總是會把它的運動性消去，變成個停滯的概念，所以現在我就把它稍為改一下，變成「如中行來，如中行去」，這樣的話，「如來」意涵中的運動性就增加了，變得積極一點。

你們就是如來，你們當然是如來，什麼是「如來」？有錢很好，沒錢時也不錯；身體康健時，多做點好事，身體不好時也不錯，生病時也很自在，這叫「如來」。「如來」也會拉肚子呢，問題是我們拉肚子時會很煩惱，但「如來」拉肚子時「嘸代誌啦」（台語），就像廣欽老和尚的「嘸來嘸去，嘸代誌」的道理，雖然這並未到如來境界，但也是「嘸代誌啦」。另一個例子像維摩詰，他生病卻還可以趁著生病來說法，但維摩詰到底是真的生病，還是假的生病？我寧願相信他是真的，要是他假的話，未免太假了吧，不過他真的病嗎？他可能會問你說：「有一個真的叫『病』的東西嗎？」所以說，天氣冷大家衣服就多加一點，免得感冒了，那感冒了怎麼辦？感冒就是「哈啾」！

所以，各位，佛法不是讓我們舒舒服服的過日子的，那是第二義，第一義是什麼？就是讓你們在任何日子都過得很舒服，這樣比較好吧！

我問大家，山頂洞人的時候，那時候日子過的舒服嗎？那時候相對於現在，有些人感覺到很舒服，有些人感覺不舒服。所以，「如中行來，如中行去」，這個「如」是重要的，「如」就是什麼？實相！如其實相，就是這樣子，不多，不少，正正是這樣子，所以作「如來」是很不錯的，如來就是如去，來的時候很自在，去也自在！

課中開示

問：空海大師是否依修學無上瑜伽部而即身成佛，或依止下三部瑜伽而尚未成佛？

答：為什麼叫無上瑜伽部？這是無上瑜伽部的人自己講的，空海大師那時候沒有無上瑜伽部，所以他不會依無上瑜伽部而成佛。什麼叫下三部瑜伽呢？那是很簡單的一個事，我先問大家，什麼叫大乘、小乘？「乘」是車子，大小乘就是大車子、小車子，小乘是罵人的話，有沒有人會自稱是小乘的？我想不會吧！所以你去泰國的話，你不要說人家是小乘的，小乘是大乘罵他的話才叫小乘的，在泰國，他們是不拜觀世音菩薩，也不拜阿彌陀佛的，除了華人之外，他們只拜釋迦牟尼佛的。

小乘佛教是大乘佛教批評小乘佛教而把它分出來的，所以小乘佛教它們自古以來對大乘一個反對的方法就是主張「大乘非佛說」，你大乘說我是小乘，我就說你大乘是外道。

大乘佛教裡又分為顯教跟密教，密教認為它自己是比較高的，這裡牽涉到一個判教的問題，判教就像現在教育上面所謂學校、院所、或是系的評比。所以像天台宗就說自己的天台宗是最好，華嚴宗也說華嚴宗最好，密教就說自己的最好；經典方面，天台宗說《法華經》最好，是經王，華嚴宗說《華嚴經》最好，密教就說《大日經》跟《金剛頂經》最好。但現在問題就來了，《大日經》跟《金剛頂經》這兩部經在中國的評比是，兩部經典一樣大，也一樣好。但是無上瑜伽部看《大日經》是屬於行部，《金剛頂經》是屬於瑜伽部，所以無上瑜伽部眼中的《金剛頂經》比《大日經》

高，但是你去問空海大師或中國佛教，他們會認為兩部經一樣地位。那麼這是怎麼一回事呢？無上瑜伽部最主要的，來自於《金剛頂經》，而《金剛頂經》的思想源頭是來自於《華嚴經》。這個無上瑜伽部是後期判教才判出來的。

《大日經》和《金剛頂經》在歷史上顯示出來的時間，前後差不到五十年，我們現在大部分看到的而在印度所找到的，大部分的資料是以刻石的方式存在，很少抄寫的，而且大多以《金剛頂經》為多為主，《大日經》的部分在印度所留存的很少，但是在東孟加拉卻找到很多的《大日經》刻石遺跡。

如果大家要修學無上瑜伽部，大家可以參看拙著《蓮花生大士全傳》，裏面有很豐富的資料。印度很多的歷史，現在要用中國的資料去校正，西藏很多的人物跟歷史也須要中國的資料去校正。因為有的人雖然修行很好，但常識不足，所以有時候他們對於歷史常搞不清楚。像我曾經碰過一位西藏喇嘛說中國佛教是西藏傳過去的。我反問說：「西藏佛教是什麼時候開始的呢？」中國佛教可以說是印度爸爸跟中央亞細亞的媽媽生的，西藏佛教則是印度爸爸和中國媽媽生的，像西藏的九宮八卦是文成公主帶過去，九宮八卦跟道教、風水等是中國傳過去的。

又如：瑪哈嘎拉（大黑天）的信仰，在中國雲南有阿吒力教，就是信奉大黑天的。阿吒力是老師或你的喇嘛的意思，雲南的阿吒力教是信奉大黑天的，境內有一百多處大黑天廟，就是瑪哈嘎拉廟，很多人以為雲南的大黑天廟是從西藏傳過去的，其實不然，是從東漢時代，也就是公元開始左右就傳過去了。但那時候西藏有佛教嗎？在那個時候的西藏並沒有佛教，西藏佛教是六、七百年之後，唐代文成公主之後才有的；所以說，雲南的大黑天廟是比西藏佛教出現前六百年就有了，所以雲南的佛教是比西藏佛教起源的時間還早了六百年。

再回來看吉祥獅子，他是大圓滿的祖師，是蓮花生大士的上師，也是中國北宗禪的禪師，而且跟五台山有密切關係的。台北故宮有一個鎮宮之寶，叫做「大理梵像卷」，那裡面把密教的無上密及北宗禪的祖師合在一起。蓮花生大士弟子中有二十五個大成就者，其中也有北宗禪的禪師，可見在唐代就有禪密兼修的風氣了。

再回到前面的問題，整個四部瑜伽的分法，是無上瑜伽部後來所分出來的，所以空海大師並沒有學過無上瑜伽部，但是跟無上瑜伽有關係嗎？當然有！像《理趣經》就是屬於無上瑜伽部的經典。

現在的情形往往是學藏密的不了解東密，學東密的不了解藏密，顯教不了解密教，密教未必真懂顯教，小乘跟大乘又有不一樣的地方。但是對我來講，我只懂得佛法而已，而且佛法用來解決生命問題的。因為所有佛法都是為生命服務的，而非為宗派服務的？宗派是為佛法服務的，那佛法是為誰服務？是為了人的解脫而服務！所以對我來講，就只有眾生，只有心的問題，沒有佛法的問題，當然更沒有宗派的問題。

以前比較古系的佛像，只有嗡、啊、吽三字，這代表身、口、意，只有三輪，比較新系的無上瑜伽部的佛像則有嗡、啊、吽、梭、哈五字，就是身、口、意、功德、事業五輪，也就是無上瑜伽部多了氣功的修法。原來古系的佛像中只有三部而已，就是中央的大日如來佛部，東方的金剛部（不動佛），西方的蓮花部（阿彌陀佛）。

經典裡面，五方佛部中有單獨成立經典的，只有佛部的《大日經》，金剛部的《阿閦佛經》，蓮花部的《阿彌陀經》，其它二部並未單獨立經，所以基本上是以佛部、金剛部、蓮花部這三部為最核心，但是在修法上面，它必然會是以五部五方佛的方式來展現，就是嗡、啊、吽、梭、哈，也就是多了功德、事業這二項，這是為了修學氣功而特別施設建立的，而這多了修學氣功的部分就是屬於無上瑜伽部。

但是大圓滿法是屬於瑜伽部還是無上瑜伽部？以前第五世的達賴喇嘛學過大圓滿法，他比較開放，但是你如果現在去問黃教或是薩迦派的，他們會認為大圓滿法比較高嗎？應該不會。所以，這還是一個判教的問題。那大圓滿是什麼？大圓滿裡面最核心的是「大圓滿心中心」，很少人能看出它結構中的奇妙之處，因為它一開始教行者修「嗡、啊、吽」三尊，後來再叫你修五尊，這代表大圓滿是屬於古密法！所以有人說大圓滿是屬於瑜伽部，但其實不能講瑜伽部，因為瑜伽部是無上瑜伽部的人去分的，大圓滿法其實是古密法的，不是氣功道。

所以你如果要我判定空海的地位？我會說空海是大圓滿祖師。

前面講修嗡、啊、吽三部的是屬於瑜伽部的古系，無上瑜伽部講到氣功道，所以是多了梭、哈，這代表「大圓滿心中心」是融合了古密跟新密的，也就是大圓滿本來較類似禪宗的，它專講心法，所以它有心部、界部、教誡部。心部是比較接近大手印，界部是普遍法界現成，教誡部則直指你是如來；它基本上只是這樣，但到最後它會匯入無上瑜伽部，它並不用練氣功，這是為了方便。所以大圓滿要練氣功嗎？它認為氣功現成，因為一切眾生皆佛！

有人說釋迦牟尼佛是中陰成佛，因為釋迦牟尼佛入滅時沒有化為虹光身。但修成虹光身就是成佛了嗎？在歷史上面，我們只承認真正成佛是釋迦牟尼佛，再來就是彌勒佛。但藏密有時候它會講他們成的是特別的佛，只能夠度三千人。這是什麼佛呢？成就虹光身就代表成佛嗎？

法王說香巴拉世界的人大部分是虹光身，那不是表示大部分的人是佛嗎？但為什麼又說在未來世，地球會跟香巴拉世界的人打仗而血流成河呢？成就虹光身的人如果還會血流成河，那不是很奇怪的話嗎？而且在西藏的歷史上他們是天上的七個祖先，和地上的六個祖先，他們都已經成虹光身，如果說有虹光身就代表成佛的話，他們沒有修行佛法，怎麼會成佛呢？

如果他們沒有修成佛，但是他們擁有虹光身，這代表虹光身在某些方面如果不是依修證開悟而獲得的話，那就是「天色身」。釋迦牟尼佛不是在中陰才成佛，因為釋迦牟尼佛沒有中陰身，連阿羅漢都沒有中陰身，釋迦牟尼佛怎麼會有中陰身呢？而且釋迦牟尼佛什麼時候成佛？他三十五歲悟道時就成佛了。

判教的問題對我來講，已經屬於過去式了，我現在用的方法比較接近於融合總攝的「雞尾酒療法」，對我來講，能夠幫助你解脫的方法就是好方法，能夠幫助你成佛的方法就是好方法，是一樣的。

問：人死中陰身階段，肉身已死，此時有沒有思考能力而能觀空獲得解脫，還是純任業識飄流，不能自主？

答：我問你，你現在是觀空而獲得解脫，還是純任業識飄流，不能自主？你現在回答！

生：（默）

答：你現在都不能回答我你現在的問題，我怎麼回答你肉身死了之後的問題？修行者要很現實，什麼叫現實？這個現實就是你們不要想很多不關你們的事；什麼時候要想不關你們的事？是當菩薩去幫助眾生時！但你們現在要解脫就要想想你們現實的事，不要去幻想問題，而是解決你們現實問題。修行的解脫是當下這個事情，你的身、你的心，你有沒有當下解脫，它是很現實的。時間取當下，空間取當體，就是這當下當體有沒有現前得到解脫，佛法就是那麼現實。

現在有很多人從佛法，從密教，或從印度教，或從各宗派裡面找到很多很好的理論去建構一套新的理論，而且把解脫的理論講的很通透，那有什麼用呢？歷史上有太多的哲學、思想等，都講的很通，但那有什麼用？因為理論講的通，現實世界卻不一定有這個存在，而是你有沒有解決煩惱才是事實！

所以，佛陀談事情是很直接的，他不會跟你講：「你去讀一套理論來，我再教你」，他是直接處理你心的問題，你的煩惱問題。所以《金剛經》講到五眼：肉眼、天眼、慧眼、法眼、佛眼；其中肉眼跟天眼是功能性的，天眼的功能性遠超過肉眼，可見極小、極大、極近、極遠之物，就是讓你的眼睛變成哈伯望遠鏡兼超級顯微鏡，心跟時間、空間是連在一起的，一切法都是在自心處理的，這有很多重要的意義。

什麼是慧眼？眼是觀照義，所以慧眼即是「觀自在」，就是觀一切而從這裡面解脫，也就是不執著！不執著是無所住，所以他看一切東西都不會去抓取，這就叫「慧眼」！因為無所執著，得「法眼淨」，所以「慧眼」就是沒有執著。因為他能觀自在，心從一切得到解脫，這就是「根本智」，就是對一切都沒有執著。

什麼是「法眼」？法眼也是觀自在，但慧眼是自己觀自在，是自觀自在，而法眼則是我看一切萬事萬物，我能夠了解這一切法並且能夠度眾生，教導眾生！法眼是有「道種智」，就是見到這一切萬事萬物，知道它的道理，而且能向人講法。

所以「慧眼」是沒有煩惱，「法眼」則是能夠解決煩惱，能夠跟他人說法，但這說法不是刻板的拿一本經跟你說法，而是就眼前的任何事物就能夠說法。譬如我現在手上拿著的這個板擦，什麼叫板擦？板擦就是無常，若不是無常，剛才黑板上寫的那些字，現在怎麼一擦就沒有了，剛剛有，現在沒有，就是無常，一切萬事萬物都是無常。所以我是什麼？我是虛幻的，無我是什麼？無我不是有一個我，或沒有一個我，而是把虛妄的執著擦掉而已！這是法，就是在一切事物裡看到法的實相，然後你能對眾生講，這就是法眼！就是菩薩所具備的智慧。這法不用背的，不用背什麼佛法概論，這是心的問題。

肉眼、天眼是一種功能性的，可以藉由修鍊得到，慧眼就是不再執著一切，法眼是你不只自己能夠解脫，而且能夠幫助眾生解脫，能跟人講法。如果慧眼、法眼都完全具足，就是佛了。

我們這樣來了解五眼，佛法不是很生活嗎？就在你身上，背書也沒有用啊！我們又不是要去參加佛學會考。佛法就是解決你生命的問題的。要記得，我們臨終的時候，沒有人會拿佛法概論給你看，也沒有人會拿《金剛經》給你，不會像是說閻羅王來的時候，他如果問「應無所住」，你趕快答「而生其心」就過關了這種事。

所以說，活著的時候就要能夠自在，而不要等到中陰現前的時候才想要自在，那太遲了，你一定要現在有自在的把握，將來就一定能夠自在。所以，我們念大悲咒要怎麼念？念念大悲咒，念到一心不亂。一心不亂是什麼？念是「今心」！到最後是大悲咒念你才對。我們說：「我念大悲咒」，這個「我」是一個很大很大的問題，所以念大悲咒真正是來化除你這個「我」的，念到最後你有了大慈悲，有了大智慧，你的心是陀羅尼，這個陀羅尼在你心念念不斷，你的心就是大悲心，就是大智慧心，就是觀自在的心，這時你有「我」嗎？沒有！

有人告訴我：「我唸大悲咒很厲害哦！我一天可以唸幾百遍。」

我說：「那恭喜你，但是你這樣太遜了，我是大悲咒從早到晚都在唸我呢！」，這樣了解嗎？

也有人這麼說：「我很會念佛哩！」，我說：「你超棒的，但我都是佛在念我呢！」

我們念佛時，偶而還會忘記，但是佛念我們的話，佛會忘記嗎？不會！這樣較安全穩當。所以我們唸大悲咒，修持大悲咒，唸到最後要以大悲咒來消融我們的心，化除這個「我」。所以唸大悲是什麼？就是用大悲咒來化掉這個根深蒂固的「我」，到最後你的心念念都是大悲心，你的心就是千手觀音，念大悲咒到最後就是要你變成千手觀音！

持誦大悲咒的次第，第一步就是一心不亂的用功去唸而入三摩地。

什麼是入三摩地？就是定慧等持，這個定是定在何處？是定在大悲咒，相續不斷；而大悲咒是什麼？大悲咒是空、無我，所以你念大悲咒，最後你就是千手觀音。那什麼是千手呢？通身作用！微妙不可思議的一切作用，就是觀自在千手觀世音，就是大智大悲具足之後，無我之後，你化成千手千眼。這樣子，大家會念大悲咒了嗎？

所以持誦大悲咒一開始先要用功，入三摩地而相續不斷，到最後要無功用行。你若問說：「那無我了怎麼用功？」，無我，那就對了！什麼是真正用功？隨時隨地，念念大悲，就念念無我了。你若念念有我，這樣有大悲嗎？你若說：「『我』很會念大悲咒，『我』常持續不斷的持大悲咒」，有「我」，那就沒大悲了。所以大悲心是無我，無我的大悲心，念念相續，即是大悲咒。到了這個時候，千手千眼的妙作用就自然顯現出來了。

了解前面所講的這個道理之後，我再來回答你肉身死亡之後，有沒有思考能力的問題。

我問大家：「你作夢的時候有沒有思考能力？」有些人有，有些人沒有。你如果能念大悲咒念到最後是大悲咒念你的話，那就有了！所以要請觀世音菩薩攝受你，我們一般人都是我來修行，這個『我』好重啊！但是為什麼不讓觀世音菩薩來攝受你呢？這樣子不就是觀世音菩薩給你灌頂了嗎？這時候你的心就是大悲觀世音，就是大悲觀世音現前！

第四章

修學大悲咒的次第

觀世音菩薩得到佛陀允許，要宣說大悲神咒時，首先告訴我們大悲咒的法源傳承。能對法源的傳承感恩，法源才會清淨，才能產出力量。

一、憶念法的源頭——禮敬千光王靜住如來

「觀世音菩薩重白佛言：世尊！我念過去無量億劫，有佛出世名曰千光王靜住如來，彼佛世尊，憐念我故，及為一切諸眾生故，說此廣大圓滿無礙大悲心陀羅尼，以金色手，摩我頂上，作如是言，善男子，汝當持此心咒，普為未來惡世一切眾生，作大利樂。」

一般講解咒或講解密法，大部分都是從儀軌或事相上的次第來講。但是我對密法的體會剛好跟這個相反，我認為一切密法都是心法，所以我看密法都是禪。怎麼說呢？密法的核心，不管是從大圓滿，或是大手印，或講四灌，或講瑜伽部、《大日經》、《金剛頂經》等，一切密法的心要，都是心法！

我們來看看觀世音菩薩是怎麼告訴我們的。他告訴我們，要憶念法的源頭，要懂得感恩，因為

我們的心在無明中能夠開悟，都是因為有老師來教導我們。我們有這個身體，是來自父母，我們能安住在這邊，是眾生對我們的恩德，沒有眾生，你每天吃的菜要自己種，米要自己舂，任何事都要自己來，日子怎麼過？這是眾生的恩德。

諸佛如來導師對我們的恩德，是讓我們開悟的恩德，他讓我們解除生命中所有的纏縛，得到真正的歡喜跟自在，這是莫大的恩德。所以，我們看經典要學菩薩的行為，學習他的志業。

我們來看觀世音菩薩要講法之前，他先作什麼事？他先感恩，先憶念這個法由何而來？所以他先想起過去無量億劫以前，是千光王靜住如來傳他這個法的。那麼長遠的時間以來，他心中念念不忘這個恩德。

觀世音菩薩不是只有在這邊講大悲咒，他也在無數的地方講大悲咒，在無量的佛土講大悲咒。所以，大悲咒是梵語嗎？是中文嗎？是藏文嗎？是英語嗎？若世界沒有語言，怎麼念大悲咒？有些世界沒有語言，只是以光明來溝通；有些世界是以作夢說法，在夢中說法，在夢中成佛；有些世界沒有語言，超越語言；有些世界純粹只有心念。他們怎麼念大悲咒？所以，大悲咒在人間流傳，它有相應的因緣，是緣起於觀世音菩薩大悲的心念，透過語言是一種溝通方式，而在我們這個世間裡面是透過音聲，就是透過他身體裡的脈所發出的聲音。我們有沒有這個脈？有，但要在智慧開啟之後，才會完全的顯現，但是現在我們還是可以找到這個虛擬的位置。這個位置在那裏？在身體的幾何中心。

從不偏不倚的至中，為什麼是至中？至中就是不偏不倚，在緣起上是中間，但是是從空性裡面產生的。

現在我請問大家，如果有一個無邊無際的地方，請問，那是什麼形狀？沒有形狀！再請問，無邊無際的中間在那裡？沒有中間！所以說，任何一點都是中間，你不就是中央嗎？那它的邊際在那裡？你不是邊際嗎？在緣起上你就是中央，你身體的正中央是中脈，所以中脈是宇宙的核心。在緣起上，從中脈裡面發出的聲音，用大悲心所發出的聲音，就是大悲咒！

緣起上，我們用這樣的原音，但是現在在這個緣起裡面，大悲心是核心，然後透過這樣的語言，不管你唸的是中文的大悲咒，還是梵文的大悲咒，都是從中脈唸出來的。當然，這個大悲核心一定是你的心要有智慧，因為你了解空，了解緣起，從大悲裡面，周遍法界，從大悲發出來的心。

所以，將來要唸大悲咒，我們要憶念誰？千光王靜住如來！還要憶念誰？釋迦牟尼佛！還要憶念誰？大悲觀世音菩薩！這三者是我們大悲咒心的傳承。我們持誦大悲咒，不要誇說自己很會唸大悲咒，是佛菩薩善於教導我們，是觀世音菩薩教得好，而佛陀給他有機會教導我們，千光王靜住如來又加持觀世音菩薩，讓他受持。所以，這是法法心心，燈燈無盡，這個燈，這個焰，從千光王靜住如來點起，點到觀世音菩薩，觀世音菩薩又幫我們點起。

我請問各位，如果現在有一個山洞，洞裡面很黑，請你們把這個山洞裡頭的黑暗拿走，你們要怎麼拿走這洞裡的黑暗呢？點燈嗎？點燈沒有拿走黑暗呀！怎麼拿走黑暗？沒有黑暗可以拿走！所以，點燈是唯一的方法。很多人幻想拿走黑暗，但我們要做的是點燈。很多人說他要「破邪顯正」，但我們可是要忙著「顯正破邪」。什麼是顯正？你的心就是正，你的心是善，就是顯正。你的心超越善惡，擁有般若智慧，就是正；你的心除了智慧之外，還有悲心，就是正。把這樣的心點出來，亮出來，就變成無盡。燈燈無盡，這個世界自然就沒有黑暗。

為什麼這個世界很多人講假話騙人，講虛幻的話，講假東西而人家會聽？因為大家看不到光明；還有太多人忙著在黑暗裡面，打那些講假話的人。

所以，各位，我們要把大家的眼睛點亮起來，而要點亮大家的眼睛，先要點亮誰的眼睛？自己！沒有人能夠欺騙我們，但我們又為什麼那麼容易受騙？因為，我們喜歡欺騙自己！我們每天都在忙著欺騙自己，已經把自己騙得很習慣了，所以人家一騙我們，我們就聽，因為我們已經把自己訓練得很好騙了，所以很容易受騙。

現在請大家把自己的眼睛點亮起來好嗎？你有悲心，有智慧，人家就算設了局來讓你受騙，但是他騙得了你一時，騙不了你一世，他要騙你的成本會變得很高。你可能會被他騙去，但是你所付出的成本一定比他騙你的成本還低，他騙你騙久了會感覺到很沒有意思。所以說，要想不被騙，先要不騙自己。你不騙自己，也不騙別人，讓每一個人都不自騙騙人，那麼這個世界能騙的就少了。

世界上有太多正義的人士忙著打擊黑暗，但往往在他們打擊黑暗之後，他們就變成了另外一個黑暗來讓人家打。所以世間的光明都是相對的，我們現在桌上擺一個不銹鋼熱水瓶，光明從前方照下來，它的後面是什麼？黑暗！

所以這個世界永遠充滿了聖戰，戰爭沒有聖潔的，所有戰爭都不是聖潔的，沒有聖戰這回事！如果有聖戰這種事，釋迦牟尼佛會先保護他的國家，不會讓琉璃王滅了他的國家。所以真正的光明，是解脫的光明，就像水晶般明澈，光透過去而沒有陰影，解脫的光明就是這般明透的。

但我們要修行達到的不只是解脫光明，我們還要像大日如來一樣，是遍照光明！每一點都是光明，互相映照，互照互耀。

二、觀想本尊千手觀音

我們感念千光王靜住如來傳下大悲神咒的恩德，讓我們得以聽聞觀世音菩薩宣說此咒，得大利益。

接著，我們要觀想觀世音菩薩慈悲的身像示現在我們眼前，教導我們如何學大悲咒。

在觀想本尊千手觀音之前，我們先來講觀想光明的口訣。觀想光明要怎麼觀想？這個觀想光明的方法，在古代叫作最殊勝口訣，是口耳相傳、祕密相授才能夠傳的口訣，因為這個是最殊勝的。這殊勝口訣在古代可能要準備十三頭氂牛以及一車的金子，才能得到的。但是各位，因我的嗓門比較大一點，沒辦法附在你的耳朵旁邊跟你講話，所以就大聲講。至於口訣，既然是口訣，就是從口中講出來，你們每一個人都可以聽，聽得懂就是你的。

下面就是觀想光明的口訣：

⑴如千百億日光明（明）：想像光明如百千億個太陽那麼明亮；如果沒有辦法如千百億日的光明，如太陽的光明也可以。

⑵如水晶般透明（淨）：想像光明如同水晶般通透，這是無染的解脫，沒有正義跟邪惡的對立，這叫作「淨」。自淨其意！沒有對立！

⑶如彩虹般無實（空）：想像此光明如彩虹般虛幻，沒有實體。這是加強前面的淨。

⑷遍照：這個光明沒有對立，遍照法界，每一點都是平等光明。

大家要修法，要觀想千手觀音，就是用以上的口訣來修持。我這個人做事很簡單，大家不必在我家掃幾十年的地，我才教你們，因為我比較忙一點，沒有時間這樣做，也沒辦法一對一這樣教，現在這樣教大家，你們會了就會了。

所以我們要怎麼觀想觀世音菩薩呢？

⑴觀空如月輪

第一個，要觀空。密教法會中有彈指的動作，即觀空義，也就是觀聲響無實。頓空！就是斷念頓空！聲滅空起，進入空！空了之後，從空中，你的心在緣起中是法性，你的心性是法性，用月輪來代表，就叫「心月輪」。有時候用日輪代表，有時候用月輪，一般常用心月輪來代表。像以前龍樹菩薩講法的時候，整個人就化成月輪，大家只看見月輪在說法。為什麼顯現月輪？月輪象徵清淨的法性，遍一切都是平等的空，從這裡面顯現法性！密法中的月輪觀是一切觀想法的基礎。

(2)觀蓮華現起

再來，從月輪裡面，再顯現出蓮花。蓮花上有時候是 vaṃ（Vaṃ 鑁字），這是金剛界大日如來的種子字，也就是我們一般每天作早晚課時，所誦念的「嗡、鑁、鑁、鑁、鑁、鑁」的鑁字，讀梵音或藏音都可以。這是代表從清淨無染法性心裡面，從智慧的「大智海毘盧遮那佛」心中顯現出來的蓮花是清淨無染，然後從無染的智慧裡，出生種子字，而種子字放出光明。

這個光明要怎麼觀呢？第一，如千百億日明亮，如水晶般透明，如彩虹般的無實，遍照十方一切，然後從這種子字的遍照光明裡面，出現像霓虹一樣閃亮的金剛鍊光。

講到這裡，我再講一下什麼是金剛鍊光。很多人說金剛鍊光只有大圓滿法有，也可以這樣講。什麼是金剛鍊光？大手印的光明，法性的光明是平等的光明，然後把這光明整個收聚起來，這就像我們現在看到的ＬＣＤ液晶廣告看板，上面會有閃耀的亮光點，也就是說，金剛鍊光是法性光在緣起上的聚合。

所以你會觀想看到種子字所顯現的遍照光明，然後在這很盛亮的光明中間，從緣起上再聚合出它的因緣性。這金剛鍊光它內聚合成一點一點，就像金剛鍊一樣，是無量小的光點。它也可以聚成無量的形狀，可以聚成金剛杵、佛像、種子字、蓮花……等，但這不是觀想來的，你想是沒有用的，因為它是從完全的放下、現空，進入法性光明之後才會有的。

如果是用觀想的，那麼想出來的如果是「有光而無空」，那這是屬於色界的光明。這邊我們先講一下關於大圓滿的法：立斷跟頓超，就是且卻（立斷）和妥噶（頓超）。沒有立斷（斷除凡夫見的現證），就沒有頓超（本來是佛，直下承擔，頓超佛地）；立斷是根本，頓超是圓滿。一定要有立斷才能頓超。

現在再回到我們前面講的部分，從完全明澈，無量光明裡的這個種子字，又聚成像霓虹一樣，聚合成蓮花而顯現。大家現在可以立刻練習一下，現在想像在你們的心月輪上面，這個月輪是立體的，大家可以把一輪皎潔的月亮，或一個耀眼的太陽，放在你們的心輪位置，然後，從裡面一朵香潔的蓮花就綻放開來。這蓮花的每一片花瓣就像蟬翼一樣的薄，但每一點都是明亮的，有時候就像霓虹或螢光那種感覺，從蓮花裡面光明閃耀放射出來。

(3)觀想種子字

接著，蓮花的上面就是種子字出現了，這種子字（）紇利字所放射的光明，如千百億日般明亮，如水晶般透明，如彩虹般無實，遍照法界。雖然它是這樣聚合，但還是平等遍照。

接下來要觀想紇利字的光明放出來。大家感受一下，現在眼睛有沒有亮起來？從裏面亮出去，從一尺、兩尺、整個身體、整個房間、整個大樓、整個台北、整個台灣、整個地球曼荼羅、整個太陽系、整個三千大世界、整個法界、……，一切人的心都是紇利字，一切人的心都是千手觀音。

然後再反轉回來，由法界漸至收斂縮小，回復到極小，而達初始的心月輪的一點，最後再把這一點空掉。

有時候也可以不必收，但是大家剛開始學，可以先收回來，因為大家的思想如果還未通達空的話，收回來會比較好一點，免得心中有罣礙。對佛菩薩而言，他體悟法界都是他，那就沒有關係，但是初學者還有一點分別心，可以先收回來。

收回時，從整個法界，三千大千世界、太陽系、地球、台灣、台北、士林、這個房間、一丈、一尺、一肘、十公分、五公分、三公分、一公分，再變成極微，到最後是空掉。空掉之後整個身心放掉，你本身就是千手觀世音，空掉後就安住在這裡。

從擴大到縮小的過程，就是「廣觀」與「斂觀」。

前面所講這個觀想光明的口訣，非常殊勝，以前不曾有人講過的，現在我已經把它的次第講清楚，大家可以依之修持。

三、為悲愍眾生而宣說大悲咒

接下來，我們再回到經文上面。為什麼千光王靜住如來要傳觀世音菩薩大悲咒呢？「**彼佛世尊憐念我故，及為一切諸眾生故**」，誰是一切諸眾生呢？當然是我們啊！所以千光王靜住如來是為觀世音菩薩及我們講大悲咒的。

「**說此廣大圓滿無礙大悲心陀羅尼**」，「廣大」是悲跟智的意思，慈悲跟智慧。所以，廣大圓滿就是智悲圓滿，而且是無礙。為什麼無礙？大空無礙！大悲無礙！所以能穿透一切，一切無所障礙，這是無礙的大悲心。所以說，這裡面核心點還是大悲兩個字，從大悲裡面出生廣大圓滿。總持大悲心的這個心念，能夠總持大悲心，這樣的陀羅尼，所以他用金色手摩我頂上，傳授我們大悲心陀羅尼。

如來是金色身，所以他的手也是金色的。我有一點對如來金色身的體會，與大家分享：

我從小就體弱多病，高中的時候身高一百七十三公分，但只有四十多公斤。因為我天生的體質本來很差，後來透過修行才改變，所以我對佛身的體會就特別深。我對佛身第一次最清楚的確認，是我在南投別毛山深山中閉關的時期。那時候我的生活很單純，就一個人在山中專修；海拔那麼高的山上，除了打獵的山胞一個星期會經過一次之外，就沒有其他人了。我閉關的地方沒水也沒電，我平時飲山泉，點油燈，感到身心很輕利；有時候一天吃一頓，有時候兩天吃一頓就夠了。

有一天，我在山間小路經行，那天是晴朗的好天氣，陽光普照，照在我身上，我的皮膚竟然有一種金色的光明在閃耀。我感到很奇怪，為什麼會這樣？再仔細看，皮膚上面會有一點一點金色。後來，我託人請問陳健民上師，他說這是「舍利外現」。是不是舍利外現倒是其次，那時候我才知道佛經講如來是金色身的意思，並不是因為他是黃種人（現在大多是認為佛陀是黃種人，而不是雅利安人），而是這身體真的是會變金色身的！

跟大家報告這個事情，是想告訴大家：像我這樣從小是體弱多病的人，因為精進修行，身體都可以改變，那各位當然更有這種機會，今生能夠成就圓滿佛身，我想是沒有什麼問題的。真正的問題是：「你要不要？」問題在這裡！最大的困難是誰？是自己！最大的敵人是自己，還沒做之前自己就先想：「這怎麼有可能？不可能！別作夢了！」大家如果真是這樣想的話，那就真的甭想了！

其實每一件事情都是想來的！自己不想，自己不做，那就沒有機會。但下決心要做，永遠有機會！

接下來，「**作如是言：『善男子，汝當持此心咒**』」，這咒是什麼？是心！所以心即咒，咒即心。當然我們可以講這是心咒的意思，一般而言，心咒都是很短的，很少有這麼長的心咒。但這裡為什麼他要這樣講？這其實我們可以用另外的意思來體會，心即咒，咒即心，也就是大悲心就是大悲咒！

「**普為未來惡世一切眾生，作大利樂**」。觀世音菩薩說自己在那時候：「**我於是時，始住初地，一聞此咒故，超第八地。**」，那大家呢？你們唸大悲咒唸了幾次？很多人唸了不少次，超過一萬次的有吧？有沒有超過十萬次的？但是為什麼沒有像觀世音菩薩這樣，一聞此咒，疾超第八地？

大家現在看我拿計數器持咒，我以前持咒從來不拿計數器的，這是陪大家唸的。在二〇〇三年SARS風暴時，我的學生發起持誦「百億藥師陀羅尼」運動，也就是為這地球上目前的六十億人，及未來的四十億人，每一個人念一次藥師咒，功德迴向給人類及SARS病毒。當時我發願要持一百萬遍，而已經在二〇〇六年的佛陀成道日圓滿了，現在繼續念，主要是為了迴向給禽流感不要擴大。

以前我持咒從來不計數的，因為我持咒是隨時隨地在持。比如唸六字大明咒「嗡、嘛、呢、叭、咪、吽」，我是走一個步伐就唸一個字的，我是自然這樣持。再講一個我持六字大明咒的效驗，很有趣的經驗，是我親身經歷的。我在大學的時候，隨時隨地都持六字大明咒。有一天晚上，我跟三個同學在校區附近夜跑，跑到校區後面的一個山莊，突然間一大群狗衝出圍攻我們。三個同學之中，跑在最前面的那位嚇得向後一跳，就像武俠小說寫的那樣，倒縱一丈，飛的好遠。當時我卻衝上前去，很自然的六字大明咒就脫口而出。我記得我那時是手持劍印，朝前一揮：「嗡嘛呢叭咪吽！」結果，就聽到那些狗哀嚎一聲，全跑掉了。持咒幾乎是我的本能反應了。

還有一次，我在一個月內大概持了幾十萬遍的大白傘蓋咒，結果我持咒用的那串念珠，居然會放電，每一個拿到的人都感覺被電到。

後來我在山上閉關時，都是持藥師咒，每一個時期相應於不同的因緣，持不同的咒。

觀世音菩薩一聽到大悲咒，就馬上直超八地，但為什麼我們唸了這麼多遍還是老樣子？可見得我們是多麼不專心呀！大家持大悲咒時，能不能一持馬上成為八地菩薩？為什麼觀世音菩薩能夠「始住初地，一聞此咒故，超第八地」？其實我也沒資格講這個，我並沒有一唸就超第八地呀，不過我雖沒有資格講這個，不過我們大家可以「參詳」一下。

這是因為觀世音菩薩的心跟大悲相應，所以這個咒，直接入他的心，才可能直超八地；而如果心不能空，沒有具足大悲的話，當然只能慢慢唸，慢慢磨。如果能夠讓此咒直接進入你的心的話，就能直超第八地。

觀世音菩薩一聽到大悲神咒，直超八地菩薩的境界，並發起利益安樂一切眾生的悲願，而出生千手千眼。「**我時心歡喜故，即發誓言，若我當來，堪能利益安樂一切眾生者，令我即時身生千手千眼具足。**」觀世音菩薩這個千手千眼的形像，跟千光王靜住如來應該是有關係的。千光是千種光明，而千手千眼是以千眼觀注一切眾生，以千手度一切眾生。所以發這個願之後：「**發是願已，應時身上千手千眼悉皆具足，十方大地，六種震動，十方千佛，悉放光明。**」，所以跟千佛也有關係。「**照觸我身，及照十方無邊世界，從是已後，復於無量佛所，無量會中，重更得聞。**」，不斷的聽聞薰習，「**親承受持是陀羅尼，復生歡喜，踴躍無量，便得超越無數億劫微細生死。**」，八地菩薩之後，不再有分段生死。我們常說，初地菩薩為什麼不是二地菩薩呢？一般的說法是，因為初地菩薩沒有具足二地菩薩的功德。但是我跟大家講另外一個說法：是因為初地菩薩有初地菩薩的執著，一旦捨棄這個初地菩薩的執著之後，他就是二地菩薩。所以依這個觀點看起來，你們最大的困難在那裡呢？就是你們沒辦法捨棄你們對自己是眾生的執著！

再者，你們不只是沒有辦法捨棄自己是眾生的執著，又對佛、對菩薩的境界有貪染心，所以又生起第二種執著，就是執著佛的境界，執著菩薩的境界。因此你們要先去除你們對眾生的執著，欣求修行，步步增上，然後再把這個對增上的渴求放下，不執著你們所證的境界，這時才能得到真正的「無生法忍」！

我們修行，剛開始的時候像是眼睛看不見外境，只能慢慢摸索。為什麼眼睛看不見？因為這房間是暗的，所以我們是在黑暗中摸索；慢慢的，到後來總算摸到一個方向；有了方向之後，再繼續前行，最後就找到目標了。

這就好像一個飲水瓶放在黑暗的房間裏，我們慢慢摸索著，總算找到了。但一不小心，手一撥，這個飲水瓶倒了，瓶蓋掉了，而且剛好又被腳踢到旁邊去了。這時候瓶蓋雖然掉了，不過我們已經大略知曉這個瓶蓋是掉在什麼位置，只要再摸索一下，就能把瓶蓋找回來，這時瓶蓋就拿好不放手了；接著就對準瓶口拴緊拴到底，就不會再掉了。這個比喻就像我們對修行的境界，從開始一無所知的一路摸索、修證，到最後證得境界了。但是當你的心證得這個境界時，從另一個觀點來說，就是你的心也同時被這個境界抓住了，就好像瓶子和瓶蓋拴緊了，不會掉了，但也很難打開。

所以我們讀《金剛經》時，我們會察覺到裡面它分成兩個階段，前面十六品跟後面十六品。前後兩部看起來字面上幾乎一樣的，但為什麼是兩個部分呢？這前後兩部分的內容其實叫作二道五菩提；二道是第一階段的「般若道」與第二階段的「方便道」。般若道是要你證入智慧的，整個《金剛經》就是要你證入無上菩提心的。

五菩提是指發心菩提、伏心菩提、明心菩提、出到菩提及勝義菩提。「發心菩提」是發心修行，發無上菩提心去修行；「伏心菩提」是降伏你的煩惱心，使之安住於無上菩提；「明心菩提」就是開悟，悟了般若的智慧。但這時候你的心會被般若黏縛住，所以剛開悟的人會有「開悟的味道」，很多禪者稱之為「開悟的臭味」，也就是看起來跟別人不大相同。這個時候怎麼辦？這時就要「方便出般若」，亦即以大悲方便力出離般若真諦，而於真、俗二諦出入自在，也就是由明心菩提，再向上昇進到出到菩提裡去磨練，就像六祖惠能大師開悟之後，在獵人隊中待了很多年，調鍊心性。

以大手印來講，是從專一、離戲，進到一味、無修方便道的修行。《心經》裡：「**色不異空，空不異色**」是解析性的體悟；「色即是空」——般若將入畢竟空，絕諸戲論，是入絕對般若；「空即是色」——菩薩將出畢竟空，嚴土熟生，這是方便出般若。如果沒有透過方便道的調鍊，就像老是戴著一個般若眼鏡去度眾生，而沒有方便力一樣。如果有方便力，隨時隨地都可以自如起用。不然的話，就像是隨身帶著一把劍，但一不小心劍被偷走了，便當場傻眼，什麼事都不能做了。

以前有一位禪師，人稱「打地和尚」，因為無論人家問他什麼法，他就拿起隨身的竹杖子打地。有一天，他的杖子被偷走了，結果他什麼法也說不出了。禪師大抵上可分為二種類型，一般的禪師是以入處教人；但大禪師則是通身手眼。一般的禪師如打地和尚般只會打地，沒有大方便；但你看百丈、馬祖等諸大禪師，他們不只會打地，而且還會踢人，那可是萬般方便都具足的。也就是說，要通的話，什麼都能通，不通的話就是萬般不通。像馬祖的禪杖，早不知放那裡去了，所以他現在都沒啥代誌了。

因此，我們這裡所講的「身生千手千眼具足」是什麼意思？就是通身手眼，方便具足！而且「超越無數億劫微細生死，從是已來，常所誦持，未曾廢忘。」我請問大家，觀世音菩薩在跟你講話的時候，他有沒有在持大悲咒？他的心就是大悲咒！現在一般人修行，只知道「用」，沒有悟「體」，不知修行一定要有體有相有用，如果只會不斷的唸唸唸……，那就失去主體了。

悟體的話，用處隨時可以來，相也具足。如果只會用，相不圓滿，體已經忘失掉了。所以，什麼是體？體如果不忘失，就是總持陀羅尼。如何總持陀羅尼呢？大悲心自然生起！這不是抓著大悲心，抓著大悲心你會好辛苦呀！而是遍法界一切處都是大悲心，是大悲周遍，大圓滿不就是這樣子嗎！

四、隨同觀世音菩薩一起發願

什麼是大悲心？看每一個人都是觀世音，就是大悲心——這有夠慈悲吧！看每一個人都是觀世音——這有夠智慧吧！從現在開始，大家就讓自己的心夠觀音吧！心如果夠觀音，看每一個人都是觀音，你就是大悲心陀羅尼！這時候再進一步，好好的唸大悲咒，這樣不是很好嗎？

「**由持此咒故，所生之處，恆在佛前，蓮花化生，不受胎藏之身。若有比丘、比丘尼、優婆塞、優婆夷、童男、童女，欲誦持者，於諸眾生，起慈悲心。**」，生起慈悲心就是要給眾生快樂，要拔除他的痛苦，就是要有觀世音的心。所以觀世音要我們「**先當從我發如是願。**」，也就是跟觀世音菩薩發起一樣的心願，現在我們可以一起持誦：

南無大悲觀世音，願我速知一切法；

南無大悲觀世音，願我早得智慧眼！
南無大悲觀世音，願我速度一切眾；
南無大悲觀世音，願我早得善方便！
南無大悲觀世音，願我速乘般若船；
南無大悲觀世音，願我早得越苦海！
南無大悲觀世音，願我速得戒定道；
南無大悲觀世音，願我早登涅槃山！
南無大悲觀世音，願我速會無為舍；
南無大悲觀世音，願我早同法性身！
我若向刀山，刀山自摧折；我若向火湯，火湯自消滅。
我若向地獄，地獄自枯竭；我若向餓鬼，餓鬼自飽滿。
我若向修羅，惡心自調伏；我若向畜生，自得大智慧。

接下來，我們來誦唸三遍南無大悲觀世音菩薩：

「南無大悲觀世音菩薩！南無大悲觀世音菩薩！南無大悲觀世音菩薩！」，再唸三遍「南無阿彌陀佛」：

「南無阿彌陀佛！南無阿彌陀佛！南無阿彌陀佛！」。如果大家願意的話，我們加誦三遍南無本師阿彌陀佛：

「南無本師阿彌陀佛！南無本師阿彌陀佛！南無本師阿彌陀佛！」

當然我們本師是釋迦牟尼佛，但是阿彌陀佛是觀世音菩薩的本師，我們在這法裡面，我們憶念他的本師阿彌陀佛，這是有特別傳承上的意義；我們在唸大悲咒的時候，唸本師有特別的意義，可以得到阿彌陀佛親自的教誨。但事實上觀世音菩薩也是釋迦牟尼佛的化身——大悲心的化身。

修學觀音法門的心要——智慧、悲心與禪定

在修學觀世音菩薩的大悲法門之前，我們先來了解這法門最重要的核心。

很多學佛的人，常擔心自己根器不好，業障太重，認為自己怎麼可能當生成就？其實，我要告訴大家，根器好不好，福報夠不夠，業障重不重，都不是佛法的重點。修行佛法真正的核心重點，我將其歸納成三點，稱之為「修行的黃金三角」——智慧、悲心、禪定。佛法所有的修行的內容都離不開這個結構。

佛法是以正見為導，用這正見來指導你產生正念，有了正念才能進行正思惟。正確的思惟後再透過修行，產生正確的禪定，最後就獲得正確的智慧。所以，定也是智的因，為什麼？因為佛法的智慧不是一種聰明，一種知識，或是一種了解，是對一切事物真實的體悟。這種智慧本身它不一定要知識，但這智慧一定不離現前的生活，也就是智一定是相對於境而顯現的。境界現前不執著，心

不執著於境界，心無所住；無所住心，外境事實是不可得，故外境即是空。了悟此事即是智慧，即是內具般若；內具般若的人，外境一切即是空。所以智慧是穿透一切佛法的核心。

正見是智慧的基礎

很多人以為，修學佛法一定要懂得很多佛學名詞，否則無法修行。其實這兩者之間沒有必然的關係。例如「轉識成智」，「識」是什麼？「智」是什麼？或者說「阿賴耶識」是什麼？大家不必擔心聽不懂，這些名詞只是在跟你講這是一個東西而已，不知道這些名詞的意思，不會妨礙大家開啟智慧的。

有人問我：「老師，我看了您寫的《禪觀祕要》跟《密法總持》兩部書，有些地方看了很歡喜，有些地方看的就是不懂，是不是我的根器不好？」以前我也碰過很多人問我：「老師，我的根器是不是不好？我根器不好，能不能當生成就？」，我告訴大家，根器不好的人當中，最著名的是小路尊者，小路尊者的哥哥大路尊者很聰明，但小路卻很笨。每次小路尊者的哥哥教他偈頌，偈頌只有二句，但是上一句的偈頌剛講完，講到下一句的時候，他上面那句已經忘了，他就是永遠記不得。所以，如果說修行的成就與否要看根器的話，那麼在座各位每個人的根器，應該都遠勝過小路尊者才對；如果說記憶很差而且很笨的話，大概也沒有人像小路尊者這麼笨，但是小路尊者卻在當生悟道，成證了阿羅漢的聖果。

為什麼呢？因為後來佛陀就教他掃地，並教導他掃地的意義——是掃除心的染污和煩惱。於是小路每天就很認真的掃地，一邊掃地一邊想著：「掃地、掃地、掃心地！」。我問大家，這句「掃地、掃地、掃心地」有沒有佛教的專有名詞在裡面？沒有啊！「心地」這個名詞，就算非佛教徒也聽得懂。結果小路尊者就在這樣「掃地、掃地、掃心地」中開悟了。可見得所謂根器不好，或很愚笨的人，一樣是可以悟道成就的。

也曾有人問我：「老師，我沒有福報，能不能開悟？」，各位，大家再沒有福報，也很少從來一直都吃不飽的吧？就像我們之前講的那個阿羅漢，因為他在因地修行時很少行布施等福德，因此他後來的福報奇差無比，即使他是一個悟道的聖者，和大家一樣去托鉢，但是他從來沒有討過一頓飯是可以吃飽的，而且每次乞食所得，都是一些餿掉的食物。這是因為他過去沒修福報，只修智慧，因此他這輩子只得到智慧，沒有福報。但他和凡夫不同之處，是即使他過著這樣的生活，可能有些微的煩惱，但卻不會讓他輪迴。

所以，大家不要常說自己沒有福報，所以不能悟道。經典中記載窮困的阿羅漢太多了，福報的多寡，並不會障礙你的開悟！

另外也有人說：「我業障深重，所以不能開悟。」我問他：「你殺過人嗎？沒有吧？那你那點業障算什麼！」我隨便舉個例子，像鴦掘魔羅，他殺了九十九個人，還把人家的指頭砍下來做成項鍊；到最後為了湊足一百個，本來連他自己的老母都準備要殺。佛陀看他這樣下去實在太可憐了，於是就親自去度他，後來鴦掘魔羅也悟道了，成為開悟的聖者。只是後來他去托鉢乞食時，由於先前造重業的緣故，常被村人辱罵、丟石頭，但這些和他的悟道無關。

所以各位，論業障，我們不比鴦掘魔羅重；論福報，也沒有那個阿羅漢那麼差，頭腦也沒小路尊者那麼笨。但這些人都能開悟了，我們有什麼理由不能開悟呢？

另外一個所謂業障很重的例子，就是密勒日巴祖師。他在還沒成就之前，以咒術殺害過很多生命。尊者成就之後，有一次他在與弟子的聚會中，許多弟子都感歎地說：「上師啊！你一定是金剛持或是佛祖的化身，所以你才能獲得這麼高的成就。但是我們一定不可能跟您一樣，可憐啊！我們實在沒慧根。」

沒想到密勒日巴尊者這樣回答：「諸位！你們認為我是金剛持的化身，當然有功德而會得到加持，但是對佛法而言，你們這個是邪見！」

為什麼呢？佛法強調的是：你只要當生努力並且正確的修行就能成就。但如果認為現生能夠成就都因為是金剛持、佛菩薩的化身，這不就是邪見嗎？所以尊者就告訴弟子們：「我啊！不是金剛持的化身，最可能的，恐怕還是三惡道的化身吧！我年輕的時候，修了多少惡咒，害了多少生命，惡業深重。後來，由於對佛法的信心，努力修持而當生成就。」

所以，從這些例子看起來，大家並沒做過什麼傷天害理的事情，所以應該都更有機會可以獲得即生成就，何況大家的根器也都跟佛陀差不多——都是具足佛性。所以只要大家下決心努力修持，一定能夠即生成就。除非你身心確實有重大障礙或限制，比如聽不懂話，或腦袋沒辦法運作，需要特殊的方便。否則只要是身心正常，能夠專注的一般人，經由正確的教導，努力修行就一定能成就。

修行最沒辦法成就的，大致有二種人，第一種是堅持認為自己的慧根很好，根器很利的人，這種人大概沒辦法成就。為什麼？因為他自認為任何事情他都懂，聽法他懂，耳朵懂，鼻子懂，眼睛也懂，頭腦全部懂，但就是他的心不懂。因為他從心裡執著他有慧根，根器很利，所以他想什麼事情都是以「我」為重，修行最難成就的是這種人。

第二種修行很難成就的人，就是堅持自己根器很差很差的人。一提到修行，他就先想：「我那有辦法修行？不可能！」你跟他講你這樣繼續修下去就會開悟了，他卻說：「我沒有這種根器，一定不能開悟，是假的。」，修到有些境界現前的時候，他嚇死了：「我不可能有這些境界，這一定是魔擾！」有的修行人就是這樣，境界來的時候他嚇壞了，從此以後他不敢再修行了。很多修行人是這樣子的，總是認為自己根器太差，所以他不可能好起來。

但是有一種人修行卻很容易成就，他認為自己根器很差，所以很努力修行，不會執著自己根器很差這件事，這種人最容易成就。他對佛法有清淨的信心，因為不認為自己很聰明，所以努力修行，結果獲得成就。

密勒日巴尊者不就是最佳的典範嗎？所以，大家聽我一句話：「不要對自己的根器，或對自己能不能當生成就這個事情，產生任何的懷疑！」，修行最怕的是不肯踏實努力的修行。不必懷疑，絕對可以今生成就，只要你對佛法有正見！

以我自身為例，我從小體弱多病，書讀不好，體育也不行，可以說從任何面向來看，我都沒有一個部分是好的。但是因為對佛法的信心，讓我今天能站在這裡跟大家說法自在。真正解脫，不是專屬於那些聰明才智很高的人。我看過太多很聰明的人，什麼東西拿起來都看得懂，這個也懂，那個也懂，我在佛教界那麼久，看過佛教界極多聰明才智之士，也看過許多對佛法研究極為通透的人，更看過許多的學者，如果說懂得名詞最多的人會開悟的話，那麼許多的佛教學者應該早都成佛了。

所以真正的核心點不在那些，重點在那裡？在你有沒有煩惱！也就是說佛法的核心在智慧，智慧的核心在正見，而不是你了解多少佛教名詞，或是你有多少知識。即使全部的佛教名詞你都不了解，但是你碰到任何事情都是自在的，你沒有煩惱，這就是有智慧，而這智慧的因就在於正見。

智慧、悲心與定力的金三角

佛法的禪定跟一般世間的禪定，兩者之間有什麼不同？有人說，是坐禪的姿勢不一樣。其實這只是一種習慣性的姿勢，佛法跟這坐禪姿勢無關。佛法跟外道之所以不同，是在於佛法具足了三法印的正見！所以我們修學佛教禪定的時候，是依據三法印的正見：對於時間的不執著，叫作一切「無常」；對於空間的不執著，叫作一切「無我」；心遠離了一切時空萬象的執取，不受外相的污染，完全放下了，就叫「涅槃寂靜」。三法印是核心，透過它你可以獲得解脫，成就阿羅漢果，這是以正見為因、正智為果所證悟的。

大乘佛法則還要加上悲心，因為大乘佛法是以悲心為核心，亦即是說，如果僅是具足智慧而除去煩惱，那是會入於涅槃的。但大乘佛法雖然一定具足智慧，卻以悲心起用，不入涅槃。為了眾生的緣故，雖然涅槃是最快樂的，但不可以安住於那種快樂，你要大悲救度眾生。所以，悲心跟智慧比起來，大悲心一定要具足智慧，智慧只屬於自我解脫而已，悲心則要放棄自我的解脫，而去度盡眾生。所以大乘佛法，大悲是核心。

佛法的禪定是智慧的因，而智慧成就諸佛，所以般若又名佛母。但佛母的智慧不是小智，不僅是淨除煩惱證涅槃之智，而一定是具足慈悲的智慧，有慈悲的基因，這種智慧才是佛母的智慧。因此，這時的悲心就忽然之間，轉成出生大智慧的母親，而不只是只有定才是智的因。小乘依定所產生的智裡面沒有大悲，不能成為佛母，要出生佛母智慧一定要具足悲心這個因，故悲心又叫諸佛祖母，「慈悲是諸佛祖母」是這樣講的。

如果就「悲智雙運」的道理來講，悲就變成父，智就變成母。再進一層，形成以定力來統合悲智，就叫「三摩地」。我們一般講發菩提心願是「願菩提心」，如果再加上「行菩提心」，這二者皆屬「世俗菩提心」，因為二者皆非「勝義菩提心」，勝義是空。所以第三個體悟空的菩提心名為「勝義菩提心」，是了悟空性的菩提心。如果就五菩提（發心菩提、伏心菩提、明心菩提、出到菩提、究竟菩提）來講，勝義菩提心就等於《金剛經》五菩提義理中的明心菩提，而當勝義菩提心能相續不斷，勝義相續，就是「三摩地菩提心」。

最後要以定來融攝悲智，沒有定，悲智不能成，悲智到最一定要全部融攝於定中，因為諸佛一定是具足大定、大智、大悲，這個境界就叫金剛三昧，海印三昧。小乘修的定是四禪八定，九次第定，或三解脫門的空、無相、無願三昧，到最後獲得解脫；大乘修的定則是如幻三昧，首楞嚴三昧、金剛三昧、海印三昧等，層層增上，最後成就佛果。一切佛法的修行架構，都可以透過這個黃金三角去認識、了解和實踐。

將生命的煩惱昇華為解脫的智慧

每一個人、每一個個體生命，他都有特別的取向，我們可以將菩薩當作一種生命取向的典範。在顯教來講，一般可以觀音、普賢、文殊三位菩薩來作介紹，這三位菩薩分別代表了悲心、行願與智慧三種生命特質。

這三位菩薩也分別代表三種菩提心，代表三種眾生的屬性，代表眾生在因地是煩惱，在果位則是成佛。所以，未來我們會成佛，必須是轉你的煩惱成為智慧，也就是所謂的「轉識成智」，文殊代表智慧，普賢代表實踐、行願，觀音代表慈悲，他們分別代表智慧力、實踐力及慈悲力三種力量。

中國有四大菩薩，就是這三大菩薩加上地藏菩薩；印度的四大菩薩則是前面三尊再加上彌勒菩薩。但在我們這個時代裡面，中國的四大菩薩後面可以再加上大力大勢至菩薩，這是我們當前這個時代所特別需要而必須加以強調的。

現在政黨很多，或許我們可以依這五尊菩薩的精神，籌組一個「菩薩黨」，分別代表智（文殊）、悲（觀音）、願（地藏）、力（大勢至）、行（普賢）的精神，這是我們這個時代所亟需的。

這五位菩薩可以說是代表五類眾生的屬性，但基本上可以含攝於文殊、普賢、觀音這三門來說明。智慧屬性的人，在因位上是轉瞋心成智慧。我們可以發現，一般瞋心重、脾氣不好的人，大多反應很快，所以他對別人特別容易感到不耐煩，這種人就適合轉瞋心為智慧的修持，是屬於文殊一族的。普賢菩薩是行願門的代表，即癡心重的人，一般容易執迷不悟，但是如果能把這種堅持努力、精進作事的屬性取向轉換昇華，去除其中的執迷不悟，就適合轉癡迷，而成就精進行願的普賢修持。

觀音菩薩是悲門修持的典範。請問各位，悲心重的人是不是很貪？全宇宙最貪的人有人超過觀世音菩薩的嗎？為什麼是貪？他很貪心的要幫助每一個眾生，這是觀世音菩薩的大貪！但是他貪，卻沒有貪的對象，也沒有貪的主體，是空的。所以，轉貪為悲，就是「無緣大慈，同體大悲」。

也就是說，菩薩就是我們眾生的昇華，三門菩薩可以看成是眾生貪、瞋、癡三種屬性的昇華，而佛陀就是我們眾生的圓滿。譬如以瞋的體性來講，昇華而化掉瞋，就是絕對具足圓滿的智慧。亦即依貪、瞋、癡三種屬性下手，積極昇華，而成就佛陀圓滿的悲智大行，這貪、瞋、癡三者就變成是你修行的入手處，也就是本來是無明寄處的貪、瞋、癡三者，恰巧也是你未來成就的開悟處。至此，貪、瞋、癡三種煩惱就被巧妙的轉成修行法門。所以，瞋心重的人，明顯的適合修行法門是「禪」；癡心重的人適合「淨土」法門的修持；貪心重的人適合修「密」，尤其是無上部。

小乘解決貪、瞋、癡、慢、疑五毒煩惱的方法，是採取對治法門，也就是以「五停心觀」來斷斷五毒。大乘佛法則不然，它不斬斷貪、瞋、癡、慢、疑，因為五毒性本如幻，沒什麼好斬斷的。

你之所以會想把五毒斬斷，是因為你以為有五毒。所以大乘佛法修行是直接昇華你的五毒（或三毒），用慈悲、智慧、行願來讓你昇華、圓滿，這是大乘佛法，它不是斬斷，而是昇華。比如貪，貪而無染就轉成慈悲，貪的力量就變成慈悲的力量，觀世音菩薩就是這樣轉貪為悲的代表。

觀世音菩薩整天閒閒沒事，在法界到處跑來跑去，四處想幫眾生成佛，一下子扮成這個樣子，一下子又化粧成那個樣子，這一會兒才剛跳舞，下一會兒又在演戲，也是挺累的。為什麼他要這樣做？是貪！但他轉大貪成大悲。不過到最後，一切的慈悲都要究竟圓滿。觀世音菩薩有沒有智慧？當然有！他是「悲為顯，智為內」，也就是寓智於悲。文殊菩薩呢？是「寓悲於智」，文殊菩薩又名「三世佛母妙吉祥」，「三世佛母」就是三世諸佛的母親，文殊菩薩的悲願是要教導法界眾生成佛，如果沒有悲心的話，他怎麼會教導一切眾生成佛？怎麼會發起這樣的大願呢？

禪宗有一句話：「其心至慈，其行至毒」，禪宗法門跟文殊是有關的。大家知道，文殊菩薩手中那把劍是怎麼來的嗎？是做什麼用的？那把劍是用來殺佛的！他是殺佛的第一代祖師。為什麼？故事是這樣的，在《大寶積經》卷一〇五中記載，有一次，釋迦牟尼佛在說法時，會中有五百位菩薩已經證得四禪的深定，並且成就五神通，但是尚未開悟。但由於他們發起宿命通的緣故，看到自身往昔累世所行惡業，有殺父、殺母、殺阿羅漢等等重罪，這時心中就生起了極深的憂悔。由於他們深執於我的緣故，罪相現起時就生起了極大的罪惡感，因此無法證入甚深法要。

當時文殊師利菩薩正好在現場，一看，這樣不行，這會讓大家陷在憂悔之中，無法悟道。於是他手執利劍，直趣佛陀，打算殺佛。這時在場的大眾看到都呆住了，也忘了自己的慚愧憂悔。

正在千鈞一髮之際，佛陀突然對他說道：「**汝住！汝住！不應造逆，勿得害我，我必被害為善被害。何以故？文殊師利！從本已來，無我、無人、無有丈夫，但是內心見有我、人。內心起時，彼已害我，即名為害。**」

當時在場的諸菩薩聽佛說法之後，心中倏然了悟：一切諸法都如幻化，其中無我、無人、無眾生、無壽命，無有此罪，亦無造罪者，如此，那有下墮與造逆呢？」這些菩薩如此觀察後，即時獲得無生法忍（初地菩薩的開悟境界），身心歡喜踴躍，身昇虛空，高七多羅樹。

一開始看到這個殺佛舉止的人，真的是會感到很迷惑，怎麼會有這種菩薩殺佛的荒謬事情？突然而來的衝擊真的是很大。但接下來佛陀和文殊菩薩的對話，讓他們剎那之間就領悟到：一切是空性不可得！有人被殺嗎？**所謂「文殊大智士，深達法源底，手自握利劍，逼持如來身，如劍佛亦爾，一相無二相，無相無所生，是中云何殺？」**沒有人被殺！所以突然間罪相全部消滅，證無生忍。

我再跟大家報告一個我個人在修行過程中發生的故事。一九八三年我在山上閉關的時候，那時我每天都修燃身法供養十方諸佛及護法，而所有的山神、鬼神等也都非常護持我，因為不管到任何地方，我都是祈求功德迴向以消除他們的業障。所以我只碰過一次的外魔。不過後來發覺到，那可能也不是真的外魔，而是護法要來考驗我而化現的。但不管是真的或是假的，我那時就是很不客氣把它抓起來，然後送到不動明王那邊去受訓。

但這不是我要報告的主題，我要講的是，在深山裡面修行閉關，最怕的是內魔，而不是外魔。外魔可以對治消除，還好處理，最難處理的是心魔。所以禪宗說「不破初關不閉關」，為什麼？沒有見空性的話，就不適合一個人住在山上閉關，那太危險了，因為心魔難除呀！為什麼說心魔難除呢？我曾經在打坐的時候，忽然間發覺到，過去所有做過的事情，明明歷歷，越來越清楚，到最後，不只事情清楚，連事相背後的心都很清楚，每一個境界都清清楚楚，明明白白的顯現。到最後我發現，過去自認為做了很多好事，但在現前此刻這樣深刻的觀照之下，我發覺到，那些自以為所謂的做好事，其實都帶有自私的，是七分為人好，三分為自己；或者是六分為人好，四分為自己。沒有真正全部是為眾生而無私的這種心！

這裡面就是很清楚的觀照到自己用心的動機，面對這種真相，這時候心裡的打擊真是不可思議啊！一生裡面你所謂孜孜行善，感覺你自己人很好，結果發現原來背後的面貌竟然是這樣子，這時候罪相就現起了。

那時候，自己也沒辦法接受這種事實，但還好那時我知道這是「罪相生起」，而一切眾相本空，罪相亦復不實。所以剎那間一切歸於平和，無事了。我能夠接受自己並不是那麼圓滿，心裡坦然！如果是多人共住的地方，那就沒有問題，但一個人修行就要注意，因為有內魔的問題。

經過上面這一番解說，相信大家對於整個佛法的修證體系，已經有一個基本的了解，而且對修證法門所歸屬的體性也都有所認識。以上所演示的內容，都緣於我們講到「南無大悲觀世音」的這個「大悲」而開講出來的。觀世音菩薩是大悲，但是真正大慈大悲的，只有佛陀，觀世音菩薩是已經近於圓滿的大悲了，所以假名為大悲，故稱「南無大悲觀世音菩薩」。

五、與觀世音菩薩的心相應

對大悲了解之後，接著我們要和觀世音菩薩的心相應，以此來持誦大悲咒。講到這裏，我們就必須先談到念佛。無論念佛或念觀世音菩薩的名號，都是一樣的道理，當我們憶念諸佛的大慈大悲，想到諸佛菩薩是多麼大慈大悲，這就是念佛，並不是念佛的名號才叫念佛。

念佛有好幾種方式，一種是散心念佛，就是像我們現在唸「南無阿彌陀佛、南無阿彌陀佛、……」或「南無觀世音菩薩、南無觀世音菩薩，……」這樣口中不停的唸；第二種是《文殊般若經》中所講的定心念佛，就是在打坐禪定中專心的念佛，這兩種都是持名念佛；再來一種是觀像念佛，眼看著觀音菩薩聖像，然後「南無觀世音菩薩、南無觀世音菩薩，……」這樣念著，接著就不再看像，而是在心中注目而隨時隨地看到佛，然後去憶念，這叫「觀像念佛」。

還有一種是「功德法身念佛」，就是憶念佛菩薩具足這樣的功德，這樣的慈悲，這樣的智慧，憶念佛菩薩廣大圓滿的功德，這也是念佛。最後一種是觀實相念佛，體悟一切諸佛是空，就如《金剛經》裡面所講的一句話：「**若以色見我，以音聲求我，是人行邪道，不得見如來**」；禪宗也有一句話這樣講：「佛之一字，吾不喜聞，念佛一句，漱口三日」，意思都是教我們要念實相佛，這不是說念佛不好，而是禪宗祖師為了對治大家執相而說的話。但是有的人弄錯了，以為禪宗是專門罵佛的。

以前我有一個學生，有一天他興沖沖的跑來告訴我：「老師，有一位居士他修行修得很高，他說他已經可以『呵佛罵祖』了！」，我說：「嗯，境界不錯，那代表他已經可以下地獄了！」，那學生聽了之後就說：「哎呀！老師，你怎麼可以這樣講？」我就問他說：「他的功德有比佛陀、祖師們還大嗎？」他說：「沒有！」「那雞蛋碰石頭是那一個破？雞蛋嘛！這道理很淺顯，大家都懂，他既呵斥佛陀，辱罵祖師，但功德既然沒有佛陀、祖師大，呵斥辱罵又都不是什麼稱讚的好話，那不是下地獄是什麼？」

這個學生很不解的問：「那以前那些禪宗祖師為什麼呵佛罵祖呢？」我說：「以前祖師是只有呵佛罵祖，又沒有說『他』，以前的祖師是只有寫黑函，不具名的。呵佛罵祖是「若以色見我，以音聲求我，是人行邪道，不得見如來」呀，他是告訴你不要被佛的外相所欺啊！他並不是說有一個『我』。既然呵佛罵祖，是你用一個『我』這樣來對待的話，那你比佛陀差，比祖師小，依照大魚吃小魚的道理，你被鯊魚吃了是理所當然的。」

這裡面最主要的問題在於，祖師呵佛罵祖是沒有主體、沒有對象，是無我的。他只是在破除你對佛祖的執著，所以是叫你念佛實相，是破執而已，這跟我不我完全無關，跟佛祖也無關哪！這是「若以色見我，以音聲求我，是人行邪道，不得見如來」。所以你以後如果要寫黑函的話，不要露出馬腳，就是不要具名，否則是會被抓去關的，你要很隱密。就是說你如果沒有辦法把「我」藏身在法界裡面，法界藏身的話，就不要東施效顰。但你如果可以「我」不存在而等於空的話，那就可以，但如果做不到的話，這句話就千萬不要出口，一出口就慘了，一出口就是謗佛！

佛法是很清楚明白的，念實相佛就是叫你不要去執著佛的外相。以上這些都是念佛的方法，是我分類得最完整的念佛方法。如果大家要更深入研究念佛的方法，可以參閱拙著《念佛三昧——迅速開啟諸佛功德的法門》，這是我在高階禪觀中所講授的念佛三昧。

所以，當我們念「南無大悲觀世音」時，不要只是稱誦名號，而是要真正去認識大悲觀世音是什麼意義。這就像我們求助於某人，此人向來以行善著稱，當然遇有事情求助而打個電話是有效的，但如果是在有人介紹而認識的狀況下去打這個電話，這樣講起話來不是更有感情嗎？

同理，我們不認識觀世音菩薩，只是稱念觀世音菩薩的名號，就好像有事而打「南無觀世音菩薩」的電話求助，也是有效，但如果能了解觀世音菩薩的意義，跟他熟識一點，念起名號來不是更有感受嗎？這也就是為什麼我要跟大家講「大悲」講那麼多的原因，是希望增加你們念佛三昧的威力！

大家要知道，念佛是很重要的，菩薩修證的階位越高，他念佛也就越專注，他念念不忘佛。為什麼呢？第一個是念其本源，因為菩薩的一切智慧都是從諸佛中來，他是感恩。再來，念佛三昧跟《大般若經》有關，為什麼？為了增長菩薩的念佛三昧！你對佛、對空性越理解，你念佛越深刻；

你空性越具足、悲心越具足，你念起觀世音菩薩來會越誠懇，會越相應。到最後你是用觀世音菩薩的心念觀世音菩薩，這時候打起電話來會特別貼心。

現在大家會不會念「南無大悲觀世音」了？念時要有感情，要有智慧，要有悲心，還要不執著。這個時候，你就可以真正的祈願了，為什麼祈願？因為你歸命於大悲觀世音菩薩，你進入到觀世音菩薩的心了，而希望跟觀世音菩薩一樣的救度眾生，希望成為他的一部分，你希望成為觀世音菩薩啊！因此祈請觀世音菩薩加持我。如果不是為了要和觀世音菩薩一樣行大悲事業，你為什麼要「速知一切法」？你總該不會想跟一般人一樣想：「觀世音菩薩呀！你要救苦救難，讓我一生都平安無事，幸福圓滿。」你抱著「錢多事少離家近」的世俗態度，而請求救苦救難的觀世音菩薩加持你，讓你活到八十歲，再加八百八十歲，最好是不要死。但真的讓你不要死，你大概也活得很困難。

人的很多期望是很荒謬的，其實不要死是最難的。大家想想看，如果是一個黃帝時代的人他一直活到現代，那要怎麼生活呢？所以說活到一段時間就走了，這是很理想的。不然你從黃帝時代一直活到現在，就算你身體還是很健康，但你一切得重新學習，那不是很累嗎？所以其實人生有很多的願望，是要仔細再從頭思考清楚的，否則當有一天你的願望達成時，你會發現，這個願望竟然不是你要的。

很多人一輩子都在追求著，想著「我要成功！我要成功！」，結果到達成功的時候，他發覺他失敗了。因為他成功就是他失敗！一輩子「賺錢！賺錢！賺錢！」，賺到了，結果那時候家庭垮了，身體也垮了；或是家庭還在，但是孩子已經學壞了。這樣的成功是很單薄的，什麼都沒有了，只剩下孤零零的成功，飄搖在冰冷的寒風中。所以，各位，成功是一個過程，不是一個點。成功之後是什麼才重要，成功如果只是一個點，那後續的問題會是很大的。

同樣的，慈悲也是一種過程，而不是一定要這樣，或者一定那樣才是慈悲。慈悲如果被僵化成一定要是某個固定的樣子，那樣的慈悲是會殺人的。慈悲是一種過程，是不斷對眾生施予幫助的過程，智慧也是不斷解決煩惱的過程。我們通常會希望從某一個智者身上得到一個答案，來解決我們自身全部的煩惱，但那是不可能的。佛菩薩就算給你那個答案，你的煩惱還是依舊存在。你可以有那個答案，但煩惱還是沒有解決。所以，智慧是一種能力，能夠超越那個煩惱過程的能力！

有前述這樣了解的話，我們便知道怎麼去跟觀世音菩薩講話了，知道怎麼溝通。經中說：「見佛如佛在，禮佛如佛前」，我們跟佛菩薩講話，要把他當作是真的，猶如他在我們的對面一樣。否則，就會變成佛堂下的獨白，自己一個人在那邊喃喃自語，念了一長串卻不知在念些什麼。我們跟佛菩薩講話，必須恰恰猶如佛面當前。有很多人在佛前看似念佛念得很虔誠，但是往往佛菩薩倏然出現的時候，他們卻嚇昏了。這種例子我碰過很多。

以前陳健民上師在講「淨土五經」的時候，有一次，他就問會場的聽眾：各位，阿彌陀佛現在大發慈悲，讓你馬上就可以往生西方極樂世界，現在願意馬上往生的舉手？」結果近百人的聽眾，沒有一個人舉手。理由很多，有說要等他回去交待一下，不是孩子還沒長大，就是孫子沒長大；或是孫子長大了，但還沒娶老婆。總而言之，就是還沒準備好。

所以我現在奉勸大家，隨時要準備好。像我每年都會寫遺囑，今年的遺囑寫好之後，去年的就把它燒掉，不然等一下阿彌陀佛突然出現，跟你說：「唉呀，善男子！善女人！你真的非常虔誠，我現在就帶你去極樂世界。」，結果你卻說：「阿彌陀佛，您等一下，我床下還藏了一箱貴重的東西，讓我先跟我兒子囑託一下再跟您去。」，阿彌陀佛會說：「唉！這樣你趕不及了！」，然後就走了。所以很多事情，你現在就把它解決掉，要隨時準備好。

有了這樣的了解跟認識之後，我們念起「南無大悲觀世音」將會是多麼地稱心如意呀！而且能夠跟觀世音菩薩溝通。因為此時你的心跟他一樣，所以他會加持你，你的心進入他的心，而他的心也進入你的心，「入我我入！」。這時我們真誠地祈願：「願您加持我，使我速知一切法！」為什麼？因為我要跟您一樣！「南無大悲觀世音菩薩！希望您加持我，能夠早得智慧的眼！」，這樣力量是不是強多了？

佛教裡面講佛頂或佛眼，都是代表智慧的意思。在密教裡就是佛頂尊，或佛眼尊。所以佛眼佛母或是佛頂佛母都是代表智慧，故佛頂尊或佛眼尊二者都是佛格。像準提佛母在東密裡面就分成二個系統，一個系統認為他是佛格——佛的系統，一個系統認為他代表菩薩——觀世音菩薩的系統，所以一個叫準提佛母，另一個叫準提觀音。

我現在這樣講，大家都知道怎麼做早晚課了嗎？做早晚課不是一個人在佛桌下喃喃不已的獨白，而是從內心真誠發出：「願我早得智慧的眼啊！」，我就是要學您一樣呀。所以「南無大悲觀世音，願我速度一切眾」，度一切眾生就是大悲菩提發心！接下來才是「南無大悲觀世音，願我早得善方便」，善巧方便是什麼？是要具足一切善巧方便的法眼來度眾生。「南無大悲觀世音，願我速乘般若船」，般若船就是智慧的船，而且是大乘船，是大船來度眾生到彼岸，所以「南無大悲觀世音，願我早得越苦海」，超越一切的苦海！

戒定慧三學的現代意義

「南無大悲觀世音，願我速得戒定道」，「戒定道」是戒與定的道路。這裡要談到什麼是戒、定、慧？戒、定、慧又稱為「三學」，也就是說這是修行人必修的三個學分，是大小乘共通，都必須修學的三個學分。

什麼是戒呢？就是戒律的領域，就是中道生活的領域。在這領域裡面生活，你會很安全，很安心，所以戒是教你如何過恰當的生活。大家不要把它當限制的戒條，佛陀沒有興趣規定我們怎麼生活，而是教你如何跟自己和睦的生活，以及跟團體及外在的環境和睦的生活。

因此，戒的根本精神稱為「和合」，是教你如何和合的生活。自己如何跟自己和合生活？就是自己要愛自己。要自愛，但不是自戀，自戀的人一定不自愛，真正自愛的人才能愛他人。愛是一種能力，愛昇華之後就變成慈悲。所以我們不要用錯誤的愛來讓自己生活混亂。像以前菲律賓總統夫人伊美黛，沒事買了上千雙名牌皮鞋，結果每天早上她要出門，都不知道要穿那一雙好，一日之始她就已經昏頭轉向了。所以說，生活要恰當，而恰當是什麼？就是跟因緣法相合。

古代的佛陀出門是赤腳的，但如果在現代，佛陀出門會赤腳嗎？我想不會。因為古代的地面不會有玻璃屑，或者是小鐵釘。現代佛陀出門會改穿皮鞋，因為這是因緣法的不同，現在穿皮鞋就叫恰當！就像現代的佛陀如果要到美國去度眾，他會乘坐飛機，當然如果碰到緊急狀況，他是可以化現神通，但沒事時顯神通是沒道理的。所以佛陀現在坐飛機是恰當的，就是選擇恰當的生活。

恰當的生活是要跟自身的身心和合，不要過於勞累或過於放逸，要行中道，選擇中道的生活。

如何跟他人、他心相處？如何跟別人和睦相處？你要用什麼心跟他人相處？很多人想要宣揚佛陀的教法，那是很好的，但是我們不能高高在上的救度眾生，也不要因為感覺念阿彌陀佛名號實在是太好了，所以就在窗口上架著八百瓦的擴大器，對著左鄰右舍每天早晚課大放送，這樣的後果是可想而知的。所以說，如何跟他人、他心相和合？就是要有恰當的行為，你要度他，就先要和合。

你自己跟團體如何和合？你自己團體跟他人團體如何和合？都是要依恰當的因緣，作中道的抉擇！比如說選舉的時候，我們自己個人是可以選擇自己的意向，但不需要公開表態，因為修行人是超越時代的，尤其是修行團體，公開表態是不恰當的。佛法的團體是超越政治的，佛法團體的成立不是為了政治，個人的抉擇必須跟團體分開。

這樣大家對戒的意涵應該比較了解了。戒的擴大意思就是一種「中道的和合生活」，有了中道和合的恰當生活，你自身或這個團體就比較不會受到干擾。戒是讓我們的生活不自我干擾，也不受他人、他團體的干擾，如此就容易產生定。這個定是讓我們安心，就是心安下來，定下來。安心之後你就能專注，專注之後就產生智慧，有了智慧才能得到解脫。

沒有一個人很有智慧，但他的生活很不解脫，這是不可能的。智慧會讓你從生活中解脫，解脫會融入你的生活，有了解脫的生活，你自然會安住於甚深的禪定，甚深的禪定能讓你得到更高的智慧。所以這戒、定、慧三者會形成良性的循環，就是生活↓解脫↓安心，安心↓生活↓解脫，解脫↓安心↓生活，佛法講戒、定、慧就是這樣的意旨。它會在生活中形成優質循環，不斷的昇華生命的深度跟廣度，而不是一講到戒，就開始背一大堆的戒條。

如果不能從積極的意義上去認識戒，那麼有些戒條怎麼守呢？例如，戒律裡面規定比丘要怎麼上小號？要蹲著上。為什麼呢？因為印度男人是蹲著上小號的。這是文化因緣、生活習慣的不同。所以佛陀說「小小戒可捨」。諸如此類的戒，佛陀是允許不必固守的。

有些原本是生活習慣的問題，後人不解，擴大解釋成影響解脫的原因。比如說有某一個宗派不允許吃青豆，為什麼？理由是：「吃青豆的話，這個青色的『青』它會讓你的甚深的心眼受到障礙，讓你不得解脫！」這是很奇特的理由。結果後來有人去查證的結果，原來是此派的祖師不喜歡吃青豆，並沒有什麼特別的理由。但是因為弟子不了解，以為其中有什麼祕密存在，就這樣一代傳一代，最後變成該教派傳承上特別的祕密。所以，如果聽到某一教派如果有什麼特別不共的規儀或祕密，而且聽起來又莫名其妙，那大概就是真的莫名其妙了。

某些事情你如果把佛經拿起來一看，佛陀講的很清楚，但是為什麼某些宗派講的卻是特別的不一樣，又說是特別的傳承，那大概就是堅持他們自己的傳統罷了。但是有時候在傳承上，堅持傳統常常是反傳統。所以，我們是要了解傳統，然後去隨順傳統中的因緣。

我們再回來看經文：「南無大悲觀世音，願我早登涅槃山」，如果將涅槃比喻為一座山，願我早登一切身心的永寂之境；「南無大悲觀世音，願我速會無為舍」，這無為的房子，就是整個法界、宇宙，都是無為，我在裡面，一切安住無為。心中無所住，無所執，境不可得，一切行無為；「南無大悲觀世音，願我早同法性身」，法性身就是如來身，就是觀世音菩薩的身。觀世音菩薩，請您加持我，讓我具足這樣的威力，所以我就代表您——因為我跟觀世音菩薩是完全如一的。

這時我已具足大悲威力，而能「我若向刀山，刀山自摧折」，我摧伏一切刀山，刀兵火海，度一切眾生。「我若向火湯，火湯自消滅，我若向地獄，地獄自枯竭，我若向餓鬼，餓鬼自飽滿，我若向修羅，惡心自調伏，我若向畜生，自得大智慧」，三惡道眾生我全部都發願施予救度，一切六道眾生我全部令其解脫，為什麼呢？因為我對眾生生起慈悲心，「我發起跟觀世音菩薩您一樣的大悲大願啊！我的心跟您完全相合呀！」

經過這番了解之後，大家念起大悲願文來，願力就增加很多了。這就像有了內功一樣，如果只從外相看起來，有時表相都是一樣的，但其實裡面的內功不一樣。有的宗教也拜觀世音菩薩，但為什麼不同？因為佛法是從空性產生的，其他宗教是以神我為中心的。佛法的空性也不同於道家的虛無，道家認為萬物都是從一個虛無之中建立出來的。但佛法講的空性與虛無不同，佛法的空性是不生不滅，是當下即是。因此佛教和道教兩教修行者所發展出來的脈相亦不同。佛法從空性裡面發展出來的脈是中脈，中脈是空的，中脈沒有實質中脈，是空性，是從緣起中產生的；反之，道家所開展出來的脈是任脈、督脈。但這不是佛家的，因為這是兩者根本的見地不同所致。

六、以大悲心持大悲咒

如前述那樣的大悲發願之後，「**發是願已，至心稱念我之名字。**」要至心稱念我觀世音的名字。之後，還要感恩，觀世音菩薩說自己之所以能成就，是因為其本師阿彌陀如來的恩德。沒有感恩，佛法就沒有力氣，沒有感恩，就沒有清淨的源頭，所以要感恩，「**亦應專念我本師阿彌陀如來，然後即當誦此陀羅尼神咒，一宿誦滿五遍，除滅身中百千萬億劫生死重罪。**」，這是觀世音菩薩的誓願。

「**觀世音菩薩復白佛言：世尊！若諸人天誦持大悲章句者，臨命終時，十方諸佛，皆來授手，欲生何等佛土，隨願皆得往生。**」，所以念大悲咒是可以往生西方極樂世界的，你要去東方妙喜國土也可以，你要去一燈明國土也可以，任何十方諸佛國土，隨願往生！十方諸佛同時現起，都來授手，所以大悲咒的功德無邊廣大。而這是誰的誓願？是觀世音菩薩的誓願！

「**復白佛言：世尊！若諸眾生，誦持大悲神咒，墮三惡道者，我誓不成正覺。**」，很多人說：

「那誦這個大悲咒就一定不墮三惡道了嗎？」，是的。「那如果墮三惡道呢？」，如此觀世音菩薩不能成正覺。但是其中要注意的是，要「至心」憶念大悲神咒才絕對不墮三惡道，這是觀世音菩薩保證的。

所以說，大家應當一心持誦大悲神咒。當然，持誦大悲神咒最可貴的，是前面的那些大悲度眾的發願，而持咒之後不墮三惡道，只是後面的但書，是最低的保證。對大家而言，我希望我們跟觀世音菩薩講：「**觀世音菩薩啊！**我誦持大悲神咒，我一定要成佛！」，因為「取法乎上，僅得其中」，我們至心誠懇的誦持大悲神咒，不只是因為相信觀世音菩薩所承諾我們的最低保證而已，另一方面，最重要的，就是我們要發起大悲願，而向觀世音菩薩祈求：「我誦持大悲神咒，就是希望您加持我跟您一樣，能夠救度一切六道眾生！」

「**誦持大悲神咒者，若不生諸佛國者，我誓不成正覺。**」，誦持大悲神咒是往生佛國的一種極大的方便，十方佛土，隨願往生。「**誦持大悲神咒者，若不得無量三昧辯才者，我誓不成正覺。**」，誦持大悲神咒，一定可以具足三昧辯才。「**誦持大悲神咒者，於現在生中一切所求，若不果遂者，不得為大悲心陀羅尼也。**」，所以你一生所求都能果遂，但「**唯除不善，除不至誠**」，所以，請檢查一下你自己的心，有沒有不善與不至誠？如果沒有，你可以不墮三惡道，成就無量三昧辯才，而且會生出佛果。

「**若諸女人，厭賤女身，欲成男子身，誦持大悲陀羅尼章句，若不轉女身成男子身者，我誓不**

成正覺，生少疑心者，必不果遂也。」，現在這個時代的新女性會有這種轉身要求嗎？現在時代不一樣了。像泰國的話，很多男生希望當女孩子，為什麼？因為泰國似乎是以女性為主體。所以泰國的男孩子從小時候開始，就常看到新衣服是女孩子穿，玩具是女孩子玩，很多男孩子從小就很希望當女孩子，所以就去變性。有人就利用這些變性人為噱頭招攬營利，但是變性人過了三十歲後就會急速老化，下場大多是很可憐的，但這裡面其實有它文化的因素。

現在的世界，大部分還是以男性為中心，但是像大陸，有一個女人國，家庭的主體是女人，男人則算是客卿。所以這種男性與女性之間，誰主誰客的問題，這是因緣法，經文所顯示的狀況只是那個時代的因緣。但是如果有人想轉女成男，那麼誦持大悲咒一定可以滿其所願。不過現在這個時代，女性的角色越來越重要，因緣總是不斷在轉換當中，現代不同於古代。

「**若諸眾生，侵損常住飲食、財物，**」，侵損寺院常住飲食財物基本上是很嚴重的，就像政府官員去侵佔公家東西一樣，這是「**千佛出世，不通懺悔，縱懺亦不除滅，今誦大悲神咒，即得除滅。若侵損、食用常住飲食、財物，要對十方師懺謝，然始除滅，今誦大悲陀羅尼時，十方師即來為作證明，一切罪障，悉皆消滅，一切十惡五逆，謗人謗法，破齋破戒，破塔壞寺，偷僧祇物，汙淨梵行，如是等一切惡業重罪，悉皆滅盡，唯除一事，於咒生疑者，乃至小罪輕業，亦不得滅，何況重罪，雖不即滅重罪，猶能遠作菩提之因。**」，菩提之因，即為菩提的根本。

觀世音菩薩繼續對佛陀說：「**世尊！若諸人天誦持大悲心咒者，得十五種善生，不受十五種惡**

死也。其惡死者，一者不令其飢餓困苦死，二者不為枷禁杖楚死。」，不會被抓去受刑而死，「**三者不為冤家讎對死。**」，不會被冤家仇人所殺害。「**四者不為軍陣相殺死，五者不為豺狼惡獸殘害死。**」，在這邊，我想跟大家探討佛法對戰爭的態度。在佛法中，沒有任何所謂的「聖戰」這件事情，亦即所有戰爭都沒有聖潔的，都是殺業。如果說一個菩薩，萬一遭逢因緣需要他去打仗，他還是要負擔自己所造下的業障的。

我們對菩薩行要有一個了解，菩薩行是以悲心為中心而去度眾生。像佛陀本生就曾經為了救五百個商人，而殺了一個強盜，殺了強盜雖然是為了救眾生，但還是要受業報。在佛法裡面，不會因為你是為了善良的目的，而能夠逃過業報。但是做為一個菩薩，你不救這五百商人也不行，不救是違犯菩薩戒的。所以，一個菩薩永遠在抉擇對眾生利益最大的道路。

相較之下，有些宗教的主張就很可怕，他們為了宗教的利益，可以鼓勵信徒燒殺擄掠。大家知道佛教在印度是怎麼被滅亡的？佛教於公元一二〇三年，被穆斯林（回教）的依克提耶爾烏甸率領大軍，毀壞超戒寺而滅亡的，當時有上萬名僧侶被殺。我們現在如果去印度，會發現很多佛教石窟裏的佛像臉都被削平或破壞。現在唯一保留比較完整，沒有遭到破壞的，只有山琦佛塔，因為山琦佛塔是屬於比較早期的塔，欄楯的雕刻多是佛陀的故事，很少有佛像。回教徒以為那是裝飾的藝術品，就沒有加以破壞。

當時幾乎任何有佛像的塔都被摧毀了，佛像不是頭被砍掉了，就是臉被削平了。偶像這個字

Buda，就是從佛（Buddha）這個字來的，回教徒把象徵偶像的佛像全部摧毀掉。當初阿富汗的巴米揚大佛被神學士政權摧毀時，有一個雜誌請我寫一篇有關佛教如何對抗回教的文章，我說佛教哪有什麼抗爭？就是回教徒一邊打，佛教徒一路跑而已。後來我寫了一篇「蓮花與彎刀」的文章，蓮花喻佛教，而彎刀是回教標誌。當彎刀揮舞時，蓮花飄落；但蓮花飄落，就飄到世界各地，到處生長。

為什麼回教徒會有這麼大的動力破壞異教？首先我們要了解它的主張底蘊。像他們現在有些自殺炸彈客到處攻擊，這裡面是牽涉到十字軍東征所引發的，回教和基督教之間長期的千年戰爭。他們願意身上綁著炸彈，赴死無懼，背後的理由是什麼？如果是為了宗教的目的而死，那這個宗教是否有提供他們什麼虛妄的保障？他們到底為了什麼而甘赴死所？因為他們認為：他在這邊戰死了，可以回到天堂！所以有那麼多人願意去死。

同樣的虛幻也在八百多年前的印度製造了一場滅佛的浩劫。在回教的經典中記載，回教徒「在生前搶了多少異教徒的財物，奪了多少異教徒的房舍，你在天上也會擁有多少財產，你殺了多少異教徒，你在天上就得到多少的侍候」，這個主張夠可怕了吧！可以迷幻多少人？所以，身為一個回教徒，要不要殺？要不要搶？搶了之後不只現世有錢，到天上還有錢；殺了人之後，不只現在痛快，到了天堂更痛快。

當時的超戒寺，規模比那爛陀寺還大，牆壁厚達三公尺厚，裡面有無數的珍寶和書籍，但厚牆擋不住人類虛妄的信仰跟想像，上萬的僧侶全被殺光了。最後，那些回教徒看到寺內的藏書，看不懂，想找人來問一下，卻找不到一個僧侶來解說，因為全部被殺光了。

回教有些教義是好的，但是像前述那樣虛妄的主張，或是「聖戰」這樣的語詞，那會造成什麼樣的後果？就現在的社會而言，有些激烈的現象當然也不能純粹完全怪他們，因為他們自認為被西方基督教社會歧視，他們受到一些不公平的待遇或壓迫。但問題是他們有些人基於對自身宗教的虛妄想像，而建構出所謂「聖戰」的名稱和意義，這是多麼可怕的事！

同樣的，大家要記得，在佛法裡面雖然沒有像回教這樣可怕的曲解，但也一樣有很多虛妄的解釋，比如有的人自己很喜歡貪瞋癡，然後跟你講說他的證量就是貪瞋癡，所以要讓他貪瞋癡你才可以成就，這就是虛妄的話！

太虛大師講過一句話：「人成即佛成，是名真現實。」，佛法是人法，你如果沒有辦法好好做一個人，你也沒辦法真正的成就佛法。所以在佛法裡面，先決條件就是要把人做好。一個好的佛弟子，他一定是個很好的人，他可能會有很多習慣，但他內心中的追尋會比一般人都要殊勝，他的行為會是正常的，而不是變成一個行徑怪異的人。修行可以有很殊勝的驗證，但修行不會讓你成為一個奇形怪狀的人，或者讓你提出很奇怪的主張。佛法是幫助世間超越的，而不是讓這個世間變得更混亂，或是產生另外一個阻礙，希望大家了解我這段話的意義。我看到經文中的「軍陣相殺死」，感受真是良深啊！

「六者不為毒蛇蚖蠍所中死，七者不為水火焚漂死，八者不為毒藥所中死，九者不為蠱毒害死，

十者不為狂亂失念死，十一者不為山樹崖岸墜落死，十二者不為惡人厭魅死，十三者不為邪神惡鬼得便死，十四者不為惡病纏身死，十五者不為非分自害死，誦持大悲神咒者，不被如是十五種惡死也。」

以上是誦持大悲心陀羅尼的種種功德。持誦大悲心陀羅尼，我們要了解如何跟觀世音菩薩溝通，其中最重要的是，你的心要跟他一樣，就是具足慈悲心！如此你一定能夠得到他的加持，因為你如果具足大悲心，而他不加持你，他就不能成正覺。

所以，用觀世音的大悲心，誦持觀世音的大悲咒，你就是千手觀音誦持大悲咒，當你把自己空掉，千手觀音所代表的就是諸佛大悲心的現起。我們應該護持大悲咒，幫助這個世間，讓這個世間成為清淨的佛土！

「得十五種善生者：一者、所生之處常逢善王，二者、常生善國，三者、常值好時，四者、常逢善友，五者、身根常得具足，六者、道心純熟，七者、不犯禁戒，八者、所有眷屬恩義和順，九者、資具財食常得豐足，十者、恆得他人恭敬扶接，十一者、所有財寶無他劫奪，十二者、意欲所求皆悉稱遂，十三者、龍天善神恆常擁衛，十四者、所生之處見佛聞法，十五者、所聞正法悟甚深意。若有誦持大悲心陀羅尼者，得如是等十五種善生也。一切天人應常誦持，勿生懈怠。」

「得十五種善生者，一者所生之處，常逢善王。」善王在古代來講是指好的國王，但現在這個時代是指好的政治領導者。「二者常生善國」，善國就是好的政治環境，「三者常值好時」，好時是太平時代，天災人禍少一點，不會有像南亞大海嘯等諸如此類的災害。

「四者常逢善友，五者身根常得具足。」，能夠常有良善的道友，常能具足諸根；「六者道心純熟。」，道心很純熟，人家跟你稍微講一下重點，你就會好好修行了。有些人道心不大成熟，今天聽你講這樣覺得有道理，他就開始修一下，明天聽別人講那樣他心又跑掉了。

「七者不犯禁戒，八者所有眷屬，恩義和順。」，就是眷屬中不會常常碰到一些忘恩負義的事情。「九者資具財食，常得豐足。十者恆得他人恭敬扶接，十一者所有財寶，無他劫奪，十二者意欲所求，皆悉稱遂。十三者龍天善神，恆常擁衛，十四者所生之處，見佛聞法。十五者所聞正法，悟甚深義。」，這幾句裡面所講的，就是讓我們世間、出世間都能得到利益，世間的生活安穩，出世間的修行則能得到最深的悟境。「若有誦持大悲心陀羅尼者，得如是等十五種善生也，一切天人，應常誦持，勿生懈怠。」，所以每一個人都要好好的持誦大悲咒。

第五章

大悲咒解析

在本章中，我們要來了解大悲咒的意義。了解大悲咒的意思，我們在持咒時會更有感情，也更能投入其中的情境。

觀世音菩薩說是語已，於眾會前合掌正住，於諸眾生起大悲心，開顏含笑，即說如是廣大圓滿無礙大悲心大陀羅尼神妙章句，陀羅尼曰：

南無喝囉怛那哆囉夜耶一　南無阿唎耶二　婆盧羯帝爍鉢囉耶三　菩提薩埵婆耶四　摩訶薩埵婆耶五
摩訶迦盧尼迦耶六　唵七　薩皤囉罰曳八　數怛那怛寫九　南無悉吉利埵伊蒙阿唎耶十　婆盧吉帝室佛
囉楞馱婆十一　南無那囉謹墀十二　醯唎摩訶皤哆沙咩十三　薩婆阿他豆輸朋十四　阿逝孕十五　薩婆薩哆那
摩婆伽十六　摩罰特豆十七　怛姪他十八　唵阿婆盧醯十九　盧迦帝二十　迦羅帝二十一　夷醯唎二十二　摩訶菩提
薩埵二十三　薩婆薩婆二十四　摩羅摩羅二十五　摩醯摩醯唎馱孕二十六　俱盧俱盧羯懞二十七　度盧度盧罰闍耶
帝二十八　摩訶罰闍耶帝二十九　陀羅陀羅三十　地利尼三十一　室佛囉耶三十二　遮羅遮羅三十三　摩摩罰摩囉三十四
穆帝隸三十五　伊醯移醯三十六　室那室那三十七　阿囉嘇佛囉舍利三十八　罰沙罰嘇三十九　佛羅舍耶四十　呼
嚧呼嚧摩囉四十一　呼嚧呼嚧醯利四十二　娑囉娑囉四十三　悉利悉利四十四　蘇嚧蘇嚧四十五　菩提夜菩提夜四十六

菩馱夜菩馱夜四十七 彌帝利夜四十八 那囉謹墀四十九 地唎瑟尼那五十 波夜摩那五十一 娑婆訶五十二 悉陀夜五十三 娑婆訶五十四 摩訶悉陀夜五十五 娑婆訶五十六 悉陀喻藝五十七 室皤囉耶五十八 娑婆訶五十九 那囉謹墀六十 娑婆訶六十一 摩囉那囉六十二 娑婆訶六十三 悉囉僧阿穆佉耶六十四 娑婆訶六十五 娑婆摩訶阿悉陀夜六十六 娑婆訶六十七 者吉囉阿悉陀夜六十八 娑婆訶六十九 波陀摩羯悉哆夜七十 娑婆訶七十一 那囉謹墀皤伽囉哪七十二 娑婆訶七十三 摩婆利勝羯囉夜七十四 娑婆訶七十五 南無喝囉怛那哆囉夜耶七十六 南無阿唎哪七十七 婆嚧吉帝七十八 爍皤囉夜七十九 娑婆訶八十 唵悉殿都曼哆囉鉢馱耶八十一 娑婆訶八十二

「觀世音菩薩說是語已，於眾會前，合掌正住。」，觀世音菩薩說完這些話後，於大眾前合掌正住，對眾生生起大悲心，開顏含笑。

「正住」是指整個身體自然安住，外相是自然安住，內心則是「於諸眾生，起大悲心」。所以持大悲咒時，內心有沒有真正生起大悲心，是一個最重要的關鍵。

「開顏含笑」，是表示菩薩的身心很放鬆、很喜悅，很歡喜地微笑著，「即說如是廣大圓滿無礙大悲心大陀羅尼神妙章句。」，神妙章句是神奇微妙，不可思議的章句。

讀到此段經文時，我們可以觀想著觀世音菩薩在佛陀面前，合掌誦持大悲咒，悲視一切眾生，開顏含笑，而開始誦咒。我們不僅觀想著，而且我們也可以學習觀世音菩薩如是而行。

我們想想看，為什麼觀世音菩薩在教我們持誦大悲咒時，要「於諸眾生起大悲心，開顏含笑」？

一般人在持大悲咒時，只是停留在口中的持誦而已，並沒有真正注意到持大悲咒應該有怎麼樣的心態。我們要模擬觀世音菩薩祂是在什麼樣的心態下來持誦大悲咒的，這是很核心的議題，我們要跟他的心境完全相合而來持誦大悲咒，這樣效果才會好。

什麼是咒語？咒語就是佛菩薩的心。除此之外，咒語也是你跟佛菩薩溝通的一個管道，佛菩薩也是透過這個管道來進入你的心。了解這個，你就知道怎麼唸咒效果才會好，所謂「拜佛如佛在」，持咒也是一樣，你持咒時是把觀世音菩薩當成祂就在你前邊聆聽，你持咒的心境，就像你在爸爸媽媽面前懇求幫忙協助照顧一樣，很親近，也很親切，這時觀世音菩薩就像慈父悲母般，在你面前微微含笑，點頭說：「好」！

於是，觀世音菩薩開顏含笑，即說「廣大圓滿無礙大悲心陀羅尼神妙章句。」一念誦大悲咒，最重要的是對眾生起大悲心，誦持大悲咒之密訣正是「廣大圓滿無礙大悲心」。

大悲咒的版本

大悲咒在藏經裡面有很多種版本，在此我們所採用的是伽梵達摩的版本，羅馬拼音是引用林光明先生編修的《大藏全咒》。這個版本與我們一般通用八十四句大悲咒不同，如果你有習慣念誦的大悲咒版本，可保留念誦原來的版本。

在大正藏裡，《大悲心陀羅尼經》有一、二十種版本，其中，最長的大悲咒和最短的大悲咒長度差了將近三倍。一般八十四句的大悲咒版本是屬於流佈本，而流佈本或流通本是在流佈的時候有稍為修改過的，跟原經本很類似，但裡面有加入一些東西是原經本所沒有的。

因為有這樣原始經本和流佈本的差異存在，所以我以前在編印經典的時候，常常遇到一個很大的問題，那就是很多人會說：「你編印的經文內容怎麼跟我一般看的經不一樣？」比如說，最常見的就是《藥師經》，現在外面流佈的藥師經裡面都有藥師咒，但《藥師經》的藏經原本裡面卻沒有藥師咒，藥師咒是從《灌頂經》裡面另外取出來，再加入流佈本《藥師經》裡面的。很多人因為不清楚這些源由，所以看到我編出來的藥師經裡面沒有藥師咒，就以為我印錯了，或是我亂改經典，事實上不是這樣的。但是一般人都誤以為流通本才是正確的版本，而不知道這流通本其實是經過很多人改過的版本。

有的人會擔心：「印經如果經文印錯一字、寫錯一字，那是會下地獄的！」，民間有很多諸如此類的說法。但如果真的是這樣子的話，自古以來可能很多抄經的人都已經下地獄了。怎麼說呢？很多經典其實都會抄錯，像大藏經那麼龐大的文字量，都是靠人工手刻、手抄的，錯誤是難免。自古以來有三十幾種藏經，藏經裡的下邊部分都有「校刊」，這也是各版藏經的不同之處。每一版本藏經都不一樣，沒有一部經典在兩種藏經裡的字都完全一樣，因為一部藏經那麼多字，刻錯字是很常有的事，有的甚至會有整段一連串幾百個字漏掉的。這問題不論從印度、中國、到西藏，每一個地方都會有同樣的問題，也就是說根本不可能完全沒有錯字的。所以大家不要被這種漏刻或少印以及錯印一個字會下地獄的無稽之談給嚇倒了。雖然有錯字要校正，但如果真的以為說抄錯或讀錯一個字便會怎樣的話，那唯一的方法是不要讀經了，因為不可能不讀錯的。

所以我們對讀經或經本要有一個基本觀念，就是同一部經典會有很多不同的版本。一般流佈本的大悲咒有八十四句，它的長度算是中等的，最長的大悲咒比流佈本還長一倍左右，所以大悲咒其實是有好多種版本的。大家如果有機會讀到現在西藏的大悲咒，一定會覺得奇怪，怎麼跟中文的大悲咒不一樣？是不是因為發音不同造成的？不是！因為如果把它回復成梵音來唸也是不一樣。原來西藏的大悲咒傳本是錯的，西藏的大悲咒其實是十一面觀音神咒。為什麼會這樣呢？可能是他們的上師在一開始的時候就傳錯了，但錯了去唸還是會有功德的，所以大家不用擔心。

現在一般所持誦的《千手千眼觀世音菩薩廣大圓滿無礙大悲心陀羅尼經》大多是伽梵達摩的譯本，而像這個屬於千手眼系的經典是很多的，所以裡面也有很多不同的修法。像我們現在這個四十手眼的修法，基本上是屬於四十手系的，但是也有另外的修法是，這四十手每一手尊都有真言，每一個真言都是一尊觀音，所以是四十觀音。由此可知，即使同樣都是千手觀音的大悲陀羅尼經系裡面，也是有不同的修法，有不同的傳承。

中國佛教有個習慣，對咒語習於「翻音不翻義」，也就是不翻譯咒語文意，並強調不必了解咒的意思，如此念咒才會專心。那麼，我請問大家，印度人念咒時，這個咒是梵文寫的，他們知不知道意思呢？一定知道的。所以這種說法並不一定行得通。假若行得通，所有傳咒上師就不必解釋梵語的意思了，但事實上都有解釋。更何況，不知道意思念起來不一定能專心，但如果能了解意思，念起來可能比較有感受。

大悲咒的意義

以下我們來解釋大悲咒的意義：

一、**南無喝囉怛那哆囉夜耶**，「南無」是歸命，「囉怛那」是寶，也就是西藏人講的「仁波切」，是珍寶的意思，而不是專指人。「哆囉夜耶」是三的意思，二者合起來是三寶。有的斷句為「南無」「喝囉怛那哆囉夜耶」，有的人斷成「南無喝」「囉怛那哆囉夜耶」；有的人用原音是「南無」，但是若照梵音來說是「南無喝」，因為「南無喝」和「南無」意思一樣，都是歸命的意思。所以「南無喝囉怛那哆囉夜耶」就是歸命三寶。

二—四、「**南無阿唎耶**」，「南無」是歸命，「阿唎耶」是聖，所以斷句不能斷在這裡，應該是「**南無阿唎耶婆盧羯帝爍鉢囉耶**」。「婆盧羯帝爍鉢囉耶」是觀自在菩薩的梵名，「菩提薩埵婆耶」是菩薩的意思。所以若要念梵音的南無聖觀自在菩薩就是這一句，這是觀自在菩薩名號，「**南無阿唎耶婆盧羯帝爍鉢囉耶，菩提薩埵婆耶**」是歸命於聖觀自在菩薩。

五—六、「**摩訶薩埵婆耶摩訶迦盧尼迦耶**」：「摩訶」是大，「薩埵」是大士，亦指有情，即是眾生。菩薩是「菩提薩埵」，「菩提」是覺，「薩埵」是有情，所以菩薩是覺有情。「摩訶薩埵」

是大有情，我們平常稱「觀世音菩薩」，也稱「觀音大士」。「摩訶迦盧尼迦嘢」是大慈悲者。

第七句「**唵**」是歸命，和「嗡」、「南無」、「南麻斯」同樣都是皈命的意思，這幾個字經常出現在咒語的起首處。日本的「奧姆真理教」的「奧姆」就是「唵」字。

第八句「**薩皤囉罰曳**」：「薩皤」是一切。「囉罰曳」是至尊。二者合起來指一切尊，一切至尊。「唵薩皤囉罰曳」即是皈命一切至尊。

第九句「**數怛那怛寫**」：「數怛那」是正教。「怛寫」是喜語，歡喜的言語。所以整句是正教給予我們歡喜的言語。

第十句「**南無悉吉利埵伊蒙阿唎耶**」：「南無悉」和「南無」一樣，是歸命的意思。「吉利埵」是禮拜。「伊蒙阿唎耶」，聖者。整句是「皈命禮拜我們所尊敬的聖者」。

從第一句至第十句是：我歸命三寶，歸命聖觀自在菩薩，大有情大慈悲者，歸命一切尊，讓人歡喜的正教語言，歸命禮拜聖尊觀自在菩薩。

第十一句「**婆盧吉帝室佛囉楞馱婆**」：「囉楞馱婆」是海島、香山，是指普陀山，觀世音菩薩的聖地。這整句是：我們皈命禮拜在海島香山的聖尊觀自在菩薩。

第十二句「**南無那囉謹墀**」：「南無」是歸命，「那囉謹墀醯唎」是賢善順法教的心。

第十三句「**醯唎摩訶皤哆沙咩**」是大光明的意思。

第十四句「**薩婆阿他豆輸朋**」：「薩婆」是一切。「阿他豆輸朋」是無貪染、莊嚴清淨。

第十五句「**阿逝孕**」是無比，無人比得上。

第十六句「**薩婆薩哆那摩婆伽**」這「薩婆薩哆」是一切菩薩，「那摩婆伽」是童真。在佛教中，菩薩也稱為「童子」，是代表菩薩永遠保持一顆童真之心，像文殊菩薩祂又稱為「文殊師利童子」。

一般的通行本和伽梵達摩的版本有少許的不同，如通行本是「薩婆薩多，那摩婆薩哆，那摩婆伽」，而伽梵達摩的大悲咒本是「薩婆薩哆，那摩婆伽」，通行本多一句「那摩婆薩哆」，所以不是伽梵達摩少譯一句，而是通行本和這本不同，但我們誦念時還是依照自己慣用的版本念誦沒關係。一般通行本是經過很多人修改過，因為很多人覺得這樣有道理，就東改一字，那樣有道理就西改一字，因此就有很多版本產生。

第十七句「**摩罰特豆**」是大天神。

此段是稱讚觀世音菩薩的清淨莊嚴，並皈命賢善順教之心，大光明，一切無貪的莊嚴清淨，無比的一切菩薩，一切具足童真的天神，這些句是在稱讚觀世音菩薩的莊嚴。

十八、「**怛姪他**」以下是真正咒語，其上是序言。「怛姪他」是「即說咒曰」，所以下面是真正咒語的開始。凡是長咒一定會有這一句，比如藥師咒、往生淨土咒裡都有這一句，此句以上是咒的序言，以下才是真正咒語的開始，也是咒心所在。所以如果有時候大家很忙，但又想作功課持咒，就直接持誦「怛姪他」以下的咒心即可。

十九—二十、「**唵阿婆盧醯盧迦帝**」，「唵」是皈命，「阿婆盧醯」是觀自在，「唵阿婆盧醯，盧迦帝」應該是合在一起的一句，即歸命觀自在。

二十一、「**迦羅帝**」是大慈悲者。

二十二、「**夷醯唎**」是蓮花之心。

二十三、「**摩訶菩提薩埵**」是大菩薩。

二十四、「**薩婆薩婆**」是一切一切。

二十五、「**摩羅摩羅**」是遠離塵垢，遠離所有污穢。

二十六、「**摩醯摩醯唎馱孕**」是大自在心。

二十七、「**俱盧俱盧羯懞**」：「俱盧俱盧」是作法，「羯懞」辦事，變音成動詞。

二十八、「**度盧度盧罰闍耶帝**」：「度盧度盧」」和中文一樣，即「度汝度汝」的意思。「罰闍耶帝」是聖尊。

二十九、「**摩訶罰闍耶帝**」：是大聖尊。

三十、「**陀羅陀羅**」是能持。所以密宗的金剛持叫（vajra dhara）能持金剛者。

三十一、「**地利尼**」：是很勇敢。

三十二、「**室佛囉耶**」：是光明自在。

三十三、「**遮羅遮羅**」是行動。

三十四、「**摩摩罰摩囉**」：「摩摩」是我；「罰摩囉」是最勝，可以遠離一切污穢，即最勝離垢。

自己一人持誦時，可以在「摩摩」後面加上自己的名字，如摩摩「某某某」然後接著「罰摩囉」，意思是加持自身。其實不只是大悲咒而已，像「佛頂尊勝陀羅尼」也有這樣的情形。「罰摩囉」是最勝離垢，所以「摩摩罰摩囉」整句就是「加持我某某人」之意。

三十五、「**穆帝囇**」解脫的意思。

三十六、「**伊醯移醯**」是教語，教法的言語。

三十七、「**室那室那**」是誓願。

三十八、「**阿囉哆佛囉舍利**」：「阿囉」是王的意思，「佛囉」是覺，「舍利」是堅固子，即舍利子。這個舍利子和《心經》中的舍利子不一樣。舍利也是一種鳥，《心經》中的舍利子意思是「舍利的孩子」，是指舍利弗，因為他的母親眼睛非常美麗，就像舍利鳥一樣，所以被稱為「舍利」，所以她的孩子就稱為「舍利子」。

三十九、「**罰沙罰哆**」是歡喜。

四十、「**佛羅舍耶**」是佛的金剛杵。vajra 是金剛、金剛杵之意。金剛杵是帝釋天王（雷神）所執持之武器，能摧壞一切物，而不會被一切物所摧壞，是故名「金剛」。像《金剛經》又名「能斷金剛」，意思是說金剛乃最勝，一切所不能毀壞；另一個意思是連金剛這樣的寶石亦能壞之，這是兩種不同的解釋。

四十一、「**呼嚧呼嚧摩囉**」作法無任何污垢，無任何污穢。

四十二、「**呼嚧呼嚧醯利**」作法能夠隨心如意自在。
四十三、「**娑囉娑囉**」是賢明堅固者。
四十四、「**悉利悉利**」是勇猛者。
四十五、「**蘇嚧蘇嚧**」即甘露水，甘露是長生不老之水，所以甘露水是長生不老之水。

關於甘露的由來，在印度的傳說中，是有一次諸天神受咒詛而身形困弊時，諸天依毗溼奴之教，投種種藥草入乳海中，復以曼荼羅（Maṇḍala）山為乳棒，奮力攪拌。諸天在飲用後，終於恢復神力。

傳說天神吃了甘露可以治病，人吃了會長生不老，所以叫「甘露」，是長生不老藥的代名詞。佛教中所謂的「甘露道」則取喻為超越生死之道，為解脫道之意。到了後來的密教，又把甘露返回其藥的本意，而不是佛教已將其昇華為超越解脫生死之意了。

四十六、「**菩提夜菩提夜**」是覺悟之道，是向覺悟之道。
四十七、「**菩馱夜菩馱夜**」：「菩馱夜」是能覺者，指覺悟之人，覺悟者。
四十八、「**彌帝利夜**」是大慈者，這即是彌勒菩薩的名號。
四十九、「**那囉謹墀**」是賢明善良，即賢善。
五十、「**地唎瑟尼那**」是堅固又銳利。
五十一—五十二、「**波夜摩那**」是名聞。「**娑婆訶**」有時用「娑訶」，咒語最後結尾通常都是這個字，是一切圓滿、一切成就的意思。「娑婆訶」這個字現在有點像中國人見面講「阿彌陀佛」

一樣，有多種意涵在裡面了。

五十三—五十四、「**悉陀夜**」是義，再接「**娑婆訶**」即義成就。

五十五—五十六、「**摩訶悉陀夜娑婆訶**」：「摩訶」是大；「悉陀夜」是義。所以這句是大義成就，大的義理來成就。以上五十一至五十六句即是：名聞成就，義成就、大義成就。

五十七、「**悉陀喻藝**」是無為。

五十八、「**室皤囉耶**」是得到大自在。

五十九、「**娑婆訶**」就是成就。所以「悉陀喻藝　室皤囉耶　娑婆訶」整句是用無為得到大自在的圓滿成就。

六十—六十一、「**那囉謹墀**」是賢愛，「**娑婆訶**」自在，即賢愛自在成就。

六十二—六十三、「**摩囉那囉　娑婆訶**」是上妙的遊戲，得到成就。

六十四—六十五、「**悉囉僧　阿穆佉耶　娑婆訶**」，「悉囉僧」是愛語，「阿穆佉耶」第一義，「娑婆訶」是成就。所以是愛語第一義大無比成就。

六十六—六十七、「**娑婆摩訶阿悉陀夜　娑婆訶**」是一切大義成就。

六十八—六十九、「**者吉囉阿悉陀夜　娑婆訶**」：「者吉囉」（cakra）是輪、如意輪、法輪（Dharmacakra）。輪是武器，有金、銀、銅、鐵四種層級的轉輪聖王，其權勢可以統一全世界。此句是以無比之輪來成就的意思。

七十—七十一、「**波陀摩羯悉哆夜　娑婆訶**」：「波陀摩」指蓮花，是紅蓮花業義成就。像六字大明咒是「嗡嘛呢唄咪吽（oṃ maṇi padme hūṃ），其中，「嗡」是皈命，「嘛呢」是寶珠，「唄咪」（padme）是蓮花，「吽」是心，整句就是「皈命於清淨的蓮花心」，或「皈命於聖者觀自在如清淨寶珠般蓮花的心」。

七十二—七十三、「**那囉謹墀皤伽囉𠰻娑婆訶**」：「那囉謹墀」是賢首，「皤伽囉𠰻」是聖尊，「娑婆訶」成就。整句就是：賢善聖尊的成就。

七十四—七十五、「**摩婆利勝羯囉夜　娑婆訶**」：「摩婆利勝」是英雄威德，「羯囉夜」是生性，「娑婆訶」是成就。此句為：英雄大威德自性成就。

七十六、「**南無喝囉怛那哆囉夜耶**」皈命三寶。

七十七—八十、「**南無阿唎𠰻　婆嚧吉帝　爍皤囉夜　娑婆訶**」：皈命三寶，皈命聖觀自在菩薩成就。

八十一—八十二、「**唵悉殿都曼哆囉鉢馱耶　娑婆訶**」：「唵」是皈命，「悉殿都」使我成就，「曼哆囉」是真言咒語，「鉢馱耶」是真言的咒，「娑婆訶」成就。整句的意思是：皈命而令我成就，真言密句祈願成就！

大悲咒白話讚詩

以上就是大悲咒文字意義的大略介紹。了解這樣的咒義之後，我們可以知道，大悲咒的持誦，一方面是讚美觀世音菩薩，同時也是祈請觀世音菩薩賜我成就，再者，也是希望我能發跟觀世音菩薩同樣的心，來成就無上的大悲心。

我曾依照大悲咒的意義，將之寫成白話讚詩如下，供大家參照：

皈命三寶　禮敬聖者觀自在菩薩
這位偉大的有情　圓具大慈悲者
嗡！　一切施無畏的至尊　祈請給予歡喜的濟度
現前皈命禮敬這位　安住在清淨海島香山的
聖觀自在菩薩
再次的皈命　賢善順教心髓的廣大光明
能使一切菩薩童真
具足無與倫比無貪無染的莊嚴清淨
更能清淨一切生命的存有之道
因此　就如實的宣說神咒：

嗡！　這位洞見法界真相者　超越世間者
具有蓮華心的大菩薩
請以一切、一切　遠離塵垢的大自在心
來作業成辦一切的眾事
安住啊！安住啊！　勝利的至尊　偉大的勝尊
善能總持、善能總持諸法
甚為勇猛、具足威光自在的勝尊
請行動吧！請行動吧！　成就我　最殊勝離垢　最殊勝的解脫
來吧！來吧！　弘偉的誓願！弘偉的誓願！
賢聖的行動　隨緣生起甚深的歡喜　堅如金剛的至尊
祈請以如意自在的無垢作法，流出無死的甘露
以無念隨心的作法成就大覺之道
賢善堅固的至尊　殊勝吉祥、殊勝吉祥
流出了無死的甘露淨水
覺悟吧！覺悟吧！　已經覺悟了！已經覺悟了！
偉大的慈悲者　大悲賢善的至尊　大堅固的勇猛者

名聞十方的至尊！娑婆訶
成就者！娑婆訶
大成就者！娑婆訶
成就瑜伽自在者！娑婆訶
賢善的尊者！娑婆訶
如意自在上妙的遊戲者！娑婆訶
第一義愛語如合者！娑婆訶
一切大義成就者！娑婆訶
無上的持輪降魔者！娑婆訶
紅蓮善勝成就者！娑婆訶
賢首的聖者！娑婆訶
本具大勇威德的聖尊！娑婆訶
皈命三寶　皈命聖觀自在王！娑婆訶
嗡！令我成就　真言密句祈願成就　娑婆訶！

聽聞大悲咒而解脫發心的聖眾

當觀世音菩薩說完大悲咒之後，大地產生了極大的震動，並且生起了種種瑞象，許多人證入了聖者之流。

「**觀世音菩薩，說此咒已，大地六變震動，天雨寶華，繽紛而下，十方諸佛，悉皆歡喜，天魔外道，恐怖毛豎，一切眾會，皆獲果證，或得須陀洹果，或得斯陀含果，或得阿那含果，或得阿羅漢果者。**」

「須陀洹果」是初果，初果又稱為入流，入於聖道，而逆於生死之流，斷三界見惑即得初果。一般佛教所講的開悟，基本上，最低的條件就是要得到初果，證到初果就是得「法眼淨」，得法眼淨就是見法性，就是斷三界之見惑。

須陀洹、斯陀含、阿那含、阿羅漢等四果，是聲聞行者修證的四種果位階次，又稱「四沙門果」。聲聞，是指聽聞佛陀聲教而證悟的出家弟子，所以又稱為聲聞。他們是觀察苦、集、滅、道四諦的法理，修習三十七道品，斷除見、修二種迷惑，次第證得四種沙門果位而證入無餘涅槃的人。

聲聞乘修道的果位分別為：

一、須陀洹果，意譯為預流果，即初果。指斷盡欲界、色界、無色界等三界的見惑，預入聖道之法流，證入無漏聖道階位之聖者。預流果聖者之輪迴生死，最多僅於人界與天界中各往返七次，後必證得阿羅漢果。

二、斯陀含果，意譯為一來果，即第二果。指已斷除欲界九品修惑中之前六品，並證入果位者，需一度生於天界，再來人間入於涅槃，故稱為一來。

三、阿那含果，意譯為不還果，即第三果。指已斷盡欲界九品修惑中之後三品，而不再來欲界受生，故稱為不還。

四、阿羅漢果，意譯作應供、無學。阿羅漢果，即第四果，又作極果、無學果。指已斷盡色界、無色界之一切見惑、修惑，而永入涅槃，不再有生死流轉。證入阿羅漢果之聖者，超出三界，四智已經圓融無礙，已無法可學，所以又稱為「無學」。

「**或得一地二地三地四地五地，乃至十地者。無量眾生，發菩提心。**」

十地是指大乘菩薩道的修行階位。以「地」為名稱，是由於大地能生長萬物，所以經典中常以「地」來形容能生長功德的菩薩行。「十地」就是指十個菩薩行的重要階位。

《華嚴經》中所說的十地為：

第一「歡喜地」是脫離凡夫地而入菩薩的聖位，總括菩薩的本願妙行而觀修之地。

第二「離垢地」是修十善業道，離脫三惡趣業垢的行位。

第三「發光地」是菩薩住忍辱行，實際善化有情的行位。

第四「焰慧地」是不退精進、解脫身見、發得如來家法之真智見的行位。

第五「難勝地」是斷了菩薩行中被認為難行的我愛我執，而體悟有情平等性的行位。

第六「現前地」是知道十二因緣終歸於無明一心，三界只是此虛妄心的影像，諸法實相現前的行位。

第七「遠行地」是圓修三十七菩提分法，證悟法性本來寂靜，隨緣轉現的行位。

第八「不動地」是解脫有功用，而於無功用行，不斷使三業悉契合佛所作所行的行位。

第九「善慧地」是以三乘的教法給予一切有情利益安樂的大法師之位，法王子之位。

第十「法雲地」是普降如來法雨以利益三乘人，菩薩自身受三世諸佛灌頂為法王的行位。

十地菩薩逐漸趨向佛境，所以又稱為受職位；有時從十地中又特別分出等覺與妙覺二地，而成為五十二個階位。

在此，將生命從無明迷惘，開始修學佛法，以至悟道的過程，並及其中大、小乘的差別，簡要地為大家說明：

修行的次第，一開始的時候先要有正知見；知見修好之後，會產生覺受。知見和覺受不同，知見是觀念上知道，覺受則是依於正確的知見，進而引發身心上的感受，如清涼、輕安，不大執著外相等。最後得到證量，也就是開悟。

初果的證量等於是有了阿羅漢的知見，二果、三果則是覺受，阿羅漢才是證量。也就是說，初階的修行證量等於是高階證果的知見。我們現在修行是從正知見開始修行，修到輕安、煖位的現象出現就有了覺受，最後證量就是得到初果。所以開悟至少是要得法眼淨（初果），這是千古不移的道理。初果就等同於大乘的初地菩薩，也等同於禪宗的初關，也等同於密宗的見明體。見明體就是法眼淨，見法性，也就是大手印正行四瑜伽中的專一瑜伽，名詞不同，其實意趣都是一樣的。

雖然是同樣的境界，有的人從果位上修，有的人從因位上修，用法會有不同，速度不同，因緣也不同，大乘發心或小乘發心也有不同，所以會有外相上種種的差異，但基本上的見地是一樣的。

我們打個比方，聲聞初果的開悟就像是薪水階級，月入三萬，自足自樂；而大乘初地菩薩的開悟則如同是大企業老闆，公司有一萬名員工，每人月薪三萬，一個月要賺三億才能運轉經營。同樣是過三萬元的生活水準，但企業老闆的身價就是不同，也就是大乘初地菩薩的功德遠超過初果阿羅漢。

佛法中所說的「開悟」，至少是指初果以上。如果再介紹一些內容的話，自古以來，佛教不同的部派，有各自不同的說法，有些說初果到四果都可能退；有些說初果、四果不退，二果三果或退。我個人的看法是初果、四果不退，二果三果或退，就如同大乘初地、八地不退，八地是位不退，初地也不會再往下退了，因為他有悟境；二地、三地、四地會退到初地。這是我的看法。

由於部派不同，古德有些不同的看法，但我認為四果是不退。有的人認為有九種退法阿羅漢，但會退的話，是退「現法樂住」，也就是說，雖然修持某個禪定，如果因為身體生病等各種因緣，覺得不舒服，會退禪定樂，就是退現法樂住，但是我不認為會退這個悟境。

舉個例子，開悟的過程，就像一個水缸，裡面裝滿水，這個水缸就好比我們的我執，其中的水就像是我們的妄想。開悟就像水缸打破一個洞，我執的妄水開始滲漏而出。而定力就是讓妄水平靜無波，如果定力退失後，妄水之波仍然會再度掀動。如果是悟道的初果聖人，他經過七世會慢慢把我執妄水全部漏光，煩惱水才會枯竭；得到初果之後，他根本空性看法不會再改變，只是說這時的習性還是維持一定的作用強度在，所以有時候習性一來，看起來還是會有煩惱。

二果聖者是天上人間來回一返，我執煩惱妄水才漏光。三果又名不返果，是在四禪天裡的五淨居天，那是三果聖人所居的天，在那個五淨居天裡，三果聖人開始是有一念清淨，一念不清淨，然後再來開始二念清淨，一念不清淨；而到最後全部都清淨了，就在五淨居天裡成就阿羅漢。四果則是當生就把我執欲缸全部打破碎了。也就是說，初果是把水缸鑽一個小洞，煩惱水開始漏出去了，但是是慢慢漏；二果是鑽二個洞或洞大一點，煩惱水漏的快些了；三果是鑽三個洞，或者鑽很大一個洞；四果則是直接破缸，即生成就。

當觀世音菩薩說完大悲咒，無數的眾生一時都入於解脫，也有獲得大乘菩薩諸地成就的。大家有沒有發起菩提心呢？我們來學大悲咒，就學觀世音菩薩發起無上菩提心吧！

將大悲咒的願力與現實生活結合

我跟大家報告我持咒的因緣，雖然我持的是藥師咒，但是持咒背後的動力是共通的。當初因為

SARS的緣起，我發願要唸藥師咒一百萬遍，多年前已經圓滿了。雖然SARS已經過了，但是許多年前我就開始注意到禽流感的發展，希望它不要引發大流行，所以就一直以繼續持藥師咒的功德，迴向禽流感疫情早日平息。過去我持咒一向是不計數的，我只專心持咒，這次因為是特殊因緣才計數，也是因為跟眾生有約的關係。

但另外有一件事我感覺到有點對不起佛頂尊勝佛母，那是因為我當初在深山閉關的時候，他現身了，給予我大手印的授記。當時我發願要作十萬尊佛頂尊勝佛母的擦擦，但到現在只作了五千尊，還少九萬五千尊，不過我會把它完成。修行要專心，答應過的事情要完成，所以我在持這陀羅尼之前，我心裡面很清楚自己是隨願力而行。

願力是很重要的，宇宙中最大力的力量就是願力！什麼是願力？顯教中叫作「願」或「誓願」，密教中叫「誓句」或「三昧耶」。為什麼願力是宇宙中最大的力量？有一句話：「神通敵不過業力！」，但「業力敵不過願力！」。佛教的願不是普通世間人的「希望」，佛教的願一定跟誓句有關，也跟「覺」，跟「淨」都有關。菩薩的願，一般來講有所謂「四弘誓願」，就是「眾生無邊誓願度，煩惱無盡誓願斷，法門無量誓願學，佛道無上誓願成」，這裡的法門就是方法。眾生有煩惱，煩惱要如何解決？要有法門。依眾生而起大悲心，因大悲心而發菩提心，到最後獲得智慧，悲智圓滿，成就佛道。

所以菩薩的願一定有二重，一是誓度眾生願（覺），就是圓滿眾生成佛；另一個是圓成淨土願

（淨），就是莊嚴諸佛淨土。這兩個願圓滿了，就是大覺的完成，我們前面所講的願力就是這兩者。

除了基本的「四弘誓願」，以及成就淨土這二個願之外，落實在每一個佛菩薩本身也可以有他自己特別的願，比如藥師佛本身特別的願是十二大願，阿彌陀佛是四十八大願，《悲華經》裡釋迦牟尼佛則有五百大願。我們現在如果要學阿彌陀佛要怎麼學？學阿彌陀佛的慈悲，學他的智慧，而為什麼他有這種慈悲跟智慧？因為他有願力！阿彌陀佛是依什麼而成佛的？依願力而成佛！所有十方諸佛都是依願而成佛的。

所以願力是成佛的根本，願力就是菩提心，菩提心就是智慧與慈悲的心。阿彌陀佛為什麼發四十八大願？是他用悲心觀察當時的時空因緣而建立的。而現在如果我們要學阿彌陀佛發大願，那麼我們現在的時空因緣是什麼？要怎麼發願？他四十八大願，我們至少要再加上自己特別的兩願，就是 48 + 2 = 50，取法乎上，這樣才對啊！而且這特別的兩願，我們要相應在我們的現實生活裡，就是要觀察你當前的時空因緣而建立。

什麼是當前的時空因緣？十幾年前，我有一個朋友，他是一位虔誠的佛教徒，在大學擔任系主任。有一天，他告訴我他有一個很深刻的煩惱，一個困擾他很久的問題，是什麼很深刻的煩惱跟問題呢？他說他有一台很古老的黑白電視，他一直想換又不敢換，為什麼？他說：「我把它換成彩色電視的話，算不算犯戒？」，就是說算不算生活奢華？我告訴他：「掃把在古代算是蠻先進的清潔工具吧，佛陀用掃把掃地的話，算不算犯戒？」佛陀那時候用掃把掃地是合乎時空因緣的。

再如在早期物資困苦的時代，吃飯一定要把桌上的殘羹賸菜吃完，因為一飯一菜，當思得來不易，要儉惜的緣故。但是儉惜的結果，到最後就是媽媽的健康越來越糟。為什麼？因為媽媽收拾碗筷時，往往會將剩下的菜連同湯汁一起吃下去，而菜的湯汁裡頭含有最多的油，也含有最多的鹽，這些都是最傷害身體的。

以前早期的食物，過期食用可能還沒有什麼大礙，因為以前糧食的種植比較沒有化學品以及農藥污染等，放久了也不大容易壞，即使因為儉惜而過量食用，還不至於馬上發生重大傷病。但是現代社會因為環境破壞的結果，水質變差了，毒素增加了，植物的抗病力也降低了，所以是不是須要改變傳統儉食惜物的作法，是應該端視時空因緣改變而調整的，以免到最後所付出的醫藥成本，遠大於儉惜食物的節約成本，身體弄壞了反而得不償失。不過，這是我個人的看法，只是提供給大家參考而已。

所以很多事情的抉擇，是要依時空因緣去觀察的。比如我以前在榮總演講時，有些醫生會問我，他在作醫學研究時，有時必須要用白老鼠當作實驗，這樣是否犯戒？我告訴他：「你如果有這種想法，你就不要當醫生或研究人員，因為如果有一天你必須為病人開刀，拿出體內的寄生蟲，這樣的行為你也不能作了。」，因為那也是殺生吧？當然，這是開玩笑的話。不過如果一定要這樣解釋的話，那我們一般人家裡面的開水也不能煮了，因為煮沸是為了殺菌，那殺菌算不算殺生呢？當然，細菌是不是一種生命，也還有討論的空間。但這裡最主要的是，我們要了解，佛法中不殺戒的時空因緣觀念是什麼意思。

基本上，「五戒」裡所講的殺，最主要是不能殺人。至於殺害人以外眾生的行為，我們不要主動去從事，但也不必固守著僵化的觀念，因為事實上在我們生活當中，不管是吃藥也好，或者每一刻的呼吸也好，呼吸不就是燃燒嗎？燃燒就是殺生，我們的細胞隨時都在死亡。所以不要堅持執著在這種小事情上面。

當時那些榮總醫生問我該怎麼辦？我給他們如下的建議：「如果這些問題真的很困擾你，那你只好轉行。萬一你還是要當醫生，而你又必須做這種研究，這時就要自己想想看，你做這工作對眾生會有什麼意義？你在做這研究的動機你要跟這些被實驗的眾生講清楚，不要懷著傷害心去傷害牠。如果最後牠死了，你要盡心幫忙超度牠，發願將來要幫助牠成佛。而對於這其中的業障，為了眾生的緣故，你也要願意承擔這樣的事情後果。」而這樣的心念和做法，會讓整個障礙化解到最小。

我們要了解，修行並不是那麼容易的，這裡面時時要做許多的抉擇，是需要有智慧的。這裡為什麼跟大家講這許多？最主要是要告訴大家，我們所發的願，並不是孤零零的放在生命的角落，而是要跟我們現實的生活結合在一起的。如果你是一個建築師，就可以把你的願跟你現實生活中的建築行業結合，你可以向阿彌陀佛學習，因為阿彌陀佛就是一個最偉大的建築師佛。

阿彌陀佛的極樂世界淨土是怎麼發願、構思、設計、建築完成的？阿彌陀佛觀察十方無量諸佛世界，吸收了所有佛國淨土的精華，再以五劫的時間消化整合，然後構思出一張極樂世界設計圖，之後經過無量劫，用他的願力、淨業建造完成。完成以後的極樂淨土，就成為宇宙中最好的成佛留學班，而且是保證班，不到成佛不能畢業，祂一定負責讓你成佛。所以那裡面的建築設計，完全符合學習、修行、成佛的要件跟理念，是很不可思議莊嚴的學堂。同樣的，你如果是學醫的，你可以發藥師佛的願，再加上跟你的生活結合在一起的其他願。

願，要跟生活結合在一起，這樣的願才會有力。宇宙中最大的力量是願力，佛是靠願力才成佛的。再者，佛成佛之後是靠什麼力量來行動？也是願力！所以願力是宇宙中最大的力量，佛是靠願力才成就的。

發願既然這麼重要，我們要怎麼發願呢？一般人迴向發願大概是定型化成：「願以此功德，莊嚴佛淨土，上報四重恩，下濟三途苦，若有見聞者，悉發菩提心，盡此一報身，同生極樂界」，這是很好的迴向文，但你如果不是發願要去極樂世界的話，那要怎麼迴向呢？

我所寫的迴向文，永遠不一樣，我在每一個不同時空因緣之下的迴向文，都是重寫的。像在《如何修持大悲心陀羅尼經》裡，我在修法後的迴向文，上段我是寫成「懺除一切諸修誤，前憶本誓自在足，金剛隨念顯莊嚴，法界體證一心成」，下段是「修法諸功德，迴向於一切，同證體性佛，因果同無生。」這是要告訴大家，迴向文可以自己寫，不一定要照著傳統或照我寫的為準。那迴向文是要七言律詩或七言絕句？還是五言絕句？不一定，用白話文寫也可以，不會寫就依照傳統或別人的，會就自己寫。迴向文是什麼？是你的心意，是你作這件事情的心意，希望這事情很吉祥圓滿的心意。

而我們平時迴向時，應如何迴向？我以前在深山閉關時，是早上發願，晚上迴向。當然不一定要這樣，但一個事情要作之前可以發願，事情圓滿之後就迴向。那迴向跟發願的原則是什麼？

一、從大（法界）到小（個人）。

二、從高（修行成就）至低（健康或事業）。

三、從他人到自己。

舉個例子，我們的迴向文可以這麼寫：

「願以此功德，迴向法界一切眾生圓滿成佛，世界和平，萬民安樂，人人安住菩提，同入正道，天災弭息，豐足年年，家人健康，自己事業如意，身體病痛早日復原，諸事無礙」。

這樣的迴向發願方式，才能將修法功德放在法界銀行裡到處開戶頭存款，將來也才能處處領功德錢，甚至信用好的話，還可以預支借用。如果我們不懂得這個道理，而抱著自己賺錢自己用的心態，不肯跟眾生分享，也就是平常沒有跟諸佛菩薩及眾生發生信貸及互通有無的來往關係，那將來萬一發生功德經濟危機，那就很難獲得融通救濟了。所以聰明的人是事先就在諸佛菩薩所開的最高法界銀行開個戶頭，然後平時就常常往來以建立良好信用，等到臨時有事要急用時，就可以在各地分行隨時提領，甚至萬一存款不足，還可以先刷卡透支，不過佛菩薩不會跟你收取循環複利的。雖然我平常愛開玩笑，不過迴向發願的原則跟道理，其實也就是這樣。經過這番說明跟比喻之後，相信大家現在應該會發願了。

所以大家現在可以想一想，我們唸大悲咒之前要發什麼願？唸完之後，要怎麼作迴向？像我最近唸藥師咒，是因為SARS及禽流感這樣現實急迫的緣起而發願，但是迴向可以把功德迴向法界一切眾生，圓滿成佛，也迴向因為這個因緣，眾生不再有病，所以「無災無病到成佛」，我一定是發這個願。有人或許會起疑說：「你夢想一下是可以，這種願望可能成真嗎？」我告訴大家，我真的想要這樣做，而且我現在已經開始付諸行動了，有一天，一定會如願的！我以前告訴過各位，我唸高中的時候，我不敢發願，為什麼？每次一看到「願十方一切眾生圓滿成佛」心裡就冒冷汗，十方一切眾生成佛的事，沒完沒了啊。這種事何年何月何日才能達成？所以我高中以前都不敢發願，因為看到就怕了。

後來我想通一件事情，「願以無窮之生命，來度無量之眾生」，腰桿子一挺，拚下去就是了。所以我現在的誓願是什麼？就是趕快多引誘一些人發願成佛，這樣我前面發的宏願才能早日達成。願望早一天完成就早一天好啊！所以，這個願，從禽流感為緣起，發出願一切眾生無災無病、無困無厄、福德具足，直至成佛，一切圓滿。願就是這樣發的。

前面我們所講的「不受十五種惡死，得十五種善生」，不就是同樣願一切眾生「富貴圓滿到成佛」嗎？然後我們再希望禽流感不要發生，所有人類的災害瘟疫都不要發生。最後，你的親人、你自身也可以避開這個問題，大家健康長壽，人人過得快樂。

「願力」、「迴向」跟「隨喜」，是最好的生命戰略。各位，世界上再也沒有比這更便宜又省力的事了！但這便宜不是去佔別人的便宜，而是你心放開之後，自然得到的便宜。這種便宜從來不會害別人，而且可以增進人間的淨業跟利益。迴向跟發願，就是要從這樣開放心胸去發起。

所以，我們持誦大悲咒的時候，希望法界眾生圓滿成佛，每一個人都變成觀世音菩薩一樣千手千眼，這裡的法界一切眾生當然一定包括你在內，每一個都是觀世音菩薩。不要想說：「迴向一切眾生，那不是功德都給人拿走了嗎？」，不是的，那裡面一定包括你的，不會把你一個人遺漏在外面，都是放進去的。所以我們要這樣的學習大悲願心，學習觀世音菩薩成就大悲來度眾生。

每次我講授任何課程，為什麼都一直不斷重複，不厭其煩的講這些道理給你們聽？因為這是很核心的議題，是告訴你們如何跟觀世音菩薩溝通，就是要你們懂得他的心，用我們的心去合他的心，入他的心，這個心就是大悲心。

課中開示

問：用哪一種音持大悲咒最有效？

答：同樣一個咒語，有時各地發的音都不相同，這是因緣法。就像各地的口音經常牽涉到各地特有的地理環境。例如，北京人因為生存環境靠近北方大戈壁沙漠，秋天時沙塵暴會自北方席捲而下，因此他們講話不大張口，習慣於口內發音；又如台灣南部海口人因近海風大，也影響其發音習慣。

用不同的聲音持咒，會不會影響咒的效果呢？其實，持咒的效度主要跟心有關，跟用那一種音持咒沒有太大的關係。但如果能用正確的方法來持咒，讓身心都能得到增長，效度自然更佳。發音也跟氣脈有關，比如持誦大悲咒時，如果只由口腔部位張口發出，則隨著咒音的持續，到後來氣都散掉了。但如果能用中脈唸誦法，就能源源不斷，有力的持誦。

因為人類有眼、耳、鼻、舌、身、意六根，所以能以此六根為方便來修行。對這六根我們必須特別注意照顧守護，因為這六根如果被六塵黏縛，我們便墮入輪迴。持咒正是以舌根、意根為主的修行方便。藉由專心的持咒，將我們身心攝於一處，讓六根不會染於六塵，讓心得到自由。心自由了，智慧便得發出。智慧發出了，這樣原本貪染六塵的六根，就變成解脫自在，能妙用自在。

所以，一開始持咒時，我們是專心持咒，有心有咒，到最後是心咒相持，心持咒，咒持心。到究竟處則是：心即是咒，咒即是心，心咒不二。

西藏的咒音是從印度梵音直接轉音過去，但是西藏人的舌頭不如印度人的靈活，所以像百字明咒中第一個音 vajra，西藏人只能唸「班雜」或「班雜爾」，而不能唸出捲舌音的 vajra（金剛），這就好像日本人講的英文很多都有日本腔一樣。所以咒音的發音是緣起的，因地理環境以及人種生活而有所差別。雖然影響不大，但相對性來說，持咒如果能接近原來的梵音，以中脈持誦，並掌握心法，那是最好的。

但如果只是停留在聲音上面，那不管我們怎麼持，咒音都不會比印度人準的。持咒的重點在於「心」，而不是在外在的發音。因為大悲從本以來就是我心裡面的事情，不是外面的事情，是我的心聲，是我心中呼喚佛菩薩的聲音，也是佛菩薩告訴我這樣呼喚他們的聲音。所以是「入我我入」，我呼喚他，他進到我心裡面，他從我心裡面作回應，整個是一起的。大家可以依這個道理去持。

問：在佛菩薩面前持大悲咒，如果是沒有開光、沒有裝臟的佛像，這樣有效嗎？

答：當然有。各位，佛菩薩誰能為他開光，誰能為他裝臟呢？他們自己會裝臟的。有時候大家看我在為佛像開光、灑米，為什麼要灑米？其實那只是形式，是告訴大家我有作事情。我加持水也是一樣，只是形式，否則大家會感覺我什麼都沒做。

其實開光這件事，對我來講，最重要的事情是什麼？是：「他是佛！他自己開光！」我只是讓這個事實顯現而已！所以，我根本沒有作什麼事情！我只是讓他知道，我知道這個事情！所以，不必多此一舉，你就是佛！

也就是，不管佛像開光過與否，絕對有力量，絕對有護法，大家不必懷疑。

這樣你們就可以真正的放心了。生前都能夠觀自在了，何況是死後呢？我們不要寄望死後能夠自在，死後的事誰知道呢？應該生前就要觀自在！大家有沒有把握呢？看起來好像「人人有希望，個個沒把握」。其實，怎麼會沒有把握？你們怎麼可能沒有把握，觀世音菩薩就在你們的心裡面，不可能沒有把握的！而是你們拒絕把握！你在拒絕他！

我對你們的把握，遠遠比你對你自己的把握還多一點，因為我看你們每一個人都是觀自在！所以對我來講，我對大家有把握，我只是等你們什麼時候知道自己是佛而已！

對我來講只有這樣。時間是虛妄的，所以我就慢慢等就是了。我那裡會擔心你們成不了佛？我從來不擔心這個事情的。

有一天我寫了一張字，在場的人看了都哈哈大笑，我寫的是：「小心成佛！」。這有兩個意思，一個是成佛要小心，小心才能成佛，就是心要在細微處；另一個意思是，一不小心就成佛去了。為什麼？你覺悟了，你覺悟就成佛了。

佛法是很不可思議的。大家不要怕迷，迷是現實，現場有誰現在無迷惑的？是要如何覺悟才是重要的事情。因此，六祖惠能大師說：「不怕迷起，只怕覺遲」。《金剛經》說：「應無所住而生其心」，很多人不明白：「要如何能應無所住？」其實我們可以把這句話用另一種方式來思惟：「生其心時，應無所住。」生心而迷起時，這個迷沒什麼好執著的，把它丟掉就是了，不要再問我說：「老師，我的煩惱要放在那裡？」放下就好了！

所以，我對大家很安心的。放心啦，現在，你們自己安心就好了。看在佛菩薩都對你們安心的份上，大家安心一下，心放下來就好！

問：如果到了陌生的地方，感覺怪怪的，應如何處理？

答：處理的方法有很多種。以下先教大家以  字清淨結界的方法：可以用手指在空中書一嚂（）字，觀想火焰焚燒淨化整個空間；或直接以眼睛顯出嚂（）字並放出火焰，直接燒出來；或是你一彈指，持嚂（）字真言，空間剎那就清淨了。現前這個處所就結界了。（△三角形是火大的形相）

或是也可以持大悲水，於水上寫種子字，然後以寫好的水四周灑淨，如此就清淨了。

問：如果居處不安穩，有非人鬼類眾生盤據，應如何處理？

答：可以請它們直接到阿彌陀佛的淨土去。

有人問我能不能看到鬼？我說我什麼都看不到。但是人家有這方面的事要處理都會找我，大概是認為我不怕鬼。我高二死過一次，死過那次以後我就不怕死了，可以晚上一個人待在墳場不會害怕。我讀政大的時候，也算得上奇人異士，很多人如果有這方面的事，都會找我幫忙。

一九八一年，因水壩無預警洩洪，導致當時在外雙溪烤肉的景美女中師生走避不及，很多人就在突如其來的大水中給溺斃了。不久之後，沿著東吳大學的溪邊，很多靈異的事件就發生了。有人硬是要我去處理，我說這只是小女生們嚇壞了，而且沒處去，找大哥哥、大姊姊們玩而已，其實沒什麼事的。

我告訴大家一句老實話：被鬼嚇死的有，被鬼抓死的沒有。除非你跟它有特別的惡緣存在，或是你刻意去招惹，否則它只是在旁邊活動而已。

二〇〇四年，我到紐約弘法，隨行的是我的一位學生。她是一位英文老師，她從小看鬼看到大，後來由於修行的緣故，她和鬼的關係產生了極大的變化。

那時在紐約所住的旅館裡發生一段奇異的插曲，她一走進去的時候就感覺到那間旅館怪怪的。結果她在上樓搭電梯時，遇到一個外國人笑著問她：「妳知不知道這間旅館是鬼屋？特別是八樓，鬧得最厲害。」，結果我們住的剛好是八樓，而且住的兩個房間又相隔很遠。她很害怕，我就先幫她修法。

隔天我問她說：「昨天睡得怎麼樣？」她很感謝我幫她修法，但是感覺很疑惑：「老師！為什麼您修過法了，佛菩薩也都在，但為什麼『它們』還是在房間裡呢？」修完法之後那地方就變成淨土壇城了，那為什麼還是有很多鬼呢？她認為修過法應該是很清淨，鬼也跑光了才對。

我回答她：「那是它們的家啊！我們只是客人，怎麼能把人家趕走呢？」我們人有時候實在很不知趣，反客為主，那是別人的居所，卻很惡劣想把人家攆走，叫別人去作孤魂野鬼。

我修法的用意只是請佛菩薩幫忙維持秩序，請鬼們不要鬧事，並教他們學習修行，而不是要傷害它們，也不是要把人家砍頭、截手斷腳的，不要結下惡緣，我們應該要跟它們結善緣才對。

很多人面對鬼的做法，都是用咒把鬼封住，這是很不合理的，就像遊民在路上走來走去，卻莫名其妙的被抓去關一樣。而我們請佛菩薩來趕走他們，那不是很奇怪嗎？人跟非人、鬼類，對佛菩薩而言，都是眾生平等的，都是一樣要愛護的對象，所以也不會幫你去傷害他們。大家不用怕鬼，人都是被鬼嚇死的，很少被抓死的，除非你跟他之間有很深的仇怨，否則他不會傷害你。

問：被鬼壓或夢裏遇到鬼時怎麼辦？

答：有一些調皮的鬼有時會和人搗蛋，比如他會壓你，這時最好的方法是什麼？就是「觀空」！你會觀空的話，你的身體會消失掉，他就摔倒了，所謂「光輪守寂，魔自仆倒」，這是最佳口訣。

但是一般人遇到這種情況，嚇都快嚇死了，哪還唸得出「阿彌陀佛」這四個字，何況是更長的大悲咒呢？而且就算你能唸出大悲咒，很多鬼神也是會唸大悲咒的。所以說，如果你的心此時能放空，這個狀況就會馬上解除，然後再「阿！」一聲，他就跑掉了。

這方法是禪宗的獅子吼，這「阿！」的好大一聲，馬上就全部清除乾乾淨淨了。

密宗的方法是「呸字訣」：先閉起嘴：「嗡……呸！」，這是「無畏之咒」；或是「吽……呸吽　嗎嗎吽內娑哈」。但先決條件是你自己先不能怕，要沈穩！比如現在有一個非人眾生來了，你一彈指，自己空掉了，然後再觀想籠子把它關住，他就被關住了，因為你的觀想就是他的事實。但是你如果有一點遲疑、害怕，那就沒有用了，因為你的心已經怕了，影像就虛幻掉了。要定力很充足的觀想，如此一彈指，就馬上將鬼關在籠子裏，抓住了。

重點是不可以怕，一怕就輸掉了。因為你一怕就陷入顛倒夢想，恐懼心就生起了。這就好像你在路上遇到一個不懷好意的人，結果你顯現出害怕的樣子，發抖地說：「你不要過來，你不要過來」，那個人一看，不來欺負你兩下才怪。所以碰到鬼時，最主要是不可以怕。怎麼不怕呢？具足阿彌陀佛、觀世音菩薩的大悲心就不怕了，而且能進一步幫助他們，觀想他們都是佛。

此外，我們平時也要常和鬼神結好緣。像偉大的成就者陳健民上師，他每到一個地方一定作一件事情，就是「超幽」，他一定要到墓園裡度亡。為什麼？要跟鬼神結好因緣。鬼神都有神通力，平常能夠結好因緣的話，萬一有什麼特別的狀況，比如有一天，你剛好出外到某個地方，處理某些事情，親人遠隔難到現場，那時要找誰助念呢？誰都沒辦法趕到現場呀。這時誰去助念？鬼神會助念！你平常幫助他，到時他就會幫你助念。所以不要怕他們，但是平常沒事，叫他們不要來找你調皮搗蛋，要好好去修行。

問：陰陽眼是不是一種神通？

答：佛法對「神通」有很嚴格的定義，至少必須是由禪定所發起的。現在一般人所謂的神通，大都是一些小小的靈通、感應，在佛法中並不稱之為神通。

很多人號稱有陰陽眼，他可以看到某個地方有鬼存在。一般人會說他好了不起哦！那狗也看得到鬼，也很不錯，很了不起，為什麼不去拜狗呢？

大家對這種特殊的能力要好好仔細思惟，不要盲目崇拜。以前有一個朋友告訴我一個故事，就是有一個人自從去印度朝聖回來之後，鼻子就變得很靈敏，別人心裡有壞念頭的話，他都聞得到臭味，好像有了「天鼻通」。他問我說這人是不是很了不起？我說：「那人只不過是把自己家裡廁所的門打得特別開而已，其它的門都關起來。」為什麼這麼說呢？同樣的這個空間，有佛菩薩，也有眾生，但是有些人卻不會關門，反而把鬼門打開。結果一天到晚看到鬼，卻說自己很了不得，這代表他不會關門。如果他真的了不起，為什麼不去開啟佛菩薩的門？大家要知道，十方法界都是佛菩薩的道場，所以我們這邊佛菩薩隨時隨地都是在這裡。

我這樣講有什麼根據？在《觀無量壽經》裡有一句很重要的話：「**諸佛如來是法界身，遍入一切眾生心想中，是故汝等心想佛時，是心即是三十二相，八十隨形好，是心作佛，是心是佛。**」，諸佛是法界身即代表諸佛身是遍法界一切處，所以現前這邊就有阿彌陀佛的身。

問：以大悲咒幫臨終者助念可以嗎？

答：這是很好的。如果要幫人家超度助念，去現場時如果你平常是持大悲咒，就把亡者或病人觀想成是觀世音菩薩；如果你是專念阿彌陀佛的，就把亡者或病人觀想成是阿彌陀佛。大圓滿教誡部最高的口訣是——現觀一切眾生都是佛！

我的很多著作都在全佛出版社出版，「全佛」這個名字是我提出來的。「全佛」這兩個字可以說是我思想的究竟！全佛的道理如果講完了，我所有的說法就完畢了。「全佛」的意義是：「一切眾生現成是佛！」這不是一種觀念，而是一種事實！為什麼是一種事實？你問一下佛陀，他成佛的時候，看到的眾生是什麼？他如果沒有看到一切眾生都是佛，他沒有辦法成佛的。

所以在《華嚴經》裡最重要的一品「如來出相品」，如來成就時，他看到一切眾生是佛之後才成佛。

如果你看到一切眾生是佛，即是具足最深刻的慈悲心，是對眾生最大的加持，也是生命最深刻的智慧，即是最好的大圓滿的修持！

所以以後大家如果看到什麼鬼神，就觀想一切鬼神眾都是佛！這是慈悲心，是真正的慈悲心。去助念的時候，你觀想亡者或病人是佛，這力量最大，也最快速，對助念者的功德最大，對亡者或病人也是最大的加持！

問：往生火化後有燒出舍利子的人，是否一定是大成就者？

答：不一定。首先和大家簡介何謂舍利子。「舍利」梵語 śarira，即死屍、遺骨之意。通常指佛陀之遺骨，或稱佛骨、佛舍利，後來亦指高僧死後焚燒所遺之骨頭。

在《浴佛功德經》中將舍利分為兩種：1.生身舍利，又稱身骨舍利，即佛之遺骨。2.法身舍利，又稱法頌舍利，即佛所遺之教法、戒律，而以舍利比喻之。《法苑珠林》卷四十將舍利分成三種：1.骨舍利，其色白。2.髮舍利，其色黑。3.肉舍利，其色赤。一般所說之舍利是骨片，故其形狀、大小不一，質地堅硬而細緻，中國大多將豆粒狀者稱為舍利。

此外，舍利還可分為「全身舍利」及「碎身舍利」二種。經典中最著名的全身舍利是多寶佛，只要有講《法華經》之處，多寶如來便會出現為其作證。台灣著名的全身舍利有三位法師，最早是慈航法師，再來有瀛妙老和尚及清嚴老和尚。除了全身舍利之外，還有另一種是碎身舍利，碎身舍利又細分成骨舍利（白色），肉舍利（赤色），髮舍利（黑色）。

其實，一剛開始並沒有所謂的「舍利子」，只有「舍利」，但舍利又產生一些發展和變化，才有所謂舍利子等出現；而且這白、赤、黑三色只是基本色，還有很多顏色的變化。相傳佛的舍利是敲不壞的，但有些舍利敲會碎。除了舍利子之外，還有舍利花、舍利樹等。最有名的舍利樹是章嘉活佛；還有一位諾那上師傳承的陳隱舟上師，火化之後燒出也是舍利樹。

但是大家要注意，雖然有舍利子是值得我們尊敬的，但有舍利子並不一定代表得解脫。全身舍利或碎身舍利都一樣，不代表已獲得解脫。因為舍利是身體內明點（內分泌）的昇華而聚成的精華，是身心高度清淨之後產生的。打坐時的明點聚集，將來就可能成舍利子，這不一定需要智慧解脫才能達到。

舍利也不一定是死後才有的，我以前在深山閉關時，有一天走在山間小路裡，陽光照在我身上，我看見皮膚泛出點點金光，後來託人請教陳健民上師，他說這是「舍利外現」。

道家的修行方法，很容易形成全身舍利或肉身不壞。所以有舍利是好事，但不要執著，可以讚歎，但不一定代表解脫。像近代有一個全身舍利的例子，那是虛雲老和尚的徒弟，他不只是全身舍利——肉身不壞，他往生之後，肉身還會經行走路。結果被虛雲老和尚斥為「守屍鬼」，罵他死了還要裝神弄鬼，虛雲老和尚一罵完，那個弟子的肉身就倒了，不再執著肉身。

道家也有一種方法可以形成全身舍利，叫作「斷三屍蟲」，可使肉身不腐壞而形成舍利。日本著名的僧侶彫刻家圓空和尚，「圓空彫」是日本很不得了的國寶，它是圓空和尚一邊走路一邊彫刻出來的，彫出來的佛像栩栩如生，境界極高。圓空和尚最後是斷食而死，身體因透過斷食的淨化，變成有點透明，但這是否代表圓空和尚是解脫者？我持保留的態度。但不管怎樣，這也代表了身心是有一定程度的清淨，至於是否解脫，則是另外一回事。

問：密宗的虹光身是否代表解脫的境界？

答：除了舍利子之外，證得虹光身也是許多人崇仰的境界。但是，同樣的，證得虹光身的人不一定代表解脫。

虹光身可以分為兩類：一種是天色身，天色身並不是解脫；另一種則是已經得解脫的虹光身。有人說虹光身代表已成佛，這要看成佛這事是如何定義，而如果真要講成佛，經典中說現在只有釋迦牟尼佛成佛。

將身體化為虹光，只是諸多往生方式裏的一種。而中國人解脫之後的往生方式，有水逝，有空逝等例子，但基本上不大顯現這種虹光化身。不過確實也有虹光身的示現例子，像臨濟宗臨濟禪師的師叔普化禪師，即是在虛空中振鐸而逝。

普化禪師是臨濟宗開祖義玄禪師的師叔，但他幫義玄弘法。這普化是一個行為很奇特的禪師，平常他總是喜歡拿個鈴鐸四處搖振，逢人就冷不防上前鈴鐺一聲。他的鐸聲非常奇特美妙，時人張伯仰慕普化的禪風，請入室門而未得應允，於是乃吹奏竹管模仿其鐸音，且稱其樂器為「虛鐸」，後來傳回日本後就發展成為日本的普化宗。可惜日本普化宗後來被政治力介入，弊端迭起而被廢止。普化宗的樂器尺八後來流入民間，發展成日本的傳統樂器。

這位普化禪師，有一天，到處跟人化緣，說是要一件直裰長衫。結果有許多信眾就做了漂亮的披襖或布裘給他，但他都不受。後來就有人跑去問臨濟義玄，普化到底是要什麼？臨濟就說他是要一副棺材。

於是義玄就派人送了一副棺材給他，普化笑著說：「臨濟這廝饒舌」，便受之。於是大家都知道普化要走了。有一天，他告訴大家：「我明天要到東門入滅」，立刻全城喧動，爭欲送之。次日他果真到東門走了一圈，又決定不死了：「今日葬不合青烏（風水之意），明日南門遷化」。

第二天，大家又跟至南門，普化又不想死了，說：「明日出西門方吉」，這時好奇的人已經不像第一天那麼多了。第三天，他又到西門去，這時跟去的人只有小貓兩三隻，但他還是沒走。第四天，已經沒人有興趣理他了。他就自己扛著棺木到北門外，振鐸入棺而逝。當大家聽說他真的走了時，趕忙奔相走告出城，打開棺木，卻不見他的遺體，惟聞空中鐸聲，鐺然漸遠而去。所以，中國禪師也有這種化掉身體的功力，就像密宗所說的虹光身。只是一般來說，中國禪師不太喜歡平常的死法，走的通常比較誇張一點，有倒立而亡的，也有跳七步走的，種種方式，不一而足。

因此，大家不要單單從舍利子或虹光身等外相來判定解脫與否，而是要從心地及日常的行持來檢證。

問：何謂「阿鼻地獄」？

答：阿鼻地獄意譯「無間地獄」，這個地獄位於諸獄之最底層，是最痛苦的地獄。電影「無間道」就是指無間地獄。

其實「無間」有二種意涵，一種是生命最痛苦的底層——無間地獄；一種是生命最圓滿的境界

——成佛。

無間地獄有三個特點，一個是時間無間，一個是空間無間，第三個是受苦無間。受苦無間就是痛苦永遠沒有止息，苦身碎已，業風一吹，重受極苦。

西藏有一個九頭喇嘛的故事，為什麼稱為九頭喇嘛呢？因為他犯了重罪，在行刑斬首時，砍掉一頭，又生出一頭；砍掉一頭，又生出一頭；如此砍了九頭，才氣絕身亡。世俗的人稱歎其修行高，卻不知這是業障重，一般死一次就好了，他要死九次。阿鼻地獄的眾生就是這樣，身體被刑罰得節節肢解，業風一吹，又恢復原狀，重新受苦。業報未盡之前，死也死不了。

我們修法或超度時，業障消除了有二種現象，一種是病好了；另一種是早日捨報，不再受苦。因為業障未盡的話，想走也走不了，只能繼續拖延時日。另外有些人則是求生意志很強，放不下世間種種。所以人還是自在一點較好，既不能刻意去求死，但也不能該走的時候不走。不該走而走是犯戒，該走而不走是拖磨，兩種都放不下。

除了時間無間、受苦無間之外，無間地獄還有另一個特質——空間無間。空間無間是一種很奇特的感覺，你感覺受苦的只有你一個人，整個空間就是你一個人在受苦。時間無間是你感覺這個苦絕無終止。受苦無間有這三個特點，所以叫無間地獄，是生命受苦的極致，也是生命的最底層。

無間道的另一種意涵就是成佛，成佛也叫「無間道」，是生命最圓滿的境界，也是生命的最高層，名為「金剛無間道」。修證成佛這一剎那的修證方法就叫「金剛三昧」，或叫「金剛喻定」，修證成就之後所得到的智慧叫作「金剛智」，而這一念其實沒有空隙，所以叫無間。

問：佛法是否是一種哲學？

答：佛法可以建構非常高明的哲學體系，但這不是佛法存在的目的。佛法是為了讓生命真實解脫煩惱而存在的。

因此，佛法的開悟，不是一種「知道」，知道是「你」知道，是用意識分別心才知道的，而意識分別心是由無明來的。無明說你知道，這是沒有用的。當你說：「我開悟了！」，開什麼悟？開悟在這兒，還是在那兒？或者你說：「我知道了！」，這知道有什麼用？你知道了，生命還不是沒有改變，老樣子一個。所以「知道」也只是分別心的作用罷了。

佛教不是一種知識，不是一種見解，也不是一種思想，更不是一種哲學，其實也不是一種宗教，甚且也不是一種經驗。知識、見解、思想、哲學或宗教，這些都是一種主張，主張是意識分別心運作之後所產生的一種看法，用分別心推論了半天，體系架構很完整，但跟事實無關。

比如說，我現在手掌上有一片紅色，有很多情形會造成這個狀況，例如手流血了，沾到紅色的顏料，或者剛泡過澡等，原因可以很多，但每一種原因都可造成同樣的現象。而真正事實上造成我現在手掌會紅只有一種原因，就是我剛才作了什麼。面對同一個現象，每一個人都可以講出很多很多的道理跟想法，但這些道理跟想法卻跟真正的事實無關。所以哲學家講出來的道理或思想，可能很完整，但對解決生命的問題並沒有太大的幫助。很多西洋哲學家生命還是非常苦惱，他們思想建構的非常好，但不能解決身心苦惱的問題。

現在有很多人提出很多的主張，聽起來很了不起，但在我看起來，不是他想的不對，或是他推論的不對，而是他的推論跟事實無關。雖然自成一套，但他講的跟事實剛好無關，不能解脫。

所以，解脫不是一種主張，不是一種看法，不是一種思想，也不是一種哲學，乃至於不是一種經驗——不是一種實證經驗。最後這點對大家的衝擊可能很大，實證之後的經驗也被我否定掉了。為什麼？因為你實證、我實證、他實證，每一個人的實證經驗都不一樣。這就像一棟圓形的房子，每一個方向都有一扇門可以進入屋內，而每一個人若是第一次想進入這屋內，他所選擇進入屋內的方向和門徑都不會完全一樣，也就是當他尚未進入屋內，而只是在屋外不同的門徑，要摸索進入屋內的路線時，那麼他們每一個人的實證經驗，勢必有各種的差異。

但若有一人真正已進入屋內，那麼他從屋內中心向外看出的每一條入屋門徑勢必一目了然，這就像一棟房子的屋主，他對於自己所日常居住的房舍，窗扉門戶位置所在，洞然明察的道理一樣。所以實證必然會有經驗，但有了實證經驗未必代表解脫，除非你真正開悟了。很多人有不可思議的經驗，但如果未得開悟證果，那或許只是高深的禪定經驗罷了。佛法難道僅僅只是一種見解、思想、看法、哲學，或者只是一種經驗而已嗎？佛法是超越這些的。佛法的經驗是超越經驗的！佛法是全體圓融，但這圓融是在空性裡圓融，而不是把它全部混在一起叫圓融。

問：有些其他宗教的大師，也有很不可思議的境界，是否等同於佛教的開悟？

答：現在有很多新的宗教，也有很多所謂的「成就者」，其實我們無法稱他們是開悟的人。因為開悟無關乎誰的信眾比較多，聲勢比較浩大。雖然我的聲音比較小，但有沒有開悟是很清楚的事。我不必承認他，或去否定他，但是如果大家來問我的話，我會告訴你他有沒有開悟。很多所謂成就其實只是深刻的禪定經驗而已。有的人禪定經驗確實是很高深，一般人很少入於這樣的禪定境界，所以感到很不可思議罷。

我是不是否定這些大師的境界呢？他的境界很不可思議我不敢否定，他的境界很美妙我也沒有否定，但是說他的境界是開悟的境界，我則說不是。當然，我這麼說是我的事，別人相不相信是他們的自由。

問：什麼是開悟？

答：開悟不是意識分別心後的知道，是要回過頭來挑戰真正的問題。佛法的修證是要挑戰這個分別意識，必須把分別意識除掉之後，才能破除無明。因為無明不是落入意識分別心的知道，而是根本的層次，是意念未動之先的那個，是使你意識分別心動念的那個，而不是在你意識分別心之後說「我知道」。

每一個人都知道啊！你知道無常嗎？大家都知道，但還是不相信。你知道是知道，問題你是無明啟動才知道，是分別後的知道。眼前山河大地每天都在告訴你真話，乃至你現在看到手上拿著筆在白板上寫出一個又一個的字，這不是無常嗎？你說你看到也知道了，但是你開悟了沒？沒有！看是看啦，心還是有所希望，還有一個「我」。世間人不是都「知道」但仍然無明嗎？

真要修行悟道，破除無明就是一個核心的議題。開悟是要在初禪或者未到地定中，在那種定力的專注下，暫時捨棄了分別心，就在這一高度專注的當下之中，此時你的心才能真正從最根本的地方去照見，而徹底了悟：「哦！原來分別是妄，知妄即離，離妄即覺」。本心朗然，一切放下，這時候悟無分別，已經遠離了一切觀念、思想、見解……等等的妄想纏縛，本心現前。

而這開悟、解脫，是誰也拿不走的。如果說我解脫了，但那天佛陀說：「我把你的解脫收回來。」，然後我就變成沒有解脫了？各位，有這種事嗎？你如果是真正解脫了，佛陀或你的上師，能夠把你的解脫收回嗎？這真是開玩笑！解脫是自家的事。如果他老人家能夠替我們解脫的話，佛陀早就替我們成佛了，我們何必還要這麼辛苦的修行？既然不是如此的話，那麼我們成佛的話，他也沒辦法把我們拿走，因為跟他無關。

問：如何判定一個人有沒有開悟？

答：佛陀是第一個依法悟道的人，我們以佛陀來觀察。

佛法是以法為重的，就法界來講，這個次第是「法、佛、僧」，但是就我們來講，因為我們要透過佛陀去了解法，所以是「佛、法、僧」。但真正的法是「法住法位」，是「若佛出世，佛不出世，諸法常住」。所以一個真正開悟的人，根本不會在乎佛陀晚上會不會找你，也不會在乎佛陀說你的開悟是真的，還是假的。

你也不會主張你的開悟是真的！因為你如果主張：「我開悟是真的，你怎麼可以否定我呢？」，請注意，這個「我」開悟是真的，你怎麼可以否定「我」呢？請問，開悟的時候會有「我」嗎？

所以你如果要試試一個人有沒有開悟很簡單，你只要跟他說：「你沒有開悟，你開悟是假的」，如果那個人一聽很生氣：「你怎麼這樣講，你說我沒有開悟！」，哦，那你就知道這個是假的，你就趕緊「阿彌陀佛！」道歉一聲，然後趕快閃人。

有「我」就沒有開悟，這不是《金剛經》上講的嗎？須菩提說：「**世尊！佛說我得無諍三昧，人中最為第一，是第一離欲阿羅漢。我不作是念：『我是離欲阿羅漢。』世尊！我若作是念：『我得阿羅漢道。』世尊則不說須菩提是樂阿蘭那行者**」。這是一個很簡單的檢擇方法。當然經典中對開悟的境界都有詳細的檢證，大家如果要深入研究，可以參考拙著《禪心與禪機》。

問：初禪是否等同於初果？

答：這是絕對錯誤的！請大家注意：有人說初禪是初果，二禪二果，三禪三果，四禪四果，這是絕對錯誤的說法。

禪定跟證得智慧是不同的。禪定跟開悟不同，所以初禪不是初果。初禪如果開悟的話，可能初果、二果、三果、四果都有可能；但如未開悟，那就什麼果都沒有。即使是四禪，或到非想非非想處定，如果沒有開悟，依然是沒有證果，只是定境，不是慧境，這個觀點很重要，要弄清楚。

誤以為初禪是初果，四禪是四果，在歷史上是著名的邪見。當初佛陀的第一任侍者四禪比丘，又叫善星比丘，他是阿難之前擔任佛陀的侍者，也有人說他是佛陀的兒子。他跟佛陀跟了十幾年，證得四禪的深定，也通達三藏十二部經，又有神通，但他就是誤以為初禪是初果，二禪二果，三禪三果，四禪四果。這種錯誤的觀念讓他在臨終中陰現起時，產生了大障礙。

我們是欲界眾生，現在是欲界中陰，一般人若修到初禪時，便會有初禪中陰，這初禪會改變我們的身心，就變成外面是欲界身，裡面是初禪中陰，將來投胎時，就直接投生到初禪天。欲界天是由功德所生，行善積德可以得生欲界天。但靠功德不能生初禪天以上，因為初禪天以上是禪定所生，初禪、二禪、三禪、四禪，乃至無色界，都是禪定所生。我們在欲界修禪定，會改變欲界中陰而生出禪定中陰。

因為善星比丘修到四禪，所以臨終時他四禪中陰現起了，按照正常的程序，他會直接往生四禪天。但麻煩的是，他這個人，有些該知道他並不知道，而不必知道的他反而知道。他知道什麼呢？佛跟阿羅漢是沒有中陰身的，但是很多人不知道，包括一些很有學問的人其實也不一定知道。但善星比丘他卻知道，若他不知道的話反而好，當四禪中陰現起時，就直接往生四禪天就好了。

但就是因為他知道阿羅漢沒有中陰身，卻誤以為自己證到四禪就是證到四果阿羅漢，所以當他在臨終時，看到自己四禪中陰居然現起了，他當下就氣壞了，怒火燒起，就說釋迦牟尼佛騙他。其實佛陀並沒有講四禪是四果，是他自己弄錯了，但他就不明究理，因此生起極大的憤怒心。原本四禪中陰的定力是很穩固的，但是善星比丘所生起的強烈憤怒卻破壞了四禪的定力。

禪定又稱為「功德叢林」，因為從其中可以生出許許多多的功德寶山。結果善星比丘這一氣，正是「瞋火能燒功德林」，就把自己的四禪中陰當下燒燬，大瞋恨心就直接把他往地獄中送了。這就是邪見所害！所以大家要記住，初禪未必等於初果，二、三、四禪，亦未必等於證到二、三、四果！

問：什麼是中陰身？什麼是「中陰救度法」？

答：中陰是指有情的神識，一般以「靈魂」稱之。但佛法不認為生命有一個永恆不變的靈魂，稱之為「神識」或「中陰」，都是時時變化的。一般將中陰分為幾類：活著之時是「生有中陰」，生有中陰裡還有「夢中中陰」及禪定時的「禪定中陰」，人臨終之時的中陰是「死有中陰」，死了之後的中陰階段是「中有中陰」，要投胎時「投胎中陰」，藏密的「中陰救度法」就是依此而來的。

禪定的力量可以改變中陰的型態，像我們人是屬於欲界，我們的生有中陰也是欲界的，夢中中陰也是欲界的，而我們的夢中中陰和中有中陰很雷同。所以在夢中能夠修得自在，夢中中陰成就的話，死後的中有中陰自然會自在而得到解脫。但夢中中陰如果要自在，必須修「夢觀」，也就是修「夢瑜伽」，要修到能夢中知夢，夢中作主，乃至夢幻光明，這三者都成就了，就不用害怕死亡了。

「中陰救度法」，就是針對臨終及死有境界所使用的修行方法。密勒日巴尊者在中陰救度裡，開示了最殊勝的三個口訣：「合」、「轉」、「融」，這是中陰救度的三殊勝口訣。但其實在現生以及夢中都可以運用，因為如果我們把它全部視為中陰的話，也一樣可以同等的救度。

什麼是「合」呢？善境現起就與其相合。例如：現在我們念阿彌陀佛，或念千手觀音，觀想千手觀音成就了，你臨終時千手觀音就現起，你口中唸大悲咒，有時候你一千隻手出來了。這種善境現起時，你就跟他相合，就直接到極樂世界去了，或到觀音淨土去了。所以不管你是修法、灌頂，或作什麼所顯現的善境界，其實都一樣，跟它相合就是。

「轉」，惡境現就將其轉成善境。如果臨終的時候，什麼冤親債主什麼都來了，這時你怎麼辦？轉啊！把他們都觀想成淨土的佛菩薩聖眾。就算萬一掉到地獄裡面去了，怎麼辦？還是轉啊！就是直接把地獄觀想轉成極樂淨土。要想得清楚，直觀而無懼！不要怕，怕就沒有用了，而是直接明顯的就是蓮花現前，就是極樂淨土，阿彌陀佛就顯現了。大家放心，地獄跟極樂世界是同一家，絕對是同一家，直觀而轉掉惡境界就是。本來冤親債主是要來跟你討債的，你這麼直觀善境，就變成觀世音菩薩來送花了。

其實這個轉境的修證方法，在佛陀當時就有了。當初佛陀成道時，魔王波旬帶領大軍射下箭雨，射到佛陀跟前就變成花了，這就是轉；所以惡境來時，就把它轉成清淨樂土。什麼是「融」呢？善惡一切法性皆同，都是同一體性，一切現空，無可染著！

這「合」、「轉」、「融」三殊勝，本來是救度中陰的，但其實日常生活乃至夢中，都可以用這三殊勝法來融修的。所以你平常去上班的時候，把主管、同事，一切人都想成阿彌陀佛，這是最殊勝的口訣。

第六章 大悲咒的十種相貌

本章可說是持誦大悲咒時，觀世音菩薩開示我們的最重要的核心所在。

大悲咒大家都會唸，但是怎麼個唸法呢？心法不同，成果就有天壤之別。就像寺廟門前的獅子，有的是石獅子，有的是銅獅子，更有的是銀獅子，甚至有的是金獅子。但是有的是普通的鐵獅子或銅獅子，外面卻鍍上一層銀或金來包覆。

鍍金的獅子和純金的獅子，兩者外表上看起來好像一樣，裡面的材質卻完全不同。持誦大悲咒也是一樣，以大悲心來持誦大悲咒者，就如同表裡如一的金獅子一般，沒有大悲心而持大悲咒者，則最多只能算是鍍金的獅子，雖然也有一定的價值，但和純金的獅子比較起來，兩者根本無法相提並論。

大梵天王的請法

整部《大悲心陀羅尼經》裡，講到大悲咒受持讀誦心法的，就是下面這段經文所講到的「陀羅尼形貌狀相」，這是大悲咒核心中的核心，是非常重要的。

爾時，大梵天王從座而起，整理衣服，合掌恭敬，白觀世音菩薩言：「善哉！大士！我從昔來經無量佛會，聞種種法、種種陀羅尼，未曾聞說如此無礙大悲心大悲陀羅尼神妙章句。唯願大士為我說此陀羅尼形貌狀相，我等大眾願樂欲聞。」

觀世音菩薩告梵王言：「汝為方便利益一切眾生故，作如是問。汝今善聽，吾為汝等略說少耳。」

這時，大梵天王從座位上起身，整理衣服，雙手合掌恭敬的向觀世音菩薩敬白道：「善哉！大士！我從往昔以來經過無量的諸佛法會，聽聞種種法門及種種的陀羅尼真言，未曾聽聞過如此無礙自在的大悲心大悲陀羅尼真言的神妙章句。唯有祈願大士為我們宣說這個陀羅尼的形貌相狀，我等大眾願樂，意欲聽聞。」

此段由大梵天王代表大眾向觀世音菩薩請法。大梵天王是誰呢？大梵天王即「大梵天」，他被稱為世界的主宰者，和帝釋天同為佛教重要的天神護法。

古印度認為萬有的根源皆由「梵」所生，而梵天則是「梵」神格化之後所產生的神祇，為婆羅門教的最高神，也是印度教三大神祇（即梵天、濕婆、毗濕奴）之一，被視為宇宙的創造者。

在佛教中則總稱色界的初禪天為「梵天」，此天包括三個部份：統領梵天的「大梵天」，輔佐大梵天的輔弼臣「梵輔天」，以及大梵天所統御的天眾「梵眾天」。其中佛教的重要護法即是指大梵天王。色界諸天的生活與欲界有顯著的不同，他們沒有淫欲與食欲，只具有清淨微妙的身相，安住在禪定境界中。因此，印度古來即將離欲、清淨之行稱為梵行。

佛教講的大梵天王及帝釋天王，到底是一尊或是多尊呢？基本上後來認為是有很多尊，因為有無量無邊的世界，就有無量無邊的大梵天王及帝釋天王。但是現在這位從座而起的大梵天王，是指我們這個世界的大梵天的上首，名「善吒梵摩」。

「觀世音菩薩告梵王言：『汝為方便利益一切眾生故，作如是問。』」，你為了方便利益一切眾生而如是問。有些天神其實很久以前就聽過觀世音菩薩接下來要開示的大悲咒的形貌狀相，所以是明知故問。在經典裏，有些天王、阿羅漢、菩薩更是如此，其實他們有的法已經聽過了，但為了眾生的緣故，還是明知故問，甚至有時還必須出來表演，擔任一些受詰難的角色，表面上看起來也許會覺得他們被修理得很慘，很拙也很驢，但我們心裡深處要真正的感激他們，為了我們，他們必須粉墨登場，經常要犧牲色相。為什麼要感激他們呢？因為我們連要怎麼發問都不會，要問什麼也不知道，至少現在有這些天神菩薩們為我們問了，我們也可以沾得法益。

大悲咒的體、相、用

我們回到經文「唯願大士為我說此陀羅尼形貌狀相」，為什麼說是大悲咒的「形貌狀相」呢？這並不是說大悲咒長什麼樣子，而是由大悲咒心要所發出來的樣貌。因大悲咒的心要和形狀是合一的，所以是它的體相，是從體裡面所發出來的相，並不是一般說的生長成一個什麼樣子而已，不是觀想它的形狀而已，而是體相。

我們從佛法的「體、相、用」三方面來探討。「體」是體性，「相」是所顯之外相，「用」是從體性所出生的廣大妙用。

大悲咒的形貌（相）是從心中（體）顯現出來的，同時也是有作用（用）的。因此，雖然這裏講「大悲咒的形貌」，但同時是體用具足的。

如果以三昧的特性來解說體、相、用三者，那麼「體」是金剛三昧，「相」是海印三昧，「用」則是首楞嚴三昧。很多人把體相用這三者分開，其實這三者是一體的，分為體相用三者只是為了方便我們分析用的，它們本身是一體具足的。

譬如我們看某個人的外相如是，在他這個外相之內一定有體有用，如果沒有體，也不能用，這就和行屍走肉一樣了。

體、相、用三者是不能分開的，可惜現在很多人學佛，卻都緊抓住其中一者，無法掌握到佛法的真正核心。所有的佛法名相都是要幫助我們分析理解佛法的，但我們不要被佛法名相弄的支離分解，因為佛法是要幫助我們達到完全的和諧統一，圓滿成佛，而不是要將我們變成支離分解的宗派。

常有人問我：「你學那一宗？密宗？禪宗？淨土？天台？」

我告訴他：「我學佛，各宗都是佛法，所以各宗我都學！」

試問：「釋迦牟尼佛學那一宗？釋迦牟尼佛的佛法作什麼用的？」

——釋迦牟尼佛的佛法是要幫助大家解脫煩惱用的，學那一宗也是要幫助我們解脫煩惱用的。所以請大家牢記：宗派是為我們的心服務的，所有的佛法都是要用來解脫的，千萬不要被名相所執。「入海算沙徒自疲」，在海裏算沙算得很高興，卻一點用處都沒有。

因此，我在上課時，雖然經常會告訴大家相關名相的意義，讓大家多瞭解一些，以幫助大家解脫，但是請大家不要被這些名相限制住了。

譬如有宗派說：「我們這派所成的佛特別厲害，是別宗所沒有的」，然而佛是普遍、平等的，怎麼會有「我的佛、你的佛」呢？

再如有人認為：「法身佛最大，報身佛小一點，化身佛更小」，並且說這個講法是從《法華經》來的，然而我認為《法華經》講的是「三身一如」，而非是三者有勝劣之分。這可以用兩個例子解說：

我們成佛進入首楞嚴三昧，以大悲妙用變化眾生，示現無邊悲身；進入海印三昧時具足三種身（智正覺世間、眾生世間、器世間），自身是佛，眾生全部是佛，器世間整個宇宙是佛，這些全部是我們的化身，一切諸佛都是我們的化身。但有的人想錯了，以為：「十方一切都是我的化身」，這樣就成了大梵天王，好像有一個神出生萬物。實際上，這一切都是空性的。我進入海印三昧時，他是我的化身；他進入海印三昧時，我是他的化身，這叫作「相互圓融、相即相照」。這樣就進入了法身，也就是進入絕待的常寂光境界，一切境界都沒有，故稱為海印三昧，這時進入法身，進入體性當中，完全無相。既然無相，怎會有「誰是誰的化身」這種事情？又怎麼會有「我的無相比較大」這種事情？要知道「諸佛平等」，所以大家的「自覺」平等！

在講說大悲咒的十種相貌之前，唯恐大家掉在「形貌」當中，執著於「形貌」，所以先為大家講說上述的道理。請大家注意：大悲咒的形貌（相）是從心中（體）顯現出來的，同時也是有作用（用）的。大悲咒的形貌是攝「體」與「用」的。

「汝今善聽，吾為汝等略說少耳。」，下面觀世音菩薩要回答的這一段，是整個大悲咒的核心。大悲咒的修持，從發願、持誦，到顯現的相貌，而這個顯現的相貌是指大悲咒的咒心內義，它要如何顯發？如果具足以下所欲宣講的十個咒心相貌，那麼我們所說出來的每一句話都是大悲咒了。

「略說少耳」，意思是「雖然具足一切，但是現在講述少分」。

請大家注意，雖然是少分，但是這少分乃是核心，也是主要的標題與總攝。這十種心好比一串粽子的繩頭，提起繩頭整串粽子都提了起來，具足這十個心，大悲咒整串功德力都能具足。

總持大悲咒的十種心要

觀世音菩薩告訴我們大悲咒的十個相貌是什麼呢？

「觀世音菩薩言：大慈悲心是，平等心是，無為心是，無染著心是，空觀心是，恭敬心是，卑下心是，無雜亂心是，無見取心是，無上菩提心是。當知如是等心，即是陀羅尼相貌，汝當依此而修行之。」

觀自在菩薩說：「這是給予喜樂、拔除痛苦的大慈悲心，是諸佛與眾生平等的平等心，是絕不作意的無為心，是毫不執著的無染著心，是一切完全現空的空觀心，是無上的恭敬心，是毫不自滿的卑下心，是具足定力的無雜亂心，是念念不可得的無見取心，是圓滿眾生成佛的無上菩提心。應當了知以上十種心，即是大悲心真言陀羅尼的相貌，你們應當依此來修行。」

這十種心要，不只是修持大悲咒的心要，而且是一切咒的心要！

這是觀世音菩薩在教導我們怎樣持大悲咒。這大悲咒是一種音，我們的心要怎麼來持，這心就是法性，從這心起來了，我們想像自己成為千手觀音，口中持誦大悲咒，手結手印。手印就是行動，就是執行，就是號召大家一起來修行，密教的身、語、意三密加持就是如此。這是體、相、用，是幫助眾生的妙用。

怎麼做呢？

1首先從本心發起，把心意完全變成觀世音菩薩，你觀想自己就是觀世音菩薩。

2然後以真言來顯現觀世音菩薩不可思議的神通妙用，以真言來周遍世間，或以觀想來周遍世間，或以手印來周遍世間也可以，每一個地方都可以作體、相、用。妙用可以周遍世間，而其實這一切都是為了眾生界的圓滿。

3持誦大悲咒的時候，觀想每一個眾生都是觀世音菩薩。

4唸大悲咒時，觀想我們身上的每一個細胞都在唸大悲咒，咒音由中脈發出，身體每一個細胞都產生了共振，我們身上的每一個脈輪都被大悲咒振動過。

5總攝以上次第如下：

「念」是觀世音菩薩

↓「聲音」是觀世音菩薩的大悲咒

↓「脈輪」走的是大悲咒

↓「細胞」共振的是大悲咒

↓「法界」都是大悲咒

↓一切聲音都是大悲心陀羅尼

↓一切眾生都是觀世音菩薩

持誦大悲咒時，將心安住於觀世音菩薩的心，安住於觀世音菩薩的根本心，是十種相的心。我能教給大家的就是這個，這個就是祕要所在。了解大悲咒的核心要義所在，大家能夠善巧掌握，即能速得成就！

接下來我們分別來講說這十種心：

1 大慈悲心：

首先我們來看看修持大悲咒最重要的「大慈悲心」。

大慈是給予眾生喜樂，大悲是拔除眾生痛苦。要具足大慈悲心，才是廣大圓滿無礙大悲心陀羅尼。

慈悲是什麼？慈是與樂，悲能拔苦。什麼叫作「大」？佛教的修行裡面，有所謂的「四無量心」，是配合四禪的修行，四無量心是慈、悲、喜、捨四無量。這裡的慈無量心、悲無量心跟「大慈悲心」有何不同？差異在那裡？這牽涉到何人與樂，何者拔苦，拔誰之苦，與誰之樂？

所以佛法中的一切法要，如果深心體察，我們會發現永遠是三輪的問題——主體、客體與介面，即「誰作這個事情？對誰而作？作什麼？」，佛法教導的核心永遠是這個問題——三輪體空。七佛通偈說：「諸惡莫作，眾善奉行，自淨其意，是諸佛教」，……反過來，「因緣所生法，我說即是空」，這個空是什麼？你執這因緣所生的法是有的，然而沒有任何東西不是空的。

而空有二種，一種是你悟空，你體悟空就解脫了；另一種是你不體悟空，現象雖然是空，但你卻執著這個幻有，所以就落入幻境裡面，你是有。一旦落入幻境裡面，一切幻化的事就變成真有！你在夢中所見的夢境，那一件不真呢？所以在夢中裡面，所有的幻事絕對是真。

只有一個辦法能解決這個困境，就是知道這一切是幻境所化，也就是所有的幻事皆為幻，只是夢境一場爾。不只人生是大夢一場，夢也是人生一場。

談到夢，是一個很有趣的事情。夢很妙啊，到底夢是誰夢誰呢？我有一個朋友，他是個歷史學的教授，也是一位研究梁武帝的專家，學問很好，他告訴我一個很有趣的夢：許多年前，有一天，他在寫一篇有關梁武帝的論文的時候，寫著寫著，不知不覺中，陷入一種似夢非夢的情境，周遭的一切變得夢境宛然，就這樣進入了夢中，進入了那個時代。當時梁武帝有三大家師、八大國師，他夢到大師的後面，站了一位小沙彌，躲在後面，好像在打瞌睡一樣，結果那小沙彌作夢夢到他，而他也在夢境夢到小沙彌作夢夢到他，在這場夢裡，到底誰才是夢？誰才是真？

所以，夢，什麼是夢？大家現在有沒有感覺像在作夢？《金剛經》中說：「**一切有為法，如夢幻泡影，如露亦如電，應作如是觀**」，你們有沒有感覺到現前如夢，一切如幻？有沒有作如夢觀？大家有沒有發覺到我身體好像很虛幻，因為你若對自己的身體沒有執著，你會發覺身體會變得很虛幻又很清楚，越虛幻越清楚，越清楚越虛幻，如夢幻泡影，如鏡花水月，你看外境看的很清楚。所以，「如夢幻泡影」不是形容詞，如果把如夢幻泡影當作是形容詞的話，那你一天到晚看外境你都要先想一下，先模擬一下：「如夢幻泡影」，然後才可以看，那就錯會這句話了。

「如夢幻泡影」是一種現觀，而不是你先要有一種「如夢幻泡影」的感覺，才去看外境的東西，如果你要先透過大腦運作之後的感覺才去看的話，這叫做解析的觀空！《心經》裡面講：「色不異空，空不異色」，是體悟了如夢幻泡影的覺受，但「色即是空，空即是色」，本身就是一種現觀了，它不是覺受，而是現觀就是這樣！換句話說，它不是告訴自己：「我不執著」，所以不執著，而是心無所住，外境不可得，自然不執著，是想執著而不可得，這才是證量！而不是有一個觀點，讓我不要去執著，若必得先有一個觀點才能不去執著，那就不行，這個就變成是一種觀點，一種思想，這不是證量。

回到大悲咒相貌的解脫，前面觀世音菩薩所開示的十種心，是大悲咒修行的核心點。

在繼續往下解釋十種心之前，我要先跟大家討論另一個要點。如果我現在手上有一個球，我把它往外丟，這個球會不會掉下去？會！要如何才能讓這個球不會掉下去？有二個方法，第一個方法是讓這個球落入一個沒有重力作用的空間，而且球本身也是空的，所以這個球丟出去，當然不會掉下去；第二個方法是我們現在來考察一件事，要如何讓這個球相續而離三心（或是離三世）？相續而離三世，就是讓這個球當下在空，而不是相續在空！

其實這個道理是老生常談。就是以前德山禪師擔著《金剛經疏鈔》，走在半路上遇到一個賣點心的老婆婆，結果被那老婆子用「過去心不可得，現在心不可得，未來心不可得」修理得很狼狽的故事。

「三心不可得」，「相續離三世」，或「相續離三心」，這是什麼意思呢？一樣的道理，很簡單，你們看，煩惱在這邊，是虛妄，空的，但我們的心執著於過去、現在、未來，煩惱就黏在心上，心不肯放煩惱離開，所以煩惱就跟球一樣，一直接續下去，現在要打斷這個煩惱續流，你只要當下放空，這個煩惱流就斷掉了，煩惱斷除，就解脫了！但是大家現在放不下，不是在「要放下」或「不放下」這個事情，而是心裏想：「真的這樣就好了嗎？」，有太多的懷疑了，而其中最大的懷疑是對自己的懷疑，而不是對我所講話的懷疑。

其實我可以這麼說，你們對我的相信，跟對你自己的相信比起來，你們比較相信我，比較不相信你自己。但是要開悟絕對不能這樣子，你們要相信自己，才相信我。佛法是在自心裡面，六祖惠能的偈句：「佛法在世間，不離世間覺，離世覓菩提，恰如求兔角」，我後來把它改成：「佛法在自心，不離自心覺，離心覓菩提，恰如求兔角」，你們要相信自己，相信自己的心，放下，一念放下，全體就放下了，煩惱就斷了。

大家放心，一念斷就斷了！為什麼我教大家「放鬆、放下、放空」的口訣？放心就是放下，放下就開悟了。不過大家放心，如果你們不開悟，我會永遠陪著大家。

「般若將入畢竟空，絕諸戲論」，放下吧！放下就解脫了。或許你會說：「就這麼簡單？！」，沒這麼簡單的話，我是不會這樣講的。佛法本來就是簡單，是我們自己不肯相信而已，大家都是過度聰明，像我這傻頭楞腦的反而憨憨的相信，不同的是，你們會問：「咁有影？」，但對我而言，佛經講的我都相信，相信後就去做了，而你們比較聰明呀！你們會花三十大劫去研究佛所講的話是真的還是假的。

慈悲、菩提心、智慧都是要從空裡面生起的。但是如果要讓智慧相續，不是用三心去讓它相續，這樣是行不通的，會很累的啦，世間人修慈、悲、喜、捨四無量心，但是卻用三心把它黏在一起而相續，那真是很累呀！我們發願，是要在當下、當下、當下、當下……。而不是：現在我要發這個心，要永遠保持著。結果，落入了三心，走一步，累一步，越走越累，這沒辦法解決，沒辦法脫困的。

所以，要使這個慈悲或智慧能夠相續，就要當下離三世，每一個當下，當下、當下、當下、當下……，會不會相續？自然相續，看起來是相續，但是其實它是當下，因為離於三世嘛！所以不是過去心、現在心、未來心，因為若是過去心、現在心、未來心，你只要是落於三心的話，一定是掉下去，不能相續的。所以慈悲心、智慧若要相續的話，一定是離一切境不可得，一切不可得，一切都空的時候，當然就跟前面那個球的譬喻一樣，丟出去不會掉下來，是空的緣故。所以，慈悲心是要從空裡面生起的！

我們把這個原理拿來觀察我們的人生，也是同樣的道理。很多人一生一直在追求成功，不斷的在追求成功，他立志一定要成功，但是把成功設定為一個點，結果有一天這個成功的點，千辛萬苦的達成了，從此他就往下掉了，成功就變成他失敗的開始。我們要知道，成功是一個過程，而不是設在你心裡面的一個點，它是相續的過程裡，每一個剎那都是當下的，當下所以相續，相續卻又當下，所以，成功是生命的過程裡整個當下的顯現，千萬不要把它當作一點，如果把成功當作一點，是很可怕的。

世間人成功之後大部分就毀掉了，身體毀掉了，家庭毀掉了，只得到一堆的錢，錢拿到了又不知怎麼善用，於是就把錢拿去花費造業，不是拿去表現權力，就是用來傷害別人，為什麼？因為他們成功的意義空掉了，生命變得很畸形，揮霍掉了，只能拿錢來向人炫耀而已！為什麼變成這樣子？因為他們所追求的成功，到最後變成只是一個符號，不是他們所要的成功，所以他們得到成功，就得到最大的夢幻，最徹底的失望！所以說，成功是一種生命的過程，你要問的是，你的生命是不是整個成功，還是只有其中的一點成功？

慈悲也是一樣的，它不是一個樣子，而是一個相續的過程，是你的心有沒有恆常在慈悲裡，每一個當下是不是都不離慈悲，但是很多人的慈悲是一個樣子，是一個點，以為只有這樣子才是慈悲，那個樣子就是不慈悲，慈悲如果變成一個樣子，是會傷人的，慈悲變成一個模子，定型化的慈悲就會變成一個負擔，那是很可怕的。

每一個菩薩都是那麼慈悲，但同樣一件事情，每一個菩薩的作法都會不同，像文殊菩薩和觀音菩薩的作法不會一樣，但是他們都會用最大的慈悲，最大的智慧，依現前每個不同的因緣，把它做的最圓滿。

這十種相的心，第一個是「大慈悲心」，什麼是大慈悲心？為什麼名為「大」？這是三輪的問題，永遠是三輪體空的問題，也就是誰慈悲？慈悲誰？如何慈悲？主體、客體、介面，這三輪皆是體空！

一般人的慈悲，是必須緣於一個對象來生起慈悲心，「眾生緣慈」是我們一般修行初步的發心，就是開始修行的時候，生起一個善心，很希望幫助眾生，所以持大悲咒是為誰？為了眾生！而你自己也是眾生之一，這是「眾生緣慈」的修行階段；接下來，一心持大悲，是名「法緣慈」的修行階段；最後是「無緣大慈」，即一切眾生不可得，而如是滅度一切眾生，而實無眾生可得。真正「無緣大慈」，或真正大慈大悲，只有佛陀堪稱。

所以，相對於佛陀的悲智圓滿，觀世音菩薩只能說是「假名大慈大悲」，一切大菩薩們尚未到達圓滿究竟，但可以算是「等覺」，就是通過同等學歷考試，等同有成佛的資格。所以真正的大慈悲心是什麼？從「色即是空」到「空即是色」，是在如幻中，顯現一切相！故真正的無上菩提心是什麼？《金剛經》裡有一句話，大家要好好的誦持了解：「以無少法可得故，得阿耨多羅三藐三菩提」，沒有任何一絲一毫的法可得，這樣子才能成就阿耨多羅三藐三菩提。

這裡面有二重要義，一個是法界不可得，法界不可得，智慧就生起了；智慧生起了，這個智慧就遍滿法界，即是大悲。所以大圓滿的三個要訣：體性清淨、自性圓成、大悲周遍。一個是體、相、用，也可用法、報、化三身來說。

很多人把法身、報身跟化身當作三個層次，這是很奇怪的。一個佛怎麼會分出三個層次？不會的，這三身是指佛的三種作用。沒有體性清淨，不會有大慈悲心，沒有大智周遍，不會有大慈悲心，所以說，無緣大慈，同體大悲。

什麼叫無緣？什麼叫同體？無緣跟同體都是大智的作用，為什麼說是大智的作用？「無緣」，求一切眾生不可得，這不是大智嗎？「同體」，見法相一切相不可得，這不是大智嗎？所以「無緣大慈，同體大悲」是大智大悲啊！但這「悲」何名為「大」呢？大是遍，遍是無有任何相對，故遍即為通。

這「無緣大慈，同體大悲」是法界最深最核心的議題，佛陀的智慧是在這裡面運作的，這「無緣大慈，同體大悲」即是大悲、大智、大定，是悲智雙運的圓滿相，這個是悲智雙運，究竟圓滿的道理。依《金剛經》的說法就是：「以無有少法可得故，名阿耨多羅三藐三菩提」，什麼是「以無有少法可得」？就是無上菩提心啊！為什麼「無有少法可得」跟這「無上菩提心」有關呢？「無有少法可得」，有分別心嗎？絕無分別心，一切不可得，若如是，一切有分別嗎？既然無分別，何處不是周遍大悲！大悲周遍，周遍大悲，把它反過來看，不是同體嗎？經典是通的，不通的是我們哪！

在這邊講的大慈悲心都是三摩地相續，但三摩地相續不是三心相續，是假名的三心相續。大家今天聽到離三心、離三時而相續，所以，不要掛著心去相續，掛心而相續是很辛苦的，這是世間的定。佛法的定，是離三心的大定。

我們現在花一點時間講一下大定，我們前面講到「遍＝通」，同樣的，「遍＝大定」。一開始的時候，我們心念是在世間相中流轉，是掛心而相續，現在我們學佛而有智慧了，智慧生起了，這智慧是我們的通道，藉由定力的協助，我們集中我們的智慧力量，由現前的世間法穿透而進入出世間的領域，而隨著智慧的開展，我們的智慧也越來越大，越來越遍達，這時定跟智是在一起的，亦定亦智，亦智亦定，最後這智慧圓滿了。

周遍一切的時候，世間就等於出世間，一切都是，而當一切都是的時候，我請問大家，那個不是？既然沒有那一個不是，那麼「水銀瀉地，粒粒皆圓」，就是隨處之定，所以佛陀的定叫「龍一切時定」，這龍一切時定的基礎，不在於定，而在於智，亦即一切時中，全體放下，三心不可得，所以真正大定是智定，沒有智的基礎，你就沒辦法定，真正的大定也一定是大悲周滿，所以大智、大定、大悲這三者是合在一起的。

人類的思維往往是有限維度空間的思惟，佛法的大智則不如此，佛法的思惟是X維度的思惟，它既不是三度空間、四度空間、五度……，十度空間的思惟，而是隨緣空間，該怎麼樣就怎麼樣，每一個怎麼樣都沒有關係，都可以自在，一切自在，故名觀自在！所以不要問何時，或到那裏，我可以得到自在？這不名為自在，這表示沒有解脫。解脫的人，一切處解脫，是具足悲、智、定而得解脫。

許多人老是記得「我要做什麼事情」，他所記得的是「事情」；有些人則說：「我要具足慈悲心」。許多人說：「我要作這個事情才有慈悲心」；有些人則說：「我要去作任何有慈悲心的事情」。這樣大家知道這兩者的不同了吧？道德、慈悲，一定要從心中發出而去作事情；如果「只有作這個事情才是慈悲」，那就會成了「慈悲的樣子」。然而慈悲不是一個樣子，慈悲是一種「心的過程」，它會透過一個樣子來表達。「慈悲的樣子」每個時代、每個因緣都不一樣；如果我們執著「一個樣子」，我們就會喪失慈悲心。反之，我們有了慈悲心，我們會在每一個地方、用最恰當的方法去實踐慈悲的樣子。

所以不要想：「我要作什麼事情」，而是「我要有慈悲心、我要有智慧心」。不要想：「我作這事情要有智慧」，而是「我要有智慧去作這個事情」、「我要有慈悲心去作這個事情」、「我要有定力去作這個事情」。不要想：「我一定要這樣做，否則就沒有定力」，這樣人就會被僵化了。有定力的人心專注，作事情就會作得很快。如果一分鐘就能做完的事情，花了十年才做完、還自認為這樣才有定力，那是十足的愚痴。

有一個故事，發人深省。有位印度教修行人，自認聽到濕婆神指示，要他將手臂直直高舉著，他就這樣舉了三十年不放下，最後連關節都鈣化了，放也放不下來了。這真是令人欽佩而又哀傷的事情。佛教也有「常舉手菩薩」，兩者的不同在於「前者是神要他舉手而他並不知道理由」，後者常舉手的理由是為了要度眾生。像後者這樣，就算把手舉到變成化石，我也願意；如果是神要我這樣舉手，我就不願意了。

那位印度教修行人的行為雖然令人欽佩，問題是那樣做不會有結果，不會有自覺的智慧與悲心，他只是變成神的工具，然而我們不是神的工具，我們乃是實踐慈悲與智慧的人，兩者不同！

念大悲咒，首先要具足大慈悲心。

我曾經寫了一個「無情無義，有智有悲」的對聯。因為情義乃世間的情緒，而「慈悲是感情的昇華、智慧是理性的昇華、慈悲與智慧是空性的」。大家如果聽懂這幾句話，大家身上就有這些經典了。如果把慈悲與智慧放在心中，心中就有了《心經》、《大悲心陀羅尼經》等一切經典。

生命要站對「戰略位置」，如果具足了慈悲心，那麼生命就是站立在最佳的戰略位置。我將此以如下的譬喻來說明：「懸巨石於九天之上，或東或西、或南或北，人莫之測，而眾皆降伏」，將巨石置於高山之頂，隨時都有可能滾下，但在它尚未動作之前，沒有人知道它將滾向何方，因此大家必須摒息以待；這就是「勢」、威勢、勢力。

「造勢」一詞現在已經成了罵人的意思，然其本意是「將自己的位置拉高，令每一個人都感覺到威力」，威力越大、自己越不會受到傷害。因為不知道巨石往那裡落下，所以每個人都害怕被砸到。一旦巨石滾了下來，如果是往東邊滾，其他方向的人就不再害怕了。惟有保持在戰略高點，才能形成威勢、威力，全盤控制局面；所以生命必須要站在戰略高點位置。

一般人的生命有著太多的戰術——今天要做什麼事、明天要做什麼事，充滿了戰術；我們應該要改變作法、讓生命充滿戰略才行。譬如：

「每天念大悲咒」是戰術，「以大悲心念大悲咒」則是戰略；念大悲咒「為自己消業障」是戰術，「為成就一切眾生成佛而念」是戰略。

戰術好比在地方合作社開立帳戶，戰略好比在世界銀行開立帳戶，金額雖然相同，但是作用大不相同。因此生命要有戰略，而最大的生命戰略就是「大慈悲心」；從戰略的角度看，大慈悲心比智慧更重要，因為「智慧是諸佛之母，慈悲是諸佛祖母」，慈悲生智慧。

智慧有兩種，一種是一般的「解脫智慧」；大菩薩的智慧、「大般若」則是由大慈悲心而來，因此慈悲心就是我們的大戰略。

慈悲如何來？從發「無上菩提心」而來，這樣就找對戰略位置了！

「大菩提心」是什麼？——覺他、自覺。

度眾的過程是「自覺而覺他」（修成之後去度眾），然而修行的過程則要「利他而自利」，這樣才能成就自己，「利他」絕對能「自利」，所以想要成就自己、就要發慈悲心——這是戰略。

很多人認為我修行的成就是因為天資聰穎，其實我的天資普通，後來之所以生起智慧，是緣於對眾生的悲心，忽然間很多事情都懂了。因為站在自己的位置看事情、用自己的聰明才智處理事情時，只能依靠自己的力量，聰明智慧的增加有限。一旦把自己拋掉、跳出來、用佛菩薩的心情看事情，縱然我們還不是真正佛菩薩，但是跳出自己的位置，忽然間，智慧不再是我們自己的智慧了。一跳出自己的位置、有了慈悲心，我們就站在「懸巨石於九天之上」的位置，看事情就不一樣了。一般人生命之所以遲遲疑疑，就是因為老算計著生命中的蠅頭小利，一旦把自己拋掉、跳出來看，就會發現：「原來生命是這樣的、世界是這樣的！」忽然之間，就算再笨的人也都懂了。

一個人的身高再高，在生命中依然是個小矮子。一旦拋掉自己，跳出來，就站在戰略高點了。但又不能執著這戰略高點位置，因為一旦執著，就算再高、也只能看著自己的腳下而已；如果不執著，我們就可以站在每一個人的立場去想事情，就能跟別人同理心，這樣就有了慈悲心與智慧。

各位，這就是佛法！不是經書上記載的才是，佛法是可以應用在生活的！佛法不只是念阿彌陀佛而已，阿彌陀佛當然是佛法，但阿彌陀佛是要教導我們這些道理，我們之所以念阿彌陀佛，也是為了懂得這個道理！

慈，是與樂；悲，是拔苦。「大慈大悲」與「四無量心」的區別是大慈大悲由空性、實相中出生，體解一切如幻。大慈大悲惟有佛具足，連觀世音菩薩都是假名大慈大悲。基本上，大慈大悲完全相等於「大智大慧」，惟有「大智大慧」才有大慈大悲，因為大慈大悲必須具有「無緣」的般若智。

「眾生緣慈」看到眾生去度他，這是世間或世俗菩提心的菩薩。

「法緣慈」是二乘的聖者依法度眾，但問題是他會入於涅槃。

「大慈大悲」者，佛觀十方三世一切眾生不可得，是為「無緣」，因此「無緣」是智慧，因其為「觀照力、大般若」。既然「無緣」，當然有大慈力，因為「無緣」，就沒有分別心；而「無分別心」是智慧，但悲心亦「無分別心」。因此「無分別心」是慈悲，徹底的「無分別心」當然是慈悲。

到了最後，大慈悲心不是在外相上的，而是從心中不斷地湧現；就像六祖惠能所謂：「弟子心中常生智慧，未審和尚教作何務？」「弟子心中常生慈悲，慈悲如泉湧、汩汩而出」，慈悲不斷地流出、不必準備、當下自然流出。

如果緣於過去的影像、緣於別人教導我要慈悲才會成就，所以我要保持慈悲——這是學習的過程。真正的慈悲心乃是「當下自然觀照一切無分別、無所得」，就會想要幫助一切眾生。而所謂「同體大悲」，「同體」的感覺就是「無分別」體，這當然是種智慧；但因同體而產生大悲，所以是慈悲心。

因此，對眾生綿綿密密自然生起的，就是「大慈悲心」。

所以，當我們誦持大悲咒時，想想看，是否有發出要給予別人歡喜的心？而且，不只是給予別人歡喜的心而已，更要讓聽到的人都產生歡喜，這是需要決定的心念的。不是說我們每天誦持大悲咒要讓大家歡喜，而是有決定心，什麼是決定心呢？是我們誦持大悲咒時，不只是自己覺得要給予別人歡喜而已，而且確實能夠給予別人歡喜。當有人痛苦時，聽到我們誦念大悲咒，我們不僅想解除此人的痛苦，而且能夠讓聽到大悲咒聲的人遠離痛苦，思惟一下自己是否具足這個心呢？

以這樣的心念來誦念大悲咒這就對了，而且對這個心要沒有一絲懷疑，對大悲咒的力量要沒有絲毫懷疑。不要心想著：「我誦持這大悲咒有效嗎？」這樣的想法即是對大悲咒沒有信心，所以我們要對大悲咒、大慈悲心有信心，就從菩提心直接發心。

2 平等心：

大悲咒十種相貌中的第二個相是「平等心」。「平等心」是了解法界一切平等，諸佛眾生無有差別，我們與諸佛同等無二，諸佛與一切眾生同體無二。所以當我們誦持大悲咒時，我們是空性，諸佛也是空性，如《觀無量壽佛經》卷一中說：「**諸佛如來是法界身，遍入一切眾生心想中**」、「**是心作佛，是心是佛**」，十方一切諸佛都是法界身，請問觀世音菩薩與阿彌陀佛是不是遍法界一切處？答案當然是肯定的，既然是遍法界一切處，如此說來，我們的體內是不是存在著觀世音菩薩呢？觀世音菩薩是否和我們相應呢？在我們心裡是不是有觀世音菩薩呢？這是實然的，只是我們不去接受而已。

因此，當我們修持大悲咒時，我們是相信觀世音菩薩的，所以我們自身不要認為自己是下劣的凡夫，有這樣的想法就是我執，因為體性是空的緣故，所以身體幻化成佛身是不是很正常的事呢！密教本尊觀的修法就是依這道理而來的，沒有空性及如幻觀是無法成就本尊觀的。如果沒有以空性和如幻觀來觀本尊，這其實是我慢的表現；以空性的立場來說，現在我們是空性，我們誦持大悲咒就等於是諸佛在誦持大悲咒，這不是說我們貢高自慢，而是因為我們是空性，而諸佛是法界身，所以我們現在誦念大悲咒，等同觀世音菩薩本身所誦念，心中沒有一絲一毫的我慢。

平等心是一種智慧，也是一種慈悲。

怎麼說呢？我們對自己好、對自己慈悲，但是由於平等心、自他平等，因此對待眾生「如護眼目、如護自心」，這就是慈悲。

在贊頌護法不動明王的偈頌中，其中有句我是這樣寫的：「如心相隨護」，意思是「護法不動明王，像我的心一樣地守護著我」，因為「我的心就是護法、護法像我的心一樣守護我」！我們守護自心，就是護法，可不是拿著刀槍棍棒護衛才是護法；守護自心、讓自心安住在大慈悲；守護自身、讓自身恆處於戒行；守護眾生、讓眾生永遠和合，這就是護法。如果看清這些，我們就能把十方諸佛攝為我們的心，來守護我們。

請大家不要害怕無常、失敗、痛苦……等等，因為害怕的是我們的心，所以要跳脫出來，跳出

「我」。人住於自己的生滅、住於自己的無常、住於自己的成敗痛苦，就跳不出來、就會害怕！

眾生平等、諸佛平等、生佛平等，所以沒有「眾生、諸佛」的分別，平等周遍、大悲周遍，這也是「大圓滿」核心的智慧。因此觀世音菩薩所告訴我們，大悲咒十種相貌裏，就有密教「大圓滿」的要義，不是非要經過瓶水灌頂才有大圓滿。真正的得灌就是開悟，不是一定要經過灌頂的儀式才能成就。

所以大慈悲心究竟而言是一樣的，只不過在此用十種心、分成十個方向解說；好比整串粽子提起就是大慈悲心，一個個分開細說分成十種心。

我們誦念大悲咒時，全身都化作法界的光明，全身的每一個細胞都是一尊觀世音菩薩在誦念大悲咒，共同結成這個身體在誦念大悲咒。我們誦念大悲咒供養一切眾生，一切眾生也都是佛陀，所以一切平等、平等、無二、無二。這即是以平等心來誦持大悲咒。

3 無為心：

無為心是不執著、不作意，自然而起的心。

法界無為，誰主生滅？「誰主生滅」是很有趣的。大部分的人都是不肯對自己負責的，用「狼心狗肺」一詞還不足以形容，因為每一個人都不肯對自己負責，總想找一個「神、佛」好把責任丟給他，這樣自己就沒事了；每一個人都不想為自己的生命作決定。雖然生命是我們自己的，我們卻老是假裝這生命不是我們自己的、而是神給我們的，所以由神負責。

開個玩笑，神實在很倒楣，因為神創造世人之後，就被世人創造了；世人不斷創造各種煩惱、同時又歸責於神創造了世人，這就形成了無法割斷的鍊鎖。然而佛就比較聰明，因為佛不作「解決一切問題的全能者」，佛陀只作老師，與世人互相不負責、各人生死各人了。

法界無為，誰主生滅？沒有人主生滅！生滅乃是因緣，是我們自己的因緣在作。所以對法界、對宇宙，要以「沒有造作、無為的心」隨緣。很多人的「隨緣」是隨命運而走，無可奈何而走，這是錯誤的。真正的「隨緣」是「隨緣不變、不變隨緣」——隨緣於萬象、而不變於「大覺」，就像水銀瀉地、粒粒成圓。

因此佛陀在每一個地方都是究竟成就，年輕力壯四十歲是佛，老年八十歲也是佛；生病時是佛，吃飯時是佛，上廁所時也是佛。

生命是隨時隨地自在自樂的。上廁所時是我們自己，吃飯時是我們自己，工作時是我們自己，隨時隨地都是我們自己，不要有嫌棄自己的時刻，整個完整的生命都是我們自己。

重要的不是「外在的樣子」，「生病的你」是你自己，「覺悟的你」也是你自己，不要被外在現象所迷惑，心中隨時隨地要「自覺」。這樣的「自覺」乃是「隨順如來覺性」，不變隨緣、隨緣不變，清清楚楚隨順著因緣，就像水銀瀉地、粒粒成圓，在每一個地方都是圓滿的。

佛陀在每一個當下都是究竟的，因此人稱佛陀「龍一切時定」——像大龍一樣，一切時都自在。如何自在？「**觀自在菩薩，行深般若波羅蜜多時，照見五蘊皆空，度一切苦厄**」，心中無苦厄，故而自在。

「無為、無分別」，有人誤以為「無分別」就是不清不楚，這是謬見。「不清不楚」乃是糊塗，與「無分別」、「無為」無關；「無為」是清清楚楚、不造作，只是讓鏡子回復它最光明的本性、大圓鏡智。世間人的「有為」，則是把鏡子變成凹凸鏡、照不清實相。

「無為心」可有作用？

當然有作用——「清楚明白、但又不執著於諸相」。

我們讀到《大悲心陀羅尼經》這一段經文，才算真正得到大悲咒的灌頂。這十種心不但是大悲咒的真正核心，持誦其他一切咒語，也要以這十種心念，效果絕對會完全不一樣。

開個玩笑，萬一晚上被鬼掐脖子、而又念不出佛號或大悲咒時，怎麼辦？——心中現起「大慈悲」，一定可以念出佛號。因為我們放鬆、心安定於慈悲，我們整個身體都是法界光明，我們跟對方是完全一樣的，對方根本無法害到我們。我們人的肉身有因緣的差別，鬼神的物質相很細、變化快速，一旦我們現起慈悲心，他們馬上受到影響而產生作用。

或有人懷疑：「這十種心有什麼重要性？還是趕快持咒要緊。」

其實這十種心的重要性遠比持咒本身來得大，如果把這段經文唸完，再持大悲咒，效果會更好。如果把這十種心比為「內功」，持咒就是「招式」，光有招式、沒有內功，就會把太極拳打成太極舞，沒有威力。

很多道家行人也念大悲咒，但是他們所認知的觀世音菩薩是「神」；觀世音菩薩當然有作用，所以他們念大悲咒也很好用，但終究只是小用；大悲咒的真正大用，乃是讓我們成佛！

因此這十種心乃是純正的大悲心法、大悲內功，練好內功之後再來念大悲咒，咒音絕對更有力、更好聽。

以上所述三種心，「大慈悲心」是總訣，「平等心」是智慧觀照一切眾生自他平等；「無為心」是清楚無執地觀照。

以上大慈悲心、平等心、無為心，這樣一層一層地調鍊我們的心，好像淘洗沙金、一層一層提煉純金，讓金質純度不斷提高。同樣地我們的心清淨到最後，只要念一句「南無喝囉怛那哆囉夜耶（歸命三寶）」就可以成就了。

誦念大悲咒是對大悲咒具足完全的信心，所以誦念時是全心全意地念，誦時不會胡思亂想，以一切無為，沒有過去心、現在心、未來心，沒有造作，一切隨心而自然誦念大悲咒。

4 無染著心：

因為大悲咒具足的功德力量很大，所以往往會有很多境界現前，尤其是我們越專心、心越空去持誦，會有很多不可思議的境界產生。而境界產生後，如果心有執著的人，馬上會想我誦念大悲咒境界那麼好，會是多美好的因緣？多麼好的感受？會見多少的殊勝境界？但是，當我們持念大悲咒後如果產生種種神通、種種的境界，這些都要放下，因為一切都是如幻的，不要執著大悲咒的神通境界，也不要執著於大悲咒，只是一心持誦大悲咒，看一切境界、一切眾相都是平等，沒有染著心。當我們具足這樣的心，就是具足無染著心。

不但面對外相時心無染著，甚至念大悲咒產生感應、作用、力量時，也要心無染著。因為這些作用雖然是好的，一旦心中染著「『我』這個作用很好」，那就壞了，因為有「我」故，所以就會被「作用」所執；你的大悲咒就只有這等作用，不能再作其他的作用，因為它的功德顯現了，卻用在這裡就用光了，不再能有其他更大的作用。因此雖然會產生這些境界，但是無論外在境界或內心都不能染著，連大悲咒所形成的不可思議妙用都不能執著。

「不執著」不等於「否認」，境界是否要對別人講說可以隨因緣，但前提是「無染著心」，無論外、內都不染著。

每次修法我都會講述「四層供養」，外供養整個法界一切；內供養我們的心、語言；祕密供養我們的悲心、智慧；最核心的供養就是法界體性——「眾生都是佛」！到後面講述大悲咒行法時，我們會再詳細解說。

5 空觀心：

「空觀心」是了知一切都是空的。我們持念大悲咒時，持誦大悲咒的人是空的，大悲咒也是空的，諸佛是空，眾生是空，法界是空、一切都是空。以「空性」的緣故，而產生大悲咒的功德力量。「空觀心」的「空」不是一個樣子，「空」就是「這個樣子」。

很多人不瞭解「空觀心」，其實「空觀」是一個「實相」，現實的法界就是空，一般人無法「現觀」，所以只好「觀空」——這個世界是「實相」，「實相」就是「現空」。

「開悟」就是「現觀、現空」；「現空、現觀」就是「開悟」！

「空」顯現在作用上，會產生《金剛經》所云的「無所得」；「現觀的、悟的心」就是「無所住」！「心、絕無所住，境、絕無可得」，兩者合在一起稱為「阿耨多羅三藐三菩提（無上正等正覺）」。以究竟無所得、無所住，名「得阿耨多羅三藐三菩提」。所謂「初發心即成正覺」，是「以無少法可得故」，究竟不可得，是為「同體大悲」，這才是究竟的菩提心、一發這個心，馬上成證無上正等正覺、成佛。

很多人說：「我的功德不足，無法成佛，必須做很多功德之後，才能成佛」。

請問大家，還有什麼功德比得上發起究竟的無上菩提心？

大家如果真正現在發起究竟的無上菩提心，心發起時，「境不可得、無有少法可得」，這一剎那你就證得無上菩提、成佛——這叫「神通乘」，馬上成佛，這是經典中所允許最究竟、最利根的。

其次利根者，就是「初發心，即成八地菩薩」。釋迦牟尼佛是普通根器，三大阿僧祇劫成佛。鈍根者，就是發心後又心生懷疑而退心，過了一陣子再想想看，是為鈍根。

「現觀」就是開悟，《現觀莊嚴論》的「現觀」指的就是這個，只不過名詞不一樣。唯識學用的名詞是「轉依」——由於用心的不同而有輪迴、智慧兩路。「轉依」，轉識成智、名異實同；眾生之識與如來之智，雖然內容一樣，但是由於用心的不同而產生了完全不同的結果。一個以自我為執著，一個以法界平等、無相、無為，就轉依了，內容是一樣的，但由於染污與清淨而有差別。

俗語說「不是冤家不聚頭」，這句話看似佛門的話，實際上是佛門中沒有覺悟的人講的。大家想想：我們成佛時先度誰？我們成佛時，旁邊坐的那些上首菩薩是誰？不是這些冤家還有誰？無緣無故的人怎麼會來與你相會？只不過現在稱他們「冤家」，成佛後稱他們「眷屬」。有些佛教徒被這句話嚇得看到自己的家人就以為是冤親債主。他們可能沒想過，現在看到的這些冤親債主，都是我們將來的成佛資糧。其實稱之為冤親債主，還是站在自己的立場——大家都說：「你是我的冤親債主」，從來沒有人說：「我是你的冤親債主」——這就是典型的「我執」。

站在實相的立場，我們過去生命中無量無邊的經驗，都轉依（改變立場）為智慧，將錯誤的立場轉變為正確的立場、由「有為」的立場轉變為「無為」，由「分別心」的立場轉變為「無分別心」，就是轉識成智。

實相即是「現空」，而一般人無法「現空」，就只好「觀空」。無法「觀空」，就只好念「觀空咒」。「空」是現成的，原本不必「觀空」，只因我們還未成就，所以才要「觀空」，「觀空」觀不成，就只好給個方便念「觀空咒」，念到最後有了定力，才「觀空」。可是後來有人就誤以為一定要念「觀空咒」才能「觀空」。其實之所以念「觀空咒」，是因為沒辦法「觀空」；之所以要「觀空」，是因為沒辦法「現空」。大家想想看：一個成就者已經「現空」，何須再「觀空」？又何須念「觀空咒」？

再想想看：千手觀音是否成天不做其他事情，光是拿著念珠念大悲咒？千手觀音當然不是這樣！因為千手觀音的心乃至每一個言語就是大悲咒！譬如一位超級功夫高手，一出手就能打敗對手，何須要求他非用那一招不可？同樣地，我們對於佛法也要有深刻的體悟，將諸法化入於心；不過我們現在還沒有成就，所以還是要遵照儀軌來做，幫助我們更精確。

因此，「空觀心」是要把我們的心更進一步調練，讓我們與「實相」相合，這是為了不讓我們「執著於慈悲」，因此以空觀心來調練。所謂的著於「悲魔」，即是執著於慈悲。譬如，看到可憐的人就哭個不停，什麼事也沒辦法做。這樣雖然是出於慈悲心，卻是執著於「悲魔」。

以上從大慈悲心到空觀心，都是自心的調練過程，以下的心則是對待眾生的心。

6 恭敬心：

恭敬心是恭敬三寶、恭敬一切眾生，要像「常不輕菩薩」那樣——眾生終將成佛，所以他恭敬一切眾生。

事實上，「看一切眾生都是佛」就是恭敬心。大悲咒雖然是空、如幻、無染著，但我們對大悲咒要具有無上的恭敬心。我們恭敬稱念：南無千光王靜住如來、南無阿彌陀佛、南無大悲觀世音菩薩。以恭敬心來稱念大悲咒。

7 卑下心：

我們雖然了解，諸法平等無二，但是我們不自滿、不自足。我們看自己就像大地一般供養一切，心不貢高、我慢，這是卑下心。有些人說：「我念大悲咒、我具足這十種心，所以我是觀世音菩薩，大家應該來拜我！」然而，這樣想的人可能不知道：觀世音菩薩如果自認為是觀世音菩薩，他就不是觀世音菩薩。這是《金剛經》講的道理，清清楚楚。所以，卑下心就是面對一切眾生時，心不貢高、我慢。

8 無雜亂心：

這無雜亂心是指定力，心裡沒有任何的染著、雜染，一切心念都在大悲咒中，安住在定慧等持的境界，也就是定力與智慧均等的境界。定力和智慧是相輔相成的，身心安定則智慧容易生起，智慧生起了，就不會執著於煩惱，不會生起混亂、紛雜的心，不會在煩惱中糾纏不清，身心安定。

9 無見取心：

什麼是「見取」？在五蘊法中，由色、受、想、行、識中，產生我執去取著諸法，以分別心去執著稱為「見取」。「無見取」就是要遠離我執，與空的實相相應，生起現空、不執著、不染著的心念，而且念念不可得，這也就是六祖惠能大師的「無念法門」，是在行、住、坐、臥中都沒有見取心，簡單的說，「無見取」就是遠離我執。

10 無上菩提心：

菩提心，就是發起成就佛陀無上菩提之心，而大悲咒最終的目的，也就是幫助一切有情圓滿無上菩提，就像《楞嚴經》說的：「上與十方諸佛同一慈力，下與一切眾生同一悲仰」，現在我們修持大悲咒，這個無上菩提心就是帶領一切眾生來圓滿成佛。

這十種菩提心，就是大悲咒陀羅尼的相貌。所以觀世音菩薩交代大梵天王說：「汝當依此而修行之。」同樣的，我們要修持大悲咒，一樣要用這十種心來修持。

大梵天王說：「從今以後受持大悲心陀羅尼的相貌，不敢忘失。」我們現在也要像大梵天王一樣，受持大悲咒的十種相貌，誦念大悲咒時，不能忘卻這十種心，我們用這十種心來持誦大悲咒，才是真正持誦大悲咒。

就像我們持念往生咒時，要了知阿彌陀佛的四十八大願，因為有阿彌陀佛的四十八大願以後才有往生咒；如要持念藥師咒，要了知藥師佛的十二大願，若是忘記藥師佛的十二大願，這樣持念藥師咒雖然還是有功德，但是功德不圓滿。要了解佛菩薩的心願再來持咒，所以我們要持念大悲咒，修持大悲咒，或是想學習一位佛菩薩、持念佛菩薩的名號時，要先了解他的本願，了解他的本願之後，持誦他的咒語、誦念他的名號，才能具足不可思議功德。

所以，我們了解大悲咒的相貌就是：大慈悲心、平等心、無為心、無染著心，空觀心、恭敬心、卑下心、無雜染心、無見取心、無上菩提心等十種心。

上述十種心，基本上就是慈悲、智慧與定力。以大慈悲心開始，透過平等心等八種心的調練，最後以無上菩提心圓滿，首尾相連、環成一串。

請大家具足這十種心，雖然不一定要記住名稱，但是一定要牢記其精神，用這十種心不斷調練自己。每次念大悲咒前，把這一段經文念一次、想一次，然後再開始持咒；持咒完畢，再把這一段經文念一次、想一次，這樣持咒的威力就會不一樣了，能對眾生產生更大的利益。

大悲咒最大的核心就是「對眾生產生的利益越大、大悲咒的威力越大」，「對眾生產生的利益越大、對自己產生的效益也越大」。

如果只是著重於「對自己產生效益」，當你感覺到「對自己產生效益越大」，那麼「對眾生的效益就越小、大悲咒的效益也越小」。

如果你感覺「對眾生的效益很大」，真正去幫助眾生，而且心中沒有執著，這樣大悲咒的效益才是真正的大效用。

請大家把上述這一段經文當做大悲咒的口訣心要。很多人非常重視上師口傳的祕密口訣，經典中公開講述的口訣好像沒有用，其實後者才是最有用的口訣，只因為公開印在書上，大家就以為沒有用，這是很可惜的。因為印刷品也是可以成就的，只不過印刷品在外、成就在我們的心，所以請大家把這段經文讀進我們的心中。

本段最後，觀世音菩薩再次囑咐大眾如法持誦。

大梵王言：「我等大眾，今始識此陀羅尼相貌，從今受持不敢忘失。」

觀世音言：「若善男子、善女人誦持此神咒者，發廣大菩提心，誓度一切眾生，身持齋戒，於

諸眾生起平等心，常誦此咒莫令斷絕。住於淨室，澡浴清淨，著淨衣服，懸旛、然燈、香華、百味飲食，以用供養，制心一處，更莫異緣，如法誦持。」

此段是再交代一次重點，並教行者以種種供品供養。藏密的供養是八供（水、水、花、香、燈、塗、果、樂），一般的供養是五具足（水、燈、花、果、香），然而這些都是外相，最重要的是我們的心。

有人認為佛像一定要開光，供在佛堂上，但是我想，家中掛一張很莊嚴的佛像，縱然只是當做藝術品裝飾，也沒有供花果香，還是很好的。因為人們看到佛像，心就安定了。有供養固然很好，沒有供養也無妨，不必執著非要如何供養才可以，因為所有的儀軌都是人訂的，雖然所有的儀軌都很好、很莊嚴，但是沒有依照儀軌也不會怎麼樣，大家不要被「沒有依照儀軌修就會如何如何」這些似是而非的話嚇到，因為真正重要的是「我們的心」，佛法是要增長我們智慧與慈悲的，不是用來恐嚇我們的。

「如法誦持」，除了依照上述的十種心如法誦持之外，另一層意思是：因緣上我們也應該要入境隨俗，在道場中就要依照道場的儀軌如法而修，以免破壞了道場的莊嚴。不過基本上還是要以「心」為主。

「制心一處，更莫異緣，如法誦持」，意思是專心一意地誦持大悲咒。

「**是時，當有日光菩薩、月光菩薩與無量神仙，來為作證，益其效驗；我時當以千眼照見，千**

手護持。從是以往，所有世間經書悉能受持，一切外道法術、韋陀典籍亦能通達。誦持此神咒者，世間八萬四千種病悉皆治之，無不差者；亦能使令一切鬼神，降諸天魔，制諸外道。若在山野誦經坐禪，有諸山精、雜魅、魍魎、鬼神橫相惱亂，心不安定者，誦此咒一遍，是諸鬼神悉皆被縛也。若能如法誦持，於諸眾生起慈悲心者，我時當敕一切善神、龍王、金剛密跡常隨衛護，不離其側，如護眼睛，如護己命。」

這時，當有日光菩薩、月光菩薩與無量神仙，來為作證，益其效驗；我時當以千眼照見，千手護持。從是以往，所有世間經書悉能受持，一切外道法術、韋陀典籍亦能通達。誦持此神咒者，世間八萬四千種病悉皆治之，無不差者；亦能使令一切鬼神，降諸天魔，制諸外道——但這些都是外在的作用，真正的核心還是「大慈悲心」。

任何的咒語或任何的真言，有許多不同形式，比如有的屬於名號式的，廣義而言，名號的誦持本身就屬於真言，所以「南無阿彌陀佛」，其實就是與持咒無異了。另外有些真言是比較威猛式、敕令式的，而像觀世音菩薩的大悲咒則屬於一首很長的讚頌詩。每一種真言都有它的主尊，有它的主體功效，有它的密意；大悲咒的十種相貌，就是它的咒心，用這個心來持咒才能發揮最大效用。

課中開示

問：曾聽人說：有一個人遇到鬼來干擾，人家教他誦持大悲咒，但是來擾亂的那個鬼說它生前也是佛教徒，也會誦大悲咒，所以大悲咒對它們沒有用。請問老師，這是否與經中說：「若在山野誦經坐禪，有諸山精、雜魅、魍魎、鬼神橫相惱亂，心不安定者，誦此咒一遍，是諸鬼神悉皆被縛也」相違背？

答：大家可以想想看：當鬼神找你麻煩時，你會唸大悲咒，他也會唸大悲咒，那麼鬼神他用什麼心念大悲咒？當然這鬼神也信觀世音菩薩、也誦大悲咒，然而他用什麼心念？如果他是有慈悲心的，他會找你麻煩嗎？可見他的心不是大慈悲心，應該是散亂心。

然而為何那個人持誦大悲咒沒有用？——因為他也是用散亂心、不是用大悲心，說得更精確些，他是用恐懼心念的，所以無力、無效。

這個故事，是否與經文相違背，我並沒有一定的答案，因為我的態度已經超過了這個，但請大家思惟看看：

——如果不考慮用什麼心誦，光是誦一遍大悲咒，結果沒有效果，並據以斷言「與經文相違」，當然也可以。

——但是如果用大慈悲心念一遍大悲咒，什麼天魔、外道、鬼神能阻擋你!?這才是真正嫡傳的大悲咒修法，與外邊傳的其他修法不同。我認為「誦此咒一遍，是諸鬼神悉皆被縛也」這句話更核心的議題是「要用大慈悲心來誦持」！況且後面經文也說得很清楚：「若能如法誦持，於諸眾生起慈悲心者，我時當敕一切善神、龍王、金剛密跡常隨衛護，不離其側，如護眼睛，如護己命。」

問：經中所說的「大梵天王」是天神嗎？既然天神可以活那麼久，聽那麼多法，他們的修行應該比人好才對？

答：要回答這個問題，我們要先對天神的世界有所了解。一般來說，天神是很長壽的，俗話說：「天上一日，人間百年」，這是講帝釋天的一日，等於人間百年。人類世界再上去的世界叫四天王天，四天王天的天上一日，等於人間五十年，帝釋天天人可以活一千歲，等於人類活三千六百五十萬歲，帝釋天再上去的天界，一日等於人間二百年，可以活二千歲，又再上去的兜率天的「天上一日，人間四百年」，可以活四千歲，等於人間五十八億四千萬年左右，這個也就是依人間的歲曆來算，彌勒世尊在兜率天示生到入滅，入滅之後下生人間而示現成道所要經歷的時歲，也就是還要這麼久的年月，彌勒佛才會下生人間。

為什麼彌勒佛還要這麼久的時間才會下生人間？因為要等人間成為淨土，而這也就是我們現在這個世間菩薩的任務，我們人間菩薩的任務其實很簡單，唯一要作的就是趕快讓這個人間成為淨土，讓彌勒菩薩趕快從兜率天入滅，趕快到這個人間示生成道，廣度眾生，這是菩薩永遠要作的事情，就是讓人間淨土提早實現。

天界每往上一層的天人，壽命就多一倍，一天的時間也加長一倍，等於四倍，所於四大天王可以活九百多萬歲。天界的天人，像帝釋天、大梵天王，他們的壽命是如此的長久，所以他們聽聞的佛法可以說不計其數，理論上來講，他們應該很早都成就了才對，但事實卻不然。為什麼？這是天人的習氣使然。

其實這種事情一點也不複雜，道理很簡單，在很多大法會上，我們可以看到法師、仁波切在台上說法的時候，坐在最前面聽法的，都是大功德主，他們聽到的、得到的也是最好的法，有的也和大仁波切十分熟識，最好的甘露、法藥、法本等等，什麼最好的都有，也擁有最具加持力的佛像，什麼條件都很好，但是這些大功德主往往反而成就比較晚。為什麼？因為他們太有福報了。

大家可能會覺得很奇怪，有福報為什麼反而不能成就呢？

一般而言，福報有二種，一種是會妨礙你智慧開展的福報，一種是會增加你智慧的福報；天人的福報常常是前一種居多，我再舉一個帝釋天王的例子，這個例子很有趣，他每次聽佛陀說法，都由衷地讚歎：「啊！佛陀說的太好了，我回去馬上修行，馬上精進，早日成就！」結果，回去路上才走到一半，忽然間天樂飄飄四處聞，不禁陶醉起來了，這時法已經忘了一半，等回到天宮，各種五欲樂現前，剩下一半的法全忘了。

目犍連尊者有一次還曾因此開了帝釋天一個大玩笑。

目犍連與舍利弗尊者同為佛陀的侍者，如同如來的左右手，在佛法的教化上佔有極重要的地位。如果以一所學校來比喻，佛陀就宛如教授兼校長，舍利弗則是助教授兼教務長，而目犍連則是助教授兼訓導長。

有一天當佛陀住在王舍城中，而目犍連則住在附近的靈鷲山上自己一人在靜處禪思。這時他忽然想起要作巡迴的教化督導工作，於是想起帝釋天王釋提桓因，曾在界隔山的石窟中，詢問佛陀如何修持愛盡解脫的道理，而佛陀也為他說明了。當時，釋提桓因聽了佛陀的教誨後，十分高興，但似乎還想再問下去，但後來就沒問了。

目犍連想去看看這位同學修學的近況如何，就以神通力從靈鷲山中消失，剎那間就在三十三天中現身。其實，目犍連對他的同學釋提桓因的情形十分了解，所以故意前來抽查學習進度。

果然，帝釋天王正忙著與五百位天女，在天上的浴池中遊戲，天女們還演奏著美妙的天樂。帝釋天看到目犍連突然來訪，就趕快叫天女們不要再唱歌了，接著趕緊上前接待目犍連尊者。

不過，這帝釋天王還是放逸慣了，當目犍連尊者詢問他修行的進度時，帝釋天一副心不在焉的樣子，顧左右而言他，還拉著目犍連去參觀他新建好的美麗天宮，在介紹天宮時，還十分自豪的誇耀。

目犍連尊者忍不住提醒他說：「這是你過去所修的善法因緣，才成此妙果，你應該更加精進修行才對。」但是帝釋天充耳不聞，還是繼續自嘆自誇。目犍連尊者提醒了他三次，帝釋天還是一副依然故我，馬耳東風的調調。

目犍連尊者看到帝釋天王這麼放逸，執著天上的欲樂享受，為了讓他體悟無常而心生厭離，就以神通開了帝釋天一個玩笑。

目犍連尊者進入三昧境界，以神通力用一根腳指頭觸動天宮，無比莊嚴宏偉的天堂宮殿，立即產生了大地震。而在天界的天女們，未曾遭逢強烈地震，嚇得驚惶恐怖跑來跑去，不知如何是好。而目犍連尊者也很酷，二話不說，掉頭就走，剎那間就消失不見，留下愕然尷尬的帝釋天王。

等到驚魂甫定，這些天女才問帝釋天說：「天王，這是不是您的大師佛陀的力量所致，因為只有他才有如此的大功德力吧！」

天王看著自己心愛的天宮被震得歪七扭八，真是欲哭無淚。他嘆了口氣，勉強打起精神回答天女：「這不是我的師父所為，是大師的弟子目犍連所做的好事。因為他有著清淨的梵行，所以有大威德、大神通力。」

這個故事充份顯現了天人平日生活的狀態。天人雖然很有福報能常常聽法，但遺忘率也最高，因為天人常常是享受福報，卻沒有將福報迴向修行，大部分有福報的人確實是這樣子的，像天人一樣。

一般而言，就我們世間的修行人來講，有些小事情，問問天人是可以的，但不是聽天人的指示。一個修行人，應將天人視為護法，而不是聽從天人的指示，因為天人太享受了，沒有真正的智慧來指導我們修行。尤其是修密法的人，要特別注意，問問天人有關佛陀在世時，或曾經發生過的事情是可以的，因為他們活得夠久，曾經經歷過，但是要依止天人而修行是不對的，應該是叫他們一起來修行。這並不是我們狂妄之言，而是事實上如此，他們可以當護法，但是單純就是當護法，而非依止其修行。

問：為什麼修行者要請護法？

答：所謂護法，就是守護修行者排除種種障礙，具足完備的修行條件，不被外在環境所干擾，能安心修道。佛教的護法，是一群發心守護修行者的生命，尤其修密的人一定要有護法來護持。

這些護法大致上可以分為幾個層次：最高階的護法是佛菩薩直接示現的出世間大護法，這種護法跟本尊沒什麼兩樣，像大白傘蓋佛母、不動明王就是此類。

其次，是天人的護法，這種護法是正派的，但是不能跟他們學習，只請他們護持修行的因緣。現在有的人強調要主修財神法、大梵天王法……等等，這是很奇怪的，因為修這些法是為了要讓寺廟或是他們的教派興旺起來用的，而不是為了解脫修的法。所以大家要注意，每天日常要修的法門，一定要選擇佛菩薩本尊的法，護法的法是偶而修持，保持聯絡就好了，這是我個人的看法。藏密裡有些仁波切自稱是護法轉世的，既然是護法轉世，那還是護法，怎麼轉世就變成仁波切呢？他還是沒有解脫。

第三個層次的護法是屬於世間鬼神的護法，像山神、鬼王……等等。西藏很多護法本來就是屬於鬼神護法，像五長壽女，原本是雪山山神，後來被收伏成為佛教的護法。但是有時一段時間之後，不好的習氣又會跑出來，這樣的護法就必須不斷的勸他們修行。不要只聽護法的話，要常常勸他們修行，他護你的法，你也要護他的法。怎麼護他的法？就是勸他修行。

請護法也要請的對，有些人請了不對的護法，反而造成修行的障礙。有時某一教派特別的護法，只護他認識的教派，如果是其他教派，即使是正法，他可能也會搗蛋。因為他是世間護法。

無論我們請那一位護法，千萬要牢記：佛法一切的修行就是為了出世間，我們希望過程中無災無障，具足福德，無非是為了成佛，所有顯密修行都是為了成佛，就算是修財神法也是為了成佛，為了眾生修行成就，這才是真正核心的議題，大家千萬不要弄錯目標，而將護法變成主修的法，用來追求世間的福德。

問：中國的護法到了外國，還是有用嗎？

答：不一定，因為護法有其因緣性。例如，你如果是在美國的華人區、華埠或唐人街碰到一些鬼神作祟，此時你帶在身上的是關公的符，有沒有效？華人區會有效，但如果你跑到哈林區就沒有效！為什麼？外國鬼不知道關公是誰，不會買帳。

世間的鬼神，各有不同的癖性，有文化的，有心理的等等，種種不一而足，所以為什麼在台灣，我們看到許多在作法的時候要用鹽、米來辟邪，這裡面是什麼道理？米是最珍貴的，在人類的成長過程，人類的心靈文化當中，它是個最強的增上象徵，所以用這個就有效！換句話說，鹽、米兩者是我們心靈共同的投射。

依此之理，就說明了為什麼在華人區的鬼神，關公符會很有效，但對付吸血鬼就沒什麼用，因為那些鬼不認識關公，但華人鬼一聽到關公名號，心裏已先怕了三分。

在西藏地區，關公名號亮不亮得起來，地位高不高？高，因為西藏人很尊敬關公，他們認為藏地的「格薩爾王」就是漢地的關公，這是第一任大寶法王八思巴認可的。

八思巴是薩迦派祖師，也是大元帝師。中國向來只有「國師」，八思巴是第一個擔任「帝師」的，是「一人之上」，這個「一人」指的是皇帝，皇帝看到他也是要頂禮的，元代執掌西藏政教全權的就是薩迦派，忽必烈以西藏十三萬戶作供養賜給八思巴，到了明成祖封八大法王，才把西藏地區轉封給黃教。原來大寶法王的名稱是花教薩迦派用的，以後才變成白教大寶法王所使用。八思巴的學問非常好，他認為中國的禪宗是大般若，所以我們不要誤以為西藏人對中國禪宗的看法，都是像宗喀巴大師所講的那樣，那是後來才有的看法。

更早的八思巴大師其實是非常推崇禪宗，認為中國禪宗極為殊勝，而他認為關公就是格薩爾王大護法，所以西藏人是很崇拜關公的，他們也都是拜關公，常常供養關公。而在漢地修行，就可請關公當護法。

但是大家要注意，我們是請他當護法，而不是依止他為本尊來修行。所以，要是碰到魔祟，無論是西藏或漢地的鬼神，關公都可以調解，因為這兩地的鬼神都認識關公，自元、明以來，這些鬼神都很尊敬他。

護法都有他的因緣性，有其限制。我們對之前所說的三種層次的護法要分別清楚，因為我們修行是為了解脫，解脫才是真正的目的，雖然外邊的世間護法看起來是很強盛的，但一切祖師大德真正修證的過程，其所得到的護持，還是依於跟佛菩薩同心的出世間護法，像不動明王、馬頭明王等。對護法有了正確的認識，能幫助大家修行的因緣增長。

問：夢瑜伽怎麼修？

答：你們如果問我睡覺的時候怎麼修的話，那是修不成夢瑜伽的。這代表你們對整個夢瑜伽的觀念並不清楚。當代夢瑜伽修得最有成就是睡覺法王，有一次我去達拉頓的時候，其實那時候我本身並沒有這方面的問題，但因那時同行的人也不知要問什麼問題，我就為大家問了一個有關夢幻光明的問題，大成就者的回答確實不同凡響，我問：「夢幻光明的境界如何？」他答道：「白天也是一樣。」」，這個回答真是了不起，因為這就是核心——夢和現實是沒有分別的。

關於夢瑜伽的書，我共寫了三本著作來解說這個修法，但我在此也要跟你們講一個核心的回答：「夢瑜伽一定要從白天修起，你要做白日『夢』，但不是做『白日夢』！也就是要很清楚的知道白日是夢！」如果沒有這樣的了知白天是作夢，你們修不了夢瑜伽的。

生命的事實如何？大成就者密勒日巴祖師說過：「生命是夢的串習！」，我現在眼前這張桌子，這塊板擦，是實在的嗎？

生：不實在。

答：不實在的話，你們用頭敲看看，這些是眼前的事實，為什麼？腳踢會痛。所以，雖然你們知道白天是夢，但是可別去撞車，試試看到底是真還是夢。為什麼？雖然是夢，但眼前的事實，在因緣上，它會在五大上顯現一定的強度，我舉個例子，我們門口這條大馬路，平常的時候車子並不多，所以你可以很安全的在這條馬路上跨越來去，但當下班或放學時刻，車子多了，或者當這個車速越來越快，不斷的提昇，由一倍↓十倍↓百倍↓千倍↓……↓乃至一億倍，這個時候會怎麼樣？不只是危險，甚至你根本就走不出去，因為這時候你前面其實就是一面牆，但你認為這面牆是實在的嗎？不是，它是不斷運動的結果！

你手摸書跟摸桌子的感覺為什麼不一樣？這是三輪的問題，你的手＋摸＋東西（書或桌子）↓三者相觸↓感覺「果」（出生異感），為什麼異？因為空，三輪體空，出生諸異！三輪若不空，則你隨手所摸，感覺皆同，故知一切是因緣所生法，也就是說，摸是妄，手是妄，東西也是妄，三妄出生諸異，亦即三妄皆不實，若三妄是實，異則不生，異若不生，是唯同法。你有看過不變之物？

肯定沒有！你手一定在動，你手裡面的光或者粒子，或者不管你用什麼名稱，能量或是物質，它們互相一定是不斷的在交錯運動，所以依量子力學的道理來講，一切的東西都是不斷的在運動之中。

所以假設你是一個犯人而被關在牢裡的話，你若想逃獄而不被抓到的話，你只要用你的身體不斷的去撞擊牆壁，運氣好的話，假如你身體粒子的運動方向剛好是平行於獄牆粒子運動方向的間隙，你就可能撞出牆外而逃獄成功，只是這種機會極其微小，可遇不可求罷了，但這個機率的存在，剛好也說明人或者一切事物是以一種無常，也就是空的方式存在。

所以，一切都在運動之中，都在無常之中，是空的存在，主體是空，客體是空，觸覺所生之異感是空，是故三輪體空，三輪皆是空、妄、異。回到前面過馬路的譬喻，當車行速度提昇到正常行車速度的一億倍的時候，你想悠然自在的跨越馬路的話，那你肯定會碰到一面牆，但當你身體跨越的速度，也提昇成一億倍的時候，那你跨越馬路就輕而易舉了，任何東西的存在都是這樣的，也就是在任何東西都是相對性的因緣互依存在。所以，假設你把這塊上課用的寫字白板切成一千萬分之一，它會是白板嗎？也就是這切成一千萬分之一的白板是你的夢，而眼前這塊白板是你的現在！所以說，人生是夢的串習，晚上睡覺做夢固然是夢，白天睜眼的人生，又何嘗不是夢，彼夢與此夢，黑夜與白天，一體之兩面爾！

你如果修證到究竟的話，你會看到一切有為法，如夢幻泡影，而且很清楚，越清楚越如夢幻泡影，這是實證現觀！這樣如實的了解一切是夢之後，你明白了白日是夢，那麼你到了晚上去，也不過是夢白日之夢而已！

所以如果要修夢瑜伽的話，第一個階段要先能做到「夢中知夢」；你要先知道一切是夢的原理，很多人知道人生是夢呀，但他不知道空性的道理，所以一定要先知道一切是空的道理，然後知道白日是作白日「夢」，晚上是夢白日，白天晚上一樣皆夢；再來晚上要入睡之前，跟自己講一下：「等一下作夢，夢中的事情我要清楚知道。」，這樣的提醒自己，讓自己清楚，夢瑜伽的修持有一些技巧，但大原則是這樣子。而夢有善惡好壞，就是善夢、惡夢、無記夢，但不管怎樣，善惡無記等夢都是一種分別心的結果，為什麼善惡無記都是分別心？

十二緣起裡，無明緣行，行緣識，識緣名色，名色緣六入，六入緣觸，觸緣受，受緣愛，……老死，這個「受緣愛」的愛是什麼？歡喜是愛，不歡喜也是愛，台語說一個人很愛生氣，是「伊愛生氣」，愛生氣也是「愛」，所以不歡喜也是愛，是「愛『不歡喜』」；愛無記，無記也是一種愛，無記是什麼？完全無關心，無關心也是一種分別心，為什麼？因為我們本具的智能裡面，對任何事情都很清楚的，若是不清楚，一定是有分別心，所以善、惡、無記三者都是分別心。

第二階段是「夢中作主」。夢中有善、惡、無記這三者，你如何處理？夢中假如有一百個鬼抓你，你怎麼辦？如果你能到夢中做主的階段，能把自己觀空，鬼就捉不到你了。而如果有人比較好玩的話，一百個鬼抓你，你就反過來化一千個瑪哈嘎拉抓他們，很有趣的！

第三階段是「夢幻光明」，夢幻光明是一種無夢的狀況，但無夢狀況不一定是夢幻光明，因為夢幻光明是法性光明。道家也有「至人無夢」的狀況，但無夢光明是要跟智慧合在一起才是夢幻光明。這三個就是夢瑜伽的修行次第，簡單的介紹就是這樣，然後白天繼續作夢，所以夢幻光明在白天也是光明！

問：請問老師為什麼您寫作與畫佛等藝術創作的產量這麼驚人？是否有特別的方法？

答：這是身心在專注與放鬆的狀態下所達到的。如果我們能回到覺悟的本心，當這本心發出時，我們是處於專注而放鬆的狀況，定力由此產生。譬如我開始要做一件事情時，其實我的身心已經準備好「要去做那件事情」。

除了書、畫之外，平常我偶而也刻一些金石。以刻印章為例，當我把印石拿起來下刀的剎那，我的身心已經準備好去完成它。因此與其說是「我去作刻字的事情」，倒不如說是「字的線條浮現在上面我只是去把它們顯示出來」。

一般人不能這樣，是因為他們的身心不夠放鬆，甚至很緊張，做起事來不是遲疑不決，就是在做的時候很疏忽。遲疑不決，不但不能讓事情的計劃更周慮縝密，反而容易讓事情更倉促，漏洞百出。為什麼呢？因為猶豫、無法作決定，拖到了最後非作不可時，只好隨便作個決定；因此「猶豫不決」常常造成我們作事疏忽、作錯事情而不自知。

而一般人一生大部分時間都在猶疑不決，作重要的事情時，往往是倉促而隨便下決定。請大家仔細回想，這是否正是我們生命的寫照？大從婚姻大事，小到每天外出吃飯的小事，是否經常都是這樣？譬如出門去飯館吃飯，覺得這家不好、那家不好，走到最後只好隨便找一家，結果往往敗興而返。

為什麼會這樣呢？因為猶豫不決不能帶給我們真正清楚的決定。

猶疑不決讓我們身心緊張，緊張就讓我們思路不清楚；而且猶疑不決會浪費時間，到最後要作決定的時間便不夠；既然時間不夠，就只好隨便決定、隨便做，這也就是為什麼猶疑不決會造成很多疏忽的原因。

所以我們應該改變作法——決定「我要作這事情，那就把它完成！」

有人看我寫這麼多書，畫這麼多畫，完成了很多事情，都說我作事情的意志力驚人，完成事情的成效驚人。其實我的想法很簡單；既然是對眾生有利的事，為什麼不趕快完成呢？我常說自己是一個沒有意志力的人，只是決定了的事，就把它完成。水要流，需要什麼意志力呢？

我一點都沒有耐心，我「只是把事情做完」；這裡所謂的「沒有耐性」是「把事情做完，做完之後就去作其他事情」，而且「我要作的事情，就把它做完」，完全不靠意志力，因為靠意志力去過日子是很累的。試想：「每天一定要幾點去作這事情，否則會怎樣……」，那有多累?!為何要說「每天幾點一定非得作這事情不可」，何不改為「每天幾點我要作這事情，因為這事情很好」——對我而言，作任何事情都是很好的事情，因為我不允許自己浪費一分一秒，我的生命不是我自己的，我的生命是屬於眾生的。

所以，各位，自己的生命自己決定！不要浪費自己的生命，腦筋想什麼要清楚一點，千萬不要又遲疑又疏忽，又緊張又鬆懈，作事情要有定力。所謂的「作事情要有定力」，意思是指事情做完就結束了，不要事情做完還在游移是否真的結束了。譬如一個毛筆字明明已經寫完了，還要東描一下、西補一下，寫字花了三秒鐘，描描補補花三十分鐘，許多人的一生就是在作這樣的事情。所以該做完就做完，這樣才不會浪費生命。

問：請問老師，生命的價值為何？

答：生命是沒有價值的，看你如何創造它的價值。

現在很流行一種說法，就是說：「人的這一生是來學習的。」如果是這樣，那是來學習什麼呢？如果一個人原本沒有感情方面的問題，但是既然「這一生就是來學習的」，為了學習，是不是要先「製造問題」，讓自己學習「解決」這問題？

但是，我認為這樣是沒事找事作；因為我們這一生不是「為了什麼而來」。簡單而言，我們之所以輪迴是因為「無明」而來，因此我們的問題不在於「為了什麼而來」，我們的問題在於「我們有沒有智慧去解決我們的無明」；我們真正的價值在於「解決我們的無明」，這是我們自身存在的價值。

因為我們不是「為了無明而來」，而是「無明令我們來」；那些人所謂「這一生就是來學習的」，聽起來好像理由很充份，其實是似是而非的。這種話對我們的生命沒有價值，只會徒增困擾。怎麼說呢？

譬如，有的人感情本來很平順，沒有感情糾葛，但是別人告訴他：「如果沒有感情糾葛，你就無法從中學習，那麼你永遠不會解決感情問題。」，於是他就製造出很多感情問題，讓自己「學習解決」，這樣代表「他會處理感情問題」──結果很多本來感情沒問題的人，後來就產生了問題，之後又不斷地去解決這些問題；這讓他感覺「生命活得很有價值」，這不是沒事找事嗎？

當年蔣維喬的《因是子靜坐法》，敘述蔣維喬氣在靜坐時肺部氣動、治癒肺病的經歷，一般人沒有肺病所以不會有這種現象，可是許多人誤以為打坐一定要肺部轉動才行，於是就拼命去想辦法轉動，反而轉出了毛病。大家要知道：別人打坐有某種經驗很好，我們沒有這種經驗並不代表不好！請大家沒事不要找事作。

生命沒有價值，因為生命是被「無明」推動而來，因此生命的價值是「我們自己決定的」、不是「別人決定給我們」；我們自己決定自己的生命價值、創造自己的生命價值。

問：現在很多號稱轉世的仁波切，請問轉世的一定是大成就者嗎？

答：現在很多人強調轉世制度，其實，我們那一個人不轉世？只不過是「覺悟的轉世」與「不覺悟的轉世」分別而已，基本上佛陀是不會認同轉世制度的。我不是說「仁波切轉世不對」，我認為「仁波切對」，但是「轉世制度」是有待商榷的。大家想想看，如果某人是慈禧太后轉世，難道這世大家還得稱呼他「老佛爺」？上一世與這一世有什麼關係呢？雖然以轉世制度維持教派是很有效的方法，但轉世制度不是佛法！我們修行直到成就，與轉世與否沒有關係，重要的是「我們現在有沒有覺醒」，釋迦牟尼佛從來沒說過因為他上一世是什麼偉大的人物，所以這世才成佛，而是要我們觀察他累劫勤苦的修行。

所以，真正重要的是「相信自己的覺性」、「相信自己」！別人說什麼都不重要！就算是佛陀說的，也只是幫助我們增加智慧而已，因此也不重要。我洪某說的當成風吹過就好，真正重要的是「我講什麼能讓你覺悟」，「你的覺悟」才重要，我洪某「講什麼」並不重要！如果你無法覺悟，我就算給你三藏十二部經又有何用？如果你無法覺悟，三藏十二部經只是一些紙張油墨而已，一點都不重要。

問：我曾看過一位老師，他的脾氣很大，常因一點小事將人罵得無地自容，但他說佛法教人要「直心」，他這樣就是直心。這讓我很迷惑，佛經真的會這樣教我們嗎？

答：請大家注意：佛法的「直心」，不是「直接的貪瞋痴心」，而是隨順自心清淨的覺性，不被情緒煩惱扭曲的心。我們作事情一定要「從自心的覺性中出來」，那是沒有貪瞋痴的。可惜有些人誤解、扭曲了「直心」的定義：

他們遇到事情一下子就蹦了起來、敞開喉嚨粗聲說話，他還認為那是「直心」，其實那是「直接的瞋心」。

明明是自己愛穿漂亮衣服，還要假借名義掩飾說是為了「慈悲」買衣服的人，其實那是「直接的貪心」。

明明事情很清楚，他們還要東問西問，就是不問自己，其實那是「愚痴」。

如果是安住在覺性中，自然會去做「對的事情」，做「適當的事情」，做合乎我們自己良知智慧與悲心的事情，也就是順著我們的如來覺性而作，直心而作。

「直心」從何而來？——從「心中的覺性」而來。

「沒有衝突、只有和諧」，就是「悲心」。

「沒有困擾、沒有迷惑、沒有煩惱」，就是「智慧」。

「直接從這裡出來、安寧地住在這裡」，就是「定力」。這才是佛法所說的「直心」。

問：請問老師，修哪一個法門最好？

答：很多人問過我這個問題，很多老同修都知道，我從來不會告訴你：「你一定要修什麼法門」。如果你問我修什麼法門好？我都會先問你：「你要修什麼法門？」

或許你會想：「您是老師，應該是您幫我決定吧！」正因為我是老師才這樣問你。我若不是你的老師，我不會管那麼多，也不會在乎你修的好或不好，我只要回答一個我覺得很好的法門就好了！

事實上，傳法有時候是依每個人的因緣不同而不同。以我來說，你若問我要修什麼，或應該做什麼事情，我沒有答案，我會問你：「你要怎麼走？你要修什麼法？」，是你要告訴我，你要修什麼法，我再告訴你：「如何把這法修的最好」，我是那個負責「把你那要修的法，讓你可以修得最好」的人，而不是「給你有一個最好的法」的人，因為，我沒有法！一切佛法對我來講，我這邊沒有。

所以，大家以後千萬不要講諸如此類的話：「只有這個法最好，其他法都不好」，而是「這個法實在太好了，你修了能成佛，那個法也太好了，你修了能成佛，但目前來講，你先修這個法，這是目前對你來講最好的法。」

我們常聽到很多人說：「只有我這個法門，只有我這個傳承，只有我這個法，才是唯一的」，遇到這樣講的人，我會告訴他：「好，你開法拉利好了，你開到山上去，你有辦法開上玉山頂嗎？」再好的車也要看在那裏開，同樣的，法門有無量，目前適合自己的就是好的法門，但不代表其他的法門不好。

現在大家在一起，有這個因緣來學大悲咒，所以我就教大家如何把大悲咒修得最好，不是如此嗎？所以，一切學法修行的因緣，是從你們而來的，我不會決定你們的人生，或決定你的成就，我只會幫助你們成就，幫助你們圓滿，但是能不能成佛是依你們，而不是我，如果說我能幫你成佛的話，那是不可能的事，因我還沒有成佛，再來，如果我能幫你成佛的話，那我會很氣釋迦牟尼佛，為什麼他沒有幫我成佛？他不是最慈悲嗎？為什麼他不幫我成佛？觀世音菩薩不也是最慈悲嗎？他為什麼不幫我成就觀世音菩薩呢？為什麼我還不是呢？這不是很讓人疑惑嗎？所以，成就是自己的事，修行也是自己的事，不要四處打妄念，想一些投機取巧的方便，而是自己的事，自己決定，但佛菩薩一定會幫助我們！

在我眼中，每一個眾生都是佛，大家為什麼不自己決定你自己修行解脫的方式？所以，同一個事情，不同的佛菩薩，會用不同的方式去處理；當一位修行者成佛的時候，其他全部的菩薩會幫他一起弘法而圓滿度眾的因緣，並依各個菩薩的特質跟不同的方式去運作，這叫作「一佛出世，千佛護持」。

修行團體也是這樣；易經裡面有一個卦是「群龍無首，大吉」。什麼叫「群龍無首」？用比喻來說的話，我現在手上有一個球，直接往一個人的頭上擲過去，其中會有一處最前面的一點碰觸到那個人的頭。這個球上的一點是怎麼形成的？是整體全部的球面一起形成的，是全部的點共同圓滿出來的，所以是互相每一個佛護持每一個佛。因此，在一個修行團體裡或一個個人也好，誰決定什麼事該怎麼做的時候，大家就幫助他去這麼做。你們該修什麼法？哪一個法跟自己有緣，就決定去作，但需要的話我會告訴大家怎麼來修這個法！

第七章

大悲咒的護法與持誦功德

每一種真言咒語都有它的護法，這護法有時候是這本尊的眷屬，有時候是聽了某經以後很感動，而發願要護持；而有些則是在特別的因緣下而護持；如果是本尊的眷屬，那就是隨其本願而護持。而以下要講的護法，則是觀世音菩薩勅令他的二十八種眷屬作護持，至於經中所提到的日光菩薩及月光菩薩雖然並不是觀世音菩薩的眷屬，但他們也護持大悲咒。以下介紹觀世音菩薩的二十八種護法眷屬：

「我遣密跡金剛士，烏芻君荼鴦俱尸，八部力士賞迦羅，常當擁護受持者。

我遣摩醯那羅延，金剛羅陀迦毘羅，常當擁護受持者。

我遣婆馺娑樓羅，滿善車鉢真陀羅，常當擁護受持者。

我遣薩遮摩和羅，鳩闌單吒半祇羅，常當擁護受持者。

我遣畢婆伽羅王，應德毘多薩和羅，常當擁護受持者。

我遣梵摩三鉢羅，五部淨居炎摩羅，常當擁護受持者。

我遣釋王三十三，大辯功德婆怛那，常當擁護受持者。

我遣提頭賴吒王，神母女等大力眾，常當擁護受持者。
我遣毘樓勒叉王，毘樓博叉毘沙門，常當擁護受持者。
我遣金色孔雀王，二十八部大仙眾，常當擁護受持者。
我遣摩尼跋陀羅，散支大將弗羅婆，常當擁護受持者。
我遣難陀跋難陀，婆伽羅龍伊鉢羅，常當擁護受持者。
我遣脩羅乾闥婆，迦樓緊那摩睺羅，常當擁護受持者。
我遣水火雷電神，鳩槃茶王毘舍闍，常當擁護受持者。」

在詳細講解二十八部眾以前，先跟各位介紹一下觀世音菩薩的造像。如果從藏密的因緣去看，很多人會以為千手觀音一定是十一面，其實不一定，有時候是十二頭，也有十四個頭的千手觀音，十一面千手觀音只是千手觀音的一種相貌。若是單獨的十一面觀音，則是另外一尊。千手千眼觀世音菩薩之外，還有千足觀世音菩薩。千手千眼千足觀世音菩薩其千手是代表過去莊嚴劫千佛，千眼代表現在賢劫千佛，另千足則代表未來星宿劫千佛。所以，有時候千手觀音的功德是代表五方佛，代表三世佛。千手觀音的功德廣大，就是這樣來的，他就是一切諸佛悲心的顯現！

觀世音菩薩的特別護法——廿八部眾

經文所提千手觀音勅令的二十八部眾，二十八部眾依不同的傳承，有不同的說法。一般的護法可分為三種，從出世間的佛菩薩護法、本尊所化現的護法，到天界的天神，乃至到鬼神級的天龍八部，大致上可分為這三個系統。

密跡金剛士，就是金剛力士，金剛力士也叫持金剛，持金剛後來到了藏密，他的體性就昇華成為金剛持。另一方面，持金剛也是金剛手，金剛手的造像現在都是以忿怒、短胖型的形式呈現，但其實原始的金剛手菩薩的造像是身材很健美的。印度阿旃陀石窟的三尊造像中，站在釋迦牟尼佛右手邊的是蓮花手觀音，而站在左手邊的那位身材修長英挺的菩薩，就是金剛手。而這位金剛手菩薩，他原來的體性是普賢或說是大勢至菩薩，只是到了藏密，肌肉男的造型就變成矮胖型。

為什麼會這樣呢？這和毘沙門天王造像的變化是一樣的。同樣是毘沙門天王，在藏密，都是肚子大大的，採坐姿形式，那個是財神的造像。而中國古代的毘沙門天王的造型多是健美型的，呈威猛武士型。又如五大明王，五大明王本來是五方佛的象徵，但現在是密教裡頭的忿怒尊，他們的頂上都是五鈷金剛杵，而五鈷金剛杵是東方阿閦佛金剛部的造像。所以，本來各部的護法，各部的空行，都必須是它們各本部的三昧耶，但是後來到了無上瑜伽部就全部變成金剛部法。所以現在很多不動明王頂上不是阿閦佛。這都說明佛教的造像是會變化的。

再舉一個例子，中國通俗小說封神榜裡面，著名的魔家四將——風、雨、雷、電，另外還有一個拿著寶塔的托塔天王李靖。托塔天王就是由毘沙門天王演變過去的，而魔家四將則是由四大天王變裝過去的，這是由於寫小說的人搞不清楚，以為多聞天王是四大王之外的另一尊，而不知道四大天王中的北方毘沙門天王就是多聞天王，所以在魔家四將外，又創造一個托塔李天王。封神榜的作者以為四大天王是魔神，所以四大天王就變成封神榜中的魔家四將。

另外，在藏密無上瑜伽部的護法造型裡，有一個特質，就是身材都變矮胖，而且有大腹，代表隨順之意。所以說，時代不同，需要不同，佛教的造像會有變化，現在跟大家作這一些介紹，大家會比較清楚佛教造像的演變。有的人以為佛教的造像自古以來就是這樣子，傳承就是這樣子，其實不然。

回到前面講的金剛力士，金剛力士後來演變成金剛手、金剛持、金剛薩埵，本來持金剛是忿怒護法，但後來卻變成藏密中的金剛持本尊，這時的意義就發生轉變了，也就是說金剛手跟金剛薩埵本來是同源，但後來隨著因緣轉變就分開了。

二十八部眾裡頭，有的是屬於佛菩薩級的示現本尊，比如金剛薩埵（密跡金剛士）、烏芻君荼（甘露軍荼利明王）；有的屬於天神級的護法，比如摩醯那羅延，那羅延其實也是金剛力士，是天界的金剛力士（即那羅延天，或那羅延力）；還有天界諸神，如淨居天諸神，四大天王、帝釋天王。鬼神界的護持者則有鬼王等天龍八部。所以這二十八部護法眾裡，涵括了三個層面，從出世間的佛菩薩護法，到天界的天神，乃至到鬼神級的天龍八部，共有三個系統。

面對護法的心態

我們來談談面對護法的態度。護法是需要節制的，對於護法不知節制的話，會被護法所控制。

現在很多密教行者都是被護法控制，不管是東密或藏密都有這個傾向。在以前，護法是要聽成就者的話的，而且阿羅漢是這些護法的尊師。

護法大致上可分為三個等級，第一是本尊級，是佛菩薩直接示現的護法，例如不動明王等五大明王，是由諸佛教令輪身示現的忿怒身。有時候瑪哈嘎拉就被認為是這樣子，但這裡面又牽涉到認知的不同，所以大家要小心揀別，但是基本上，瑪哈嘎拉或吉祥天母，我們是可以認定他們是本尊級護法；不過藏密的吉祥天母並不是顯教的吉祥天女，吉祥天女是善天女，吉祥天母則是忿怒尊，二者不同。吉祥天女是天神，吉祥天母則是佛菩薩級忿怒尊，所以吉祥天女咒並不是吉祥天母咒。

但同樣是密教的吉祥天母（Kali神），印度教也有，這二尊吉祥天母都是同樣的名字，同樣的來源，但是本質卻不一樣，佛教的吉祥天母是空性的，印度教的吉祥天母卻是忿怒天神，因為修法不一樣，造成彼此間的差異。所以遇到吉祥天母時，大家不要一視同仁的禮拜，要分別兩者，也就是要了解空性的道理。但是現在講的是佛教護法的吉祥天母，所以這位吉祥天母是可以當作本尊的護法。不過一般來講，我不會建議大家太常用那種屬於忿怒明王或佛母級的護法，雖然他們是可以當作本尊的，但是還是要小心。基本上，以佛菩薩為本尊最好，而像以嘿嚕嘎或大威德金剛作為本尊也是可以的。

第二種護法是天人級，如帝釋天王、四大天王、淨居天王等等，是天神護法。天神護法基本上都是正派的，負面效應很少，他們可能會有驕慢心，但一定是善良的，雖然不一定解脫。

第三種是鬼神級護法，是天龍八部，或山神、水神、地神等一切世間鬼神，這些鬼神有的威力很大，有時甚至可以跟天神抗衡，但是他們沒有什麼智慧，所以常常是護持個人為主，而不是護持正法為主。

藏密的修法常常需要請護法，因為他們常常是在山間修行，或有什麼需要必須祈請護法。像以前的大勇法師，他是太虛大師的弟子，他要去西藏修法，結果他請的護法是大仙（狐仙），本來是請來護持他的，結果大勇法師要去西藏，大仙卻不讓他去，就因為選錯了護法，所以反而成了障礙。有些人把世間護法當成很核心的本尊護法，不但對解脫無益，反而造成修行的障礙。

很多護法的設立，經常是牽涉到教派的利益、供養權，修某種法特別有用，但是我提醒各位：這不是佛法。

我再跟大家介紹一些護法，蓮師最主要的護法是拉呼拉（毘紐天），拉呼拉就是羅睺羅，也就是阿修羅，這護法是很厲害的；當今多吉勒巴也是，這些都是蓮師所降伏的世間護法。許多人是很崇拜世間護法的，我在此也沒有毀謗他們的意思，我只是把事情真相還原而已，很多世間護法可能力量很大，但未必解脫。

其實，真正最祕密護法是「心」，真正的護法是守護「法」，絕不是為了個人的私利，或牽扯與法無關的因緣。

這樣講之後，大家對護法是不是有了一個比較清楚的理解？護法就是護法，就算是本尊示現的也是護法，不要把護法當作主修，也就是我們要修的法是成佛的法，就算要修的灌頂也必須是成佛的灌頂，而護法只是讓你成佛過程順利，是除去障礙，而不是變成修行的主要目標。任何修行，絕不能受制於護法，你是本尊，自觀本尊，不受制於護法。修行你自己要努力修行，不是護法要你修行你才修行，也不是你不修行護法就會懲罰你，那這樣的法不要修也罷，因為修行是對自己要求，不是被要求。

以上大致介紹護法的種類。大家從上面二十八部眾的介紹中，有沒有發現到大悲咒的力量很大，二十八部眾的護法裡面，連蓮師的護法都在裡面。而我剛才講那麼多護法的事情，主要是在介紹他們和大家認識，也就是你們持大悲咒時的護法。現在跟你們介紹過了，他們都認識你了，也會護持你們。

「是諸善神及神龍王、神母女等，各有五百眷屬，大力夜叉常隨擁護，誦持大悲神咒者。」

二十八部眾各有五百眷屬，加起來就是一萬四千個，所以持大悲咒的人平時後面跟著很多護法。

「其人若在空山曠野，獨宿孤眠，是諸善神，番代宿衛，辟除災障，若在深山迷失道路，誦此咒故，善神龍王，化作善人，示其正道，若在山林曠野，乏少水火，龍王護故，化出水火，觀世音菩薩，復為誦持者，說消除災禍清涼之偈。

若行曠野山澤中，逢值虎狼諸惡獸，蛇蚖精魅魍魎鬼，聞誦此咒莫能害。若行江湖滄海間，毒龍蛟龍摩竭獸，夜叉羅剎魚黿鼈，聞誦此咒自藏隱。若逢軍陣賊圍繞，或被惡人奪財寶，至誠稱誦

大悲咒，彼起慈心復道歸。若為王官收錄身，囹圄禁閉杻枷鎖，至誠稱誦大悲咒，官自開恩釋放還。若入野道蠱毒家，飲食有藥欲相害，至誠稱誦大悲咒，毒藥變成甘露漿。」

「摩竭獸」有人說是鯨魚，但不確定。講到這裡，我再跟各位講一些相關的佛法知識，比如說「擦擦」指的是小佛像，但在中國叫作「善業泥塑」。「善業泥塑」在隋唐時代有。而隋朝的時候，西藏還沒有佛法。因此，應該是比擦擦還要早出現，而這擦擦在南傳佛教的泰國就叫「護身佛」。西藏有些高級的擦擦是用高僧的舍利骨灰作的，而中國的「善業泥塑」基本上也是高僧的骨灰作的，泰國的「護身佛」基本上也都是一些成就者的骨灰製成。所以在泰國，它們另外有一個名稱，叫作「佛牌」。

中國古代的寺廟通常有地宮的設計，泰國的寺廟也有，通常佛像的底下就是地宮，是放寶物的地方。這地宮裏的東西將來拿出來，其價值就足以建立一座道場。中國古代寺廟的地宮設計，基本上就是這個用途。像虛雲老和尚他建道場也是這樣，到時候寺廟要改建時，把地宮打開，裡就有很多寶物出土，而且特別有加持力，這些寶物很值錢，這錢就夠建一座寺院；泰國的寺院都是這樣作的。他們有很多擦擦或佛像，都是經過修法加持後，才放入地宮的，裡面也放有很多成就者的骨灰或佛牌。泰國人有很多身上帶護身佛，是為了防「降頭」，因為「降頭」怕高僧成就者骨灰做成的擦擦。

我也作了「尊勝佛母」的擦擦，裡面有舍利子等種種加持物，我作了五千尊，而且每一尊都是親手做的，但是還要再做九萬五千尊。因為我在深山閉關的時候，「佛頂尊勝佛母」現身，為我授記「大手印」成就。我那時就發願要作十萬尊的「尊勝佛母」，但直到現在才作了五千尊。不過，我現在可能要刻很大的「佛頂尊勝佛母印」，但這要看我有沒有福報多活幾年，因為我要做的事情太多了。

大悲咒的效用

「女人臨難生產時，邪魔遮障苦難忍，至誠稱誦大悲咒，鬼神退散安樂生。惡龍疫鬼行毒氣，熱病侵陵命欲終，至心稱誦大悲咒，疫病消除壽命長。龍鬼流行諸毒腫，癰瘡膿血痛叵堪，至心稱誦大悲咒，三唾毒腫隨口消。」

持大悲咒時，若要處理受傷的傷口，可以對著傷口吹氣，吹時就觀想氣化成光明，若是吹到水裡，就變成大悲水。

「眾生濁惡起不善，厭魅咒咀結怨讐，至心稱誦大悲咒，厭魅還著於本人。」

持大悲咒的人，若是有人對你放咒而不利於你，這大悲咒有「迴遮」的作用，為什麼？因為大悲咒就像鏡子一樣，東西打過來，就迴遮過去。像「大白傘蓋佛母」又叫「大迴遮母」，所以大白傘蓋咒也是有迴遮作用。有一句口訣：「光輪守寂，魔自撲倒」，就是迴遮，也就是反彈力的作用。有人問說：「那我唸為什麼沒用？」，因為他唸的時候，是一邊發抖一邊唸，是怕的不得了的心態下去唸的；換句話說，他對大悲咒沒有信心，沒信心你怎麼用？你若有清淨的信心，光唸一句「南無　喝囉怛那　哆囉夜耶」時，大悲光明就出來了，若不是這樣心清淨的話，你唸出來的是自音，而不是大悲音聲。

「**惡生濁亂法滅時，婬欲火盛心迷倒，棄背妻婿外貪染，晝夜邪思無暫停。若能稱誦大悲咒，婬欲火滅邪心除，我若廣讚咒功力，一劫稱揚無盡期。**」

也就是說，前面所稱頌的持誦大悲咒的功德，只是大悲咒無量無邊功德利益中的一小部分。總而言之，大悲咒是引我們去修行的一種方便，現在所有的事情，透過大悲咒可以獲得最好的處理，以便讓你可以專心修行。

當然，大悲咒也有更大的作用，像觀世音菩薩一聞大悲咒可以直超八地，而我們自己呢？所以，這是看什麼人在念，不只是要認真念，而且要用大悲心去念，大悲咒要以大悲心去念才會急速相應，對於咒，我的解法很簡單：咒＝心，所以念咒，要用當下這一念心，「念」就是「今心」，今心之外，別無它事！「今心」即「大悲心」。

「**爾時觀世音菩薩告梵天言：誦此咒五遍，取五色線作索，咒二十一遍，結作二十一結繫項。**」

金剛結的結法是先持大悲咒五遍，從第六遍開始到第二十六遍，每念一遍打一個結，共打二十一個結，念二十六遍。

很多人以為金剛結是密教才有的，但是你如果到泰國寺院祈請加持，它們給你綁的加持物也是金剛結，可見金剛結不是密教獨有，南傳佛教也有，而且他們也持咒。打金剛結很好，因為你持咒加持之後，變成你自己結界守護，有時候也可以請八歲以下的童女做金剛結，因為他們的手很細巧。在印度最好的毯子便是八歲以下的童子跟童女所作的，因為作毯子有點類似在結金剛結一樣，印度有這種歷史。

「**此陀羅尼是過去九十九億恆河沙諸佛所說，彼等諸佛，為諸行人，修行六度未滿足者，速令滿足故。**」六度是六波羅蜜，也叫六波羅蜜多，「波羅蜜多」意為到彼岸，即「度」之意，六度有時也叫「六度無極」。六度（六度無極）是指布施、持戒、忍辱、精進、禪定、般若；其中布施又分為財施、法施及無畏施。無畏施是指安慰人家，使他脫離恐懼。觀世音菩薩又稱「法界施無畏者」；法施比財施更好。戒是指生活在合理的規範當中，可以讓自己安心修行而不逾矩；另一方面來講，也可以幫助他人安心安定。忍辱分為人為及大自然二種，屬於大自然方面，比如溫室效應所引起的地球環境變化，現在我們已經開始在忍了。

精進是指努力不懈；佛教是精進論，不是宿命論，宿命的說法是反佛教的。佛法講因果是講因緣果報，是一種對客觀事實的陳述，講因緣在佛法就是一種精進論，所謂「正因妙緣成究竟果」，即鼓勵人立足於正確的因，掌握恰當的緣，就可獲得殊勝的果。佛法的因果論是一種隨時精進論，這種精進論不只是講客觀的事實，同時也鼓勵人開啟精進之緣，由提昇而突破困境，所以不是宿命論。宿命論是反因果，而且也反精進論的；反之，佛法的因果論是鼓勵人不斷去改善、不斷去精進。

因之佛法是「離苦得樂」論，不是「苦論」，說苦是要你離苦得樂，不然的話，佛陀豈不成了苦教教主，全世界最苦的苦主？就因為佛法是鼓勵離苦得樂，所以是精進。佛法論苦是要讓你對苦有很深刻的理解，並且告訴你很多離苦的方法，再通過不斷的精進，然後才能離苦得樂。

禪定是讓你能夠隨時隨地安住、隨時隨地不混亂，安住於菩提大道而不動，由此而具足福德資糧，最終成就智慧，成為「觀自在」。

這就是六度的意義，一切行為又叫「六度萬行」，六度是六個科目，六度萬行是代表一切生命的實踐。六度之外，還有一個「十度」的說法，即六度之後再加四度，這是因為《華嚴經》裡講十度，但後面的四度，基本上是依前面的六度發展而成的。

迅速成就菩提心的大悲咒

「**未發菩提心者，速令發心故。若聲聞人未證果者，速令證故，若三千大千世界內，諸神仙人，未發無上菩提心者，速令發心故。**」

從這一段裡，你可以發現到原來大悲咒都是在講大悲心、菩薩行、菩提心，講完這些才跟你講，你要滿足什麼，你害怕什麼，他可以幫你的忙。這段裡的菩提心跟無上菩提心，我認為二者的相似度非常高；要成就菩提的心叫菩提心，故菩提的因位叫菩提心，菩提的果位叫（無上）菩提。因此，有菩提心就有因、果，如果要再細分的話，就分為因、道、果三位。

菩提本身又分為解脫的聲聞菩提、緣覺菩提與無上菩提。菩薩修的是無上菩提，所以因位的無上菩提心是菩薩發心，果位的無上菩提心是佛。理論上，菩提心是可以分開講有如上所說的不同，但現在來講，都簡稱為菩提心，有些地方若要對菩提心講明的話，是要看前後文，但現在有時就是無上菩提心，當然，裡面其實是有分別的。

神仙要發無上菩提心是很難的，比我們人還難，為什麼？活太久，很難發心。因為生、老、病、死看起來沒他的事。許多所謂的「神仙救世」的故事，那些只是他們業餘偶而才做的事情，真正專業的救世者是菩薩。菩薩才有專業的行動，而神仙救世只是業餘消遣而已，是一邊逍遙，順便伸手救一下下。我這樣講聽起來好像有點殘忍，但其實是很寫實很傳神。所以菩薩比較歹命，神仙則較爽快，神仙是遊戲人間，但遊戲人間的境界不夠，到天壽盡時，五衰相現起，就求救無門了。

對神仙而言，世間的成敗，眾生的悲苦，跟他們的距離是很遙遠的。他勸誡過你，你不聽，他就走了。所以你的苦迫就跟他無關了。你們想想看，若有一個人，既不生病，又不缺錢，又可以活十萬歲，而且也沒有任何病苦，要去那裡玩樂就可以隨意而去，你叫他怎麼發菩提心，發菩提心要做什麼？他光是喝一杯茶：「啊！這杯茶真好喝！」這一讚嘆就是三百年；眼前一束花：「啊，這花真美，又好香呀！」，於是三百個年歲又過去了；然後再睡個午覺、打個盹，五十年又過去了，神仙就是這樣過日子，他們的生活不是人間所可以想像的。這種生活是很難發心的。

而我們人，一開始是不得已而發心，後來是被騙去發心，到最後就加入菩薩的行列，然後再到處騙人家發心成佛，結果就變成不發心也不行了。

再回過頭來說，其實，菩薩真是專業的救世者，而六度、四攝就是菩薩的專業，以四攝來講，布施、愛語、利行、同事，這四者是菩薩的高品質服務標章，第一級的菩薩叫布施菩薩；第二級叫愛語菩薩；而第三級的利行菩薩則是幫助你成就，但功成不居；第四級的同事菩薩，則是做你的事就好像在作自己的事一樣的盡心盡力，而且在幫助別人的時候，卻讓別人完全感覺不到，而以為是自己成就的。

以布施而言，布施也分成好幾個等級，最初級的布施者是執著於布施，一定要布施給別人，不准別人布施給他，為什麼？只能我給你，怎麼可以你給我，這樣的話，我就沒有布施了，我就沒有功德了。

高明的布施者則是像觀世音菩薩，在《妙法蓮華經》〈觀世音菩薩普門品〉中，無盡意菩薩要布施寶珠瓔珞給他的時候，觀世音菩薩本來不接受，後來佛陀勸他接受他就接受了，而且分成二份，一份轉供養佛陀，剩下的一份供養多寶佛塔，這叫空花佛事！接受布施，可以成就對方的福德，接受之後，再轉供養出去，則可以使這個布施功德，輾轉增上，所以這種布施者是最有智慧的。最不好的是專門接受布施的人，這種人是在消耗自身的功德，但是現在這種人很多。

六度、四攝都是菩薩幫助眾生的專業，這樣看起來，當菩薩好像滿辛苦的，於是就有人問說，當菩薩可不可以不要這麼勞碌命？當然可以呀！那就是當彌勒，走彌勒菩薩的路線，只是成佛的時間要排在後面一點，晚一點成佛。彌勒佛走的路線是大慈行，就是先成就自己，然後再成就弟子以及眾生，用中國話來講就是「點睛畫龍」，先點睛再畫龍，所以彌勒菩薩整天笑嘻嘻的，每天都是晚晚出門，早早回家，快快樂樂過日子。而釋迦牟尼佛走的是大悲行，就是「畫龍點睛」，先成就別人，再成就自己。因此雖然彌勒佛比釋迦牟尼佛早了九劫發心，但釋迦牟尼佛卻超劫成佛。這是個人的抉擇問題，「點睛畫龍」是先自利再利他，「畫龍點睛」則是先利他再自利，不過兩種路線都是菩薩行，差別只在成佛早晚而已！

「若諸眾生，未得大乘信根者，以此陀羅尼威神力故，令其大乘種子，法芽增長，以我方便慈悲力故，令其所須，皆得成辦，又三千大千世界，幽隱闇處，三塗眾生，聞我此咒，皆得離苦，有諸菩薩，未階初住者，速令得故，乃至令得十住地故。」

中國華嚴宗所建立的菩薩階地，第一是十信，再來是十住、十行、十迴向、十地等，但《華嚴經》裡面其實並沒有明顯的十信位，只是信位而已，不過有時候十住就是十住地，也就是十地，像龍樹菩薩的《十住毘婆娑論》就是十地論，這裡的「未階初住」的初住，就是初地。因為有些位階的名詞很複雜，所以在中國就引發了佛地論的討論，比如關於佛的階位，就有所謂「藏、通、別、圓」的論辨，小乘、大乘等不同的談法。

「又令得到佛地故，自然成就三十二相、八十隨形好，若聲聞人聞此陀羅尼，一經耳者，修行書寫此陀羅尼者，以質直心如法而住者，四沙門果，不求自得。」

質直心是直接沒有經過修飾，通於本性的心。「直心是道場」，直心就是質直心，是通達本心，從本心裡面直接抒發。但很多人卻誤以為直心是直接的情緒反應，動不動就以「我就是這麼直呀！」來當藉口，而掩飾其本能情緒的反應。所以大家不要把「直通本心」的「直心」跟「直接情緒反射」的「煩惱心」畫上等號。

「四沙門果」就是初果（須陀含）、二果（斯陀含）、三果（阿那含）、四果（阿羅漢）。

「若三千大千世界內，山河石壁，四大海水，能令涌沸，須彌山及鐵圍山，能令搖動，又令碎如微塵，其中眾生，悉令發無上菩提心，若諸眾生，現世求願者，於三七日淨持齋戒。」

這裡的三七日就是二十一日，而齋戒是八關齋戒，主要意義就是要身心清淨，專志安住。

「誦此陀羅尼，必果所願，從生死際至生死際，一切惡業，並皆滅盡。三千大千世界內，一切諸佛菩薩，梵釋四天王，神仙龍王，悉皆證知。若諸人天誦持此陀羅尼者，其人若在江河大海中沐浴，其中眾生得此人浴身之水，霑著其身，一切惡業重罪，悉皆消滅，即得轉生他方淨土，蓮華化生，不受胎身溼卵之身，何況受持讀誦者！若誦持者，行於道路，大風時來，吹此人身毛髮衣服，餘風下過，諸類眾生，得其人飃身風吹著身者，一切重障惡業，並皆滅盡，更不受三惡道報，常生佛前，當知受持者，福德果報，不可思議。誦持此陀羅尼者，口中所出言音，若善若惡，一切天魔外道，天龍、鬼神聞者皆是清淨法音，皆於其人起恭敬心，尊重如佛。誦持此陀羅尼者，當知其人即是佛身藏，九十九億恆河沙諸佛所愛惜故。」

「佛身藏」即佛身的寶藏，你現在就是佛，所以你們要常常持誦大悲咒，而且要教你們身體的每一個細胞念，你們的血液，身體內的所有眾生，全部都一起念。大悲咒不僅只是對你們自己好，而且對你們體內的所有眾生都很好，將來就讓他們在你身上都成佛，這樣你的身體就有很多的佛國淨土，這山河大地也是這樣子。

「當知其人即是光明藏，一切如來光明照故，當知其人是慈悲藏，恆以陀羅尼救眾生故，當知其人是妙法藏，普攝一切諸陀羅尼門故。」

「妙法藏」意為持誦大悲咒，能夠攝持一切妙法，通達一切教法。

「當知其人是禪定藏，百千三昧，常現前故。當知其人是虛空藏，常以空慧觀眾生故。當知其人，是無畏藏，龍天善神常護持故。」

由於是「無畏藏」，所以你照顧別人，跟別人講話的時候，人家的心裡面會感覺安心。

「當知其人是妙語藏，口中陀羅尼音無斷絕故，當知其人是常住藏，三災惡劫不能壞故。」

「三災」可分為小三災和大三災二種。小三災是指飢饉、瘟疫及刀兵劫；大三災是火災（滅初禪以下世界），水災（滅二禪以下世界），風災（滅三禪以下世界）。如果用比擬的方式來形容其威力，火災就類似原子彈，水災則類似氫彈，風災就類似宇宙黑洞的吸力。

如果我們把原子彈直接往鬼神身上丟的話，鬼神是會受傷的。當初廣島原子彈爆炸的時候，就的確對鬼神界造成了極大的傷害，所以從那之後，他們就派了很多角頭下來，而下來以後，每個都說他是宇宙最大的神。因為他們也怕，所以他們就說來救世，但其實最主要是救他們自己，因為他們也怕被炸死。但我們不要怕，因為我們持大悲咒是「常住藏」。那些講會萬劫不復，永世不得超生的人，是代表他們的功力是不行的，因為這表示他們對宇宙實相根本不了解，沒這種事的！很多鬼神也是識見不足，在此，我順便跟大家介紹以下鬼神界的狀況。

如果以初禪天為分野，初禪天以上有二禪、三禪、四禪以及四空天；四空天跟現象以及形色都無關，因為他們是無形色的純粹精神體，而且在禪定境界中，所以宇宙的爆炸，或發生什麼狀況都跟他完全無關，宇宙中的戰事都跟他們無關，而他們也不管這檔事。再來是四禪，四禪中有一個五淨居天，這是聖人所居之處，準備入涅槃的。

佛教講的是二十八天，是指欲界六天，色界十八天，就是初禪三天，二禪三天，三禪三天，四禪九天，有些不懂佛法的人，他以為佛教講的是三十三天，那是他們以為玉皇大帝所在的帝釋天（又名三十三天）是三十三層天，其實三十三天是一層的天界而已。

五淨居天因為是聖者所居，所以不為大小三災所壞的，而四禪天也是不壞的。二禪、三禪、四禪的人是處於「默然定」的狀態。「默然定」的狀態。「默然定」的定境就是默然，他們之間是直接以心念互動，而不透過任何的語言表達作溝通。初禪以下是要靠語言來表達溝通的。

比如，人類聽到什麼話以後，先要送到大腦去了解聽到的話是什麼意思，然後再由大腦告訴你要怎麼回答。所以我們最常作的事情就是自己跟自己講話，如果沒有自己跟自己講話，我們就沒辦法講話，但因為我們自己跟自己常常講錯話，所以就常常誤解人家的意思而且講錯話，「我講的並不是這個意思呀！」「你明明講的就是這樣！」這二句對話，就常常在我們自己身上，以及周圍不斷重複的出現。之所以會這樣的原因就是因為我們自己跟自己常常講錯話，所以，不要去怪別人讓你聽錯，是你自己跟自己講錯話，導致講出來就講錯話，別人跟你講的話你聽起來又聽錯了，所以就錯上加錯。

但二禪以上就不會有這種語言錯誤的問題，因此二禪以上的天人就不大去管二禪以下世界的事。初禪天的天人會講話，他們也透過同樣的語言系統溝通，再加上他們並沒有很深的定境，卻又喜歡講話，同時也喜歡發號司令，所以初禪天天人便會去管下方世界的事情，也會跟人間有溝通，告訴我們說他是上帝。二禪、三禪、四禪的天人則懶得當上帝。

初禪有三天，分別是梵眾天、梵輔天、大梵天，要投生到初禪以上要靠定境。一般來講，我們人類最高可以跟大梵天溝通，他們雖然有形色，但我們看不到他們。

不過天人，尤其是高級天人，不喜歡來到人間，為什麼？因為太臭了，就像我們不喜歡去養豬場的豬圈一樣，所以大部分會附身在人類身上的是誰？基本上，高階的天人不喜歡靠近人類，所以他們更不可能去附你的身，因為他來附身的話，可能就臭昏在你的身體裡面。像以前密勒日巴祖師圓寂的時候，很多高階的天人不是都來人間送行嗎？結果他們來送行的時候都是捏著鼻子來的。

因此，會附身的都是世間鬼神，但他們會號稱自己是某某菩薩等，其實這都是屬於角頭一流。

這些角頭就好像人間社會裡的管區一樣，他們會跟你互動比較頻繁，而且管的事情比較多，普遍性的力量不會很強，但局部性力量有的可能很大，這是有它局部性的因緣。比如說像關公的符，如果帶到美國的華人區有效，但在哈林區則無效，為什麼？因為黑人鬼不認識，不甩它，不知道那符紙的厲害；華人區的華人鬼則一看到關公符就先嚇壞了。為什麼而有這樣的差別？這是文化意象所造成的力量。

低階的鬼神他們在一定的小因緣裡面，力量是很大的。全世界各地的原住民，他們的符法在他們本身的生活區域裡，就特別有效，比如海地、非洲等的原住民符法，最好不要隨便去招惹他們，有時候很高明的修行人去碰到他們，也會被整得很慘，為什麼？因為你不知道他們多高，他們自然就變得很高，而最主要是他們的符法在他們本身的區域，就是會特別有效。一來因為他們擁有小區域因緣上的優勢，二來因為他們特別單純。

其實，符法的能力對於我們本來是沒有任何隔閡與困難，但是我們現在變得太複雜了，本來人與鬼神或生命之間的溝通能力我們是具備的，但問題是這種能力如果持續保留的話，它會在人類進化的過程中，障礙一個普遍性文明的發展與建立。這種能力會讓你過去世經驗與現在這一世的經驗，以及一些鬼神經驗混淆在一起，其結果會讓你沒有辦法很好的把這一世的現實發展出來。

原住民他們本身擁有一個特點，就是他們都很單純，社會生活不複雜，所以他們鬼神經驗跟現世生活混在一起，對他們而言並沒什麼關係，而他們所看到的一些鬼神經驗也不是假的呀！可是，一般像我們所謂的文明人，鬼神經驗跟現世生活如果混在一起，我們可能會錯亂，所以我們必須封閉這種力量。

因此，大家不要一看到有那種神祕力量就盲目崇拜，因為這些很多本來就是來自他們本有的力量。像我以前住的地方，附近鄰居有一隻狗很厲害，看到什麼靈異的就會一直叫，而且叫的很淒涼，如果是崇拜特異能力的人，為什麼不去拜那隻狗呢？所以對於某些現象接觸後的判斷力及智慧才是重要的，你看到什麼是一回事，你看到又知道是什麼才是真正的智慧。

很多高明的因緣觀察方便，比如周易八卦或九宮八卦，它的效度高，因為它的解釋度很廣，涵蓋的範疇很大，而且它背後也有很深刻的思想跟修證作基礎，但是如果個人修為不行的話，對於因緣的掌握跟觀察，就沒辦法像那種原始本有的能力來的直接，但後者解釋的效度又往往不夠，也就是說，接觸及觀察現象的能力具備，但對於現象的解釋智慧不足。就像很多原住民，他們是很單純，直接觀察現象的能力很高，但解釋的層次很有限。更高層次的觀察，比如像佛法，那就具普遍性了，它是遍法界的。問題是，你若真的懂了，當然就可以遍法界，若不懂，那就只是口中說說而已。如何遍法界？你要修證更深才有辦法！

再回過頭來說，當廣島的原子彈爆炸之後，那一刻真是震驚了各地的鬼神，結果他們就跑出來救世，因為他們也要救自己，但他們也不知道世界到底有多大，結果每一個人都宣稱他們自己是上帝，是最大的，或某某什麼大帝，因而產生了很多的新興宗派，但其實這是人類心靈空虛和驚動鬼神所產生的現象。

以上介紹讓大家約略了解鬼神界的情形，聽聽就好，但不要去執著這種外相，最重要的，還是你的自心，要了解你的自心才能解脫，若從外相去看，或從驚恐中去修證，無濟於事，不能解脫。

「當知其人是解脫藏，天魔外道不能稽留故，當知其人是藥王藏，常以陀羅尼療眾生病故，當知其人是神通藏，遊諸佛國得自在故。其人功德讚不可盡。」

所以，各位要不要成為佛身藏、光明藏、慈悲藏、妙法藏、禪定藏、虛空藏、無畏藏、妙語藏、常住藏、解脫藏、藥王藏、神通藏呢？就看你的抉擇了。

持誦大悲咒的功德

誦持大悲陀羅尼者，其人即是佛身藏、光明藏、慈悲藏、妙法藏、禪定藏、虛空藏、無畏藏、妙語藏、常住藏、解脫藏、藥王藏、神通藏。

什麼叫作「藏」呢？我們舉個例子說明，一般我們說極樂世界在西方，因為基本上太陽系比較沒有明顯的位置變動問題，所以所謂極樂世界在西方大概可以說是在太陽系的西方，《阿彌陀經》上說：「從是西方過十萬億佛土，有世界名曰極樂」。

一個佛土是一個三千大千世界，而所謂三千大千世界是指三個千的世界，意義如下：一千個世界是名小千世界，一千個小千世界名中千世界，一千個中千世界名大千世界，所以三千大千世界的意思就是一個大千世界，而不是三千個大千世界。也就是說十億個太陽系即是一個三千大千世界，即是一個佛土，所以極樂世界離我們這個娑婆世界是極為遙遠的。

但不管你在地球的那個角落，或者地球是如何的轉動，太陽落下去的地方，一定是在地球的西方，但是太陽雖然從山頭落下了，光芒消失了，但光明還是含藏在裡面，所以落日可喻為光明藏，而我們的心也是一樣，含藏光明，無明覆蓋，無明揭去，光明即現，故光明藏者，光明所藏之處。

持誦大悲咒的祕訣——「我念佛」不如「佛念我」

比如很多人常常說：「我念佛」，卻不知道念佛的祕訣正是與其「我念佛」，不如「佛念我」。佛有在念我們嗎？你如果知道佛是無時無刻不在憶念我們的話，那我會說你真是一個身心安固的人，佛是恆常在憶念著我們的，因為這樣，所以我們才能真正依念佛得度，我們看《楞嚴經》中〈大勢至菩薩念佛圓通章〉說：「若子逃逝」，孩子逃家時，是母親念子，還是子念母親？一般人念佛都是跟佛陀說：「佛陀啊！我常憶念您呢！」就像我們跟自己的母親說：「我很想念您呢！」，但大多是久久才憶念一次。

又有人這樣說：「我這個人修得不好，因為我的福德不夠，而且太不精進了。」，其實在我看起來，情況沒有這麼差，因為大勢至菩薩也是這樣，他逃離佛陀身邊逃了十二劫，才被超日月光佛找回家，依念佛三昧成就，依這個例子，同樣的，阿彌陀佛有沒有時時刻刻在念我們呢？

我問大家一個問題，佛會失念嗎？不會！佛有願力，不會失念。一般人念佛人有一個想法：「我拼命念佛，要像築路一般，把路開到極樂世界，我要去阿彌陀佛那裡！」，問題是阿彌陀佛老早把大馬路開通好到這裡，你卻不走，而要另外千辛萬苦的開一條路，通到十萬億佛土之外，這實在是很不聰明又多辛苦的事情。阿彌陀佛老早把高速公路直直通到我們的心裡面來了，只要把我們的心打開，就看見極樂世界，看到阿彌陀佛等在那邊了，為什麼還要辛苦的走遠路呢，這個心能夠向內轉回來，比你修一百世還有用。

也就是念佛必須心同於佛；「子若憶母如母憶時」，「子若憶母」是念佛，「如母憶時」即是佛念，佛念是佛無時無刻不在念著我們，佛是恆不失念的，佛若不念我們，我們再怎麼死命精進的念佛也沒用，而佛是依度化眾生大願而圓滿成就的，成就之後，佛即依願而行，恆不失念。

所以，觀世音菩薩有沒有時刻念著我們呢？這樣大家會念大悲咒了嗎？有人說他很會持大悲咒，真是說的比唱的還好聽。真正是觀音菩薩在你的心中持大悲咒才是，也就是說，佛念我們，我們念佛，「佛念」等於「念佛」，念到最後，「佛」等於「念」，「念」等於「佛」，心佛相應，入三摩地，證無生忍，其實念佛持咒的重點，就是這句話而已，一個人念佛持咒一輩子，這句話真聽懂了也就夠了。

而這句話跟你老了，身體不好了，生病了，窮困潦倒了，有任何關係嗎？佛會去分別你這些種種欠缺嗎？會因為你是總統而對你特別好，或是因為你不是總統而對你較差嗎？不管是台灣總統、美國總統，在阿彌陀佛面前，地位都是跟我們一樣平等的，但因為往往世間有權勢人都會覺得自己好像比較偉大，所以阿彌陀佛可能覺得度我們反而比較輕鬆些。

我之所以告訴大家這些，最主要是在講佛的心，而不是說我們想要這樣就這樣，想要那樣就那樣。我們要把心打開，佛陀只是一直在等著我們把心打開，通往極樂世界的高速公路佛陀老早就為我們建好了，我們只要把心打開，就可以連結上去了，也就是念佛持咒要持到「佛即念」，「念即佛」，極樂世界自然不求而至，不行自達。

所以，當我們一心持誦大悲咒，如此佛身藏、光明藏、慈悲藏……等自然具足。其實，這十二藏的功能，本來就在我們身上，而大悲咒的作用即是開啟這些本具的功能。我在二十歲時就開始教坐禪，但我二十歲時教的法門跟現在的法門不大一樣。有人就問說：「你怎麼有辦法學那麼多法門？」，我說我那有學什麼？「你學了很多法門呀！」，我說這那需要學，你只要發大悲心，有了大悲願力時，一切的法門自然就會從你的心裡出生。

像敦珠法王，他有一個「敦珠心寶藏」的伏藏，或稱巖藏，也就是心的伏藏，心的巖藏，而這心的伏藏或巖藏最主要是什麼？就是你一心持大悲咒，你就是巖藏者，當你大悲心發出來時，法都伏藏在你的心裡面，沒有在外面的。如果不是這樣的話，光靠自己一輩子再拼命的學，也學不了幾個法門。

大家看我那些法本是怎麼寫出來的？我是晚上睡覺，第二天一起來，就隨手寫了出來，是這樣子的，我是隨時隨地寫的，為什麼能夠這樣？自具本心！像那六祖惠能大師，他一輩子讀過幾本書？一本書都沒讀過，他不識字。有一次有一個無盡藏比丘尼拿了一本經要請教於他，六祖大師說：「字即不識，義即請問」，比丘尼就說：「字尚不識，焉能會義？」，六祖答道：「諸佛妙理，非關文字。」，法是不關於文字的，本心即是法，知本心即知法。

「**善男子！若復有人厭世間苦，求長生樂者，在閑淨處，清淨結界，咒衣著，若水、若食、若香、若藥，皆咒一百八遍服，必得長命，**」，生病須要吃藥的人，可以念大悲水配藥吃，或者將藥放著一處，念大悲咒一〇八遍再吃，炒菜時，也可以一邊炒菜，一邊持大悲咒，咒音都會入於菜中，所以一邊炒菜也可以一邊修行，並且發願：「一切眾生吃我菜者，將來必將成佛」，因為這個緣故，你將來也一定會以此法門而成佛。

正如佛陀教愚路尊者的：「掃地、掃地、掃心地」一樣，掃地、舖橋、造路這些服務大眾的普通事情都是有福德的，但是在這過程當中，因為你從一開始的掃地，慢慢變成掃心地，也就是清淨自心的時候，有朝一日你就會開悟，而成就阿羅漢果，愚路尊者就是這樣開悟的；更進一步，你從「掃地、掃地、掃心地」到發願掃除一切眾生的心地時，就會成就淨土，度一切眾生，畢竟成佛；所以，若能發心，一切現前皆是成佛因緣，若不發心，坐禪念經一切修行，都未能成就佛道。

大悲咒結界防護的方法

接下來這段，提到以大悲咒結界的方法。

再接著看經文：「若能如法結界，依法受持，一切成就，其結界法者，取刀咒二十一遍，劃地為界，或取淨水，咒二十一遍，散著四方為界，或取白芥子，咒二十一遍，擲著四方為界，或以想到處為界，或取淨灰，咒二十一遍為界，或咒五色線二十一遍，圍繞四邊為界皆得，若能如法受持，自然剋果。」

結界有很多方法，比如咒大悲水後以楊枝或吉祥草灑淨，但現在的吉祥草跟佛陀時代吉祥草已經不一樣了，而西藏的吉祥草跟印度的也不同，不過都可以用就是，如果出門在外，也可以把念好一〇八遍的大悲水事先裝在香水瓶裡，到了目的地之後再拿出來噴一噴，這也可以，是現代新式的結界法。還有一種結界法，就是觀想嚂（ཪཾ）字放出火焰，其中「ཪཾ」字的外圍可以是三角形ཪཾ，也可以是圓形ཪཾ，觀想「ཪཾ」字發生烈火，燃燒起來也可以。

總之，結界有很多方法，就用你們最習慣的就可以，而一般我作結界是彈指就好，只是這樣的話，有時人家會說我沒作結界，所以我只好叫一個人在旁邊灑水。有時我走路經過某個地方，看到橫死的小動物等，要作超度，我一般作超度時是很自然的，並不須要停下來特別作一個動作，而人家也不知道我要做什麼，因為我也沒作什麼，我可能還是一邊跟旁邊的人聊天，然後自然的走過，而已經做超度了，但是有時修法時，人家都希望你有些動作、儀式，所以我就稍為作一下，但其實用觀想的也可以。

「取刀咒二十一遍，畫地為界」做結界不一定要用刀，用金剛杵、金剛橛或鉞刀也可以，若用刀的話，就拿一支未開封而上面有吉祥圖案的刀，像骷髏頭圖案的也可以，骷髏頭是代表法身，如果知道這個道理，而且心裡也沒有罣礙的話，那就可以，但如果不了解其中的義理而心裡有所罣礙的話，就不要用，

密教很多法器是用人骨、人皮作的，如果會感到害怕並且心裡罣礙的話，這些東西就變成落入世間法的東西，反之，你心裡如果沒有牽滯的話，這些東西就淨化了，變成出世間的東西，所以，一個東西好或不好，是跟你的心，跟你智慧有關，同樣的東西，不同的人用，結果會不一樣，因為心跟智慧的不同，所以會引發不同的狀況。

就像現在很多人宣稱自己可以看到三世因果，其實他們看的那裡是什麼三世因果？都是三世「鬼」果，因為都是在講鬼，而有的人在同樣的地方卻看到佛菩薩。

如果不方便用刀作結界的話，取淨水咒二十一遍後，彈指灑淨，散著四方作結界也可以，再來是白芥子結界，芥子有降魔的作用，咒白芥子二十一遍，擲向四方作結界。如果想結界，可以用觀想並彈指，剎那間就可以把當前所在的這個空間結界了。如果我現在將這個空間結界，大家就會發覺到裡面這個結界的空間跟外面已經不一樣了，這裡面會比較亮。結界的用處是它可以擋掉一些比

較不好的狀況，「或取淨灰，咒二十一遍為界」，所以火供後的灰也可用來結界，以上所講都是基本結界的方法，其實結界還有很多方法，有的很複雜，像五重結界法等。

持誦大悲咒的出世間解脫功德

「**若聞此陀羅尼名字者，尚滅無量劫生死重罪，何況誦持者，若得此神咒誦者，當知其人，已曾供養無量諸佛，廣種善根。**」，這裡的「其人」是指持誦大悲咒的人，有些人看經的時候，看到「眾生」兩個字，卻不知道這眾生就是在講自己，好像眾生跟自己無關，自己不屬於眾生，自己若不是眾生，卻又還沒有成就，那到底是什麼？所以這句話就是，我們能夠持誦大悲咒，因為我們已曾供養無量諸佛，廣種善根。有些人也持誦大悲咒，但他卻說：「唉呀！我是不是業障很重啊！」，我說是呀，但經中說，能誦持大悲咒的人，都是曾經供養無量諸佛，廣種善根的人。所以你已曾供養無量諸佛，廣種善根，你可以不用信我，但不要不相信經咒，

「**若能為諸眾生拔其苦難，如法誦持者，當知其人即是具大悲者，成佛不久，所見眾生皆悉為誦令彼耳聞與作菩提因，是人功德，無量無邊，讚不可盡。**」，這裡的成佛不久，是說不久之後就會成佛。像有些持大悲咒的阿媽或阿公，會幫自己受驚嚇的孫兒收驚，但這收驚不只是單純收驚而已，這也可說是為諸眾生拔其苦難，這樣的人就是具大悲者，將來成佛不久。「所見眾生，皆悉為誦」，像我們如果看到電視機或眼前之人在吵架互罵，或發生地震、海嘯、禽流感等災情，或任何

苦難出現時，都能發心為一切眾念大悲咒，「令彼耳聞與作菩提因」，不管眾生有沒有聽到，都觀想他們聽到，這咒音就會變成光明到他們身上，而你們也會因為這樣的發心持咒而「功德無量無邊，讚不可盡」。大家要了解什麼是持大悲咒的人要做的事，這樣去做就是了。

經典是活的，不是只用來唸的，是告訴你們那些事要去做、如何做，而不是說：「哦，這是經典，一個字都不能改！」就只是唸、唸、唸……，唸到最後，其實也只是變成一部讀經機而已。

「若能精誠用心，身持齋戒，為一切眾生，懺悔先業之罪，亦自懺謝無量劫來種種惡業，口中駁駁誦此陀羅尼，聲聲不絕者，四沙門果，此生即證。」，持大悲咒可證到阿羅漢果，而現在大家都有這個機會，但是如果你的心裡卻想說：「我可以嗎？」，那我就會告訴你：「不可以！」，為什麼？因為執行力太差！大多數的人一生都是在想可不可以的問題，但卻不肯去做，所以，要去做！要怎麼做？「要為一切眾生懺悔先業之罪，亦自懺謝無量劫來種種惡業」，如此，你這一輩子唸大悲咒，就能成證阿羅漢果。

「其利根有慧觀方便者，十地果位，剋獲不難，何況世間小小福報！所有求願，無不果遂者也。若欲使鬼者，取野髑髏淨洗，於千眼像前設壇場，以種種香華飲食祭之，日日如是，七日必來現身，隨人使令，若欲使四天王者，咒檀香燒之。由此菩薩大悲願力深重故，亦為此陀羅尼威神廣大故。」

慧觀是指禪修，禪修成就就會有智慧而利根，很多人說要求智慧，但智慧的核心是悲心，而不是智慧，悲心所成就的利根比智慧高多了，這就像要大樹才能覆蔭廣大一樣，但如何成就大樹？一棵榕樹如果是種在盆栽裡，不管你每天是如何辛苦的澆水、施肥等種種照顧，功夫不管下得多大，你要期待它能夠長得枝葉參天，樹軀龐大，那都是不可能的事情。為什麼？因為土壤不夠多，地基不夠廣。澎湖有一棵很大的大榕樹，覆蔭可達數百平方米，為什麼？因為土地夠大。

佛法的利根也是種在心地法門上的，地即是心，心大即是地大，利根的大樹是在廣大的心地上才能成長茁壯、覆蔭眾生的。所以菩薩修行不必像阿羅漢那麼辛苦，只要好好的發心，就不必像養盆栽小樹一樣，今天要澆水，明天要施肥，後天要除蟲，既辛苦又大費周章，就是只要發心廣大，猶如虛空，就能快速聚足福智資糧，成就利根，速證十地，這發心廣大是最快速的方法，有了發心廣大的慈悲之後，智慧自能生起。

所以，如果要成為利根有慧觀方便者，很簡單，第一個，發廣大願，心地廣大，猶如虛空；第二個，心完全不染著，自然清淨，沒有客塵煩惱，你就能生起究竟的慧觀，很多人問我要怎麼觀想？很簡單，心的鏡子擦乾淨了，觀想就容易了。但是如果心本來就沒有染著，慧觀就更容易了。神秀大師講過一句話：「身是菩提樹，心如明鏡台，時時勤拂拭，莫使惹塵埃。」，六祖則說：「本來無一物，何處惹塵埃」。如果我們用天台宗假、空、中三觀來講，神秀講的是假觀，六祖講空觀，而我講中道實相觀，所以我就把這二段話加起來，寫成：「身是菩提樹，心如明鏡台，本來無一物，何處惹塵埃」，千古以來，總是要有人出來把這兩位祖師調和一下吧！

台南有座佛寺的禪堂落成，請我寫對聯，我就把這偈句寫在裡面：

「身是菩提樹　心如明鏡台　本來無物　何處塵埃
棒斷生死道　喝破眾迷情　些許風光　這裏現成」

這偈大家可以仔細參究，悟得即是利根。

「若欲使鬼者」，《大悲心陀羅尼經》裡面有「使鬼」這句話，是由於時空因緣的關係，一般的高僧或阿羅漢，他們根本不會去管什麼降頭，蠱毒之類的事情，他們基本上不會去管這檔事，但是在某些因緣下，有些人會有這些問題，所以大悲咒裡偶而便會加上這些「使鬼」之類的東西，以便處理某些時空因緣之下的困難。為什麼？因為比如偏遠落後的地方，既沒有醫生，又沒有任何醫療資源，又發生了瘟疫細菌感染的疾病，這時候怎麼辦？只好持咒！若是在現代社會，當然是去看醫生比較快一點，而最快的是一邊去看醫生，一邊自己也持咒。

我曾聽過一個故事：有兩個朋友，其中一個修禪，另一個學密，有一天這二個人就在台大附近，看到一個人摔倒了，結果學密的那個人就一直站在原地，口中不斷的唸六字大明咒：「嗡瑪呢叭咪吽，嗡……」，而學禪的那個人也在一旁，很奇怪的看著學密的那個人，為什麼不把摔倒的人牽起來？我感覺這兩個人都很奇怪，為什麼不一起把摔倒的人牽起來就好，還看來看去幹什麼！所以，你們看到別人摔倒怎麼辦？就是一面牽他起來一面唸大悲咒，這是最好的。

大悲咒可以讓你執行很多你以前不會去做的事，具有行動力。但是，當然現在還是要注意一下因緣的問題，因為現在熱心救人的結果，有時卻變成你有事，所以助人也要有技巧，並且要注意因緣。我以前常常作這種助人救人的事，我以前常常看到有人被車撞到了，就趕緊衝過去搶救，攔計程車送傷者去醫院，所以我後來被車子撞了，也有人救我。

「若欲使鬼者，取野髑髏淨洗」這事我看大家現在不要做較好，一方面你們看到就先怕死了，另一方面現在法律因緣跟古代不同，你現在拿一個野髑髏可能會被抓去關，或者說你破壞人家墓園等，所以這事現在不宜作，《大悲心陀羅尼經》裡面有很多類似的情境，我認為現在不要用，因為古代的因緣不同，那時候的環境有那樣的緣起，而那時候的因緣可以那樣做，但現在的因緣不同了，應該改變，而且這不是大悲咒的核心，而是方便。

「於千眼像前設壇場，以種種香華飲食祭之，日日如是，七日必來現身，隨人使令」，就是這鬼就變成你的護法，但是大悲咒你如果只把它用來使鬼，這樣就把大悲咒的價值用低了，因為這只是把它用成養鬼的方法。現在外面有些人在養鬼，方法實在差，密法中隨手拈來就有幾千上萬種方法比他們還要厲害。又有人誇說他們自己神通多厲害，其實那大多只能算得上一點小小的靈通罷了。有人一天到晚想開啟什麼第三隻眼等功能，但我認為是不見得一定要，把它封起來有時會更好，因為會讓你專心一點，

《大悲心陀羅尼經》所講的役鬼法是無害的，但一般外面的役鬼法都是有害的，經裡的役鬼法是有觀世音菩薩在幫忙處理，所以是無害，而坊間若是自己去養鬼的話，那將來會出問題的，但是雖是無害，我還是建議大家不要用，「若欲使四天王者，咒檀香燒之」，要請四大天王幫你的忙是

可以，但大家不必去撿骷髏頭，因為它的重點是：「由此菩薩大悲願力深重故，亦為此陀羅尼威神廣大故。」

「佛告阿難，若有國土災難起時，是土國王，若以正法治國，寬縱人物，不枉眾生，赦諸有過。七日七夜，身心精進，誦持如是大悲心陀羅尼神咒，令彼國土一切災難悉皆除滅，五穀豐登，萬姓安樂。又若為於他國怨敵，數來侵擾，百姓不安，大臣謀叛，疫氣流行，水旱不調，日月失度，如是種種災難起時，當造千眼大悲心像，面向西方，以種種香華、幢旛、寶蓋，或百味飲食，至心供養，其王又能七日七夜，身心精進，誦持如是陀羅尼神妙章句，外國怨敵，即自降伏，各還政治，不相擾惱，國土通同，慈心相向，王子百官，皆行忠赤，妃后婇女，孝敬向王，諸龍鬼神，擁護其國，雨澤順時，果實豐饒，人民歡樂。又若家內遇大惡病，百怪競起，鬼神邪魔，耗亂其家，惡人橫造口舌，以相謀害，室家大小內外不和者，當向千眼大悲像前，設其壇場，至心念觀世音菩薩，誦此陀羅尼，滿其千遍，如上惡事，悉皆消滅，永得安隱。」這一段是講大悲咒在守護國土方面的利益，能使國土五穀豐收，政通人和，人民歡樂。

「阿難白佛言：世尊！此咒名何？云何受持？佛告阿難：如是神咒有種種名。一名廣大圓滿，一名無礙大悲，一名救苦陀羅尼，一名延壽陀羅尼，一名滅惡趣陀羅尼，一名破惡業障陀羅尼，一名滿願陀羅尼，一名隨心自在陀羅尼，一名速超上地陀羅尼。如是受持。」

「廣大圓滿」是代表大悲咒的圓滿境界，「無礙大悲」是代表持咒的發心起處，「救苦」、「延壽」、「滅惡趣」、「破惡業障」是代表大悲咒的作用，「滿願」是果，而能隨心自在，速超上地；以上解說是在教導大家讀經的要訣所在。

「阿難白佛言：世尊！此菩薩摩訶薩，名字何等，善能宣說如是陀羅尼，佛言：此菩薩名觀世音自在。」，觀世音是外內如一，外觀世音，內稱自在，也就是世間與自心完全統一，即是無礙，由大悲發起，成就廣大法界，一切圓滿。「**亦名撚索，亦名千光眼**」，「千光眼」是觀世音菩薩的特殊名號，「**善男子，此觀世音菩薩，不可思議威神之力，已於過去無量劫中，已作佛竟，號正法明如來。**」，

觀世音菩薩頂上的化佛，有三種說法，有作阿彌陀佛，也可說是正法明如來，另外，在我自己特別的傳承裡，則是釋迦牟尼佛，這是在娑婆世界的特別傳承，因為釋迦牟尼佛是諸佛大悲的總持，是「大悲藏」，這是不共傳承。而阿彌陀佛又名「觀自在王如來」。

「大悲願力，為欲發起一切菩薩，安樂成熟諸眾生故，現作菩薩，汝等大眾，諸菩薩摩訶薩，梵釋龍神，皆應恭敬，莫生輕慢，一切人天，常須供養，專稱名號，得無量福，滅無量罪，命終往生阿彌陀佛國。」

「佛告阿難，此觀世音菩薩所說神咒，真實不虛，若欲請此菩薩來，咒拙具羅香三七遍燒，菩薩即來。」，「拙具羅香」是安息香，這是說如果要迎請觀世音菩薩來，可於燃香時持咒二十一遍。

大悲咒能祛除種種毒害

「若有貓兒所著者，取弭哩吒那燒作灰，和淨土泥，捻作貓兒形，於千眼像前，咒鑌鐵刀子一百八遍，段段割之，亦一百八段，遍遍一咒，一稱彼名，即永差不著。」，「貓兒所著」是指貓妖之類，但這種鬼類的東西現代比古代少見多了。為什麼？因為人氣旺盛，人氣一旺盛就壓伏它們，而古代人煙稀少，各種力量就容易增長，所以像古代西藏就鬼神特別多，不過人增多了，由人的心中所化出來的魔鬼就更多。有些鬼神妖類的東西會混雜在一起。

古早時代，有的如石頭公之類會變有靈通，為什麼？因為如果它本身就有些許靈力的話，就會吸引一些人去拜它，而大家去拜它的話，又會反過來增加它的靈力，也就是說，大家共同對它的信仰，會增加它的力量，所以那石頭公就會特別靈，但現在因為比較沒有人去信這個，所以就變得較不靈。同樣的道理，現在有很多自稱是某某什麼轉世的，如果信他的人越多，短時間內他也會產生一些力量，為什麼？因為大家信他，他就會有力量，比喻來說，一群以盲引盲而聚在一起的人，如果同時間一齊亂打的話，聲勢也是很浩大的，這也就是前面所說靈通的道理。

「弭哩吒那」是死貓兒頭骨。這一段是講貓妖附身的處理方法，但我們現在不要這麼作，就念大悲咒就好了。

「若為蠱毒所害者，取藥劫布羅和拙具羅香，各等分，以井華水一升和煎，取一升，於千眼像

前，咒一百八遍服即差。」，在古代雲南地方，如果有一家被認為是會下蠱的話，別人家是不敢去他家的，也不敢跟他們一齊吃飯，他們家的女兒也沒有人敢娶，因為大家都怕蠱。但是我認為有一種蠱比這還厲害，就是禽流感病毒，這病毒比SARS還厲害。另外，還有一種現代咒語更厲害，就是登高一呼：「聖戰！」，就可以讓幾百條、幾千條、幾萬條生命，一夕之間化為烏有。

在古代，要用咒語傷殺人命，可能要修法持咒，花費很大的心力，才能達到目的，但現在的咒語不用，只要高標夢幻的理想，侈言虛偽的道德，標榜褊狹的正義，就會吸引一群人為你拋頭顱、灑熱血，勇赴黃泉。所以，我們必須恆常保持一顆清明的心靈，不要被些理想咒、聖戰咒所迷惑、綁架了。理想也是可以殺人的。

「藥劫布羅」是龍腦香。經中說以此香煮水食用，但是要注意裡面是否含有不好的化學成分；此外，現在這個時代最好改成吃藥兼持咒。

「若為惡蛇蠍所螫者，取乾薑末，咒一七遍，著瘡中，立即除差。」，現在大家「若為惡蛇蠍所螫者」，怎麼辦呢？記得，先送最近的醫院，最好是有毒蛇血清治療設備的醫院，快速有效，這是現代社會的因緣。

「若為惡怨橫相謀害者，取淨土或麵或蠟，捻作本形，於千眼像前，咒鑌鐵刀一百八遍，一咒一截，一稱彼名，燒盡一百八段，彼即歡喜，終身厚重相愛敬。」

現在，我建議大家可以捻作一百零八尊要害你的人的本形，然後祈願他將來能夠成佛，而他將來成佛之後，不只會終身厚重相愛敬，而且還會幫助你成佛，這樣不是更好嗎！或者你也可以一尊一咒，唸一百零八遍，並觀想他成佛，這是多好的事呀！

大悲咒對治疾病的因緣

以下要講的是大悲咒中關於治病的方法，但由於時空因緣不同，醫學不斷的進步發展，在現代，我們還是隨順世間的因緣，利用現有的醫療系統，到醫院去看病，因為經裡所講的大多是當時的藥方，或者是偏方。

對於一個現代的大悲咒修行者而言，在治病的過程裡，我們倒是可以加入現代醫學所無法提供的佛法成分，就是持咒的功德，這又可以分成醫生及病人二方面來講，就醫生方面來講，他可以在醫療及處方的過程裡，恆常不斷的持誦大悲咒。這是一種發心，是有益無害的。

我們平常在家裡，也可以自己對將要服用的藥物誦持大悲咒。而一個醫生在進行處方開立藥物時，如果能發心誦持大悲咒或藥師咒，也可能使藥物變的更好，何況一個醫生如果因持誦大悲咒，發心正確，精神訓練必趨美善，智慧清明，醫療道德及技術，亦必自然提昇。就病人方面來講，若能持誦大悲咒，則其精神層面既受加持鼓舞，身心恢復必然快速，若再加入親人以及其他人之持咒迴向，則於病人病情，助益甚大，也許有人認為無法即刻看到效驗，但我不認為沒有幫助。

就像現在有很多人在研究水的問題，持咒加持過的水比較甜，明顯的跟一般的水不一樣，同樣的水，有些水能量比較高，有些比較低，小分子團的水能量較高，不會纏結成團，可以穿透身體比較深層的細微管道，沖洗及排污的效果較好，反之，大分子團的水能量較低，僅能清洗表層管道，排毒效果較差。我們的心念，透過咒語的持誦，比如當我們唸大悲咒，確實可以改變水分子團的大小，而使其具備較高能量。

所以，現代的大悲咒修行者，有病當然去看醫生求診，但也不忘持誦大悲咒，如果能將看診的醫師觀想為觀世音菩薩或藥師佛更好。這樣的觀想並不會減損醫生的診治能力，相反的，由於病人、醫生及病人的親屬朋友間，透過大悲咒的持誦而彼此間形成良性的循環，反而提昇加強了醫療的品質及效用，這是善持大悲咒並能隨順世間醫藥因緣的現代修行者，所應知應行的正理正道，而不是非完全依照經文所示醫方不可。

以下我們來看經文：

「若有患眼睛壞者，若青盲眼暗者，若白暈赤膜無光明者，取訶梨勒果、菴摩勒果、鞞醯勒果三種各一顆，擣破細研，當研時唯須護淨，莫使新產婦人及豬狗見，口中念佛，以白蜜若人乳汁和，封眼中著，其人乳要須男孩子母乳，女母乳不成。其藥和竟，還須千眼像前呪一千八遍，著眼中滿七日，在深室慎風，眼睛還生，青盲、白暈者光奇盛也。」

「護淨」用現代的話講，就是清淨衛生，佛陀在印度時很重視衛生，像祇園精舍就有洗浴設施，有些地方甚至有溫泉，有類似現代的ＳＰＡ溫浴，佛陀也有專門教大家怎麼ＳＰＡ的經典。

佛陀是極為重視公共衛生的，所謂「佛觀一鉢水，八萬四千蟲」，戒律中規定，出家眾飲水前要先用過濾器濾淨，除了因為是不殺生的緣故外，最重要的，便是衛生健康的問題。又如，古代的印度人是不大洗澡的，但佛陀卻教弟子們要常沐浴。

「莫使新產婦人及豬狗見」，這一句可能是印度當時的民俗，民俗雖然有它文化方面的共同認定，集體的深刻印象，但這其實就是世間事罷，如果能超越，就不必去介意，這就有如地上有一個洞，不去踩它就是，但若踩了，你若不在意，那就只是踩到一個洞罷，沒事，但你若未能超越，不去踩就是。像對於這樣的說法，我沒特定的態度，不必說一定要，或一定不要。

「其人乳要須男孩子母乳，女母乳不成」，這男、女母乳成與不成的問題，是印度那個時代的因緣，現代人的觀念要開放，不必拘泥於經文所講的。因為佛陀是中性的，而且「龍女成佛」的故事，已經說明男女平等平權的道理。我以前有一個筆名叫「陳女生」，因為我雖然姓洪，但是我媽媽姓陳，所以叫「陳女生」，另外，我身上有一半的DNA是來自我母親，所以我另外有一個筆名叫「洪女人」，我們人身上的血統都是來自母親一方，父親那一方其實只有精統而沒有血統，從人類學依DNA的途徑回溯上去，女性的DNA是強勢的，在回溯人類最初的源頭，只有女性的DNA可以很清楚的標識出來，所以到最後只能找到人類的女祖先，男祖先則模糊掉了，因此，真正的血統只有女性。

現代人類學對於人類的起源有一元說及多元說二種，但目前以一元說為主流，也就是說人類的祖先是來自非洲的夏娃。另外，多元說則是說人類的起源可能同時在好幾個地方發生，但目前除了源自非洲夏娃的這一支依然存在，且持續發展成我們現在這個樣子，其餘的人種都滅絕了。我以前寫過很多女性主義的文章，而且有不認識的讀者，看了文章之後，誤以為我是女人。但在今天，男女議題對我而言，始終不曾存在，「開悟」是唯一的議題。今天的女性，必須捨棄女性比男性少修五百世的想法，因為佛陀時代就有很多女阿羅漢，而且勝鬘夫人也是一位偉大的女菩薩，龍女八歲成佛的故事，早已破除了這樣男女不平等的迷思。

女性為什麼自認為比較不容易開悟？其實這個想法是男人灌輸給你，而你卻不明究理就相信了，你可以拋掉這個想法，現代是一個男女平等，集體開悟的時代，不要再有「我是女人，不能開悟」的迷思，開悟是你自己決定的，跟你是男人或女人無關！

除了勝鬘夫人之外，維摩詰居士的女兒也是個開悟的大菩薩，像點醒德山禪師的那位賣點心的老婆婆便是大禪師，沒有點心婆，那來的德山禪師？但歷史對這些女禪師並不公平，或者，也可以說整個文化對女性的不尊重，所以對這些大開悟的女禪師往往只留下「某某氏」，或「某某婆」的記載，卻不知其尊姓洪名，但到了現代，女性的開悟者，自可從容留姓，立石題名了。總之，現代的女性，千萬不要落入少修五百世的窠臼。追求開悟的人是不管多或少五百世的問題，這一世就要開悟！

「著眼中滿七日」，這部分，只要觀想觀世音菩薩拿藥放入你眼中即可，不必堅持放入眼中七天，因為現代必須注意衛生，以免發生感染的危機。

「**若患瘧病著者，取虎豹豺狼皮，咒三七遍，披著身上即差，獅子皮最上。**」這一段依現代社會的因緣，你若真拿到虎、豹、豺、狼及獅子皮，可能已違反野生動物珍稀獸類等相關的保護法。不久前達賴喇嘛呼籲不要使用皮草，在西藏拉薩就造成一股銷燬皮草的風潮，引起一些大陸皮草業者的不滿，不過達賴喇嘛提出這一呼籲是又酷又令人過癮的正確舉措。但是你若一定要用虎、豹、豺、狼及獅子皮，不妨改用人造皮。

「**若被蛇螫，取被螫人結聹咒三七遍，著瘡中即差。**」在現代，如果真的被蛇螫了，請趕快送醫院為上。在印度最可怕的是金剛眼鏡蛇，這是世界上最毒的蛇，一般眼鏡蛇咬到三小時內才斃命，金剛眼鏡蛇咬到則是三分鐘內斃命，所以要馬上送醫，否則可能大悲咒還沒唸完，已經一命嗚呼了。

「**若患惡瘧入心悶絕欲死者，取桃膠一顆，大小亦如桃顆，清水一升，和煎取半升，咒七遍，頓服盡即差，其藥莫使婦人煎。若患傳屍鬼氣，伏屍連病者，取拙具羅香咒三七遍，燒熏鼻孔中，又取七丸如兔糞，咒三七遍，吞即差，慎酒肉五辛及惡罵。若取摩那屎羅和白芥子印成鹽，咒三七遍，於病兒牀下燒，其作病兒即魔掣迸走，不敢住也。若患耳聾者，咒胡麻油著耳中即差。**」，小兒若受驚嚇可持大悲咒為其收驚，但若患耳聾者，現在不要再用胡麻油了，因為經文裡頭很多治病的方式是過去沒有醫療資源的時代所採用的，但現在這個時代醫學進步了，就用現代的醫療方式處理，除非現代醫學仍然無法處理的，我們就可用大悲咒的心靈力量予以輔助，而醫學可以處理的，我們也可以用心力去加強它。再接下去經文所介紹的許多治病的方式，我們也應該以同樣的態度去面對簡擇。

「若患一邊偏風，耳鼻不通，手腳不隨者，取胡麻油煎青木香，呪三七遍，摩拭身上，永得除差。又方，取純牛酥，呪三七遍摩亦差。若患難產者，取胡麻油，呪三七遍，摩產婦臍中及玉門中，即易生，若婦人懷妊子死腹中，取阿波末利伽草一大兩，清水二升和煎取一升，呪三七遍，服即出，一無苦痛，胎衣不出者，亦服此藥即差。若卒患心痛不可忍者，名遁屍疰，取君柱魯香乳頭成者一顆，呪三七遍，口中嚼咽不限多少，令變吐即差，慎五辛酒肉。若被火燒瘡，取熱瞿摩夷，呪三七遍，塗瘡上即差。若患蛔蟲齩心，取骨魯末遮半升，呪三七遍服即差，重者一升，蟲如綟索出來。若患丁瘡者，取凌鎖葉擣取汁，呪三七遍，瀝著瘡上，即拔根出立差。若患蠅螫眼中，骨魯怛佉濾取汁，呪三七遍，夜臥著眼中即差。若患腹中痛，和井華水和印成鹽三七顆，呪三七遍，服半升即差。若患赤眼者，及眼中有努肉及有翳者，取奢奢彌葉擣濾取汁，呪三七遍，浸青錢一宿，更呪七遍，著眼中即差。若患畏夜，不安恐怖，出入驚怕者，取白線作索，呪三七遍，作二十一結繫項，恐怖即除，非但除怖，亦得滅罪。若家內橫起災難者，取石榴枝寸截一千八段，兩頭塗酥酪蜜，一呪一燒，盡千八遍，一切災難悉皆除滅，要在佛前作之。若取白菖蒲呪三七遍，繫著右臂上，一切鬪處、論義處皆得勝他。若取奢奢彌葉枝柯寸截，兩頭塗真牛酥、白蜜牛酥，一呪一燒，盡一千八段，日別三時，時別一千八遍，滿七日呪師自悟通智也。若欲降伏大力鬼神者，取阿唎瑟迦柴，呪七七遍，火中燒，還須塗酥酪蜜，要須於大悲心像前作之。若取胡嚧遮那一大兩，著琉璃瓶中，置大悲心像前，呪一百八遍，塗身點額，一切天龍、鬼神、人及非人皆悉歡喜也。若有身被枷鎖者，取白鴿糞，呪一百八遍，塗於手上用摩枷鎖，枷鎖自脫也。若有夫婦不和狀如水火者，取鴛鴦尾，於大悲心像前呪一千八遍，帶彼即終身歡喜相愛敬。若有被蟲食田苗及五果子者，取淨灰、淨沙、或淨水，呪三七遍，散田苗四邊蟲即退散也；果樹兼呪水灑者樹上，蟲不敢食果也。」

如同前段所講，可以用現代醫學處理的，就以現代的醫學去對症下藥，但不要忘了持誦大悲咒，持咒時並同時觀想千手觀音給你加持；比如眼睛不好，就觀想你的眼睛好像太陽一般明亮，像水晶一般透明，如彩虹一般無實，或觀想觀世音菩薩就在你的眼睛裡面，亦或者也可以把大悲咒種子字觀想在你的眼睛上面，並放出光明，然後再依醫囑吃藥敷治，其它身體受傷也可以依這個方式比照辦理。

還有一點大家要了解，就是我們身體的細胞，其實都有個別獨立的意義，當你身體受傷時，那受傷部位的細胞是會受到驚嚇的，所以在這當時，你必須撫慰這些受到驚嚇的細胞，這可以幫助他們復原，就像平常一個跌倒的幼兒，你若把他抱起來輕拍安撫一下，他也會很快回復歡笑一樣。同樣的，當某一天我們工作的極為疲累時，我們也可以安慰一下我們的身體，請它放鬆放下，施予鼓勵和感謝的話，心意是很重要的。

我們修持大悲咒的人，最強項的部分並不在醫藥方面，因為醫藥是不斷在改變，而與時俱進的，我們最能把握的是我們的悲心與智慧！

千手觀音四十手的功用

下面接著講觀世音菩薩四十隻手的功用。「佛告阿難，若為富饒種種珍寶資具者，當於如意珠手。若為種種不安求安隱者，當於羂索手。若為腹中諸病，當於寶鉢手。若為降伏一切魍魎鬼神者，當於寶劍手。若為降伏一切天魔神者，當於跋折羅手。若為摧伏一切怨敵者，當於金剛杵手。若為一切處怖畏不安者，當於施無畏手。若為眼闇無光明者，當於日精摩尼手。若為熱毒病求清涼者，當於月精摩尼手。若為榮官益職者，當於寶弓手。若為諸善朋友早相逢者，當於寶箭手。若為身上種種病者，當於楊枝手。若為除身上惡障難者，當於白拂手。若為一切善和眷屬者，當於胡瓶手。若為辟除一切虎狼豺豹諸惡獸者，當於旁牌手。若為一切時處好離官難者，當於斧鉞手。若為男女僕使者，當於玉環手。若為種種功德者，當於白蓮華手。若為欲得往生十方淨土者，當於青蓮華手。若為大智慧者，當於寶鏡手。若為面見十方一切諸佛者，當於紫蓮華手。若為地中伏藏者，當於寶篋手。若為仙道者，當於五色雲手。若為生梵天者，當於軍遲手。若為往生諸天宮者，當於紅蓮華手。若為辟除他方逆賊者，當於寶戟手。若為召呼一切諸天善神者，當於寶螺手。若為使令一切鬼神者，當於髑髏杖手。若為十方諸佛速來授手者，當於數珠手。若為成就一切上妙梵音聲者，當於寶鐸手。若為口業辭辯巧妙者，當於寶印手。若為善神龍王常來擁護者，當於俱尸鐵鉤手。若為慈

悲覆護一切眾生者，當於錫杖手。若為一切眾生常相恭敬愛念者，當於合掌手。若為生生之處不離諸佛邊者，當於化佛手。若為生生世世常在佛宮殿中，不處胎藏中受身者，當於化宮殿手。若為多聞廣學者，當於寶經手。若為從今身至佛身，菩提心常不退轉者，當於不退金輪手。若為十方諸佛速來摩頂授記者，當於頂上化佛手。若為果蓏諸穀稼者，當於蒲桃手，如是可求之法有其千條，今粗略說少耳。」

這一段是講千手觀音四十手所具的功德，以及修持四十手所能具足的成就。千手觀音具足千手千眼，一般圖像則以四十手來表示，最前面中間二隻手是本手，所以四十手圖像的千手觀音其實是四十二隻手，本手之外的四十隻手是功能性的手；四十手如何代表千手觀音，因為四十手中，每一手能破二十五有，四十乘以二十五等於一千，故千手觀音若加計本手二隻，則是一千零二隻手。

若再細說四十手的表義，則因千手觀音相應於五部如來的五種法（如來部——息災法，金剛部——調伏法，摩尼部——增益法，蓮華部——敬愛法，事業部（羯磨部）——鈎召法，而每一部法各有八種手法、用途，故五乘八等於四十。但有時候千手觀音的千手會相應於不同地域、文化的因緣，而有增多及持器變化的差別，比如四川大足最有名的千手觀音石刻就有一千零七隻手，而且有一隻手上還拿著饃饃，所以這裡的千手觀音造型已經加入了當地的緣起，而略作改變。從修法的角度看，這四十隻的功效是很大的，雖然只說明四十手的功德，廣約而言是千手，其實就是無量手。

前面提到千手觀音四十手配分五部，五部的中間是如來部（佛部）——毗盧遮那佛，息災法；

東方是金剛部——不動佛（阿閦佛），調伏法；南方摩尼部（寶部）——寶生佛，增益法；西方是蓮花部——阿彌陀佛（在密教中有時稱為觀自在王如來），敬愛法或懷法；北方是羯磨部（事業部）——不空成就佛，鈎召法。原來不是只有四部或五部，而是有三部、四部、五部或六部的分法，但現在的藏密中已經統一成四部，即金剛部——息（消災），寶部——增（增益），蓮花部——懷（鈎召），事業部——誅（降伏），不過你們要了解，原來並不是這般統一成四部的，是逐漸發展而成的。

像我以前看過一本書，書上指責那些說大威德金剛是阿彌陀佛的教令輪身（忿怒身）的人亂講，應該是文殊菩薩的忿怒身才對，但其實指責別人是錯的那個人才錯了，因為他不知道文殊菩薩是阿彌陀佛的正法輪身，他之所以會如此錯認是因為他僅是從藏密的立場去看，卻不知藏密中把有些東西簡化掉了。

再比如瑪哈嘎啦（大黑天）在藏密中的地位是極重要的，其造型不下百種，有二臂、四臂、六臂……，種種形狀更是各異其趣，但不動明王在藏密大概就只有手執劍、屈跪的形像了，不過在東密裡的不動明王造型，也恐怕有上百種以上，有一頭、三頭……等等，所以在東密裡最重要的護法是不動明王，而在藏密裡則是大黑天，也就是說，這裡面有它的因緣性。

藏密是將五部法統一成息、增、壞、誅四部法，但胎藏界五方佛跟金剛界五方佛是不全然相同的，而藏密本身是金剛界五方佛修法，由於修法的不同，所以佛的分部及用法也有所不同，這就像有些大學裡會將二種科系併成一系，或者將一種科系再分出三系，背後都有一定的道理。但我們了解這些，只是要幫助我們修行，卻不要停留在名相的知識上面。

很多人喜歡研究佛法，是喜歡佛法的知識，卻不去實踐佛法，這很麻煩的。我們的心裡面本來就具足五方佛，也就是說，我們的心——中台八葉院的心輪，寂靜下來，回到原來的體性中，開悟了，我們的心就是五方佛，也就具足了五方佛的功德。

五方佛四十手法各有不同的作用，而如何修這四十手的法門呢？修任何一手法門時，先持誦大悲咒，然後觀想千手觀音直接授與你所修手法的手，就是千手觀音直接顯現四十手法圖像中，你所修手法的手，而你接受受持了，你就具足了這個手法的法門，這個修持的方法極重要，大家要牢記！

比如你修「若為眼闇無光明者，當於日精摩尼手」時，你就持誦大悲咒，並觀想千手觀音就直接持日精摩尼給你（依圖像觀日精摩尼手），你拿來後就放入眼內即是。現在就可以馬上練習，就觀想千手觀音在你前面並顯現日精摩尼手，日精摩尼寶珠像太陽一般明亮，水晶一般透明，彩虹一般沒有實體（無實），現在就把這日精摩尼手放入你左右的眼睛，就是這樣修持，這是重點！日精摩尼不一定固定要這樣用，也就是不一定要放入眼睛，因為日精摩尼光明為性，你若想修中脈，也可把它放在頂髻頂輪之處，穿入幫你打通中脈，所以也可轉成大圓滿的修法。

同樣的，月精摩尼手也可以觸類旁通，比如大熱天快中暑了，你就觀想月精摩尼在你腦中，從裡面透亮起來，頭部就清涼下來，但不要忘了，口中要持誦大悲咒或大悲心咒，並觀想千手觀音現前賜你月精摩尼手。再來，你如果「為十方諸佛，速來摩頂授記者」，就觀頂上化佛手，隨時隨地把佛觀在你的頂上，這尊頂上化佛是你持大悲咒，並觀想觀音菩薩現前親手交給你，你受持了就放在自己頂上，佛面轉過來跟你同一個方向，從此你頭頂上就一直觀住這尊佛，你就接受灌頂了，就像觀世音菩薩頂上隨時隨地住著阿彌陀佛一樣，這些教導都是訣要，大家要記住。

「化宮殿手」是欲生佛宮殿，不受胎藏身的人所修，這裡的佛宮殿就是佛的淨土，很多人以為要去西方極樂世界一定要唸阿彌陀佛，其實不是，你唸藥師佛也可以，藥師佛也可以送你去極樂世界，同樣的，你如果到了極樂世界，一樣也可以去妙喜淨土當交換學生。不過，「五色雲手」我是建議大家不要用，因為這是為了生仙道成天仙，但是大部份的天仙都不大肯修行。此手是觀世音菩薩示現天仙，度化天人的手，是為了度仙道的人才修的，不是要去成仙享樂的。

修持四十手法時，要知道這圖像裡的手是會動的，像真的手一樣會動，你持大悲咒，觀想觀音菩薩就用這手送寶物給你，給你加持，給你灌頂，你就受持了，透過這樣的修持，你就具足了四十手的功德。

你可以一手一手的修，但若每天時間不多，你就選定一個手法，每天觀修一次，等於每天都獲得觀世音菩薩的加持跟灌頂。很多人每天禮佛發願，可以再加上一個步驟，就是觀想佛菩薩答應你的祈願了，並且禮佛發願時要觀想佛菩薩真的在前聆聽並應允你的祈願。在第二篇中，將會有更詳細的解說。

四十手法在大悲心陀羅尼經是觀修的修法，但同樣這千手觀音的系統裡，有時這四十手又是四十觀音，而四十觀音又各有單獨的咒語真言。

觀修本經四十手法時，千手觀音給你寶物的手不限定一定要用那一隻手拿什麼寶物給你，只要觀想其中一隻手變長了拿你所要觀修的寶物給你就可以。至於為什麼你觀想四十手法中的某一手法，會引生相對應的功德，理由有三層，第一，因為千手觀音他成就了，他曾發這個願，他有這個東西，你跟他的願相應了，就會滿願而實現。

就像我們要去極樂世界，我們怎麼去？靠我們自己是不可能的，是要乘著阿彌陀佛四十八大願的願路，才可能去的，是乘著阿彌陀佛所開闢的願力之路才能去到的。千手觀音跟阿彌陀佛都已經成就，他們有這樣的願，我們只要跟他們願力相應，就能成就；第二層理由，你心中的觀音菩薩成就了嗎？你若要成就的話，你一定要在你自己的心中，完全無疑的確定觀音菩薩已經成就了；第三層理由，什麼是成就？一切如幻現空，你體悟這一點的話，你就是阿彌陀如來，就是千手觀音，就是十方一切如來，你體性中超越一切自他的分別，即具一切。

另外，一般的《大悲心陀羅尼經》裡有的多了大悲出相圖的部分，雖然有用，但並非本經所出，而是後人加上去的，裡面有些解說部份有誤。

大悲咒的升級守護

接下來是介紹日光菩薩跟月光菩薩對大悲咒修行者的特別守護，這是大悲咒裡頭的密意，保證大悲咒有效的背書，日光菩薩跟月光菩薩是藥師佛旁邊的二大菩薩，並不屬於二十八部眾系統。

「**日光菩薩為受持大悲心陀羅尼者，說大神咒而擁護之。南無勃陀瞿那迷　南無達摩莫訶低南無僧伽多夜泥　底哩部畢薩咄檐納摩，誦此咒，滅一切罪，亦能辟魔，及除天災，若誦一遍禮佛一拜，如是日別三時誦咒禮佛，未來之世所受身處，當得一一相貌端正可喜果報。**」，日光菩薩咒放在這邊，意即當你持完大悲咒，比如持完百零八遍之後，再加唸日光菩薩咒一遍、三遍、五遍……，誦一遍，禮佛一拜，可使你誦的大悲咒昇級，變成加強型大悲咒，也就是會增加大悲咒的守護，多加入一位日光菩薩作大護法。唸日光菩薩咒可以用國語音、台語音、或梵音，三者皆可。

再下一段是再加入一位月光菩薩作守護。

「**月光菩薩，亦復為諸行人，說陀羅尼咒而擁護之。深低帝屠蘇吒　阿若蜜帝烏都吒　深耆吒波賴帝　耶彌若吒烏都吒　拘羅帝吒耆摩吒　沙婆訶　誦此咒五遍，取五色線作咒索，痛處繫，此咒乃是過去四十恒河沙諸佛所說，我今亦說，為諸行人作擁護故，除一切障難故，除一切惡病痛故，成就一切諸善法故，遠離一切諸怖畏故。**」，大悲咒本具一切功德威力，但對持咒者而言，有些人持咒是從大悲心性中發出來的，有些人則徒具咒音而已，這就像打拳一樣，有的人是內外兼備，有的人則徒具招式，缺乏內力，外相看起來都一樣，但究其虛實，卻天淵之別。很多人都會持大悲咒，而其實很多鬼神也會持大悲咒，因為那些鬼神一天到晚在這裡都有機會聽到大悲咒，但若真正總持大悲心的人，他就算只唸一句大悲咒，功效也非同小可，有些人卻不能總持大悲相貌，那就另當別論。

我以前就聽過一個故事：有一個在台大唸書的女學生，她是個僑生，因為好玩好奇的關係，就玩起碟仙來，有一天就跑來一個碟仙，那其實是一個無聊的鬼，聽說也是一個僑生，自殺死的。到最後那個女學生在上課的時候，那鬼也會來找她，叫她不要上課，到外面跟他聊天，經常干擾她，影響到她的正常生活，女學生覺得很煩惱，就去請教別人，人家就教她持大悲咒，她於是就持誦大悲咒，但那鬼還是依舊干擾她，因為那鬼說他也會持大悲咒，就等於那女學生雖然持了大悲咒，但對他沒有效。

不過，在這裡要告訴大家，就算只用平常的心，而沒有真正具足大悲咒的十種相貌，但是當持完大悲咒之後，只要再加唸這日光菩薩及月光菩薩的咒，各三遍或五遍等，那你唸的大悲咒就大大的不一樣了！一般的鬼神大概料不到你還有這一招，因為你唸的大悲咒已變成威力加強型的大悲咒。所以你們每次持誦大悲咒之後，就把日光菩薩咒及月光菩薩咒加唸上去，使你唸的大悲咒更圓滿，因為日光菩薩跟月光菩薩會幫助大家。你如果是大悲相貌具足的話，光持大悲咒就已經威力很強大了，但若未能具足，就以加強型大悲咒的方式修持，這是特別教大家。實修的時候，用國語、台語或梵音持誦都可以。

最後，「**佛告阿難，汝當深心清淨受持此陀羅尼，廣宣流布於閻浮提，莫令斷絕，此陀羅尼能大利益三界眾生，一切患苦縈身者，以此陀羅尼治之無有不差者。**」，生病的時候，除了看醫生之外，再加持誦大悲咒，雙管齊下，身心兼治，而平時也養成持大悲咒的習慣。「**此大神呪，呪乾枯樹尚得生枝柯華果，何況有情有識眾生，身有病患治之不差者必無是處。**」，平常可以多給自己喝大悲水，家裡的飲水機或水塔也可以持大悲咒加持成大悲水，持誦時就觀想咒音化成光明入於水中，喝大悲水可以增加一點智慧，消除身體一些病痛，能不能完全不用服藥，則要看自己的功德。

「**善男子！此陀羅尼威神之力，不可思議不可思議，歎莫能盡，若不過去久遠已來廣種善根，乃至名字不可得聞，何況得見。**」，這是觀世音菩薩的大悲心，才讓我們聽到這個真言，不只聽到大悲咒。而且聽到大悲咒的甚深祕要，祕密核心，並且了解日光菩薩跟月光菩薩對大悲咒行者的護持，這是極其重要的。所以，「**汝等大眾，天、人、龍、神，聞我讚歎，皆應隨喜。**」

講到這裡，我也借此機會教大家如何讀經，請問：「汝等大眾」，有沒有包括目前正在讀經的你？有！所以，你現在也應該隨著天人龍神大眾，一起隨喜，就想像佛陀在你前面，跟包括你在內的大眾講《大悲心陀羅尼經》，而你心裡也跟著隨喜讚嘆大悲咒的功德，你就得到了隨喜功德。讀經的時候，要把自己也融入經中所說的場景裡頭，隨文作觀，隨文入觀，不要經是經，自己是自己，經跟自己只是用嘴巴聯在一起，外相連在一起，但心不在一起，跟心無關，這樣的話，讀經的時候，好像是另外一個人在讀似的，跟自己無關，經很偉大，讀也很認真，但自己卻很差，心也不清淨，大家有沒有這種狀況？不妨自己想一想。

我們讀經時候，比如讀到「如是我聞：一時，釋迦牟尼佛在補陀落迦山觀世音宮殿寶莊嚴道場中，坐寶師子座」，這個如是「我」聞，是當成我聽聞，不是阿難聽聞，我自己親耳聽到了，並且看到了佛在補陀山就坐在那高大華麗的師子座上，我向佛頂禮，並加入現場的法會中聽經聞法，剛開始也許是站著，後來就慢慢往前移，靠近法臺前，再來戲台站久了，那個位置就變成好像是你專屬的一樣；再到後來，修的有進步了，你就變成阿難，最後，修的有成就了，就變成觀世音菩薩，讀經就是要懂得這個參與法會的訣要。

很多人一生都在讀誦《阿彌陀經》，但極樂世界卻一直未能顯現，這真可說是怪事一樁。《阿彌陀經》要怎麼修誦？就是你讀的時候，極樂世界就在眼前，現場就直接顯現極樂世界的場景，讀到「黃色黃光，赤色赤光，白色白光」，那巨大如車輪的蓮花就出現了，歷歷如目，然後你就把蓮花坐上去，你就在極樂世界現場見佛聞法，不是這樣子嗎？現在有很多人在討論「中陰救度密法」，但「中陰救度密法」裡面的場景，並不是每一個人都會經驗到的，所以各位可以參考拙著《送行者之歌——極樂世界光明導引》內含臨終導引CD，與《三時繫念今譯》（全佛出版），幫助大家融入經典的情境。有很多人一輩子都在讀誦《心經》、《阿彌陀經》等等，而這導引是生前就要作好導引，不是臨終才來導引。

假設現在有一個人病的很重，快要走了，我們可以依如下的步驟來幫他導引：

1先唸一遍《阿彌陀經》給他聽。

2解釋一遍《阿彌陀經》的內容給他聽。

3教他觀想《阿彌陀經》裡面的場景，一面教他，一面也幫他一起觀想。

4現觀他就在極樂世界淨土的蓮花裡面化生，「花開見佛悟無生」，就完成了《阿彌陀經》的導引。

其他經典，如《楞嚴經》、《心經》，也是相同的導引方式，但經文若太長，可僅選擇其中一般作導引。

同樣的，我們每天早晚讀《阿彌陀經》，不也是這樣讀嗎？就觀想佛在前面，但如果因為是新到極樂世界，不好意思的話，就先不要坐蓮花，可以先跪在地上，久了習慣之後，如果阿彌陀佛問你：怎麼有蓮花你不坐呢？那你就答：好，然後就找個身旁的蓮花坐上去。就是這樣每天讀，每天觀想，每天參與，天天這樣做，就等於每天到極樂世界走一次，每天都報到。

如果有一天時間到了你卻沒去，阿彌陀佛看你沒去也會惦著你說：某某人呀，今天怎麼沒有來呢？所以，你每天都要去極樂世界，不要死後還不知道有沒有把握去；總之，你生前每天都要像在走自家廚房一樣，去極樂世界走個幾趟，生前就要熟悉而且要有把握，不要臨終時才想找安全門去極樂世界。現在有人在討論帶業往生，或消業往生的問題，這實在是不必談的，因為往生是隨時隨地就要有把握，否則到時就來不及了，那裡還讓你有時間討論如何逃生的問題。所以，生前就要有把握去，不要將來才懷疑自己到底能不能去。

但大家放心，持大悲咒也可以去極樂世界，因為千手觀音有私人飛機，十方淨土都可以去，不然他不會有「青蓮花手」的觀修手法，而怎麼作？就是讀誦經典時，就參與現場而作觀想，熟悉時就不會只有文字跟影像，最後是連心也隨時地在演練，這是很重要的，最後夢中極樂世界必定會現起的。

基本上，極樂淨土的現起，最先是夢中現起，夢中所見；再來是定中所見，這是更深的境界；最後是隨時隨地現起。華嚴裡有二種境界，一種是一身處在十方國土，另一種是十方佛國同處一身，我以前在山上閉關時，有一次我在經行，經行到最後，感覺自身就經行在觀世音菩薩的淨土：《大乘莊嚴寶王經》裡記載，有一次普賢菩薩在觀世音菩薩的毛孔裡，旅行了十二年還出不去，將來大家成佛時，毛孔裡也會有很多的佛國。

像我們現在講大悲咒的時候，你的心如果能完全放空，你會看到你自己同處十方法界，你在他方佛土，這是不會互相違背的，亦即你一身同處十方法界；而有時候你也可把十方法界會於一心，這是海印三昧的境界。我在深山閉關打坐的時候，有一天，忽然發現自己的毛孔含容整個法界，整個法界當中又有我，互相相攝無盡，這是海印境界，從此之後不必疑惑，因為這是一個現實的境界，所以不用疑惑了，而且你不用去追求，因為這是個現實，你只要依經而行就好了。

所以大家做該做的，讀經典時就參與它，你們就在裡面，不要擔心不能去極樂世界。

「**若有謗此呪者，即為謗彼九十九億恒河沙諸佛，若於此陀羅尼生疑不信者，當知其人永失大利，百千萬劫常淪惡趣無有出期，常不見佛、不聞法、不覩僧。**」，所以要生起信心，並參與其中。

「一切眾會菩薩摩訶薩，金剛密跡、梵、釋、四天、龍、鬼神，聞佛如來讚歎此陀羅尼，皆悉歡喜奉教修行。」」。

大悲心陀羅尼經講到這裡，一些重點、心得、修持方法等，都跟大家講了，你們讀這部經，乃至任何一部經典，都要參與其中。

各位，人生啊！活著的時候，能把握就盡量把握，而現在我們都還有時間，還能把握的時候，怎麼可以把時間浪費在沒有信心、胡思亂想上面？怎麼可以把時間浪費在懷疑自己行或不行的問題上面，或者其它莫名其妙的想法上面？對於大悲咒，希望大家能真實受持，真實成就！

將持咒功德正確地發心迴向

我們每天持誦大悲咒要將持咒功德迴向，前面我們講過正確的迴向及發願的方式，就是由大向小，從究竟到世間，迴向及發願的次第一定要按照這個方式，才能得到出世間法及世間法的全面利益。

佛陀曾經講過一個故事，有一個比丘修行具足了很大功德，但他卻發願要把他的功德迴向自己來生可以當轉輪聖王。佛陀為此十分感歎，為什麼呢？因為他修行的福報功德很大，如果他迴向成就無上菩提，很快就會成佛了，但因為他將功德迴向要當轉輪聖王，結果他就會一世又一世的當下去，永遠當不完的國王。其實，當國王是很辛苦的一件事情，政治上更是常常擺不平各方的利益，更何況他原來具足的功德是足以很快成佛的廣大功德，但是卻轉成生生世世當不完的國王。所以正確的發心跟迴向是很重要的。

有人問，發心要如何發才不會變成只是頭腦運作跟文字敘述的口頭報告，而是真的是從心裡面流出來？

這個答案很簡單，就是你的心自己會很清楚，你的心會告訴你這發心是真的，還是假的，發心不管你的身心是處在什麼程度，只要這心是從自心發起來的，它便是接近本性的發心，你要檢查的是你在你的狀況裡面，是不是作了最誠懇的發心，而不是你的發心到底有沒有跟佛一樣圓滿。

我們所做的事情，常常是把不必要去思惟的，或不能去要求的，落到我們自己身上來，結果我們便一直糾纏於我的發心到底是否跟佛一樣，而忽略掉我們現在應該誠懇實踐的發心。就像有一根尺準確度只能量到正負0.1公分的精密度，但是你如果要用這把尺量出小數點以下數十位，甚至百位，乃至無窮位數的最終正確長度，那是不可能達成的事。

但是很多人常常都在追求這種不可能任務。比如一台八百萬像素的數位相機，你如果想要照出一千六百萬像素的畫質，除了偶而在某些特殊條件的配合才可能拍出佳照之外，一般情況下是不可能的事情。這種情形，若比擬在菩薩的位階上，初地菩薩就比如是八百萬像素，二地菩薩九百萬像素，三地菩薩一千萬像素，……以次漸增，位階愈高，發心愈近於佛，所以，我們現在學發心的所要檢查的是，我現在是不是用最誠懇的心發心，而不是問：「我的發心有跟佛陀同等嗎？完全一樣嗎？」但我們另外可以作的是，我們可以觀想佛陀進入自己的心，從我的心由佛陀的心裡發起最誠懇廣大的發心。

所以，發心是否真心，有否具足誠心，你的心知道，沒有人比你自己的心更清楚，發心就由你自己的心誠誠懇懇的來發起！好好的問自己，是就是，不是就不是，這叫作是！

我們剛才講如何正確的發心，你們如果真聽懂了，便會出現「靈光一現」的現象，而這靈光一現出現的時候，旁邊的人能看的到嗎？當然看得出來，就因為看的出來，所以叫靈光一閃，就是有光明出現了。

當一個人真實體悟一個道理的時候，他的身心會剎那統一，光明就發出來了。我問你們，佛陀成道時會放出大光明嗎？會！但有的人不正知而有如下的說法：「不可以這樣說，這樣說會落入世間相，佛陀成道時所放光明大家都看不到，連佛陀也看不到」，那到底是有光明還是沒光明？這樣大家了解嗎？絕對有，只是不要去執著在上面，「無相」不是執著無！

有的人發心之後，為了要「保持發心」而非常辛苦。各位，對發心的道理有了真實體悟之後，要注意第二念的起心，就是不要想：「我要保持這個體悟，永遠都要這樣」，不是這樣，而是每一念體悟、體悟、體悟……，自然相續，也不要起念：「等一下體悟忘失了怎麼辦？」，大家不必緊張，忘失再體悟就好了，且每一念都是當下發心。

除了發心之外，我們在每天修持完畢時，也可將功德迴向。這也是發願的一種。但一般人只會

「許願」，不會「滿願」。我現在教大家一個滿願法，從今以後你們如果在觀世音菩薩，或任何佛菩薩前許願的時候，你們要觀想佛菩薩就在自己面前，祈願完畢就觀想他們很歡喜同意，這是不共的口訣。前提是不能許惡願，許惡願那個力量會反彈。這個不共的口訣是很厲害的。

課中開示

問：如果有人覺得自己年紀大了，福報也很不夠，學歷也不好，家境又不理想，那他這時候學佛是否當生沒有機會成就？

答：我告訴大家，只要還沒死就有機會，還有一息尚存的都有機會，就算到地獄裡面也還有機會，我不會認為沒有機會，你們不要小看菩薩的悲心啊！

怎麼說呢？我講一個故事給大家聽好了，《華嚴經》裡有一個十迴向品，那裡面有一個：代一切眾生受苦迴向。那時候我正在讀大學，我每天修十迴向品，所以我每天就觀想自己成為千手觀音，到地獄裡去代一切眾生受苦，這個修持有沒有驗證呢？當然是有驗證，因為那時候甚至有人看到我後面有很多隻透明的手，當然我那時候常常自現千手觀音，這是現觀，沒有什麼，只是那時候很專注在修持。

那時候我住的地方靠近老舊的廁所，有一天我在走過廁所的時候，一念反應就感覺到好臭，第二念就感到很懺悔，代一切眾生受苦裡面，有一個地獄叫糞便地獄，那時我就想，如果連這個廁所的味道都感覺很臭的話，那又如何入糞便地獄度脫那裡的人或是代他們受苦呢？於是我心裡就掛著這件事。

有天我就騎了一輛小摩托車，到了淡海的海邊，去那邊懺悔，怎麼懺悔？就是喝下自己的尿，嚐自己的糞，因為如果連自己的尿都不敢喝，一點廁所的味道都嫌惡的話，又怎能矢言入地獄救眾生，代一切眾生受苦呢？

我是一個微不足道的人，但我希望你們不要小看諸佛菩薩的悲心，佛法的殊勝之處，就是在你貧困無依，老病孱弱、無智、無悲、無德的狀況下，只要你有信心，對佛法有真切的信心，你都可以成就。

一個人為什麼修行不能成就？什麼是一個修行人最大的障礙？最大的障礙就他不相信自己，而不是他有病，他老了，或者他沒有知識……等等，有這些障礙還是有希望成就的，但問題是他不相信自己。只要他真正願意的話，他一定可以成就，當生成就！

談到障礙，有的人無法突破障礙的外相。我告訴你們，我以前發生車禍的時候，不但發生腦震盪，出院的時候，連空間方向感都左右顛倒了，所以，我實在很能體會大家那種病困苦難的感受。我高中的時候，有一次甚至經驗到瀕臨死亡的狀況，我感覺我的生命就快消失了，怎麼辦？就一心皈命，一心憶念阿彌陀佛，沒有第二念！

至於窮，廣欽老和尚吃一顆木薯就吃了好幾年；密勒日巴祖師吃蕁麻吃到全身變綠，你們有比兩位祖師更窮苦嗎？所以，我們其實是在苦自己的苦，窮自己的窮，困自己的困，老自己的老，窮、苦、病、老是現象，都在那邊，我們的心要安住在那裡呢？安住在佛法！安住在佛法，你才能脫離窮、苦、病、老，佛法不是讓你不會窮、苦、病、老，而是讓你的心不會受到這些現象的干擾，能在一切的境界裡安住、自在。

不管你現在多老，也不會老過一百二十歲，佛陀的弟子裡，有一位是一百二十歲才開悟的，不管你現在有多病，也還沒病到成為植物人，即使連植物人也都有機會，沒有說不能的，誰不能？就是他「能夠不能」的才不能！是誰讓他不能？還有能力不能的那個！

禪宗裡有一句話：「打得念頭死，方許法身活」。打禪七為什麼不能開悟呢？因為還沒死透，打禪七必須打到全部力氣都用盡了，已經沒有辦法再胡思亂想，什麼方法都試過了，已經筋疲力盡了，再用任何辦法都沒有辦法了，連沒有辦法也沒有辦法了，這時候，這一刻，就有辦法了，就是開悟的時節因緣到了，所以，現在大家真正的問題是，還有辦法沒有辦法。

不過，當然我不能這樣要求大家，但只要大家願意的話，沒問題，一定可以成就！

問：修行人對護法應有的正確態度為何？

答：佛法的修行，佛法是佛法，護法是護法，護法不是佛法的主體，修行是修佛、修法；護法對修行雖然有好處，但問題是有些護法是世間的，沒有智慧，或者智慧不夠，但卻認為自己作的都是好事，所以修行人是要跟護法溝通的，有些護法也是需要教導，他是來護你來讓你修行的，如果是來障礙你，那就不是護法。

所以我們平常讀經也要讀給護法聽，修法也要叫護法修行，而不是只修護法的法，護法本身若未成就，你修他的法作什麼呢？但我們修行人最怕的事有三：佞佛、佞師、佞護法，「佞」是討好的意思；一般人最容易犯的毛病是「佞佛」，去寺廟裡供佛一塊糕餅，就想得到三棟房子的回報；再來是佞師，給師長做點服務，就希望老師對我好一點。

我告訴各位，佛要是可以佞，那就不是佛，老師要是可以佞，那就可能人格有問題。護法則比較好命，為什麼？因為一般護法的心比較不平等。

一些本尊化現的大護法、出世間的護法比較不會如此，他們跟菩薩的性情比較相近。我有一個刻印，印文是「悲忿眾生未成佛」，這是忿怒尊的寫照，他的悲心是空的，所謂「空悲不二」，空與悲所顯現出來的忿怒叫作「大悲空忿」，馬頭明王便是觀音菩薩的忿怒相。大家不要以為忿怒尊是真的在生氣，其實他的忿怒是從空性中發起的，是空性的，所以是「空忿」；因為是「空忿」，所以是假的，可是又假的很真，真到很假，忿怒尊的護法心便是這樣來的。

天界的護法修養比較好，走的都是正道；但鬼神護法通常有習氣，有時他干涉你的事情卻自以為是，雖然未必是惡心，但卻有無明習氣，所以有時也會胡亂搞一通。如果是世間護法，就容易被討好。

問：西藏跳神的意義為何？何謂金剛舞？

答：西藏跳神有點似台灣的乩童，但西藏跳神的乩童及附身的鬼神都信佛。這裡教大家一個判斷乩童扶乩時，如何辨別是真神附身，或是人為裝神弄鬼耍騙術的方法，就是你要問的事情不要講出來，問在心裏，然後看對方能不能就你所要問的事回答。如果答得出來，至少也表示對方是真的，或確實有點能力。台灣的乩童一般是不入產房的，因為產房的血會破他們的法力，所以他們是不見血的。

金剛舞是蓮華生大士創造的，其實是一種觀想的修法，是自觀本尊的觀想修法，後來加上娛樂，就像我們本來是正襟危坐的誦經，日子久了之後，就變成以唱頌的方式唸經，就以唱聖樂的梵唄方式表現。佛陀當時本來是反對梵唱，後來允許以持咒的方式唱頌。唱頌或持咒必須從中脈發出音聲，若能從中脈發聲，則不管是梵唱或持咒，都會變成是一種氣的修鍊法，也就是一種修法。

問：從古到今是否同一批人在當護法？

答：護法也有新人，比如關公後來成為佛教護法，而且護法也有化身，台灣民間信仰中的媽祖、土地公等，並不是同一尊去化現。

問：念百字咒時，是否自觀為金剛薩埵而持誦？

答：求人不如求己，因此，你自觀為金剛薩埵而誦。

問：加持和灌頂的真實意義為何？

答：加持的真正意義是三密相應。一般普通的加持是有力量給你，但真正的加持本身是相即、相應、相如（相如是互相如一，成為真如），亦即同時對攝，同時互融，同時成為如來。分類來說，即是身、語、意，也就是我們的身體，一切語言，及心念，包括動作；這一切透過如來加持你，攝引你，入於念佛三昧而產生了相即、相應、相如的作用，用另外的語詞來說，即是「入我我入」。念佛也是同樣的道理，佛念我，我念佛，佛念我是佛入我，我念佛是我入佛，所以是我佛相入，但一般人因為執著我，而不知無我之義。無我則空，空故無我，所以佛入我，我入佛，此即以水入水，以光入光，以空入空，此即加持的真實義。

加持若探其最深義，即是「開悟」，灌頂就是加持，真正的灌頂就是開悟，開悟是真正的加持。我們一般講灌頂或加持，總是落入世俗的外相去看待，然而真正的灌頂是什麼呢？是以空的水，注入空的身，以空的智注入空的智，即以水入水，以空入空，若人本身沒有悟，怎麼可能真正受到灌頂？

所以，打開你的心吧！否則的話，拿海水就可以灌頂了，那不就變成受洗嗎？一般現在的灌頂，不就是另外一種形式的受洗，那是不平等的。一個能灌的人，他沒有體悟「我們就是本尊」怎麼灌頂呢？能灌、所灌平等，否則灌什麼頂？有何頂可灌？本身是空性的，灌頂的真實意義才會產生！換句話說，沒有空性，便沒有辦法得到真正究竟灌頂，只能叫結緣灌頂！但是現在大家都把結緣灌頂當作上，把真正灌頂當作下。

密勒日巴尊者為岡波巴大師灌頂的故事，給我們深刻的啟示。岡波巴學法完成，具足智慧，學成拜別密勒日巴祖師。他走了一段路之後，遠遠聽到密勒日巴好像在叫他，他趕快又跑回去了，密勒日巴顯得很捨不得的跟岡波巴講：「唉！我有一個最好的口訣，想傳給別人可又覺太可惜，可是我想了很久，但若不傳給你又要傳給誰呢？我現在只好把最殊勝的灌頂給你！」

說完密勒日巴就把自己的衣服拉上來，露出全身的疤痕，因為密勒日巴當初被他的師父馬爾巴上師在磨練的時候，成天叫他搬著巨石，爬上山頭建房子，石頭磨著皮膚，磨到破了，流血，而舊的傷口還沒結疤，新的傷口又出現了，這樣不斷重複的結果，就全身滿是舊疤新傷，密祖將這些疤痕展現給岡波巴大師看，告訴他說：「這是最殊勝的灌頂！」，所以，最殊勝的灌頂是什麼？不是疤痕，而是其背後所代表的意義「最深的，以心會心的感動」，「對法的堅持」，以及「大悲心」，也就是說，真正的灌頂乃是以心會心的感動，而我們要學習的正是這個，這一點，請大家要瞭解。生命是很為難的，生命的最後，什麼東西能喚醒我們，讓我們覺悟呢？是我們的心，讓我們得到灌頂的那個心。

修行，任何外在的防護都是有限的，因為護法雖然可以在修法時守護，但是如果鬼是自家人帶進屋內，護法也會很無奈而無計可施的，我們之所以往往會破壞自己的修行，是由於我們自己把心鬼帶進家裡，這樣修得外相也沒有用，因為平時修法修得再好，臨終時，如果自己把心鬼（恐懼鬼、分別鬼、種種心鬼）帶進心裡，我們的本尊就破壞了，這樣我們平常的修法就沒有作用。但是這時候，如果是一個真正得灌的人，他可能沒什麼門牆，很多業障都來找他麻煩，但因為他得到灌頂，他的心是清楚明白的，他自心的光明是具足的，所以一念起來，怨親債主都變成本尊，變成護法，地獄變成淨土，而這一切都是自心在作用，所以觀世音菩薩才要宣講大悲咒的相貌，這才是真正重要的事情。你想想看，在臨終的時候，你如果能夠大悲心起來，大悲咒的相貌現起，你如果不在淨土，那會在那裡？你的心就是淨土了！你生起觀世音菩薩的心，觀世音菩薩的心就是淨土！

所以，很多人說地藏菩薩在地獄，地藏菩薩不在地獄，他外面是地獄，但他所住之處是淨土！

我們要看住最後那一念心，隨時隨地我們真能保有的是那個，外界的功德，外在所作的一切，都不是我們心的真正意義。那個心要常常拿起來用，拿起來修，外在的福德、善事是要做的，但是那個心也要拿起來用，怎麼用呢？

我們持大悲咒時，要用大悲心，讀《大悲心陀羅尼經》時，要觀想參與這個法筵盛會，進入現場去聽聞佛陀宣講的法音，觀想佛陀改變了我的心意，將我執著的心去除，就是佛陀為我們灌頂，讓我開悟，我的心不執著了。佛陀轉換我的心識，讓我發現整個山河大地、惡鬼、諸魔，原來都是我的心作的，甚至諸佛也都是我的心所顯現，是一念！所以你能停止惡，你能具足善。能停止，代表能生起，

也就是說，既然我們可以停止煩惱，我們也可以生起煩惱，這代表我們的心是兩門的，一門停

止煩惱，一門生起煩惱，而是誰作的呢？作的人就是我們這個自由的人，可以停止，可以開啟，誰作主？不要賴給別人，自己作主！但佛陀是慈悲的，他會教導我們，我們心放開了，接納佛陀，他的心就會與我們的心，相即、相應，才能真如。這才是加持與灌頂的真義。

第二篇
千手觀音四十手眼修持法

本篇我們所要講授的內容為象徵千手觀音千手的四十手眼的修持法。

觀音法門四十手眼法的修持，最主要出自《千手千眼觀世音菩薩大悲心陀羅尼》及《千光眼觀自在菩薩祕密法經》，收錄於大藏經。（大正藏密教部第三冊卷二十，No.1064-No.1065）

大正藏密教部第三冊卷二十是屬於諸菩薩儀軌，關於大悲咒的版本都在裡面。千手觀音的修法有許多種，造像也有很多不同，像在補陀落海會軌的觀世音菩薩是金色身，有五百頭，大悲胎藏現圖曼陀羅是二十七面，而一般來講是十一面。那千手觀音到底應是幾手才對？為什麼這麼問呢？因為我希望大家修行不要人云亦云，要有清楚的頭腦，否則終有一天會深陷窠臼，進退不得，變成人家沒有講的你就不能做。清楚的認知對修行是很重要的，像這裡的千手觀音四十手眼中，合掌手跟頂上化佛手及寶鉢手，到底算一隻手還是兩隻手，一隻手能合掌嗎？所以講四十手、四十一手、四十二手都對。

再比如四十二手的次第，施無畏手在伽梵達摩譯《千手千眼觀世音菩薩廣大圓滿無礙大悲心陀羅尼經》中，是第七手，但在不空譯的《千手千眼觀世音菩薩大悲心陀羅尼》是排在第二手，而不空譯本中第一手是甘露手，但在伽梵達摩譯本中卻沒有甘露手；因此千手觀音四十手眼法門中，講四十二手乃至四十四手都對。同樣的情況也發生在「佛陀十號」上，像「應、正等覺」的「應」是應供，是阿羅漢，「正等覺」是三藐三菩提，所以「應」字和「正等覺」之間要用頓號頓開才對。但以前我就曾經遇到一位佛教界的大德，他說他讀的是以前皇帝讀的版本，那個版本裡「應正等覺」

四字合在一起，中間沒有頓號，我想那是皇帝的學問不好，並不能因為皇帝讀的是內宮的書就一定對。

我們現在所依據的版本，是大正藏新修大藏經密教部第三冊卷二十經號一〇六四的四十一手眼修法（多了甘露手），但若合掌手、寶鉢手、化佛手都算二隻手的話，那就算四十四隻手了。

此外，還要介紹大家另一個千手觀音的修持法門，即《千光眼觀自在菩薩祕密法經》，這是釋迦牟尼佛與觀自在菩薩在白華山觀自在宮殿中所宣說，白華山在印度南部哥摩林岬附近，是秣剌耶山東方一座巖谷險峻的山，即是補陀落迦山。

四十手眼的由來

在《千光眼觀自在菩薩祕密法經》中，「爾時，世尊告阿難言，是觀自在菩薩為眾生故，具足千臂，其眼亦爾，我說彼者其有千條，唯今略說四十手法，其四十手今分為五，何等為五，一者如來部，二者金剛部，三者摩尼部，四者蓮華部，五者羯嚕磨部，一部之中各配八手，其五部中亦有五法，以何為五，一者息災法用佛部尊，……，二者調伏法用金剛部尊，三者增益法用摩尼部，……，四者敬愛法用蓮華部，……，五者鉤召法用羯磨部，……，隨其所欲，無不成辦」。

在藏密息、增、懷、誅四法中，誅法是降伏，本來東部金剛部是調伏法，但藏密部、法調動，東部變成北部，亦即由北部羯磨部用調伏法，而中部調到東部，北部鉤召法併入降伏，所以本來的五部法到了藏密裡就整併成息、增、懷、誅四部法。

「**復次阿難，菩薩住無畏地，得二十五三昧，壞二十五有，**」二十五有即三界裡二十五種生命存在的境界，亦即地獄有、餓鬼有、畜生有、阿修羅有（以上六趣中之四趣），人道中四大部洲各一，即弗婆提有、瞿耶尼有、鬱單越有、閻浮提有，天界中，欲界六天、四禪及四無色各一有，別開初禪之大梵天以及四禪之無想，淨居各為一有，天界中，總計欲界十四種有，色界七種有，無色界四種有，合共二十五有，破此二十五有者，有二十五三昧，二十五三昧即二十五種化身，亦即住無畏地菩薩可以化身三界，也可以化身成二十五有，破壞二十五種生命存在的現象。

「**善男子，是觀自在菩薩，昔於千光王靜住如來所，親受大悲心陀羅尼已，超第八地，心得歡喜，發大誓願，應時具足千手千眼，即入三昧，名無所畏，於三昧光中，涌出二十五菩薩，是諸菩薩，身皆金色，具諸相好，如觀自在，亦於頂上具十一面，各於身上具足四十手，每手掌中有一慈眼**」，四十手也是四十尊菩薩，並且各有其真言，所以於一有中有四十菩薩，二十五有中共有一千菩薩，「**其一千菩薩，一一各於頂上具十一面，於其本面而有三目**」，「**各於一界有四十菩薩，一一界中各配千眼，皆是觀自在大悲所為**」。

「**我念往昔時，觀自在菩薩於我前成佛，號曰正法明，十號具足，我於彼時，為彼佛下作苦行弟子，蒙其教化，今得成佛，十方如來皆由觀自在教化之力故，於妙國土，得無上道，轉妙法輪，是故汝等勿生疑惑，常應供養，但常稱名號，等供養六十二億恒河沙數如來功德，何況至誠供養，**

其福無量」，所以觀自在菩薩跟妙吉祥一樣，乃三世諸佛之師。「**爾時觀自在菩薩熙怡微笑，放大光明，頂上顯現五百頭面，具足千眼，每於天冠各有化佛，亦放光明，菩薩身上現出一千寶臂，各執寶物**」。

三界二十五有之中，每一種存有皆現化一尊菩薩去教化他們，其中有一尊施無畏觀世音菩薩，現在在我們這個南瞻部洲教化眾生，而這施無畏千手觀音又現出四十尊，跟四十隻手配合，譬如「**若人欲得富饒財寶者，應修摩尼法**」，即修摩尼與願觀自在菩薩法，「**左手當心持摩尼，其珠吠琉璃色黃光發焰也，右手與願契，屈臂向上……**」；「**若人欲得安穩者，當修羂索法**」，即修持索觀自在菩薩法；「**若人欲療腹中病者，可修寶鉢法**」，即修寶鉢觀自在菩薩法，總共有四十尊觀音菩薩修法，每一尊修法都有一種真言。

《千手千眼觀世音菩薩大悲心陀羅尼》中的四十手真言，和《千光眼觀自在菩薩祕密法經》中的四十手真言又不一樣，我雖然沒有逐字的唸給大家聽，但實際上已經傳給大家，大家回去照著唸就可以了。我傳給大家一個法，並不是拿一個法本給你們就好了，而是把所有的法整合在一起才給大家。

總約來講，四十手眼的法門是一尊千手觀音顯現四十隻手，每一隻手又有一個真言；再來，千手觀音入於無所畏三昧，顯現二十五觀音，破二十五有，每一尊觀音再於身上具足四十隻手，又顯現為四十尊觀音，所以在我們這個南瞻部洲的施無畏觀音，又顯現為四十觀音來濟度我們人類。

而這施無畏觀音的四十手乃相應於五部如來的法，每一部如來都有八種作用。而要如何應用這四十手法呢？要三密相應，即手印、真言、觀想三密相應，在無上瑜伽部大部分以觀想為先，但我希望大家以正確的觀念為先，在修法之前，先把修什麼弄清楚，要成就什麼弄清楚，不要只講求技巧跟方法，卻失去方向，就像蓋房子，不能只是買最好的材料，卻沒有預先畫好的設計圖，或者只是買最豪華的遊艇，卻在汪洋大海中不知航向何方。

修學觀音法門的正確觀念

現在很多人都在求「法」，但是都沒有求「見」（正見），之前我曾告訴大家一個我親身經歷，感觸良深的故事。

我唸大學的時候，很多人認為我很奇特，一定手上有很多密教上師的祕密法本、不共的法本。我告訴大家實話，第一個，世間沒有祕密，第二個，法本最大的祕密是在我們心裡。

當時候我的生活費一個月大約一千五百塊，而那時的密教佛像很稀少，一尊經常開價幾十萬。那時候就有一位專賣密教佛像而賺大錢的朋友對我說：「老弟，你把手上有的祕密法本給我，我不會虧待你的。」當時一尊密教佛像的價錢，大概可以買一間房子了。

我告訴他：「我沒有呀！」，他說：「唉呀，不要裝了」，我說真的沒有呀！我反問他說：「那你要這些幹什麼？」，他說：「我要把所有法本都集合起來，然後再開始修」，我這輩子碰過很多收集法本的人，但是我從來沒有看他們修過，就像這位賣密教佛像的人，他後來也沒有時間修，因為他坐的飛機在花蓮撞山失事了。

所以，各位，什麼時候開始修？現在！每次我傳法授課，我永遠認為這是最後一堂，當然我也可能會長命百歲，但我都把這當成最後一堂課。那各位呢？任何事我們都要好好計劃，但計劃不會妨礙你現在的修行，現在就好好修，不要去寄望於將來。

正確的觀念，遠比你有什麼方法更重要，千手觀音的正確觀念是大悲及智慧，也就是十種陀羅尼相貌，再來才是四十手，這是由根本智慧所產生，救度眾生的大力用，然後才進行觀想。

很多人很會觀想，一天到晚在觀想，但沒有智慧的觀想是沒有用的，就算有用也只是世間的作用而已，即使定力好到可以翻天倒海也沒啥用。像我以前有過一次經驗，讓自己印象深刻。我在大學時，有一次想到：「嗯，該打雷了！」，就突然「砰！」好大一聲雷，我嚇了一大跳，心想那裡會這麼剛好，才想到就真的打雷，於是就再試想：「那再打一次！」，結果又是砰的一聲雷。我才發覺自己的心念真的有某種程度的力量。那是在唸大學的時候，禪定到了一定程度之後發生的經驗。

一般人發現自己有這種能力，可能會怎麼用？可能沾沾自喜，看誰不聽我的就給他「砰！」一下，或是沒錢用也來「砰！」一下，信眾看得目瞪口呆，就把錢拿出來了。另外我告訴大家一個經典中的故事：有一個阿羅漢每天中午都會以神足通到龍宮去應供，他的徒弟小沙彌看了非常羡慕，有一天就偷偷躲在阿羅漢的椅子下，阿羅漢沒有發現，整個人連同座椅都從地上消失，從龍宮出現。小沙彌也夾帶去了。到了龍宮，看到那些美麗的龍女就生起愛染之心，於是發願要投生到龍宮去。小沙彌因為出家具足了福德力，結果就真的投生到龍宮去了。

各位，你們每一個人都具有很大的福德力，但是看你要用多快，一個修行人對於福德威力的現前，要戒慎恐懼，常懷恐怖之心，因為一個不小心沒控制好，就可能會傷到別人，或者貪欲一起來，就用福德力量去得到不該得到的東西。

所以，一個修行人要小心限制自己心念的力量。在二十歲出頭，當我發現自己的心念對環境的影響力如此之大時，我就開始從心的最底層，控制自己的心念。除了好的發願之外，在其他的方面，我是花了幾十年的功夫，故意把心模糊掉的，心念的力量模糊散掉。我發願除非自己六通同時具足，否則我不現起神通，我發願將神通壓制住。

講這些，最主要是要告訴大家，現前當作之事是好好修行，要具備正確的知見，千萬別想現在就把福德貼現，一定要耐得住寂寞，如果是自然的福德因緣成熟而顯現，那是屬於自然因緣流轉之事，但若屬於修行聚集之福份，切不可拿去貼現成世間福德而享用。一百個郭台銘，乃至一千個比爾蓋茲的財富，也遠不及你真正修行一天的福德。

因此，修學千手觀音法門，必須以戒、定、慧為根本，再以千手觀音為典範，以此為修學指導而用功夫。

四十手眼法修學要義及次第

接下來，我要為大家統合講明千手觀音的修學要義及次第跟技巧。

核心的議題是大悲法門的修行，乃以大慈悲心，即無上菩提心為中心，所演發的實相，具足此心之體性，進而發起身、語、意三密，密宗之三密乃由體性來的，是以智慧來清淨。任何的境界，只有透過空的智慧才能清淨，只有透過大悲方能圓滿，悲智基礎建立之後，才能講到方法，否則任何方法技巧雖然有種種作用顯現，但也只是落入世間法裡面的運作，是世間法門，不是解脫之道，不能成佛，遠離大悲法門之本義。

四十手眼的修持，可以配合《大悲心陀羅尼經》，或者配合拙著《菩薩的淨土》（全佛出版）一書來修持。

至於如何觀想部份，在《千光眼觀自在菩薩祕密法經》裡有圖像及真言（參閱本書附錄四），觀想時要有立體色彩感。比如我們現在就想像右手上有一個太陽，第一個要了解太陽是空性的，你手上的太陽也是空性的，即具空性力，而且如千百億日般的光明，如水晶般完全透明，如彩虹般沒有實體，雖然是明、淨、空，但卻可以清清楚楚的看到，乃是無量無邊的金剛鍊光聚合而顯現。

現在大家把心放空放下，完全不要執著，然後看著手上的太陽，一點一點像透明的金粉一般亮起來，並不斷的聚合起來，一顆明、淨、空的太陽就在你的眼前產生了，這叫「空即是色」，是透過你心的觀想來展現「空即是色」的道理，意即心是空，但透過觀想卻可以實現。你現在就把右手上的這顆太陽觀想清楚，然後把左手也平伸出來，此時你可以馬上察覺右手多了重量，透過這樣的觀想練習，可以建構你們的信心。

有時大家會奇怪為什麼我不直接跟大家講方法，卻一直跟大家講一些看起來離題很遠的東西呢？其實，我是在清除大家心裡面的阻礙！如果不把大家的觀念釐清，真正的東西是浮不出來的，不把心裡的障礙清除是沒有辦法受法悟道的。

以下我們來講四十手眼的觀想法：

前行——光明觀想法

前面金剛鍊光的明、淨、空而聚生太陽的過程，就是觀想。接著，我們把這手上出生的明亮太陽拿起來，將它縮小，變小、變小、再變小，現在將它放到你的頭頂。要觀想的很清楚，然後這小而明亮的太陽進入你的頂輪，頂輪就是你的髮際向後八指的位置，這頂珠再縮小，而進入你的眉心輪，眉心輪處變得很亮，接著再進到喉輪，到心輪，再到臍輪，並進到臍下四指的海底輪（或叫密輪），這明亮小珠所行經之處，就形成一個透明而中空的通道——中脈，呼吸時一切光明就由中脈而進入這海底輪的亮點所在。

前面介紹的是一個簡單的觀想。我們現在再練習一個較複雜的觀想：大家現在先把自己的家想清楚，房間、窗戶、門、擺設、窗簾……等，全部觀想清楚。在這清楚觀想的背後，我們要有一個的認知，就是這一切的存在都是空的。面前這個杯子是空的，我現在把杯蓋拿起來敲擊，你們馬上就聽到清脆的敲擊聲，為什麼聲音出現了？空才有聲音，我現在再敲擊這個木板，聲音又出現了，但跟剛才的聲音不一樣，為什麼？因為是空的，因緣組合條件不同，造成質體不同，聲音就不同，不同即是空的明證，不然，所有東西都是一樣的。

空的組合型態不同，因緣不同，結果亦不同，所以是空的。所有東西的實或虛是相互因緣的關係，沒有一個不變的實體。

舉一個實際的例子說明，如果有一條馬路，平常車子很少，行人日常穿越，碰上車子的機會很少，現在，假設車子多了，而車速又變成現前的一千倍，這時過馬路就要非常小心了，若車速再高達現在的一萬倍，那更要極小心了。

但問題來了，假若這馬路的所有車速是現前的一億倍，這時過馬路會不會撞到車子？不可能！因為這時眼前高速往來在馬路的車輛已經變成一道實體的牆。人生的夢及一切事實，其實都是這樣，一切是空，所以，你現在認知這個事實之後，就把一切都空掉而不要執著。不要執著才會有光明從裡面產生；光明產生的情況有幾個，第一是靠定力，第二是物質本身的力量，第三是靠般若慧，空性裡會有能量出來，若對物質不執著，它會有力量的，愛因斯坦的理論，或多或少也是在展現這個意思，所以，這個階段的了解，是「色不異空」的了解，但當有了真正的證量之後，就是「色即是空」。

回到前面的觀想。當我們把自己所熟悉的房間觀想清楚之後，現在再把它空掉，如夢、幻、泡、影，完全沒有實體，只有影像，透明而且沒有雜染的幻像。接著，從空裡頭，力量出來了，顯現「空即是色」來，而顯現出的每一點也都是空，究竟的空裡頭所顯現出的每一點都是金剛鍊，都是光明，就像先前所觀想的太陽，當其質點縮到最小、最空時，就最亮了（如千百億日般的明亮）。

現在你所觀想的房間的每一景物，它的每一點都從空裡頭跳出來，變成一小點一小點，再聚合成一圈一圈，最後再聚合成你家內的每一景物，如桌子、椅子、床、佛堂、佛像……等，所有東西都是由無量千百億光明透明的金剛鍊光所聚成顯現。亦即先以空破執，歸於夢幻泡影，再由空顯現千百億光明，每一顯現之點皆是千百億日光明，從內到外，一切皆是「遍照光明」，如此作觀，你家裡即是淨土，此為「空即是色」，悲心愈大，亮度愈大。

但有一點要注意，很多人在亮起來時會執著，亮起來時還是明、淨、空，不能落入相對性的執著，才能遍照。如果能依前述教導之法，每天把自己的家「色即是空，空即是色」的明、淨、空觀想一回，可以使家變的明亮，能量提高，而且可以淨化。空性是淨化的大力量。

經此一番解說，你們應該會觀想了，就像晴空裡亮麗無比的太陽，你也可以先將它化空，即化成千百億日般的明亮，水晶般透明，而且完全虛幻如虹，把它想像清楚，然後它流到你手上來了，在你的手上，它的力量更強大了，如千百億日般的光明（明），如水晶般的透明（淨），如彩虹般無實（空）。

全身的細胞也可以常作這樣的觀想，乃至呼吸、聲音，行住坐臥裡的一切都可以轉成明、淨、空的觀想，這對我們自己及周遭一切人都有很大幫助，因為這樣不僅只是觀想自己是佛身，而且周遭一切都是轉成佛境。現在，我已經把觀想的鑰匙交給各位了。

四十手眼的觀想法——觀想．真言與手印的結合

以下說明觀想、真言、手印三密如何結合並實際應用。首先，以甘露手作說明。

1 甘露手：

「若為一切飢渴有情及諸餓鬼得清涼者，當於甘露手」。真言：「唵　素嚕素嚕　鉢羅素嚕　鉢羅素嚕　素嚕素嚕野　薩嚩賀」，一般的修持法就是持甘露手真言，然後觀想甘露手印。

但我現在要教大家另一個修持甘露手的方法，就是先掌握空性及大悲心，自己即是千手觀音，而自觀千手觀音的頂上坐著千手觀音或釋迦牟尼佛，兩尊任擇其一皆可，或者也可以先觀頂座是千手觀音，再觀釋迦牟尼佛亦可，接著再持甘露手真言。當看到飢渴有情或餓鬼要加持他們時，由心、氣、脈、身下手，先從心開始，把手化空放掉，骨髓、肌肉、皮膚全部放掉不執著，轉成千手觀音之手（此時已自觀為千手觀音）。

心、智慧皆與空性相應，與大悲和合，接著自身千手觀音之手乃如聚金之明亮，如水晶般透明，

如彩虹般沒有實體，由內徹外，通透明亮，手之光明照耀內外，及於所欲加持之眾生身上。大家平時炒菜時，也可作此觀想，加持食物。接著口持真言。

持真言時，依先前教導，觀想縮小澈亮如虹之太陽由頂輪入，下降至眉心、喉、心、臍、及海底輪，形成一透明之中脈，接著在底部海底輪生起一朵蓮花，八葉或十六葉等皆可，蓮瓣極薄，猶如蟬翼，蓮脈為透空之水晶脈，蓮開飽滿，蓮心深處有一海螺從中長出，亦為透亮水晶所成，從此海螺中，出真言音：「唵　素嚕素嚕　鉢羅素嚕　鉢羅素嚕　素嚕素嚕野　薩嚩賀」，音沿中脈化為光明而出，入息為觀音菩薩光明而入，出音亦為觀音光明而出，音即光，光即音，聲音即是光，即是能量，即是火焰，六大乃一體也。有一層天界即名為「光音天」。海底輪處的明亮點，可以想像猶如聚金一般，亦如水晶一樣，極小而成聚。前述已教導修持之體性、身之觀想、口之真言，最後再講手印。手印即手勢，見甘露手印圖即可。總之，將自身觀想成如千百億日之光明、水晶般透明、彩虹般無實，此即光明之核心，但光明須以真實智慧為發起之體性，而能穿透圓滿一切者為悲心，是為大悲空智。

2 施無畏手

「**若為一切時一切處怖畏不安者，當於施無畏手**」，手的中央可以觀想有一顆慈眼。有些人幫別人收驚或幫忙別人治病之後，有時自己會有身心不適的現象。其實如果感覺自身修持的功力不夠，是可以跟佛菩薩借手來用的，用觀想的方式借，但不能只停留在觀想技巧上，背後的慈悲和智慧也要加入，才會有更大的力量，才能在施無畏的同時，導引受施者走向悲智解脫的道路。

施無畏手的真言是：「**唵　嚩日羅　曩野吽泮吒**」，「泮吒」是藏音裡的「呸」，真言須從中脈海底輪處水晶螺內發出。

3 日精摩尼手

「**若為眼暗無光明者，當於日精摩尼手**」，日精摩尼是太陽，真言是：「**唵　度比迦野　度比鉢羅　嚩哩儜　薩嚩賀**」。四十手眼的修持不是只為解決一切人間的事情，一切出世間事情皆可以四十手眼處理，比如眼睛不好當然要去看眼科，但也可以修持日精摩尼手把光明放入眼內，不過如果是智慧無光明者，也可修此法門來增加智慧，自加持或加持他人皆可。

四十手眼的修持可以依前述所講的修持要領，一一受持練習，並可依個人之特別願望與四十手眼作用中相應者，或觀想持受最順手而歡喜者，即可依之而專志修行。

4 月精摩尼手

「**若為患熱毒病求清涼者，當於月精摩尼手**」，月精是很亮但不刺眼的清涼月輪，月輪極澄澈，且完全沒有實質，真言是：「**唵　蘇悉地揭哩　薩嚩賀**」。什麼是熱病？除了身體的暑熱，頭腦不清楚，乃至心裡一切燥熱皆是，以月精摩尼手修除之，並獲得慈悲及智慧。總言之，直至成佛過程中的一切障礙，皆以月精摩尼手修法排除，這是「先以欲鉤牽，後令入佛智」，一切世間、出世間障難皆以一手法之專志修持即可淨除，直達佛境。意即任一手法之修持，即兼具世出世間一切功德利益，任一手法皆是圓滿成佛之法。

5 寶弓手

「若為榮官益職求仕官者，當於寶弓手」，當我們修持寶弓手時，不只是領導眾人邁向清明社會，為眾生服務，更要帶領大家從事智慧修行，畢竟成佛。真言為「唵 阿左尾嚇薩嚩賀」。

6 寶箭手

「若為諸善朋友早相逢遇者，當於寶箭手」，與諸善友共成眷屬，生生世世互為善緣而成佛，真言：「唵 迦摩攞 薩嚩賀」。

7 軍持手

「若為求生諸梵天上者，當於軍持手」，梵天乃天界主導，導引一切清淨天人成佛。所有四十手的修持法則，都要加入無上菩提心為根本發心。軍持手乃手執水瓶。真言：「唵 嚩日囉 勢佉囉嚕吒罕吒」。

8 楊柳枝手

「若為身上種種病難者，當於楊柳枝手」，以楊柳枝手光明摩撫病處即瘥。真言：「唵 蘇悉地迦哩嚩哩哆喃哆目哆曳嚩日囉 嚩日囉畔馱賀 曩賀曩吽泮吒」

9 白拂手

「若為除滅一切惡障難者，當於白拂手」，拂塵在印度比較流行，在印度阿旃塔石窟的造像中，佛陀旁邊金剛手菩薩中，就有一尊是手拿拂塵的，可拂除一切障難。真言：「唵　鉢娜弭儜婆誐嚩帝謨賀野惹誐謨賀儜薩嚩賀」。

10 寶瓶手

「若為一切善和眷屬者，當於寶瓶手」，軍持乃水瓶，寶瓶則瓶頭有一鳥頭。真言：「唵　揭嚇糝滿焰薩嚩賀」。

11 傍牌手

「若為辟除一切虎狼諸惡獸者，當於傍牌手」，傍牌是指盾牌，現代的虎狼惡獸是指盜匪強暴之徒。真言：「唵　藥葛釤曩那野戰捺羅　達耨播哩野　跛舍跛舍薩嚩賀」。

12 鉞斧手

「若為一切時一切處離官難者，當於鉞斧手」，真言：「唵　味囉野味囉野薩嚩賀」。

13 髑髏寶杖手

「若為使令一切鬼神不相違拒者，當於髑髏寶杖手」，若有鬼神障難無處求助，或只有自己能去幫忙時，可先自觀為千手觀音，並寫紇利種子字護自身，即於手上寫紇利字後拍打自身之眉心、喉、心、臍、海底等五輪，也可再加拍打頂輪及背部；或者也可唸大悲水後，用水噴灑加持自身。然後觀想髑髏寶杖手放出光明，並且口誦真言亦由中脈而出並放出光明（此光明亦可返照自身），即可自助並助人辟除鬼神諸障。真言：「唵　度曩嚩日囉郝」

14 數珠手

「若為十方諸佛速來授手者，當於數珠手」，可以拿真的念珠觀想化光。真言：「曩謨囉怛曩怛囉夜野　唵　阿那婆帝尼惹曳悉地悉馱喋簪　薩嚩賀」。

15 寶劍手

「若為降伏一切魍魎鬼神者，當於寶劍手」，寶劍可以觀想文殊菩薩之寶劍。降伏之鬼神可收為佛法之護法，使其守護法，而不是守護修行者個人，若只是收為個人護法，則有可能像西藏某些鬼神護法，因為只守護個人，只聽從個人，依人不依法，結果到後來變成整個教派教法上的問題，這是由最初收伏護法的觀念偏差所致。護法跟修行人之間，只有佛法的關係，不能有私人關係，降伏鬼神之後，必須教導鬼神好好護法並好自修行，只可以站在旁邊好好聽法，不准到處搗蛋。或者令他去不動明王處好好修行。真言：「唵　帝勢帝惹　覩尾儜覩提　婆馱野　吽泮吒」。

16 金剛杵手

「若為摧伏一切怨敵者，當於金剛杵手」，圖中的金剛杵是單股的。真言：「唵　嚩日囉　祇儜鉢囉儞鉢多野　薩嚩賀」。

17 俱尸鐵鉤手

「若為善神龍王常來擁護者，當於俱尸鐵鉤手」，真言：「唵　阿嚕嚕哆囉　迦囉毘沙曳　曩謨　薩嚩賀」。

18 錫杖手

「若為慈悲覆護一切眾生者，當於錫杖手」，真言：「唵　那㗚智那㗚　智那㗚吒鉢底那㗚帝娜夜鉢停吽泮吒」。

19 白蓮華手

「若為種種功德者，當於白蓮華手」，一切手眼的修持，目的皆欲導引眾生成佛。真言：「唵　嚩日囉　味囉野　薩嚩賀」。

20 青蓮華手

「若為求生十方淨土者，當於青蓮華手」，真言：「唵　枳哩枳哩　嚩日囉　部囉畔馱　吽泮吒」。

21 紫蓮華手

「若為面見一切十方諸佛者，當於紫蓮華手」，一切蓮花之葉瓣皆觀如蟬翼般薄細，脈如水晶般透明，並放出千百億日光明。真言：「唵　薩囉　薩囉　嚩日囉　迦囉　吽泮吒」。

22 紅蓮華手

「若為求生諸天宮者，當於紅蓮華手」，求生諸天宮是為導引天人走向解脫成就之路。真言：「唵　商揭𠼝　薩嚩賀」。

23 寶鏡手

「若為成就廣大智慧者，當於寶鏡手」，真言：「唵 尾薩普囉那囉葛叉 嚩日囉曼荼 吽泮吒」。

24 寶印手

「若為成就口辯言辭巧妙者，當於寶印手」，真言：「唵 嚩日囉儜擔惹曳 薩嚩賀」。

25 頂上化佛手

「若為十方諸佛速來摩頂授記者，當於頂上化佛手」，真言：「唵 嚩日哩尾嚩日藍藝 薩嚩賀」。

26 合掌手

「若為令一切鬼神龍蛇虎狼獅子人及非人，常相恭敬愛念者，當於合掌手」，大家可於吵鬧不和之處常常合掌修觀，即可相處和諧，共同成就。真言：「唵 尾薩囉尾薩囉 吽泮吒」。

27 寶篋手

「若為求地中種種伏藏者，當於寶篋手」，財富當用於興盛佛法之事業。真言：「唵 嚩日囉播設迦哩 揭曩鈐囉吽」。

28 五色雲手

「若為速成就佛道者，當於五色雲手」，真言：「唵 嚩日囉 迦哩囉吒鈐吒」。

29 寶戟手

「若為辟除他方逆賊怨敵者，當於寶戟手」，真言：「唵　糝昧野祇儜賀哩吽泮吒」。

30 寶螺手

「若為呼召一切諸天善神者，當於寶螺手」，寶螺之觀想就如同觀想海底輪之海螺一樣。真言：「唵　商揭㗚摩賀糝滿焰　薩嚩賀」。

31 如意寶珠手

「若為富饒種種功德資具者，當於如意寶珠手」，地藏菩薩手上是摩尼寶珠。真言為：「唵　嚩日囉　嚩哆囉　吽泮吒」。

32 羂索手

「若為種種不安求安隱者，當於羂索手」。真言：「唵　枳哩攞囉謨捺囉吽泮吒」。

33 寶鉢手

「若為腹中諸病苦者，當於寶鉢手」，真言：「唵　枳哩　枳哩　嚩日囉吽泮吒」。

34 玉環手

「若為男女及諸僕使者，當於玉環手」，真言：「唵　鉢娜輡　味囉野薩嚩賀」。

35 寶鐸手

「若為成就一切上妙梵音聲者，當於寶鐸手」，鐸有時跟鈴同一，但有時分指不同之物。真言：

「曩謨　鉢娜輪　播拏曳　唵　阿密㗚擔儼　陛室哩曳　寶哩黏哩儜　薩嚩賀」。

36 跋折羅手

「若為降伏一切天魔外道者，當於跋折羅手」，跋折羅手一般是五股金剛杵手，但其實不一定五股，比如五方佛便有五種金剛杵。真言：「唵　儞陛儞陛儞跛野　摩訶室哩曳　薩嚩賀」。

37 化佛手

「若為生生之處不離諸佛邊者，當於化佛手」，真言：「唵　戰娜囉婆　輪吒哩迦哩娜祇哩娜祇哩梶　吽泮吒」。

38 化宮殿手

「若為生生世世常在佛宮殿中不處胎藏中受身者，當於化宮殿手」，真言：「唵　微薩囉微薩囉吽泮吒」。

39 寶經手

「若為聰明多聞廣學不忘者，當於寶經手」，這裡的寶經可以觀想為《大悲心陀羅尼經》，真言：「唵　阿賀囉薩囉　嚩尾儞野馱囉布儞帝　薩嚩賀」。

40 不退轉金輪手

「若為從今身至佛身，菩提心當不退轉者，當於不退轉金輪手」，真言：「唵　設那弭左　薩嚩賀」。

41 蒲桃手

「若為果蓏諸穀稼者，當於蒲桃手」，真言：「**唵　阿摩攞　劍帝儞儜　薩嚩賀**」。

我們再將前述的修法統合複習一下。首先四十手眼的修持，體性上是智慧及悲心，即以觀世音菩薩的大悲空智為中心，生起十種大悲咒的咒相，並了解「色不異空，空不異色，色即是空，空即是色」的道理，一切如夢幻泡影，將一切化空，化成如幻影一樣，將一切清淨，完全沒有實質，完全沒有障礙，就像虛空幻影一樣。

然後再從這一切如幻的清淨裡邊，具足能量的智慧，以大悲願的發起而啟發，觀想四十手眼皆如千百億日的光明（明），水晶一般的透明（淨），彩虹般完全沒有實質（空），自觀千手觀音，由大悲心所顯現之法器皆為度眾之方便，此時自觀千手觀音頂上為法界千手觀音，法界千手觀音頂上為佛陀，依於空性的緣故，自生千手觀音與法界千手觀音具足同樣威力，手執各種法器，依於種種因緣，由世間法種種需求下手，並相應於大悲空智，而導向出世間解脫之道，終究圓滿成佛。

以這個悲智為根本體性，所觀想之手眼法器皆為空性光明，並由中脈持誦真言咒語，法器及真言皆放光明，光明觸照所欲救度之對象，並可以此光明加持自身，乃至加持整個法界皆大放光明，四十手眼之每一手眼皆代表觀世音菩薩之化身。心觀想千手觀音，口持誦真言，身結手印，身體的外相即是身印，亦為手印。身、口、意三密與千手觀音相應，即是千手觀音之化身，依此四十手眼法門，自度度人，自覺覺他，終必圓滿成佛，法界全佛，一切眾生成如來。

課中開示

問：為什麼同樣的經，會有不同的版本？什麼是「三藏」？

答：大藏經本身就有很多種版本，比如宋朝版本，日本大正藏，韓國高麗藏等，而大藏經的概念是中國的概念。大藏經又稱為「一切經」，是指包含三藏等的聖典，也就是以經、律、論三藏為中心之佛教典籍之總集。「大藏經」一詞，不見於印度，中國到南北朝時代有「一切眾藏經典」、「一切經藏」等名稱，直至隋唐之後，才有「大藏經」的名稱。當時是指由朝廷敕命（欽定）纂集之一切經。早期之佛教經典，有九部經或十二部經之分類，此外，結集佛所說之四阿含、五部，而稱為經藏；纂輯有關諸弟子之戒儀等，稱為律藏；諸論師之撰述則稱論藏。

印度以「經」、「律」、「論」三藏來總攝佛陀的教法。用現代話來講，「經」就是佛陀在每一個地方演講的集結，即說法的集結；「律」則是佛陀跟大家共同生活在一起的時候，所產生出來的共同生活規範，所以律裡面最主要是生活規約，而不是一條條管理條目（戒），律藏裏記載了許多僧團生活的故事，由許多共同生活的故事裡，產生了律的規約。我們現在所看到，很多佛陀的故事就是來自律藏。

雖然經裡面也有很多生活的故事，但經最主要還是問答與演講，而佛陀日常生活記載及僧團生活記錄主要是律，不是戒條，戒條是律所產生的規定，所以律是一種緣起法——僧團共同生活緣起法，依其生活緣起所發展出來一套最適合當時修行的生活方式，所以五戒是慢慢增加的，大家如果要更詳細的了解，有兩本全佛出版的書可以介紹給各位，一本是《遇見佛陀》，另一本是《皈依與受戒——如何成為佛陀的學生》，裡面有很清楚的介紹。

至於什麼是「論」呢？就是佛陀在每次教學之後的系統性歸納，因為佛陀在不同的地方講法，面對不同的對象，即使是同樣的主題，有時這裏講的比較多，有時那裏講的比較多，在每一個地方講的也不一樣，所以論就是把這些不同內容全部統攝起來，很多人以為佛陀沒講論，其實佛陀也講論的；只是論藏大部分是弟子們對於佛陀經義的歸納居多。

經、律、論合講為「三藏」，研究經藏的叫「經師」，研究律藏的叫「律師」，研究論藏叫「論師」，通達三藏者叫「三藏法師」，所以「唐三藏」其實並不是特定人的專稱，但因為西遊記的關係，所以大家聽到唐三藏就自然聯想到玄奘法師。但其實唐三藏意指唐朝通解三藏的法師，所以像我們在藏經裏，常可以看到「唐三藏 不空」、「唐三藏 善無畏」……等，不空、善無畏等大師，皆可稱唐三藏之一，唐朝的三藏大師約有數百位之多；而通禪的叫「禪師」。

現在一般稱法師是指能講法的出家眾，出家眾有比丘跟比丘尼。但大師的名號，原來惟佛陀方足以當之，不過現在外面號稱大師的人很多。至於和尚，「和尚」二字是好話，就像一般稱「喇嘛」或「仁波切」，是「老師」之意，因此佛陀可稱釋迦牟尼和尚，傳戒的出家眾稱傳戒和尚。一般我們去受戒皈依時，這授戒的和尚或受皈依的法師是代表三寶給我們授戒皈依，三寶如果是一個學校的話，和尚是幫我們註冊的校務人員。所以我們是皈依三寶，而不是某某法師。

經、律、論在印度稱為三藏，到中國之後改稱為「一切經」，而那時的一切經都是用抄寫的，並不是像現在一部部集合成冊的大藏經。在魏晉南北朝時稱為「一切經藏」，當時只有抄錄經名而已，唐代才慢慢開始有刻版印經出現，但正式印版的第一套藏經是宋朝的宋藏《開寶藏》，也叫蜀藏。從唐代開始，藏經才開始編入中國本土祖師的著述。

韓國海印寺有一部「八萬大藏經」，以前有一部著名的電影「空山靈雨」就是在海印寺拍的。為什麼叫八萬大藏經？因為該部大藏經是由八萬塊刻版組成，也叫高麗藏；原來大藏經裡，宋藏是最好的一個版本，但宋藏後來散失了。而後來的大正藏是以高麗藏為母本的，高麗藏版也是不錯的一個藏經版本。幾乎每一個時代都有藏經。

這裏順帶告訴大家怎麼看藏經。這藏經最底下的部分稱為「校勘」，是藏經很重要的部分，比如校勘的地方會寫「原本冠註……」，或「…經……作……」，這是同一部經的不同版本的差異處記錄。又比如「三本」，意指宋、元、明三本，因為有這些不同版本的差異，我以前主編經典的時候，就遇到一些為難之處，比如有讀者會拿著他手上的流通版，說我所編的經典內文有誤。我告訴他這是採用大正藏的版本，但是大部份的人不了解，也不知道同樣一部經可能就有好幾種版本，而每個時代抄經抄來抄去，難免有脫落或誤植，尤其是流通本還經常是後人自己附加上某些內容。

我跟大家報告，同一部經的不同版本就是不一樣，為什麼？因為抄來抄去，抄到最後就不一樣了。所以校勘是一部藏經最重要的部分，裡面是幾十種藏經合在一起的差異記錄，有時候從這個校勘記錄裡，就可以猜出這個經文正確的字大概是什麼，校勘本身是一門很大的學問。我本來要編一部重新標點的大藏經，但後來沒有完成。不過在目前中文經典裡頭，以重新標點的經文來說，一千萬字之中，大概有八、九百萬字是我標點的，像《大般若經》、《華嚴經》、《阿含經》等都是我重新標點的，但有些以筆名出現，這些都是奠基的工作。

第三篇
《體性大悲王・千手觀音行法儀軌》

第一章

《體性大悲王・千手觀音行法儀軌》

體性大悲王・千手觀音行法儀軌——長軌

法界如來自性大悲教授・自顯千手觀自在圓滿成就

大悲行者　洪啟嵩造

爾時大梵天王從座而起，整理衣服，合掌恭敬，白觀世音菩薩言：「善哉！大士！我從昔來經無量佛會，聞種種法、種種陀羅尼，未曾聞說如此無礙大悲心大悲陀羅尼神妙章句。唯願大士為我說此陀羅尼形貌狀相，我等大眾願樂欲聞。」

觀世音菩薩告梵王言：「汝為方便利益一切眾生故，作如是問。汝今善聽，吾為汝等略說少耳。」

觀世音菩薩言：「大慈悲心是，平等心是，無為心是，無染著心是，空觀心是，恭敬心是，卑下心是，無雜亂心、無見取心是，無上菩提心是。當知如是等心即是陀羅尼相貌，汝當依此而修行之。」

大梵王言：「我等大眾，今始識此陀羅尼相貌，從今受持，不敢忘失。」

觀世音言：「若善男子、善女人，誦持此神咒者，發廣大菩提心，誓度一切眾生，身持齋戒，於諸眾生起平等心。常誦此咒，莫令斷絕。住於淨室，澡浴清淨，著淨衣服，懸旛然燈，香華、百味飲食以用供養，制心一處，更莫異緣。如法誦持。是時當有日光菩薩、月光菩薩與無量神仙來為作證，益其效驗。我時當以千眼照見、千手護持……。」

——《千手千眼觀世音菩薩廣大圓滿無礙大悲心陀羅尼經》

根本心要

法界體性自圓滿教授　三輪現空頓超能與所
無可表示最勝利莊嚴　皈命一切如來大悲性
無所住中大悲心普現　不可得中大悲界現成
金剛性體極幻實性顯　現成授記法界眾成佛
如是最密常寂大悲王　赤裸顯現千手千眼尊
密義光明虹光金剛鍊　無實自尊自圓滿顯現
如實教示以空顯於空　心心相成如光照於光
如水注水如月映於月　大悲心語陀羅尼現前
體性現成慈悲心如是　平等心是，無為、無染著

空觀現前，恭敬、卑下心　無有雜亂、無見取心是
無上菩提如實心現成　大悲心顯真實陀羅尼
自心自語自灌於自性　大悲怙主現前所交付
大悲佛子如實自受持　平等現成眾生全如來

一、說法因緣

佛子一心密願共祈請　千手千眼大悲勝利法
從本密明自性大悲主　法界體性極光明交付
法爾無生自顯最傳承　怙主如實現成大圓滿
隨所宣說寂密金剛光　一切眾生現前觀自在

二、皈命

無上菩提心　大悲金剛王　法爾如實現　眾生成寶王
南無本師釋迦牟尼佛
南無西方極樂世界阿彌陀佛
南無　過去無量億劫千光王靜住如來

南無　過去正法明如來

南無　大慈大悲千手千眼觀世音菩薩摩訶薩

南無　廣大圓滿無礙大悲心陀羅尼

南無　大悲心聖眾

三、懺悔

往昔所造諸惡業　皆由無始貪瞋痴

從身語意之所生　一切我今皆懺悔

往昔所造諸惡業　皆由無始貪瞋痴

從身語意之所生　觀音現前賜清淨

往昔所造諸惡業　皆由無始貪瞋痴

從身語意之所生　六根清淨見實相

四、發心

稽首觀音大悲主　願力洪深相好身

千臂莊嚴普護持　千眼光明遍觀照

真實語中宣密語　無為心內起悲心
速令滿足諸希求　永使滅除諸罪業
龍天眾聖同慈護　百千三昧頓薰修
受持身是光明幢　受持心是神通藏
洗滌塵勞願濟海　超證菩提方便門
我今稱誦誓歸依　所願從心悉圓滿
南無大悲觀世音　願我速知一切法
南無大悲觀世音　願我早得智慧眼
南無大悲觀世音　願我速度一切眾
南無大悲觀世音　願我早得善方便
南無大悲觀世音　願我速乘般若船
南無大悲觀世音　願我早得越苦海
南無大悲觀世音　願我速得戒定道
南無大悲觀世音　願我早登涅槃山
南無大悲觀世音　願我速會無為舍
南無大悲觀世音　願我早同法性身

我若向刀山　刀山自摧折　我若向火湯　火湯自消滅
我若向地獄　地獄自枯竭　我若向餓鬼　餓鬼自飽滿
我若向修羅　惡心自調伏　我若向畜生　自得大智慧

五、祈請

皈命大悲不動性　聖者無畏觀世音
一心憶念心如水　融於大海遍等持
相應尊性大悲種　日月流注淚光含
永誓皈依大悲心　千手千眼恆總持
具力大悲不動尊　願賜如來同慈力
南無大悲陀羅尼　廣大圓滿無礙心
如尊賜力大注空　智悲圓成水融水
一味現成法性圓　無間流水三摩地

六、自生觀本尊

法界大悲密眾身　現前千手觀世音

實相蓮台空自顯　紇利字流大光明
遍照一一佛世界　受苦眾生自解脫
乃至圓滿示全佛　光現千手觀自在
一切如來大悲心　悉集一體觀世音
施無畏者具妙色　金色暉曜超三界
首髻寶冠紺髮垂　頂上具足十一面
當前三面慈悲相　右三面具白牙出
左三面現忿怒相　當後一面暴笑相
頂上一面如來相　菩薩本面具三目
諸頭寶冠安化身　千手圓足千眼具
五部如來八妙手　各破廿五有一千
四十二手為根本　圓攝三世十方佛
右手青蓮次合掌　定印、鉢次三鈷杵
寶印、錫杖、施願手　數珠、瓶、箭、五色雲
次劍、白蓮、髑髏、鏡　月、鉤、化佛本寂靜
左手紅蓮次經篋　寶珠、螺次獨金杵

鐸、三鈷杵次釧、索　澡瓶、弓次傍牌、鉞
紫蓮、楊柳、白拂、輪　次日、宮殿顯莊嚴
各具妙力濟眾生　圓滿有情悉成佛

七、供養

備具供品，如力供養

1 外供

外供身器界　外顯諸法界　無我全獻供　無著娑婆訶
嗡、嗡、嗡、嗡、嗡、嗡、嗡……（廿一稱）

2 內供

內供無住心　意識祕密語　無為全獻供　寂滅娑婆訶

3 密供

密供勝甘露　心現千手尊　大悲空智乳　全供娑婆訶

4 法性供

圓頓法界體　誰爾不成佛　隨身相隨護　全佛娑婆訶

八、觀法爾本尊

自觀頂上白嗡（𑖌𑖼）字　喉間紅阿（𑖀𑖾）　胸藍吽（𑖮𑖳𑖽）
吽字放光照法界　迎請千手千眼尊　如實莊嚴示究竟
如實住頂首楞嚴

九、再供養

1 普供——廣大不空摩尼供

唵　阿謨伽　布惹　摩抳鉢那麼　縛日𠼝
oṃ amogha pūja maṇipadma vajre
怛他蘗多　尾路枳帝　三滿多　鉢囉娑　吽
tathāgata vilokite samanta prasara hūṃ

皈命不空供養寶珠蓮　廣大金剛如來觀普界
無量無邊微塵廣大數　供養雲海法爾自流出
法界道場普遍諸海會　一切聖眾無盡皆供養
特別千手千眼大悲尊　法爾成佛無盡遍法界

濟度眾生永無間斷時　無量威力自在賜法者
二利行願圓滿大成就　眾生全佛究竟大供養

2 四層供養

〈外供〉
外供身器界　外顯諸法界　無我全獻供　無著娑婆訶
嗡、嗡、嗡、嗡、嗡、嗡、嗡……（廿一稱）

〈內供〉
內供無住心　意識祕密語　無為全獻供　寂滅娑婆訶

〈密供〉
密供勝甘露　體性千手尊　大悲空智乳　全供娑婆訶

〈法性供〉
圓頓法界體　誰爾不成佛　隨身相隨護　全佛娑婆訶

十、相攝

般若法身三昧耶　入我我入一合相
惹吽鑁霍圓相攝（jaḥ hūṃ vaṃ hoḥ）

無二本然千手尊

十一、五佛灌頂

現觀五佛大灌頂　圓成法爾千手尊
千手觀音遍光明　無二本然大悲主

十二、拙火虹身特別修習

法界同相本解脫　蘊處界身蓮華藏
平等會注身中圍　輪圓具足自尊勝
拙火引燃中脈空　智焰熾烈如燃燭
頭手足指密空融　會入實相一義中
次第流注會中脈　惟一明點菩提珠
豁然寂密常寂光　法爾自在尊勝王

十三、讚誦

諸佛大悲勝總集　法界如母觀世音

千手光明普注照　一切眾生得護持
如母大慈育護子　法界有情成佛子
如實覆育得圓滿　佛子金剛薩埵顯
一切眾生成如來　十方三世全如來
頂禮大悲心佛母　永憶皈命悲母恩
如母普度一切眾　如母現成觀世音
如母現前千手眼　普見眾生全成佛

十四、密咒

1 大悲咒

南無喝囉怛那哆囉夜耶一　南無阿唎耶二　婆盧羯帝爍鉢囉耶三　菩提薩跢婆耶四　摩訶薩跢
婆耶五　摩訶迦盧尼迦耶六　唵七　薩皤囉罰曳八　數怛那怛寫九　南無悉吉利埵伊蒙阿唎耶十　婆
盧吉帝室佛囉愣馱婆十一　南無那囉謹墀十二　醯唎摩訶皤哆沙咩十三　薩婆阿他豆輸朋十四　阿逝孕
十五　薩婆薩哆那摩婆伽十六　摩罰特豆十七　怛姪他十八　唵阿婆盧醯十九　盧迦帝二十　迦羅帝二十一
夷醯唎二十二　摩訶菩提薩埵二十三　薩婆薩婆二十四　摩羅摩羅二十五　摩醯摩醯唎馱孕二十六　俱盧俱盧
羯懞二十七　度盧度盧罰闍耶帝二十八　摩訶罰闍耶帝二十九　陀羅陀羅三十　地利尼三十一　室佛囉耶三十二

遮羅遮羅三十三　摩摩罰摩囉三十四　穆帝囇三十五　伊醯移醯三十六　室那室那三十七　阿囉嘇佛囉舍利三十八　罰沙罰嘇三十九　佛羅舍耶四十　呼嚧呼嚧摩囉四十一　呼嚧呼嚧醯利四十二　娑囉娑囉四十三　悉利悉利四十四　蘇嚧蘇嚧四十五　菩提夜菩提夜四十六　菩馱夜菩馱夜四十七　彌帝利夜四十八　那囉謹墀四十九

地唎瑟尼那五十　波夜摩那五十一　娑婆訶五十二　悉陀夜五十三　娑婆訶五十四　摩訶悉陀夜五十五　娑婆訶五十六　悉陀喻藝五十七　室皤囉耶五十八　娑婆訶五十九　那囉謹墀六十　娑婆訶六十一　摩囉那囉六十二　娑婆訶六十三　悉囉僧阿穆佉耶六十四　娑婆訶六十五　娑婆摩訶阿悉陀夜六十六　娑婆訶六十七　者吉囉阿悉陀夜六十八　娑婆訶六十九　波陀摩羯悉哆夜七十　娑婆訶七十一　那囉謹墀皤伽囉哪七十二　娑婆訶七十三　摩婆利勝羯囉夜七十四　娑婆訶七十五　南無喝囉怛那哆囉夜耶七十六　南無阿唎哪七十七　婆嚧吉帝七十八　爍皤囉夜七十九　娑婆訶八十　唵悉殿都曼哆囉鉢馱耶八十一　娑婆訶八十二

大悲咒（加羅馬拼音）

南無喝囉怛那哆囉夜哪　南無　阿唎哪　婆盧羯帝爍鉢囉哪
namo ratna-trayāya　nama　āryā-　valokite-śvarāya

菩提薩路婆哪　摩訶薩路婆哪　摩訶迦盧尼迦哪　唵　薩皤囉罰曳
bodhi-sattvāya　mahā-sattvāya　mahā-kārunikāya　oṃ　sarva rabhaye

數怛那怛寫　南無悉　吉利埵　伊蒙　阿唎哪
su-dhanadasya　namas　kṛtvā　imaṃ　āryā -

婆盧吉帝室佛囉　嘮馱婆　南無　那囉謹墀
valokite-śvara　raṃ-dhava　namo　narakindi

醯唎摩訶皤哆沙咩　薩婆阿他豆輸朋　阿逝孕　薩婆薩哆那摩婆伽
hrīḥ mahā-vata same　sarva athatu śubhaṃ　ajeyaṃ　sarva sat nama vāka

摩罰特豆　怛姪他　唵　阿婆盧醯　盧迦帝　迦羅帝　夷醯唎
mavita-do　tad yathā　oṃ　avaloki　lokate　krānte　e hrīḥ

摩訶菩提薩埵　薩婆　薩婆　摩羅　摩羅　摩醯摩醯唎馱孕
mahā-bodhi-sattva　sarva　sarva　mala　mala　mahima hṛdayaṃ

俱盧　俱盧　羯懞　度盧　度盧　罰闍耶帝　摩訶罰闍耶帝
kuru　kuru　karmaṃ　dhuru　dhuru　vijayate　mahā-vijayate

陀羅陀羅　地利尼　室佛囉耶　遮羅　遮羅　摩摩罰摩囉
dhara dhara　dhiriṇī-　śvarāya　cara　cara　mama vimala

穆帝囇　伊醯　移醯　室那　室那　阿囉嵾佛囉舍利　罰沙罰嵾　佛羅舍耶
muktele　ehi　ehi　śina　śina　ārṣaṃ par-śali　viṣa viṣaṃ　pra-śaya

呼嚧呼嚧　摩囉　呼嚧呼嚧　醯利　娑囉　娑囉
huluhulu　māra　huluhulu　hrīḥ　sara　sara

悉利　悉利　蘇嚧　蘇嚧　菩提夜　菩提夜　菩馱夜　菩馱夜
siri　siri　suru　suru　bodhya　bodhya　bodhaya　bodhaya

彌帝利夜　那囉謹墀　地唎瑟尼那　波夜摩那　娑婆訶
maitryā　narakindi　dhṛṣṇinā　vāya mana　svāhā

悉陀夜　娑婆訶　摩訶　悉陀夜　娑婆訶　悉陀喻藝　室皤囉夜　娑婆訶
siddhāya　svāhā　mahā-siddhāya　svāhā　siddha yoge-　śvarāya　svāhā

那囉謹墀　娑婆訶　摩囉那囉　娑婆訶　悉囉僧阿　穆佉耶　娑婆訶
narakindi　svāhā　maraṇa-ra　svāhā　śira siṃha　mukhāya　svāhā

娑婆　摩訶　阿悉陀夜　娑婆訶
sava　mahā-　asiddhāya　svāhā

者吉囉阿悉陀夜　娑婆訶　波陀摩　羯悉哆夜　娑婆訶
cakra hastāya　svāhā　padma　hastāya　svāhā

那囉謹墀　皤伽囉𠺕　娑婆訶　摩婆利勝羯囉夜　娑婆訶
narakindi　vāgarāya　svāhā　mavari śaṅkarāya　svāhā

南無喝囉怛那哆囉夜耶　南無　阿唎𠺕　婆嚧吉帝　爍皤囉夜　娑婆訶
namo ratna-trayāya　nama　āryā-　valokite-　śvarāya　svāhā

唵　悉殿都　曼哆囉　鉢馱耶　娑婆訶
oṃ　sidhyantu　mantra　padāya　svāhā

2 懺悔

大悲體性懺　寂靜住本然　現前眾成佛　究竟第一懺

如實實相觀　罪業如霜露　自銷自清涼　忽憶生全佛
吉祥金剛定　嗡班雜薩埵　阿體本無生　長阿住明空

3 誦百字明

唵　跋折囉　薩埵　三摩耶　麼奴波邏耶
oṃ vajra- sattva- samaya mānu pālaya
皈命　金剛薩埵　三昧耶　願守護我

跋折囉薩埵哆吠奴烏播底瑟吒　涅哩荼烏銘婆嚩
vajra- sattva tveno patiṣṭha　dṛḍho me bhava
為金剛薩埵位　為堅牢我

素覩沙榆銘婆嚩　阿努囉訖覩銘婆嚩　素補使榆銘婆嚩
sutoṣyo me bhava　anurakto me bhava　supoṣya me bhava
於我可歡喜　令我隨心歟　令我善增益也

薩婆悉地　含銘般囉野綽
sarva-siddhiṃ　me prayaccha
授與我一切悉地

薩婆羯磨素遮銘　質多失唎耶
sarva-karmasu ca me　citta śriya
及諸事業　令我安穩

句嚧　吽　呵呵呵呵　護　薄伽梵
kuru hūṃ ha ha ha ha hoḥ bhagavaṃ
作　吽　（四無量心、四身）喜樂之聲　世尊

薩婆怛他揭多　跋折囉麼迷悶遮
sarva-tathāgata- vajra mā me muñca
一切如來　願金剛莫捨離我

跋折哩婆嚩摩訶三摩耶薩埵　阿
vajribhava mahā-samaya-sattva āḥ
令我為金剛三昧耶薩埵　阿（種子）

（不熟者亦可唸「唵　跋折囉薩埵　啊」或「唵　跋折囉薩埵　啊　吽」oṁ vajra-sattva āḥ 或 oṁ vajra-sattva āḥ hūṃ 亦可。）

十五、迴向

南無大悲千手千眼觀世音菩薩摩訶薩
廣大圓滿自性大悲法　法界如來悲心總集前
願尊歡喜如願皆攝受　所行功德現前普迴向
願諸眾生平等普成佛　十法界眾現成如來眾

特別三惡道中眾有情　一切障難迴向祈全消
無礙飽足滿喜全心願　智慧悲心菩提命增長
大菩提道如心皆圓滿　一切迴向祈願咸成滿
五毒三業病魔祈消除　六大災障人禍戰爭無
國土安康喜樂具增長　圓滿法界現成清淨土
具足世出世間大勝福　長壽自在大悲德常住
地球娑婆圓成菩提土　同心共圓眾生全佛陀
願吾密修法行一切眾　傳承勝利如佛無量光
具足大力大福大勇猛　大空大智大悲度眾生

體性大悲王・千手觀音行法儀軌——短軌

法界如來自性大悲教授・自顯千手觀自在圓滿成就

大悲行者　洪啟嵩造

一、皈命

無上菩提心　大悲金剛王　法爾如實現　眾生成寶王

南無本師釋迦牟尼佛

南無西方極樂世界阿彌陀佛

南無　過去無量億劫千光王靜住如來

南無　過去正法明如來

南無　大慈大悲千手千眼觀世音菩薩摩訶薩

南無　廣大圓滿無礙大悲心陀羅尼

南無　大悲心聖眾

二、懺悔

往昔所造諸惡業　皆由無始貪瞋痴　從身語意之所生　一切我今皆懺悔

往昔所造諸惡業　皆由無始貪瞋痴　從身語意之所生　觀音現前賜清淨

往昔所造諸惡業　皆由無始貪瞋痴　從身語意之所生　六根清淨見實相

三、發心

稽首觀音大悲主　願力洪深相好身　千臂莊嚴普護持　千眼光明遍觀照
真實語中宣密語　無為心內起悲心　速令滿足諸希求　永使滅除諸罪業
龍天眾聖同慈護　百千三昧頓薰修　受持身是光明幢　受持心是神通藏
洗滌塵慈願濟海　超證菩提方便門　我今稱誦誓歸依　所願從心悉圓滿
南無大悲觀世音　願我速知一切法　南無大悲觀世音　願我早得智慧眼
南無大悲觀世音　願我速度一切眾　南無大悲觀世音　願我早得善方便
南無大悲觀世音　願我速乘般若船　南無大悲觀世音　願我早得越苦海
南無大悲觀世音　願我速得戒定道　南無大悲觀世音　願我早登涅槃山
南無大悲觀世音　願我速會無為舍　南無大悲觀世音　願我早同法性身
我若向刀山　刀山自摧折　我若向火湯　火湯自消滅
我若向地獄　地獄自枯竭　我若向餓鬼　餓鬼自飽滿
我若向修羅　惡心自調伏　我若向畜生　自得大智慧
眾生被困厄　無量苦逼身　觀音妙智力　能救世間苦

具足神通力　廣修智方便　十方諸國土　無剎不現身
種種諸惡趣　地獄鬼畜生　生老病死苦　以漸悉令滅
真觀清淨觀　廣大智慧觀　悲觀及慈觀　常願常瞻仰
無垢清淨光　慧日破諸闇　能伏災風火　普明照世間
悲體戒雷震　慈意妙大雲　澍甘露法雨　滅除煩惱焰
諍訟經官處　怖畏軍陣中　念彼觀音力　眾怨悉退散
妙音觀世音　梵音海潮音　勝彼世間音　是故須常念
念念勿生疑　觀世音淨聖　於苦惱死厄　能為作依怙
具一切功德　慈眼視眾生　福聚海無量　是故應頂禮

四、祈請

皈命大悲不動性　聖者無畏觀世音　一心憶念心如水　融於大海遍等持
相應尊性大悲種　日月流注淚光含　永誓皈依大悲心　千手千眼恆總持
具力大悲不動尊　願賜如來同慈力　南無大悲陀羅尼　廣大圓滿無礙心
如尊賜力大注空　智悲圓成水融水　一味現成法性圓　無間流水三摩地

五、供養

1 普供——廣大不空摩尼供

唵　阿謨伽　布惹　麼抳鉢那麼　嚩日𡃤
oṃ amogha pūja maṇi padma vajre
怛他蘖多　尾路枳帝　三滿多　鉢囉娑嚩　吽
tathāgata vilokite samanta prasara hūṃ

皈命不空供養寶珠蓮　廣大金剛如來觀普界
無量無邊微塵廣大數　供養雲海法爾自流出
法界道場普遍諸海會　一切聖眾無盡皆供養
特別千手千眼大悲尊　法爾成佛無盡遍法界
濟度眾生永無間斷時　無量威力自在賜法者
二利行願圓滿大成就　眾生全佛究竟大供養

2 四層供養

〈外供〉

外供身器界　外顯諸法界　無我全獻供　無著娑婆訶

嗡、嗡、嗡、嗡、嗡、嗡、嗡……（廿一稱）

〈內供〉

內供無住心　意識祕密語　無為全獻供　寂滅娑婆訶

〈密供〉

密供勝甘露　體性千手尊　大悲空智乳　全供娑婆訶

〈法性供〉

圓頓法界體　誰爾不成佛　隨身相隨護　全佛娑婆訶

六、讚誦

諸佛大悲勝總集　法界如母觀世音　千手光明普注照　一切眾生得護持

如母大慈育護子　法界有情成佛子　如實覆育得圓滿　佛子金剛薩埵顯

一切眾生成如來　十方三世全如來　頂禮大悲心佛母　永憶皈命悲母恩

如母普度一切眾　如母現成觀世音　如母現前千手眼　普見眾生全成佛

七、密咒

1 大悲咒

南無喝囉怛那哆囉夜耶一 南無阿唎耶二 婆盧羯帝爍鉢囉耶三 菩提薩埵婆耶四 摩訶薩埵婆耶五 摩訶迦盧尼迦耶六 唵七 薩皤囉罰曳八 數怛那怛寫九 南無悉吉利埵伊蒙阿唎耶十 婆盧吉帝室佛囉楞馱婆十一 南無那囉謹墀十二 醯唎摩訶皤哆沙咩十三 薩婆阿他豆輸朋十四 阿逝孕十五 薩婆薩哆那摩婆伽十六 摩罰特豆十七 怛姪他十八 唵阿婆盧醯十九 盧迦帝二十 迦羅帝二十一 夷醯唎二十二 摩訶菩提薩埵二十三 薩婆薩婆二十四 摩羅摩羅二十五 摩醯摩醯唎馱孕二十六 俱盧俱盧羯懞二十七 度盧度盧罰闍耶帝二十八 摩訶罰闍耶帝二十九 陀羅陀羅三十 地利尼三十一 室佛囉耶三十二 遮羅遮羅三十三 摩摩罰摩囉三十四 穆帝囇三十五 伊醯移醯三十六 室那室那三十七 阿囉嘇佛囉舍利三十八 罰沙罰嘇三十九 佛羅舍耶四十 呼嚧呼嚧摩囉四十一 呼嚧呼嚧醯利四十二 娑囉娑囉四十三 悉利悉利四十四 蘇嚧蘇嚧四十五 菩提夜菩提夜四十六 菩馱夜菩馱夜四十七 彌帝利夜四十八 那囉謹墀四十九 地唎瑟尼那五十 波夜摩那五十一 娑婆訶五十二 悉陀夜五十三 娑婆訶五十四 摩訶悉陀夜五十五 娑婆訶五十六 悉陀喻藝五十七 室皤囉耶五十八 娑婆訶五十九 那囉謹墀六十 娑婆訶六十一 摩囉那囉六十二 娑婆訶六十三 悉囉僧阿穆佉耶六十四 娑婆訶六十五 娑婆摩訶阿悉陀夜六十六 娑婆訶六十七 者吉囉阿悉陀夜六十八 娑婆訶六十九 波陀摩羯悉哆夜七十 娑婆訶七十一 那囉謹墀皤伽囉耶七十二 娑婆訶七十三 摩

婆利勝羯囉夜七十四　娑婆訶七十五　南無喝囉怛那哆囉夜耶七十六　南無阿唎耶七十七　婆嚧吉帝七十八

爍皤囉夜七十九　娑婆訶八十　唵悉殿都曼哆囉鉢馱耶八十一　娑婆訶八十二

大悲咒（加羅馬拼音）

南無喝囉怛那哆囉夜耶　南無　阿唎耶　婆盧羯帝爍鉢囉耶
namo ratna-trayāya　nama　āryā-　valokite-śvarāya

菩提薩跢婆耶　摩訶薩跢婆耶　摩訶迦盧尼迦耶　唵　薩皤囉罰曳
bodhi-sattvāya　mahā-sattvāya　mahā-kāruṇikāya　oṃ　sarva rabhaye

數怛那怛寫　南無悉　吉利埵　伊蒙　阿唎耶
su-dhanadasya　namas　kṛtvā　imaṃ　āryā –

婆盧吉帝室佛囉　楞馱婆　南無　那囉謹墀
valokite-śvara　raṃ-dhava　namo　narakindi

醯唎摩訶皤哆沙咩　薩婆阿他豆輸朋　阿逝孕　薩婆薩哆那摩婆伽
hrīḥ mahā-vata same　sarva athatu śubhaṃ　ajeyaṃ　sarva sat nama vāka

摩罰特豆　怛姪他　唵　阿婆盧醯　盧迦帝　迦羅帝　夷醯唎
mavita-do　tad yathā　oṃ　avaloki　lokate　krānte　e hrīḥ

摩訶菩提薩埵　薩婆　薩婆　摩羅　摩羅　摩醯摩醯唎馱孕
mahā-bodhi-sattva　sarva　sarva　mala　mala　mahima　hṛdayaṃ

俱盧　俱盧　羯懞　度盧　度盧　罰闍耶帝　摩訶罰闍耶帝
kuru kuru karmaṃ dhuru dhuru vijayate mahā-vijayate

陀羅陀羅　地利尼　室佛囉耶　遮羅　遮羅　摩摩罰摩囉
dhara dhara dhiriṇī- śvarāya cara cara mama vimala

穆帝囇　伊醯　移醯　室那　室那　阿囉嘇佛囉舍利　罰沙罰嘇　佛羅舍耶
muktele ehi ehi śīna śīna ārṣaṃ par-śali viṣa viṣaṃ pra-śaya

呼嚧呼嚧　摩囉　呼嚧呼嚧　醯利　娑囉　娑囉
huluhulu māra huluhulu hrīḥ sara sara

悉利　悉利　蘇嚧　蘇嚧　菩提夜　菩提夜　菩馱夜　菩馱夜
siri siri suru suru bodhya bodhya bodhaya bodhaya

彌帝利夜　那囉謹墀　地唎瑟尼那　波夜摩那　娑婆訶
maitryā narakindi dhṛṣṇinā vāya mana svāhā

悉陀夜　娑婆訶　摩訶　悉陀夜　娑婆訶　悉陀喻藝　室皤囉夜　娑婆訶
siddhāya svāhā mahā-siddhāya svāhā siddha yoge- śvarāya svāhā

那囉謹墀　娑婆訶　摩囉那囉　娑婆訶　悉囉僧阿　穆佉耶　娑婆訶
narakindi svāhā maraṇa-ra svāhā śira siṃha mukhāya svāhā

娑婆　摩訶　阿悉陀夜　娑婆訶
sava mahā- asiddhāya svāhā

者吉囉阿悉陀夜　娑婆訶　波陀摩　羯悉哆夜　娑婆訶
cakra hastāya svāhā padma hastāya svāhā
那囉謹墀　皤伽囉啝　娑婆訶　摩婆利勝羯囉夜　娑婆訶
narakindi vāgarāya svāhā mavari śaṅkarāya svāhā
南無喝囉怛那哆囉夜耶　南無　阿唎啝　婆嚧吉帝　爍皤囉夜　娑婆訶
namo ratna-trayāya nama āryā- valokite- śvarāya svāhā
唵　悉殿都　曼哆囉　鉢馱耶　娑婆訶
oṃ sidhyantu mantra padāya svāhā

2 心真言

唵　嚩日囉　達磨　紇哩
oṃ vajra dharma hrīḥ

八、懺悔

大悲體性懺　寂靜住本然　現前眾成佛　究竟第一懺
如實實相觀　罪業如霜露　自銷自清涼　忽憶生全佛
吉祥金剛定　嗡班雜薩埵　阿體本無生　長阿住明空

九、迴向

南無大悲千手千眼觀世音菩薩摩訶薩

廣大圓滿自性大悲法　法界如來悲心總集前
願尊歡喜如願皆攝受　所行功德現前普迴向
願諸眾生平等普成佛　十法界眾現成如來眾
特別三惡道中眾有情　一切障難迴向祈全消
無礙飽足滿喜全心願　智慧悲心菩提命增長
大菩提道如心皆圓滿　一切迴向祈願咸成滿
五毒三業病魔祈消除　六大災障人禍戰爭無
國土安康喜樂具增長　圓滿法界現成清淨土
具足世出世間大勝福　長壽自在大悲德常住
地球娑婆圓成菩提土　同心共圓眾生全佛陀
願吾密修法行一切眾　傳承勝利如佛無量光
具足大力大福大勇猛　大空大智大悲度眾生

第二章

千手觀音行法儀軌修持法教授

在本篇中，我們千手觀音的實修法門，總攝為實修法軌。我所造的這個法本，名為：「體性大悲王・千手觀音行法儀軌・法界如來自性大悲教授自顯千手觀自在圓滿成就」。這裏面包含了三個名稱：

1 體性大悲王
2 千手觀音行法儀軌
3 法界如來自性大悲教授自顯千手觀自在圓滿成就

將來各位成就之後，就可以說你所得到的教授就叫「體性大悲王」，或是「千手觀音行法儀軌」，也叫「法界如來自性大悲教授自顯千手觀自在圓滿成就」，以這個名稱，在法界中傳承。這樣的法本身，它的根本是沒有初、中、後，它是自顯教授。中間「千手觀音行法儀軌」是一個普通的名稱，這裡面用胎藏界法或金剛界法都可以的，像大悲胎藏曼荼羅裡的廿七面千手觀音有一個傳承是屬於胎藏界的。

千手觀音行法儀軌是一個普通的名稱，也是一個修持法的法本。在中國的天台宗，向來就是很流行的法本。從智者大師所寫的請觀音經行法開始，就有行法的法本，也就是從隋唐以來，中國就有這樣的行法法本，後來中國就有很多的懺法，如拜懺等，大家以為懺法就是是照著唸、拜；其實不然。天台宗的早期的懺法都是屬於行法，而其所謂的行法就是觀行法本。

我們要了解：懺法是為懺悔業障去實踐這個法，不是這個法專門只是為拜懺用，所以中國天台宗的行法，其修法是要觀想的。但是我們現在很多的法事，如放蒙山等，其實都是一種觀行法本，不過現在已淪為唸誦、唱誦為主，而不符原本其行法的意旨，大家想想看，釋迦牟尼佛會這樣唱誦嗎？

我並不反對唱誦，唱誦也是一個很好的方法，只是我們要了解法本更深刻的用意。「行法」原來的意思是「觀行」，「觀」才能「行」，「觀」是「觀想」，所以根本上是一種禪觀的修持。比如，「我此香花遍十方界」一句，大家不要以為只是唸過去而已，而是同時觀想此香花遍十方法界，一切諸佛皆得聞享而供養，所以花一拿起來就要運想而觀，故其基本上是一種禪觀，行法就是含有觀想的儀軌，而牽涉到觀想，就要修止觀。

千手觀音行法的基礎——戒、定、慧

自古以來，《阿含經》最主要即是以禪觀為中心的修持經典。《阿含經》中的禪法乃是以四禪為中心，故四禪名為「根本禪」。為何稱為「根本禪」？因其通世間禪、出世間禪、乃至世出世間禪、一切禪、一切三昧皆由此發生。

四禪加上四空定，稱為四禪八定，這四禪八定總共有八個定，即初禪、二禪、三禪、四禪、空無邊處定、識無邊處定、無所有處定、非想非非想處定，「禪」、「定」通稱為禪，四禪八定根本上是屬於世間禪，乃以定力為中心，未得解脫之禪定。再來是出世間禪，出世間禪是什麼？是在四禪八定一一禪定的修持裡，以慧力為中心，開悟而達到出世間的解脫，這開悟與否，便是世間禪與出世間的最大分野。「定」是讓煩惱沉澱平穩，而不是打破煩惱。「慧」則是打破煩惱，是以「定」無能解脫，「慧」乃出生死，所以「戒」、「定」、「慧」三學是解脫煩惱生死所必修。

「戒」是什麼？戒是一種生活型態，合理的生活型態即是符合戒，現在有很多人講「戒」，但都是落在「戒條」。戒條是什麼？戒條就是一部生活的法律，一部憲法，戒條是從生活實踐中去體察，如何讓生活能夠安穩的一個規定，所以戒條是為了安穩你的生活用的，是以生活為中心，不是戒法為中心，所以戒條就是生活，讓你生活安心，安心方能生解脫！要這樣子去理解戒條，了解佛法，否則你會掌握不到佛法的核心，以為佛法就是一大堆規定，而不知戒的核心精神就是「一種合理的現實生活」。

從安心恰當的生活中，修習禪定而產生定力，但單純定力無以解脫，所以必須發起智慧，而外道之世間禪未能解脫即因未能產生智慧，因此我們必須修學出世間禪定，而出世間禪定在何處可以發起呢？在下面的解說裡，大家就可以了解到為什麼定力那麼重要，又為什麼單憑定力無以解脫。

我們現在身處欲界，而欲界有男有女，欲界又分六天，而天界之人基本上皆有微細定力，而其定力比我們人強多了，乃透過禪修而來，故其定力名為「欲界定」。但欲界定並還算不上根本禪定（初禪以上才算）。但即使是只有欲界定，在我們修禪時，也會引發我們身心某種程度的改變。

基本上，我們的生命是三種行業運作型態，就人類而言，是身（身體）、語（語言）、意（意念）三業，而修行就是改變我們三業的運作型態，調伏身、語、意三業而轉化成諸佛三密，但有時候的修行方式是從六根下手，六根是眼、耳、鼻、舌、身、意，由六根修行即修眼根清淨、耳根清淨……等等。

所有的修行型態都是改變我們身心性命的一個方便，所有的修行型態都是扣緊以我們的生命為主體，調整它跟宇宙中的關係，透過調整這樣的相互關係，來改變我們的生命。因為我們的主體一直都在輪迴，而輪迴是因身、語、意三業的污染而發生，而污染的根源則來自於貪、瞋、癡三毒，或再加上慢、疑二者稱為五毒。

淨化身語意三業的觀行

三毒的根是無明，依無明而產生貪、瞋、癡。貪、瞋、癡控制你的身、語、意，即造就無明身、無明語、無明意，所以是「貪身」、「貪語」、「貪意」，「瞋身」、「瞋語」、「瞋意」，「癡身」、「癡語」、「癡意」，就各個人彼此間之比較，有人貪瞋癡厚重，有的人貪瞋癡習氣薄。而就貪瞋癡在單一個人身上之比例而言，有的人比較貪，比如看一個人的身材比較肥胖，就知道這個人可能比較貪——貪吃，再看另一個人身材比較瘦弱，所謂瘦枝萎葉，就知道這個人可能瞋心特重，就是氣到瘦了，而另外一個人肩膀高聳，形容枯槁，就知道這個人可能屬於愚癡一型，過於劬勞，為了家庭，重擔一肩挑。所以，有些人貪佔二分之一，瞋佔四分之一，癡佔四分之一，而有些人是特別貪的，其貪則佔三分之二，至於貪的作用太強的，就跑到餓鬼道去了，瞋的太嚴重的，就落入地獄裡面，癡的太凶者，就淪為畜牲。但貪、瞋、癡還是會有一些比例存在的，比如你不能說畜牲是純癡不貪，畜牲也貪吃，只是笨得連貪都不大顯示出來。

所以貪、瞋、癡在輪迴裡是不斷的顯示它的作用，在輪迴裡運轉不停。但笨到極點了，在輪迴裡，這個癡業會不斷的消逝淡薄，有一天，他會忽然間清醒過來，發覺自已怎麼會這麼笨？然後就離開畜牲道的業，投生到人道去了。

各位，這代表什麼？這代表業障本身，它的體性能做好的業，能做不好的業，造了不好的業，將來會累聚業障習染而把自心遮蔽，直到有一天業消乍醒，卻又自視聰明，再跑去與瞋相應，作瞋的事情，又從而累積瞋業，六道輪轉，莫之能停。

人與三惡道眾生相比，雖然業稍薄些，但也聰明不了多少。貪、瞋、癡在我們的身心上起作用，比如有的人貪的作用在身體上特別大，就顯得比較肥胖（除了少數人因為內分泌不平衡導致身軀肥大者為例外），另外有的人貪在語的作用上特別大，講不到三句話，話題就在錢上打轉，再有的人意貪特別重，怎麼想都一直在想錢；但其實也不是真的貪，貪不夠貪，如果真貪的話，那我現在把一張大鈔擺在你們眼前，你有辦法能夠意貪在這張鈔張上，一個小時不轉念、不分心，完全的專注在這貪想上嗎？如果真可以專注貪想，不動第二念的話，那就可以入貪三摩地了，但其實大部分的人專注不到幾秒鐘，又轉念到其他事情上了，所以是貪不夠貪，貪不到底。

貪、瞋、癡產生業力的作用之後，它會馬上回應而登錄在你的心，就變成因，所以一個凶惡的人，他平日用盡心思恐嚇、傷害、無所不用其極的侵損別人，他一天到晚想的都是這些如何修理別人的刑罰及各種害人的招式，這樣的人，他晚上作夢會夢到什麼？夢中他能害誰？當然是害自己呀！而落入地獄的時候，也是他專門在害自己！在夢裏他只能對付自己。

最底層的地獄名為阿鼻地獄，又稱為無間地獄，在這個地獄有三種無間：時間無間、空間無間、受苦無間。在裡面受苦的人，永遠只有他自己，他一個人佔有整個完整的空間，跟宇宙一樣大的空間，來修理自己，而且永不間斷。第三個更可怕的是，永遠不會死；他昔日所有各種害人的方法，在那時候都會在心中浮現，而在地獄的情形是跟夢中情境一樣，只要一想到什麼，馬上就實現感同身受的遭遇，比如一想到把某人淹死，自己馬上感應溺斃的感受，一想到把某人千割萬剮，自己馬上就感受如同刀下魚肉的痛苦，這些想法跟苦受是馬上反應，立即實現的，猶如夢中。

那為什麼起惡念者與受害者是同一個人呢？就比如一部電腦，它的硬碟空間已經被各種資料跟程式塞滿了，它已經不能運作了，最後就當掉自己一樣，也比如一個人，他一天到晚只想傷人害人，他天天都在做這樣的惡業，直到有一天他老到不能動了，失去行動力了，可是這時候他心裡還是一直籠罩在害人的想法裡，這時他想害人先害誰呢？當然是自己！所以，現在很多人為什麼會自虐，因為如果一個人的心裡如果只有害人的方法，最後沒有人可以害的話，只好害誰？一定是修理自己！不可能修理別人，人是很會折磨自己的。這種一天到晚心裡都在想著傷害別人的人，最後的結果，就只剩下傷害是他唯一的本性而已。而這樣的人，他後來是怎麼改變業障呢？就是他在受苦裡頭不斷的殺來殺去，讓他沒時間去再去造新的惡業，而原先的惡業不斷清除，最後變淡了，然後才轉生到別的地方去。

無明行業就是這樣週而復始。無明是因，「貪、瞋、癡」三毒與「身、語、意」三業，這是一套相應的修法。而針對六根的相應，又是另一套修法，六根所見到的是六塵，而宇宙所存在現成的體性是六大，「六根」「六塵」「六大」都是一套一套的修法，而所有佛法，不管是顯教、密教，都含攝在裡面。懺悔業障有二套修法，一套是「身、語、意」三業的懺悔，一種是普賢、觀音的「法華系統」，是「六根懺悔」；以自己為中心，修整自己的三業，修整六根。從六根到六塵，中間產生六識，而宇宙基本的存在體性為六大，六大是五大（地、水、火、風、空）加「識大」，「六根」加「六塵」加「六識」加「六大」等於二十四，再從識裡面提出一個見（見大），所以二十四加見大等於二十五圓通。以自我為中心，包含整個宇宙的修法都在二十五圓通裡面，這是《楞嚴經》的修法系統。無論是那一個系統，所有的修法都是要把凡夫的三業轉成佛的三密。

我們了解輪迴是由於無明作業，那麼要解脫，就要從身語意三業或六根下手去修。無論是從那一個方向入手，都總攝在戒定慧三學之中。

修行首先要修戒，也就是過著恰當中道的生活，接著修定，依根本禪下手而習定，定力是什麼？猶如杯中濁水，先令沉澱，但定力一失，水復濁穢，煩惱依然，所以定力只是令煩惱暫時止息，不能解脫，如果要解脫，必須打破煩惱水缸，也就是要依智慧修學出世間禪定。

但一開始我們人身處欲界，初習定時，先發起欲界定，欲界定生起時，身心會開始改變，習定時要依毗盧遮那七支坐法開始，調整身、息、心；身不正，心難調，所以身要正，全身脈輪才會打開，頭腦才會清楚，身若不正，氣脈會受阻，即使獲得成就，身體也會損壞。再來是調息，息不調，心難平，所以禪定要從身、息、心的調整開始，身體要放鬆，呼吸調柔，心才能漸漸遠離執著。

隨著身體初步的得定，在欲界定時，身體會慢慢改變而脊柱自然扶直，所謂「有法持身」，就是氣脈漸通，本來要自己用力才能坐直，這時因為身體從裡面放鬆了，就自己不須費力而自然挺直，身體坐在那邊而若有若無，得持身法喜；接著呼吸就變細微了，心念也比較定了，煩惱也少了，這是欲界定。

然後從欲界到色界定又產生一些變化，我們這欲界身有內在的執著，一般人講中陰身，是將中陰當成靈魂，是一個固定不變的概念。但佛教所說的中陰不然，其本質是一種內在的執著，是指神識，中陰是無明所寄之處，也是輪迴流轉未脫苦趣之主體，有中陰代表你尚未成佛。曾經有一個大師一時失察而講過這樣一句話：「釋迦牟尼佛是中陰成佛！」，這是失察而講出的糊塗話，因為釋迦牟尼佛沒有中陰身，阿羅漢和佛陀都沒有中陰身，所以不可能釋迦牟尼佛在中陰成佛。但菩薩有中陰身，為什麼？因為菩薩留惑潤生，為了救度眾生，所以他會不斷的轉世，雖然菩薩的境界比阿羅漢高，但還是會有中陰身。

而一般人講中陰身是講靈魂，所以如果有人說你靈魂很清淨，你不要沾沾自喜，那其實是說，你雖然清淨，但還是會輪迴，所以不要聽信一些似是而非的話。

中陰從欲界轉到色界時，在轉換的過程裡，這中陰身——投胎的主體，會跟欲界身體間，產生短暫的失聯狀況，也就是欲界的中陰要轉成色界中陰身時，會感覺到自己的身體好像不存在了，但明明就是有呀！卻怎麼感覺好像消失一般，就是坐中忽覺「心眼所見，身心手足都無」，為什麼？裡面的感覺消失掉，但是心並沒有消失呀，卻看不見身體。為什麼？這是當時的心眼還不夠細，已經離開欲界的身體，但尚未進入色界，這是未到地定的境界，目前正處於欲界跟色界間的中繼站，欲界中陰正在轉化為色界中陰途中。

如此禪定繼續增上，接著，初禪的境界現起了，色界的中陰報身正式產生，此時色界中陰會跟欲界身重新產生聯結，這時會產生超越我們人間、欲界所有一切快樂的喜樂，從末稍神經傳到中樞神經，這是初禪的離生喜樂地，其上是二禪，二禪的定是從裡而外，是定生喜樂地，三禪是遍身大樂，四禪是不喜不樂地，再向上開展就轉到四空定。

根本禪主要以修定（止）為主，很多人是透過調身、調息、調心的方式，他可以完全沒有任何的想法，只要專注一個方法就可以修成，達到世間稀有的經驗。所以就有些人修到這境界就開始想像上帝，或者想像任何超越的存在，但還是沒有解脫。因為要解脫必須有解脫知見，這個解脫知見基本上可以以無我為開始，無我則沒有自體，時間是一切無常，空間是一切無我，對時空存在的觀照，了知其虛幻不實的實相，雖然我們現在還沒徹悟，但可以透過理性的分析，而知道時空的虛妄性，就以這無我觀、無常觀的基礎，再加上定力，就可以在初禪的時候有機會開悟了。

每一個禪定裡面，都有「退、住、進、達」四種情形，「退」是由上層禪定退落到下層的禪定，「住」是在這個禪定長久安住，「進」是由初、二、三、四禪一直往上進步，第四個達是最重要的，「達」是什麼？是開悟。所以，在初禪就開悟叫「達」，所以在初禪開悟可能證到四果阿羅漢的境界，在二禪中開悟了也可能成就阿羅漢。但如果到達四禪仍未開悟，則不叫阿羅漢。

講到這裡有一點要注意，古代有一個四禪比丘及當代有名的大師，都有以下的誤解，誤以為初禪就是初果，二禪即二果，三禪即三果，四禪即四果，這是錯誤的。

以前釋迦牟尼佛的第一個侍者善星比丘，他犯的錯誤就是這樣，他修到四禪，但他以為四禪得四果，結果往生時四禪中陰出現，就認為佛陀騙他，非常生氣而墮入地獄。其實是他自己認知錯誤。所以大家要注意，在初禪乃至四禪開悟，都可稱為阿羅漢，但若未開悟，不管初、二、三、四禪都不是阿羅漢，只是世間禪或天人而已。

初、二、三、四禪及四空定的前三個定（空無邊處定、識無邊處定、無所有處定）都可以開悟，因此這七個可能解脫的禪定境界，又稱為七依處，在其中解脫了則稱為慧解脫阿羅漢。慧解脫阿羅漢可能有神通，可能沒有神通，但是他得到電光三昧。

四禪再往上的四空定中，其中最高的禪定是非想非非想處定，這個地方沒有辦法開悟，因為定心過細，無法開悟。但是在這個定境裡，如果確立「無我觀」及「無常觀」，這時會忽然遠離受想，沒有時間、沒有空間，進入真正的定——滅受想定，這時就成就俱解脫阿羅漢，是大阿羅漢，絕對有神通。有少部分的三果聖人也可以到這邊，但基本上這樣的境界都是四果的大阿羅漢。

如果你問一個人你進入滅受想定多久？其實入定多久自己是不知道，因為時空已沒有意義，但出定後可以算出人間的入定時間。比如說入定七天，而這七天在定中是沒有感受的，若一個人說他在滅受想定中什麼都沒有感覺，都沒有感受，他感受到什麼都沒有感覺，什麼都沒有感受，這就是有感覺、有感受，就不是入滅受想定。總言之，在定中要有智慧的觀照，才能進入出世間禪定。

除了七依處之外，還有一個地方也可能開悟，就是未到地定，但這是比較特別的情況。

佛陀當時，有很多弟子開悟了，但是還沒有神通。有神通不一定有開悟，但是一般人對神通比較有興趣，因為可以在天上飛來飛去的，有許多神異的境界。世間許多其他宗教的禪定修鍊，也可以達到神通的境界。而佛教禪定和非佛教禪定兩者之間最大的差別是在「見地」上，佛教禪定是建立在「無常、無我、空」為中心的「三法印」上。

菩薩的禪定是世出世間禪定，菩薩要發起救度一切眾生的悲心，知道一切是空、如幻，但要救度一切眾生的緣故，故修此定；跟小乘禪定的差別是動機不同，雖然兩者見地是一樣的。

禪，包括定，包括一切；就原始佛法來講，就是以禪為中心。後來唯識學興起，禪修的名詞就變成「瑜伽」，「瑜伽」的名詞是受到印度教的影響，所以有所謂「瑜伽行者」；智者大師對於禪定又提出止、觀的說法，止是止息，把心止息，觀是起慧，也是用止息的心發起智慧，因為若不用止息的心觀察，會流於胡思亂想，是故「止」生「定」，「觀」生「慧」。

中國禪宗則基本上以禪師為中心，禪師直接以他的修證證量，來讓行者直接進入慧境，所以他能讓你剎那開悟。比如說，禪師冷不防大喝一聲：「你是誰？」，行者剎那間萬念俱消，倏然入定，也就是依禪師的威力，讓行者陷入剎那定境——止。但光止沒有用，密宗大圓滿大手印也是可以剎那產生這種定境，但只是安住在這裡沒有用，所以倏然再一下招就突然開悟了，而這基本上是跟禪師的證量威力有關。但禪師如果本身不具證量威力的話，你去他座下參究，兩人喝來喝去，也是無法開悟的，這樣並沒有什麼意義。

古代的懺法，實際上就是一種觀行的修法，是由止觀修法而來；如法本偈頌中說：「我此香花供養諸佛」，此時就要如誦而觀，像「瑜伽焰口」的主法法師若觀力不足的話，有時真的會被餓鬼追討。所以，行法、懺法基本上都是一種觀行的方法，要依禪觀的方法如法而修，但現在一般懺法已經流於只見唱誦的形式，而這其實並不是它的原旨。

元代藏密開始進入中國，很多的修法也跟著傳入，但藏密修法在中國最後也很多只流於儀式唱誦，比如修法中有的地方要彈指觀想現空（彈指是現空而觀之義），但現在很多參加法會的人變成只會彈指，而不知道這個意義主要是要現觀現空。

就禪定的修學而言，在印度原始佛教時期是很重視的，可以說是必修學分，佛法傳到了中國之後，中國的宗派對禪定的修學也還算普遍，但在西藏卻是少數人才可以修學的。在藏密裏，禪坐是不傳的。大家看過喇嘛打坐嗎？幾乎沒有，他們閉關時也是以修法為主修，而非坐禪。當然修法中有時候也會產生禪定。所以他們傳七支坐法是：「這只有二灌才能修！」，就是要二灌以上灌頂才能修。

但在中國，每一個人都可以打坐的，難道傳承要你不能打坐，你就不能打坐？傳承叫你此時不能成佛你就不准成佛，這是很奇怪的。

所以，大家對傳承的觀念要清楚。什麼是傳承？就拿真言來說，我教大家大悲咒，有要求大家要依我的口音唸嗎？如果一定要依師授，那假如我是湖南人或四川人，大家怎麼辨呢？你連聽都聽不懂！雖然我的梵語發音還算好，但也不是最準確的，所以我不會叫大家跟著我的語音唸。很多人說他的傳承是西藏音，我說：「難道釋迦牟尼是西藏人呀？」。我現在教大家持大悲咒，現在我的發音並不是最準的，但將來的話，我可能會學梵文，也許五年或十年後，我的發音又跟現在不一樣了，那到底你的發音是要學現在的我，還是那個時候的我？因此，這個不是最重要的，真正的傳承是來自什麼？開悟！以心傳心，傳承是以心傳心，不是外在的形式。

當然你如果是到一個所謂有傳承的道場，習慣上，因為尊重的緣故，就照著它的方法唸，那是很好的，但不要把這個變成一個不可改變的事實，那就很奇怪了，要知道：佛法真正傳承就是開悟，佛法的傳承就是開悟，這是唯一的傳承！

所以修法照既有的傳規去修是可以的，因為目前來講，你看到的就是這個傳規，而且也比較方便，就比如你到某個地方去，需要用電腦，而那裡只有一部蘋果電腦可以用，那你就用，而到另一個地方則有微軟系統可以用，那也可以用，而不是說非用什麼電腦不可。因此，傳承是一種文化現象，它不牽扯到一個根本的體悟——以心傳心的開悟，真正的佛法是對「三法印」的開悟，而不是你要唸ㄉ或ㄋ，比如有人說念南無ㄨㄛ彌陀佛才對，唸南無ㄚ彌陀佛不對，因為阿字要唸破音字「ㄨㄛ」，但依梵音阿彌陀佛是「Amita-buddha」，阿字不就發ㄚ嗎？

再舉個例子，比如作詩的曲牌「平平仄仄仄平平」，這個平仄的曲牌如果是唐代的話，那你只能把詩發台語音去對，而不能用國語去唸，因為現在的國語音跟唐代已經有很多字的發音不準了。所以對傳承的真實意義要弄清楚，不要受限於外在，但是要尊重人家現在在做的事情，要尊重現前這個因緣，只是不要把禮貌當成本質。

而是要找尋真正的本質，也就是修行是要改變你的身、語、意，不是只是改變你的外相或者身形，就比如前面所講的貪身，不是用減肥方式去改變，而是要遠離貪執，切莫以為身相改變，一定代表心相改變，那具有三十二相的轉輪聖王豈不是佛了嗎？

大悲心的傳承

前面到現在所講的為止，是讓各位了解法軌的意義，所有法軌是為你服務的，是要來幫助你成就的，你們如果成就了，將來也可以把這法傳下去。

舉例而言，《法華經》是有傳承的，《華嚴經》也是有傳承的，因為這是自古以來，古佛都講《華嚴經》，古佛也都講《法華經》，《法華經》是佛陀入於無量義三昧，用那個時代的語言，把一切眾生的體性，把諸佛永遠救度眾生的悲心展現出來，這就是《法華經》，佛陀講海印三昧的實相，這就是《華嚴經》。

所以，將來你們每一個人都要講《華嚴經》，也要講《法華經》，但講《華嚴經》、《法華經》並不是說，告訴大家這個法是以前那個佛講的，然後就把那個佛的生活形態，講過的每一句話，再背一次大家聽，佛是這樣講《法華經》的嗎？不是，是要用那個時代的語言，合乎那個時代的時空因緣，講那個時代的《華嚴經》，那個時代的《法華經》。要悟入自心，悟入自性的清淨，這才是傳承，才是核心點。要問有沒有開悟？有沒有解除你的煩惱？這才是有傳承或沒有傳承的關鍵點。

真正的傳承就是「三法印」，也就是「一實相印」，亦即是「大悲咒」，「大悲咒」的傳承就在「觀

世音菩薩言：大慈悲心是，平等心是，無為心是，無染著心是，空觀心是，恭敬心是，卑下心是，無雜亂心是，無見取心是，無上菩提心是。」，先問有沒有領到這個傳承的心要？了解這點之後，再來講你持誦的準不準確，會不會結手印，先仔仔細細的把這個心調整成大悲心，再說次要的。

所以，我們這個傳承為什麼叫「體性大悲王」？為什麼立這個名稱？這個名稱寫出來在法界中會很流行的，因為剛好就是很恰當這樣流露出來，而不是我的意念所生。

什麼叫「體性大悲王」？觀世音菩薩是一切諸佛悲心的總集，是一切諸佛悲心所顯現的，所以「體性」是什麼意思？不是你、我、他，不是觀世音的大悲心，如果有一個觀世音菩薩，有一個大悲心，那他不就落入時間、空間了嗎？他是空性的，一切諸佛為了救度眾生所現起的，是從體性中現起的，體性大悲，一切大悲之主，是一切大悲之王，故名「體性大悲王」，而這句話就代表了大悲心陀羅尼的傳承，也就是這個教導的傳承。

用大白話說，就是「千手觀音行法儀軌」，仔細解釋就是「法界如來自性大悲教授自顯千手觀自在圓滿成就」，這裡「法界如來」代表十方三世一切諸佛，沒有時空的分別。十方三世也有時候講十方十世，十方代表空間，十世則是由三世演變而來，即過去三世，現在三世，未來三世，再加上「空」，所以總共十世。

就像我們畫一個X軸，代表空間，Y軸代表時間，誰來總持這個時空？你的心！所以時空是由心所運作，如夢幻泡影。空，所以可以如是運作。因此，時間空間是虛妄的，因為虛妄的緣故，所以於當中才得以自顯。「法界」的梵文叫「dharma-dhātu」，意為一切法的界性，「dharma」是法，法界是一切法的界性，是超出時空宇宙的限制，「法界如來」是十方三世一切諸佛。

「自性大悲」，是「如來自性大悲」，每個如來的自性大悲跟我們的自性大悲是完全一樣，平等的，但是我們現在自性大悲未顯，所以「法界如來自性大悲」顯現千手觀音，來教授我們。「千手觀音」代表什麼？什麼叫「千手觀自在」？千手觀音代表十方諸佛的智慧威力，他悲心總聚而顯現的智慧威力，所以他具足五方如來的所有大悲功德，大智妙用，因此「自性大悲」教授我們自己顯現，自性顯現「千手觀自在圓滿成就」，也就是要我們成就千手眼觀世音菩薩，也就是要我們成就「體性大悲王」。

所以這法本的名稱：「體性大悲王」是「因」，「千手觀音」是「道」，「法界如來大悲教授自顯千手觀自在圓滿成就」是「果」，就是因、道、果三者皆圓滿。修行的次第可依因、道、果的方式講，也可以依見、修、行、果的方式講，以我們現在所教授的，是從「體性大悲」中出生，這「體性大悲」是因，而以「千手觀音行法」來作我們的道，然後成就「千手觀自在」為果，而果又入因，所以因果不二。大家如果懂了這三句話，就全部懂了。這個法門也就是從你「體性大悲」，而成就自己的「體性大悲」，所以說不離，只是一種發現！是依「本覺」來讓「外覺」修「自覺」，是以外佛來指導，而讓你「始覺」，「始覺」同於「本覺」；所以佛永遠不是新成，也不是舊有。

所謂「本初佛」是眾生始覺本初，而不是時空的第一尊佛，如果把「本初佛」誤解為時空的第一尊佛，那不就成了大梵天王嗎？「本初佛」是你始覺的時候，覺悟到：「啊！我體性本來是佛」，所以是我自本初，我一切本初！你也可稱為「無初」，但在自我覺悟那一剎那裡面，我有時空的次第，是你自我的傳承，而在法界當中，沒有時間、空間。所以開悟的時候，是離一切時空的對待，因之，睡也好，吃也好，走路也好，坐車也好，活著也好，死了也好，都是開悟，不待悟境而現前，一切現成。

所以，開悟並不是說我用一副開悟的眼鏡來看這個世界：「哇！你很空」，所以我悟了，不是這樣，這個空就是你的智慧，你有智慧，你看一切境界就是空，是當下對消，一切現成。這樣講也許太深了，但是，各位，沒有深淺！你們心裡都同意的，只是大家都有一個習慣，習慣什麼呢？「哇！這個太深了！」，用這個來妨礙自己的開悟而已。為什麼要妨礙自己開悟？就是貪玩，在貪、瞋、癡裡執著。

佛陀當時有很多弟子開悟，開悟後他們就離開佛陀，到十方去弘法，我真的很希望你們那一天也開悟，然後就走了，我們就不再見面，這是最好的事情，當然偶而見見面、喝喝茶也很好；但最主要是開悟了，就不必再見面了。

這才是真心話，你們要有這種信心，不須要再靠著我，但這樣子的話，反而是你們從來沒有離開。你們對這個要有信心，要有完全清楚的了解，那一天釋迦牟尼佛跑來跟你講說：「你的開悟是假的，我所說的是假的，大悲心陀羅尼是假的」，千手觀音也跑來跟你說：「一切都是假的！」，而你回答說：「真的也好，假的也好，你也好，我也好，都是如幻的，所以說，也沒有什麼需要相信，也沒有什麼需要不相信，大夥喝茶就好，來，你先請，喝杯茶」，他說：「嗯，不錯，不錯，這茶好喝！」，這不是很好嗎？所以說：「三十年來從來不缺米、醬、鹽。」你們可以做到的，要靠你們自己，你的「體性大悲」，而我只是很會敲邊鼓，我會找到你們心的傳承，你們自己傳授給自己，你們心向你們自己心傳承。

我上課時候講的很清楚，很多人對我的話不是很深刻了解，但你們如果真的了解我這些話，你們就會看到我真的是那樣子，我上次跟你們講過：「我是幻影，你心中的幻影」，你們開悟的時候，你會發現，這是真的，我是真的幻影，你們不要相信我，這個我不在我心中，我從來沒有想說我存在過，或不存在過，這不重要的，這幻影只是忙著作事。

千手觀音行法的核心

下面我引的這段經文是「千手觀音行法儀軌」的核心：「**爾時大梵天王從座而起，整理衣服合掌恭敬，白觀世音菩薩言：『善哉大士！我從昔來經無量佛會，聞種種法種種陀羅尼，未曾聞說如此無礙大悲心大悲陀羅尼神妙章句，唯願大士為我說此陀羅尼形貌狀相，我等大眾願樂欲聞。』觀世音菩薩告梵王言：『汝為方便利益一切眾生故**」，心心念念就是為了利益一切眾生故，所以這個梵王是菩薩，「**作如是問，汝今善聽，吾為汝等略說少耳。』觀世音菩薩言：『大慈悲心是，平等**

心是，無為心是，無染著心是，空觀是心，恭敬心是，卑下心是，無雜亂心、無見取心是，無上菩提心是，當知如是等心即是陀羅尼相貌。」」，你會發覺到，你的心顯現這樣，就像虛空的幻影一樣，你的慈悲心會展現最美的樣子，完全真善美的身影，一個慈悲心的舞蹈，這個舞蹈就是顯現大悲心，就是顯現大悲心陀羅尼。

「『汝當依此而修行之。』大梵王言：『我等大眾今始識此陀羅尼相貌，從今受持不敢忘失。』觀世音言：『若善男子、善女人，誦持此神咒者，發廣大菩提心，誓度一切眾生，身持齋戒，於諸眾生起平等心，常誦此咒莫令斷絕。住於淨室，澡浴清淨，著淨衣服，懸旛、然燈、香華、百味飲食，以用供養，制心一處，更莫異緣，如法誦持，是時，當有日光菩薩、月光菩薩，與無量神仙，來為作證，益其效驗；我時當以千眼照見，千手護持。』」，介紹了大悲咒的形貌之後，我們接著講這個「千手觀音行法儀軌」的根本心要，核心的心要。

根本心要

「**法界體性自圓滿教授**」，大家會發覺到，我不斷的用「自圓滿」，因為「自性」這二個字在佛法裡面是有點危險，為什麼？像六祖惠能大師說：「何期自性本自清淨，何期自性本自圓滿，何期自性本不動搖」等等，這裡的自性是什麼？有「自性」嗎？沒有自性！六祖是一個不世出的天才，但是他不是個書袋子，不識之無，他用的字，很多佛學院出身，或比較嚴謹的唯識學者，就會認為用「自性」有點問題，應該用「空性」才好，是空性沒錯，因為六祖講的自性就是空性，因為他從來沒有有一個自性在，但現在很多人講的「空性」卻是錯的「自性」，因為很多人講空性是認為「有一個空性」，六祖講自性的時候，卻從來沒有一個自性，但大部分講空性的人，包括一些佛學研究者以及很多認為自己很懂佛法的人，他們所講的空性，就是「有一個空」；所以，空性，沒有一個空性！空性只是現成呀，不需要「拿空印空」呀！

很多不悟空性的修行人，出門都要帶二樣東西，第一個是「般若眼鏡」，沒有般若眼鏡他出不了門，第二個是「空性印章」，沒有空性印章他不敢見人，怎麼說呢？看一個境界，這是空性，他就安心了，視一個景物，般若，他安心了。出門不需要這樣帶來帶去的，因為般若是什麼，般若是不待——不須要等待，現成——一切現成！也就是不用般若眼鏡看了之後，才能決定眼前是否空性，空性本是現成，還需要你決定嗎？空性是整個身心完全沒有預備，外境跟身心是一體的，看到外境不能有任何的遲疑，不是看到外境時卻說：「等一下，讓我準備好般若再來面對」，或者說：「等一下，讓我先把你空性一下，然後再印證我有般若」。

解脫的人不是這樣，解脫不是功夫，所以，不管你生病也好，你不生病也好，甚至我常講你就是已經是植物人，也不會障礙你的解脫體性。因此，我們修行一開始是要用心，但是證量不是功夫，涅槃不是功夫。因此，如果有人說他病來了，或者境界來了，心就提不起來，這句話就表示他證量不對，沒有涅槃。

我以前講過一個實際的故事，就是神通第一的目犍連之死。目犍連的弟子有很多是大國王及大臣，所以目犍連在當時是具有大威德、大勢力的佛弟子，印度當時的裸形外道對他既怕又恨，所以就用暗殺的方式，暗殺他，並且把他的骨頭一節一節的擊碎，因為目犍連有大神通，怕他復活，所以將他打成人泥。

舍利弗看到他這副慘狀，就問他：「兄弟啊，你不是神通第一嗎？那怎麼會被暗殺，被打成這樣？」目犍連就說：「業障現前啦，那時候我連『神』都想不起來，怎會想到『通』呢？」

這代表神通的功夫是技巧，所以說功夫在臨終的時候是會忘失的，但我想請問一下：「目犍連的涅槃有沒有忘失？」，沒有！他是現成涅槃，涅槃跟忘失不忘失無關，涅槃是現實的境界，是解脫了；很多人以為涅槃是長了某個東西上去，涅槃不是這樣，而是你無明煩惱的根源沒有了，輪迴的根本沒有就叫涅槃，涅槃是清淨、空的，是不會丟掉的；而功夫是讓你能達到涅槃，所以功夫是要的，但若自以為已達涅槃境界，卻又在這時候心力用不上，那不是涅槃境界，而是功夫不夠。

話再說回來，像目犍連已達涅槃解脫境界，但他還忘失神通功夫，這代表不圓滿，為什麼？如來不會忘記神通，因為如來不失念呀！也就是說，即使是已達解脫的阿羅漢，還必須在這涅槃境界上繼續下功夫，而修更深的菩薩行。所以功夫是解脫前後都要，欲達究竟圓滿的話，功夫在解脫後還是一直不斷，但對沒有開悟解脫的人，功夫不代表解脫，解脫就是解脫，但功夫可以增進解脫，解脫之後，又可以在功夫上不斷增進，來讓你解脫更加圓滿。

所以，要修大悲心陀羅尼，要先體會它的體性，也就是要體悟大悲咒的十種心、十種相貌，然後用什麼方法來增強這力量呢？持誦大悲咒。

因此所謂「法界體性自圓滿教授」，真正能教導你自己的，就是你的自心，我很希望你們能夠了解，千手觀音就是你的自心，你能發覺到你自心的悲心，那麼他就是千手觀音。所以希望大家不要老是用功夫來面對世間，而是用體性來面對世界。當然你現在證量不夠，因此你說：「唉呀，我要一副般若眼鏡」，但是你要知道你是用一副般若眼鏡在看，不要以為般若眼鏡是般若，你可以說：「啊，對不起，我現在沒辦法現空，我現在要觀空。」，那是了解跟分析，要幫助我們體悟，這是可以的，但是不要把這種相對性當成實性，那是方便，不是證量。

空，不是拿著空去印一切東西叫空，它是現現成成的，般若就是現空，現空就是般若，兩者都是現現成成的，你體悟到這個，不管你有沒有什麼真正圓滿境界，但是法界體性，我們的根本上是要自圓滿教授。

再來是「**三輪現空頓超能與所**」，三輪是什麼？主體、客體跟介面，即「能」、「所」以及中間的媒介，三輪是體空的，所以三輪現空，你要頓超能、所，這句話就讓你體悟到，千手觀音從來不離你的自心，不要遠離自心來學千手觀音，這樣子千手觀音是傷心的，當然你要學習千手觀音，這是好的，但那不是真正究竟的大悲心傳承，因為大悲心傳承是從你心上顯現的，不是從外面來的，要從你自心裡去體會千手觀音，去看到千手觀音。

第三句「**無可表示最勝利莊嚴**」，沒有辦法表示的，最殊勝、遠離言詮，遠離一切表示的最殊勝莊嚴。「**皈命一切如來大悲性，無所住中大悲心普現，不可得中大悲界現成**」，你自心無所住中，大悲心普遍顯現，而不可得的法界當中，大悲界現成，自心是大悲心，法界是大悲界，所以心界都是匯融於大悲，「**金剛性體極幻實性顯，現成授記法界眾成佛**」，金剛性體究極如幻，真實體性自顯現，這時現成授記，在法界當中，頓超時空能所，在這當中，現成授記法界眾成佛。當然，我們在海印三昧當中，在大悲金剛（千手觀音的密號）的心中，我們是什麼？是佛陀，他就是要教導我們成佛的。

這個法本，大家可以照其中的儀軌修持，照這樣修，能照儀軌觀想就照著觀想，以前已經有教大家如何修觀，而這裡的每一個字都有它的意思，所以你就依著訣要觀修思惟，每唸一遍儀軌，每次體會的深度會有所不同，而這儀軌中的文字，每一個都是空性的文字，修久了，到最後你們就自自然然安住在這境界裡面，心若與儀軌內義相應而清楚了，就不會受世間因緣法的變化所左右，不會去顛倒妄想，因為這大悲王的體性如是，所以，基本上要先體解這「根本心要」的要義。

「法界體性自圓滿教授，三輪現空頓超能與所」，法界的體性是空的，沒有一個東西叫作「法界的體性」，所謂體性光明並不是說有一個東西，而是遠離能、所，遠離執著，遠離分別之後，無以名之，假名之為「體性」，其實就是空，但也沒有一個東西叫作「空」，為了幫助我們了解這個事實，所以就假名曰「空」。

像《金剛經》是在講空義的一部經典，但是《金剛經》裡頭的文字，其中的「空」字，都是指空間，而不是般若空義，現在一般流通的《金剛經》，是鳩摩羅什的譯本，但在鳩摩羅什的時代，空字並沒有般若的義涵。佛教剛到中國時，有一段時間稱為「格義佛教」，由於當時中國並沒有解脫的文字，只有透過中國當時既有的文字中，相近的義理來趨近表達。

中國佛教可以說是印度佛教爸爸和西域佛教媽媽所哺育而生的，這個西域就是現代所說的中央亞細亞，這些以前都是佛教國家，但現在已經變成回教國家，漢朝時白馬馱經東來，佛教便是由中央亞細亞過來的，但剛開始的佛教為什麼叫「格義佛教」呢？因為中國本身當初並沒有般若思想，所以必須先透過道家無為的思想來表達。但道家的「無極」思想本來也只有「太極」的觀念，後來反過來也受到佛教的影響，而變成無極的思想，所以佛、道兩家的思想在早期是互相有影響的。

在鳩摩羅什時代，佛法的般若思想差不多已經發展圓滿了，但羅什翻譯的《金剛經》對於空義的解譯，最主要是用無常的觀念去詮釋，鳩摩羅什的弟子僧肇大師，他是中國格義佛教的終結者，也可說是中國般若思想完成建立者。他的思想受到鳩摩羅什的影響很大，但佛法的空義，卻在他手裡以般若重新認識，因為空義在傳統中國人的認識上，就是空無一物之意，但僧肇大師卻將其重新賦予空性般若的意義，全新的意涵和詮釋。他有一本著作在中國佛教歷史上非常重要，即《肇論》，肇論裡有所謂的「不真空論」，「不真」即是「空」，般若至此正式與空聯結，般若思想因此完整確立。

「空」，意指一切現象無常、無實、無我，也即是外境一切無常，主體、客體皆無我，體悟此理，心無所著，即是涅槃；涅槃則心無所住，一切諸相即是空、即是無我、即是無常。空是一切境界，般若是心，看到空即是般若，般若則一切境皆空。自僧肇大師用「不真」詮釋佛法「空」義之後，中國人開始能夠以中國的文字語言去思惟，了解佛法的空性、空相的道理，亦即以般若去體會空義。

心無所著，體性才能起作用，但這裡講的「體性」並不是指有一個東西或物的存在，所以「體性光明」並不是指有一個叫作體性的物會放光出來，而是說當你心一切不執著時，便有廣大的作用光明，能幫助一切眾生解脫。所以「體性光明」是指你心本空無所執，解脫的作用光明自然發出，而不是有物存焉而放光。法界本空，心亦無住，無明妄念，切割成二，主客宛然，執以為實；打破無明，妄我熄滅，能所一如，一切無分別，廣大光明。一旦開悟，體性無分別，有與無皆是戲論，因為至此你已了知一切皆是幻化，皆無自性，主客俱空，「空」之一字，亦復為空，空不可得，是名「空空」，「空」亦非無物，「空」非關於有物、無物。

因此我們可知「活在空中」的意義，是指心無所執，不迷於境，不為物惑，心得自在，解脫自由，即是「觀自在」，即是「空」也。「觀自在菩薩，行深般若波羅蜜多時」，「行」是現前實踐，「般若波羅蜜多」是大智慧到彼岸，加一個「深」字，是指這個智慧已經圓滿了，所以「行深般若波羅蜜多時」，就是拿這個已經圓滿的解脫去實踐運作，「照見五蘊皆空」，照見是智慧之照，「五蘊皆空」依玄奘大師的弟子窺基大師的翻譯是「五蘊等皆空」，「五蘊（等）」是指吾人身心，「五蘊（等）皆空」不是說沒有這個身體，而是指心從五蘊的執著裡解脫出來，獲得自在，離諸煩惱，而「度一切苦厄」，行此智慧法門者，即是「觀自在菩薩」也。

現在流行的《心經》是三藏法師玄奘大師翻譯，玄奘大師的中文、梵文、佛法的造詣，三者俱佳，所以像中文裡面本來沒有可以表達時態的文字，而為了表達印度梵文的時態意涵，因此他用「行」字來表達一切觀自在行者對於般若波羅蜜的實踐及運用，這是後來許多重譯心經者所不及的。

有了法界體性的空性智慧了悟之後，對一切不執著，心與心，心與法界一切皆無分別，無分別即是體性，無分別不是別有一物叫無分別，而是一切皆無分別，能於一切時中，心得自在，即是觀自在，觀自在圓滿觀自在，故名：「法界體性自圓滿教授」。

在我的教授之中，有一極重要的教導就是，明白指出你們要自己教授自己，我從不強調是我教導你們，為什麼？我經常告訴大家，我只是一個你們心中的幻影而已，一個夢中之人，進入你們的夢中，喚醒你們自觀自在從夢中醒覺的人。

我們再回到「根本心要」上來講，「三輪現空頓超能與所」，三輪是主體、客體及介面，一切運作都是空的，但空不是無物，而是在一切因緣變化當中，心無所執，心如果無執，則法界流通，菩薩就是在法界流通之中，廣行「輾轉善循環」的空花佛事，三輪現空，所以在主體、客體及介面當下超越。

一切現空而無可表示，但一切現空當中，卻現起最偉大、最究竟、最勝利的莊嚴，也就是說這個莊嚴是從心無所執、境不可得，一切現空當中所產生的，千手大悲觀音即是這個最勝利莊嚴的顯示，所以說：「無可表示最勝利莊嚴」。

「皈命一切如來大悲性」，空中才能真正生出大悲，觀世音菩薩是你的心，由這心中出生大悲自性（大悲祖母），教導自心之子，即金剛薩埵，由此大悲祖母（大悲）及般若佛母之教導，即生出心之普賢王如來，即是現前佛陀；也就是三位都是你自心，你成佛的傳承就是你自心、自性。

「無所住中大悲心普現」，無所住中，大悲心乃能現起。心無所住，境不可得；無所住心，即是如如之心，自在之心，不受外境所制約。

「不可得中大悲界現成」，法界一切現空不可得，境不可得。大悲心名「金剛心」，大悲界名「金剛界」，大圓滿教授中，心即是大悲心，即是無上菩提心，界即是法界，心界一如，即是教誡，即是口訣。究竟之口訣，大圓滿之口訣，意即無上菩提心是與法界等同；無所住，即是大悲心。界不可得，無所住、不可得，是名心界一如，法界眾生現前是佛，《金剛經》云：「**乃至無有少法可得故，是名阿耨多羅三藐三菩提**」，即是心界一如，現前眾生是佛，所以《金剛經》是不是講大圓滿法的經典呢？而這個心界一如，即是華嚴法界。

「金剛性體極幻實性顯」，了解一切完全是幻化，實性乃得顯現，了解一切不可得，即是「現成授記眾成佛」，這千手觀音現前的祕中之密是什麼呢？是諸佛現成授記，法界眾生全佛，大家現前即是佛，千手觀音的千手是幫助大家，千眼是觀注大家，通身手眼，就是教大家成佛！

其實，很多經典都是哄哄大家的，就是眾生如果有各種病痛煩惱，就先針對那病痛煩惱處理解決，解決問題之後，再下來就是教大家成佛。大家可以讀《首楞嚴三昧經》，講首楞嚴三昧的因地就是一般大家所熟悉的《楞嚴經》，講果地的就是《首楞嚴三昧經》，首楞嚴三昧經是佛果三昧。

其中有一個很有趣的故事，就是有一個魔王聽說佛陀要講《首楞嚴三昧經》，於是就起了壞念頭要去障礙，但首楞嚴三昧有一個特色，就是配備了自動防衛機制，如果有發心要破壞的人，意念稍起，手腳就會自動被繩子綁住而動彈不得，結果那位魔王才生起這個心念，全身就馬上自動被五花大綁，正當不知如何才能脫困之際，魔界行不污菩薩就來為他解圍。他告訴魔王，這是因為《首楞嚴三昧經》的威力所致，如果魔王能發起菩提心，度眾生成佛，繩子就會自動脫落。魔王心想：「既然這樣，我就假裝發心，隨便說說好了。」於是魔王為了解縛，假裝發起阿耨多羅三藐三菩提心，沒想到繩子就真的自動消失了。

於是魔界行不污菩薩就帶魔王到佛陀講經的地方，佛陀講經剛好講到授記的部分。佛陀授記眾生成佛有四種方式：有未發心而與授記，有剛發心而與授記，有祕密授記，有得無生法忍現前授記。而魔王一來，也被佛授記將來必將成佛。魔王一聽，馬上翻臉抗議：「我是假裝發心的！你怎麼真給我授記呢？我從來就不想成佛，你為什要給我授記呢？」但是他再吵也沒用，因為，這是首楞嚴三昧的威力故，即使是以輕戲心、不清淨心，聽聞《首楞嚴三昧經》的名字，而發菩提心的人，將來必定會成佛。由於這個典故，所以「現成授記法界眾成佛」一句，我並不是憑空捏造的，而是根據《首楞嚴三昧經》之理趣而造。

「**如是最密常寂大悲王，赤裸顯現千手千眼尊**」，常寂是常寂光體性，也就是法界體性，法性大悲王完全無障礙的顯現出來，就是千手千眼尊。五佛代表一切諸佛，五佛的大悲心顯現，就變成千手千眼尊。赤裸是完全無障礙之意。

「**密義光明虹光金剛鍊**」，諸佛菩薩身相所顯現的是密義光明，猶如彩虹般無實的金剛鍊光。光明有很多種類別，有世間光、定光（定力之光）、解脫光（智慧光明），而胎藏界跟金剛界的光也有所不同。但基本上有慧光、等持光、定光三種，定光是世間光，慧光是解脫光，等持光是定慧等持光。從法性光明所提煉出來的，叫金剛鍊光，所以佛菩薩的身形都是金剛鍊光所顯現的。如何顯現呢？猶如世間霓虹招牌裡的霓虹閃光，由諸佛智慧、慈悲、定力三者所提攝出之光，即是金剛鍊光，所以金剛鍊是空聚所成之空性光明，無實金剛鍊光可以聚成法器三昧耶、種子字、蓮花或佛身等。

「**無實自尊自圓滿顯現**」，自尊是自性大悲尊，這偈中大家要體會千手觀音現前，現前之後住於行者頂上，然後由頂上降下入於行者心內，和行者之心合而為一，你就是千手觀音，千手觀音就是你，完全一如，同時現前千手觀音佛慢，等視一切眾生皆是千手觀音，於一切時中，不作差別之想。

「**如實教示以空顯於空，心心相成如光照於光**」，心心相成是以心印心，千手觀音之心入於我之心，我心入於一切眾生之心，法界全佛，一切皆是千手觀音，如光照於光，「**如水注水如月映於月**」，光光相照，月月互映，水水入注。

「**大悲心語陀羅尼現前**」，大悲心語即大悲心陀羅尼，即大悲心。

「**體性現前慈悲心如是，平等心是，無為、無染著、空觀現前、恭敬、卑下心、無有雜亂、無見取心是、無上菩提如實心現成**」，大悲咒十種心體性如實現成，「**大悲心顯真實陀羅尼**」，大悲心即是真實大悲咒。

「**自心自語自灌於自性**」，自心顯現大悲心，自語出生大悲咒，迴灌自性成就千手千眼尊。

「**大悲怙主現前所交付，大悲佛子如實自受持**」，「大悲怙主」即千手觀音，「大悲佛子」即行者自身。

「**平等現成眾生全如來**」，看到一切眾生全是如來。

我們修這個法，乃法界體性自灌自圓滿教授，依於大悲心的運作，最後成就「平等現成眾生全如來」，也就是這個法門修到最後，是令一切眾生共成佛道，一切眾生成佛乃大悲心陀羅尼，也就是千手觀音菩薩唯一目標，唯一要成就的事。做其他的事也是為了成辦此一大事因緣。

《法華經》中說：「**諸佛世尊，唯以一大事因緣故，出現於世**」，什麼是「一大事因緣」？就是欲令眾生開佛知見、示佛知見、悟佛知見、入佛知見。所以，千手觀音現前，因緣性的故事可以閱讀認識，實際則是你自性大悲心所感召現前的。如果能體悟這個自性大悲的真實，觀世音菩薩不離你，你身上便隨時有二十八部眾生在護持，日光菩薩及月光菩薩也會護持你，我講這些話，是佛法在說法，不是我在說法，我不存在，所以這些話你們好好領納，這對你們生生世世極為重要，如果你們將來要留在娑婆世界繼續修行，千手觀音永遠會守護你們，二十八部眾也會守護你們，讓你們遠離障礙，如果你們將來要去淨土或其他地方，「根本心要」要好好體悟思惟。

一、說法因緣

這個法的因緣，是各位「**佛子一心密願共祈請**」而現起的，而所祈請的法是「**千手千眼大悲勝利法**」，所以這個法跟你們有關係，是依你們的祈請所現起的，「**從本密明自性大悲主**」，本初祕密，從體性現起的千手觀音，從「**法界體性極光明**」當中，「**交付**」這個法，所以這個法不是我所傳承，而是觀世音菩薩透過我而交付給各位，乃是「**法爾無生自顯最傳承**」，因此，這個最殊勝的傳承，你們可以把它視為是千手觀音的直接交付，因為我是空的，你們自性大悲心就可以自顯這個最殊勝的傳承。

「**怙主如實現成大圓滿**」，「怙主」是「大悲怙主」，就是千手觀音，因為大悲觀世音菩薩見大家都是千手觀音，所以交付給大家這個法，因此，這樣的傳承是觀音交給觀音的傳承，是大悲心交給大悲心的傳承。「**隨所宣說寂密金剛光**」，究竟寂密的金剛光明，「**一切眾生現前觀自在**」。

二、皈命

無上菩提心　大悲金剛王　法爾如實現　眾生成寶王

南無　本師釋迦牟尼佛

南無　西方極樂世界阿彌陀佛

南無　過去無量億劫千光王靜住如來

南無　過去正法明如來

南無　大慈大悲千手千眼觀世音菩薩摩訶薩

南無　廣大圓滿無礙大悲心陀羅尼

南無　大悲心聖眾

修這個法，要知道這個法是怎麼出來的，也就是須先皈命三寶，皈命佛、法、僧三寶。

三、懺悔

這個懺悔是很殊勝，也很重要的，請大家注意，這裡面有三層理趣，是我把所有的懺悔法門的根本所做的總攝。

「往昔所造諸惡業，皆由無始貪瞋癡，從身語意之所生，一切我今皆懺悔。」

這是第一層理趣。貪、瞋、癡是無始無明，無明無始，一念無明，一念無始，眾生由此輪迴，輪迴從身、語、意產生，而欲界眾生才有身、語、意，但無色界眾生沒有身、語，他們只有意念；身、語、意是我們欲界眾生造業的主體，所以這第一層的身、語、意懺悔，如果是無色界眾生來修這個法，便要把「從身語意之所生」，改成「從自意念之所生」，並且無色界眾生對這一層理趣的懺悔，因為沒有身、語，所以不是用唸的，而是以意念去直接感受，因此這句話就直接以意念的方式進入他的心裡，沒有語言。

因此，無色界的眾生如果來聽受這個法，這個法就轉成心意識的方式領納，就是直接心念傳入，我們現在這個地方就有無量無邊，不同的三界眾生，共居一處，但是下界不知上界。我們是欲界眾生，乃由身、語、意而造業，所以第一層懺悔就是對身、語、意業，作總和性的懺悔。

「往昔所造諸惡業，皆由無始貪瞋痴，從身語意之所生，觀音現前賜清淨。」

這是第二層理趣的懺悔，就這修法而言，在這裡是向觀音菩薩懺悔，就是觀想觀音菩薩現前，放出光明加持，並用他的光明甘露法水從你的頂門灌入沖洗而下，讓你的身心立即獲得清淨，並且馬上可以覺受清涼，立得受用，這才叫作法，是馬上可以感受到的。

「觀音現前賜清淨」這句，若是修阿彌陀佛的法，則改成「彌陀現前賜清淨」，並觀想彌陀現前放光加持。同樣的，若是修釋迦牟尼佛、金剛薩埵等的法，也要依不同的修法本尊，而改變賜清淨灌頂及觀想現前的本尊。

「**往昔所造諸惡業，皆由無始貪瞋癡，從身語意之所生，六根清淨見實相。**」

這六根清淨是《觀普賢菩薩行法經》裡的六根懺悔，而真正的懺悔是見實相，見實相是真正的懺悔，徹底的懺悔，也就是見空性才是真懺悔，否則能賜、所賜，能所依然對立，觀音菩薩慈悲賜清淨後，不消一會兒功夫，你又造了一堆惡業回來，然後又再懺悔，那就沒完沒了，所以，要眼、耳、鼻、舌、身、意六根清淨，見到空性實相之後，才是真正徹底的懺悔，也就是「端坐念實相」，六根不再貪染外境六塵，身語意不再造作三業，是為最究竟的懺悔。

這三層理趣的懺悔如下：

第一層是自己懺悔，第二層是佛菩薩現前賜予加持懺悔，第三層是見實相的究竟懺悔。

這個法門的重要性就在這裡，這個就是一個大法，而所謂大法並不是只能在這修法裡面唸誦，一切大法是你受持了，便可應用在任何地方，隨時都可應用在任何法會，比如在千手觀音或釋迦牟尼佛法會中，進行到懺悔時，當你唸到「六根清淨見實相」時，六根清淨即六根放空，如何放空？六根都攝、攝於清淨。六根清淨是大法，不要以為一定要有手印或什麼才是大法，這六根清淨才是真正的大法。

什麼叫六根清淨？六根是眼、耳、鼻、舌、身、意，若六根執六塵，六根便被六塵所染，而為什麼六根會執六塵？因為「我」想抓東西，而為什麼「我」會想抓東西？因為分別自、他，而分別自、他的分別心又來自那裡？是來自於不清淨心，也就是染著分別心、執著心，根本是無自性，但因染著分別心的關係，所以要抓東西，為什麼一直要抓東西？因為我們覺得不抓東西不行的，不抓東西就沒有安全感。但是我們反過來說，為什麼抓東西？要抓東西代表沒有自信。

染著心很重要的特點就是，對什麼都沒有自信，要靠外面的條件才行，比如想要漂亮所以抹脂粉，想更漂亮所以戴耳飾，但問題是抹脂粉、戴耳飾之後所成就的漂亮，剛好證明漂亮不是你，而且當你問別人說：「你看我這樣漂不漂亮？」，又進一步證明你沒有自信，所以你想要抓漂亮；而很執著自己的漂亮，就是沒有自信，因為他的存在沒有理由，所以要靠這抓取外界的東西來維持他的自信，建立他的自信。亦即分別心會產生無自信，所以要抓外相來建立一個虛妄的自信，建立一個假「我」。

因此，若六根不清淨，就一定會對六塵產生強烈的執取，「執」就產生「識」，識一作用就落入貪瞋癡，輪迴就啟動了。用白話比喻，就是賊爸爸（六根貪執所以妄起賊心）去外面找賊媽媽（六塵），然後生出賊兒子（六識），賊兒子再生出賊孫子，然後又生賊賊孫子，一代生一代的一直生下去（輪迴），就形成自我輪迴。

所以，六根不清淨，最後一定走向迴輪，因此，要解脫輪迴，基本上要「都攝六根」，也就是六根不要跟著六塵走，而六根要能自在不被六塵偷走。必須先明了六根的體性是不滅，也就是作用在，體性空，聞性不滅，見性不滅，因此，六塵就攝進來了（入流），但因根性作用在，無分別心、不執著、心是空，所以六塵入流清楚明白而無分別，因此「六根都攝」。

所以，「六根都攝」不是不見不聞，不是眼睛不敢看東西，若誤以為「六根都攝」是眼根不敢看東西，那其實是看了不敢看的東西，或看到就不敢看了，或看了等於沒有看了。一開始「六根都攝」是六根進來了，到最後則是六根清淨，也就是六根完全無染，不執著、清楚明白，即是了悟六根無自性、空，這時才有六根清淨，外境完全不可得，心無所住，是名清淨，所以清淨即空，空故「六根都攝」，這時候六根清淨，即是「端坐念實相」，也就是見實相。此時，山河大地，清清楚楚、明明白白，完全沒有分別，所以當你開悟見到空性的時候，你看到外境是越幻化越清楚、越清楚越幻化，心會自由不執著，事情會作的更好。如此「六根清淨見實相」，即是第三個層次的懺悔。

四、發心

之前我們講到懺悔的三個層次，第一個是無始無明的貪瞋癡，透過身語意運作，現在我今皆懺悔，再來是由本尊加持，讓我們能夠懺悔清淨，最後徹底實相，這才是真實大懺悔。

懺悔清淨之後，我們接著要發心，發心越大，修法的成就越大。之前我們曾提到那個將修行功德迴向自己來生能做轉輪聖王的比丘，佛陀為此十分惋惜，因為以那個比丘的功德，如果能發心迴向無上菩提，很快就可以成佛了，可惜他將功德迴向發心求取王位，享受世間的富貴權勢，繼續輪迴。另一個是發心投生為龍王的小沙彌，因為他愛上龍女，而將修行功德迴向生為龍王，殺害老龍王，奪取龍宮及龍女。

我們回頭看看這世間的人，那些有權勢，有力量的人，都是過去世有功德而感召來的，現世的財富也是過去世的福德換來的。這就像你把一顆巨石搬到一座高山的頂上，是要費很大的氣力才搬上去的，問題是搬上山頂之後，你是要這顆巨石朝著有人群居住的村落滾下去而壓死人造惡業呢？還是讓這顆巨石朝另一方向滾出一條開闢山野，造福行人的道路？

這世間每個人的福報不同，比如財富是福報，有些人專門拿錢做壞事，也就是拿他的福報做壞事，權勢也是一種福報，希特勒卻拿他的權勢去發動戰爭。有福報的人拿福報去作壞事，比沒有福報的人所做的壞事，後果會更嚴重，因為力量更大，影響更遠。

任何人現世的好或壞的遭遇，都必然有他過去世的因緣，像我最近身體不太舒服，這是什麼？我的業報！我過去曾經發生很嚴重的車禍，身體受損很嚴重，雖然經過了十幾年，有些地方並沒有完全恢復。但因為那次車禍實在太嚴重了，車子的保險桿從我的左肩插進去，身體左側受傷很重，肋骨斷兩根也未接，因此我睡覺側那一邊都不舒服。當時因為脾臟碎裂而割除，也長期影響消化系統。所以大家看我外表好像蠻好的，其實是因為我的身心很放鬆，調整安住自己的心。有的人會說這是為了眾生而有此劫難，我說這是自己的惡業現前，跟為眾生無關，沒什麼好說的，這是我自己過去的業障現前。

所以每一個人會怎麼樣，都自有他的緣法，但問題是，當一個人很有福報，而心又很不安穩的時候，他會怎樣？他就會找人家麻煩，而福報越大的人，他找的麻煩也越大，所以很多瘋狂的人就去發動戰爭。因此，有福報但卻心不安穩的人，這種福報對他來講是福嗎？

我再舉個例子，我是學經濟的，對於佛教經濟裡的菩薩經濟學，我曾提出一些理論。我有一個朋友是政大企管系主任，常常有一些中小企業的經營者會去請他輔導，而他有些問題會跟我分享，或問我佛教角度的經濟觀點。

在他輔導的個案中，因為輔導策略得當，有的中小企業賺了錢，就再去問他下一步怎麼做，他就教他們要再投資，結果投資又賺了很多錢，就再去問他，他就再叫他們再擴大投資，到最後就是賺到更多錢。結果，到最後賺到沒辦法了，就把錢拿去用。怎麼用？亂用！就是花天酒地，錢是賺到了，卻賠上了健康，賠上了智慧，賠上了心。所以，沒有真正兼具空慧的福報的話，最後一定承受不了巨大的福報，走向一定是濫用福報。因此，成功是一個很大的問題，有福報可以讓你成功，但能不能安住於成功，是另一個問題，常常成功對於某些人來說，卻是對他傷害最大的因素，因為人若沒有兼具空慧的真正福報的話，他是無法安住在成功的，他總是隨時隨地要試驗一下自己有沒有成功，所以他不斷的凸顯自己。

婚姻也有類似的狀況，在一個平淡無奇的婚姻生活中，日子平靜的讓人幾乎感覺不到婚姻的存在，這時候如果沒有自信，心不平穩，疑東疑西，便開始有人會出主意了。太太想試驗一下先生到底還有沒有愛我，先生也有一樣的想法，於是就開始拿起大鐵鎚，朝這婚姻之屋用力敲了一下，另一半一看也鬧不得，也拿起了一把大斧頭朝這婚姻之屋大力砍了一下，本來平穩和諧的婚姻，就像人間事業的成功一樣，也是一種福報，但對於心不安住自性的人來說，是同樣無法安住在這樣平靜無波的福報中的，就跟房子一樣，房子住久了應該好好的維護，住起來更舒服，但沒有真正福報的人，卻是動手破壞。

事業、婚姻如此，親情也是一樣，父母子女之間，每一個人都在爭著做對方的角色，兒子會說：人家的爸爸媽媽怎樣怎樣，爸媽則說：別人家孩子怎樣怎樣，但卻都不說我自己應該怎麼樣。

我常說：「我只負責我的部分！」我要做的事情，我怎麼對大家是我自己的事，我不會要求別人。你們自己各人要做的事情自己負責，因為那是你們的事情，而不是我的事情，我只負責我該做的事情，當這個世界不需要我了，我就會自動消失。所以，每一個人要把自己的事情做好，各人都把自己的角色扮演好，孩子應該想說爸爸媽媽跟天一樣大，但爸爸媽媽心中不能這樣想，爸媽負責教育孩子，應該讓孩子有自己的主張，能夠成為最好的人，但不是變成爸媽的影子。

所以，成功必須能夠安住，在空性中安住，安住在自己的本心，這樣才不會失去成功，成功才不會變成你最大失敗的理由，也才不會變成你輪迴的原因。婚姻中的關係，家庭裡的角色，社會的負責，也都是一樣的道理，要能夠安住在恰如其分的本分，要有自信。空性能夠讓我們安住而有自信，不會失去平衡，這才是成功。

接著我們再回到儀軌第四節講發心，發心就是我們修這個法時，我們對自己的認知。你要怎麼修這個法？你對觀世音菩薩的祈願，你要怎麼去實踐這個事情？發心越大，成就越大，我能告訴大家發心與成就的關聯，但我不能替大家發願。

「稽首觀音大悲主，願力洪深相好身，千臂莊嚴普護持，千眼光明遍觀照，真實語中宣密語，無為心內起悲心」，相好是大悲之主，具足相好，密語是真言咒語，無為心是無分別心，「速令滿足諸希求，永使滅除諸罪業，龍天聖眾同慈護，百千三昧頓薰修，受持身是光明幢，受持心是神通藏，洗滌塵勞願濟海，超證菩提方便門」，這是大悲心陀羅尼經裏面，觀世音菩薩對我們的加持。而我們從觀世音菩薩的心裡面，依觀世音菩薩的心來同樣的發心：

我今稱誦誓皈依　所願從心悉圓滿
南無大悲觀世音　願我速知一切法
南無大悲觀世音　願我早得智慧眼
南無大悲觀世音　願我速度一切眾
南無大悲觀世音　願我早得善方便
南無大悲觀世音　願我速乘般若船
南無大悲觀世音　願我早得越苦海
南無大悲觀世音　願我速得戒定道
南無大悲觀世音　願我早登涅槃山

南無大悲觀世音　願我速會無為舍
南無大悲觀世音　願我早同法性身

這段是我們修這個觀世音菩薩的法門時，我們所發的心與願是完全跟觀世音菩薩一樣的。因此：

我若向刀山　刀山自摧折　我若向火湯　火湯自消滅
我若向地獄　地獄自枯竭　我若向餓鬼　餓鬼自飽滿
我若向修羅　惡心自調伏　我若向畜生　自得大智慧

在這個混亂的時代，在眾生需要我們的時候，我們發起這樣的願心，一切眾生，我們都能如此來救度。我們可以一起合掌稱念，共同來發起這個廣大的願心。

再來是我們對觀世音菩薩的祈請。

五、祈請

皈命大悲不動性　聖者無畏觀世音
一心憶念心如水　融於大海遍等持
相應尊性大悲種　日月流注淚光含
永誓皈依大悲心　千手千眼恆總持

具力大悲不動尊　願賜如來同慈力
南無大悲陀羅尼　廣大圓滿無礙心
如尊賜力大注空　智悲圓成水融水
一味現成法性圓　無間流水三摩地

我們跟觀世音菩薩一樣的發心之後，接著祈請他加持我們，讓我們跟他完全一樣。大悲不動性是不動於大悲的體性，但「皈命大悲不動性」最重要的是皈命於自性，皈命於自己的大悲不動性，有一天若我們能清清楚楚的看到觀世音菩薩，他的心從我們自己的心裡出生，那麼我們修大悲心陀羅尼就真的成功了。我們為什麼要唸大悲心陀羅尼？是因為希望唸到最後，這大悲心陀羅尼是從自己的心裡面流出來，這才是最重要，所以我們皈命於大悲不動性。

「聖者無畏觀世音」，觀世音菩薩是法界施無畏者，為什麼能布施無畏？因為他本身是無畏，為什麼是無畏？因為他是大悲者，悲心能讓我們超越一切畏懼。一個母親碰到他的孩子遭受苦難的時候，在危急的關頭，他會不顧自己來救他的孩子，這是大悲心——悲的體性。所以，你視一切眾生如子，你當然能夠布施，自然成就法界施無畏者。而我們為什麼會有畏懼？因為所求不得，我們心裡會怕。所以，檢視一下自己，我們有何畏懼嗎？

我跟大家講我畏懼的故事，我高二的時候死過一次，那次以後我不怕死了，但不怕死之後還怕什麼？怕人言，怕人家對你的評論不好，還會感覺這個人對我好，那個人對我不好，心情會受影響而時好時壞。

直到什麼時候我才超越這些來自身的恐懼呢？在大一時一次單車環島歷險記，徹底改變了我的人生。

大一時，我一個人騎著腳踏車作環島旅行，那輛腳踏車是我大姊考上初中時，我爸爸買給她的，已經騎了十幾年的舊腳踏車，它的剎車只剩下前面的手剎車，但我不知道，準備一下簡單的行囊就上路了。第一天我就從台北騎到蘇澳，然後借宿在蘇澳國小校舍的屋廊下，露天過夜，第二天再從蘇澳出發，沿著蘇花公路往東澳方向行進。

那時候大概是三十年前，蘇花公路只能單向行車，而我在蘇花公路往東澳方向下坡路段行進時，倏然發現剎車沒有了，不但剎車皮整個燒光，連包住剎車皮的覆鐵也磨穿了，車子卻剛好在下坡路段一直往下衝，而且速度越來越快，下坡路段的一邊是斷崖，另一邊是山壁，我一看這樣不行，非跳車自救不可了。那時候年紀輕，體力也還可以，就選擇前方路面一段較寬闊的地方，奮身一跳，腳踏車就直接撞在山壁上，我也摔跌在地上，正待回神之際，說時遲，那時快，一輛大卡車就直衝而來，如果前一剎那我沒有跳車，此刻不是被夾死在山壁，就是被逼落斷崖。

大卡車經過時，車上的司機和他的助手，兩眼睜得斗大，看著跌坐在地上的我。剎那間，我像看到死神的眼，從我的身上掃視而過。前後大概不到三十秒的時間，我的生命可能就在東澳的山裡，隨風而逝。其實我那時候已不怕死，但忽然之間，我就感覺到世間所有的恩怨情仇，全部消失了，一切的仇怨，就如田螺冤，蒼蠅腿，蚊子肝，那麼微渺。假如那時候我摔落山崖下，或被夾死在山壁中，成為輪下鬼了，那這人間一切的恩恩怨怨還有任何意義嗎？

所以，從那時候開始，我的心中不再有敵人，沒有敵者，我會跟大家在一起，但是不再恨別人，沒有恨。而有些人我不會跟他在一起，不是我不度他們，而是現在在一起沒有用，目前跟他們在一起是浪費時間。另外有一些人我是敬而遠之，因為他們做事的方式很讓人受不了，也無心修行，這樣的人就先等一等，將來再度他。

當我不怕死，心中沒有敵人之後，還有沒有怕的？有，當時我還怕蛇。這是我在閉關的時候碰到的問題，這是很嚴重的挑戰，生命都很清楚了，但就是還怕蛇。

一九八三年，我在山上閉關時，那是海拔一千多公尺的深山，我閉關的地方是一個工寮，只有油燈。有一天晚上我要上廁所時，看前上方的樑上就垂下一條長長的影子—蛇褪。昏暗的燈光下，第一個想到的就是山上常見的百步蛇。我的床下一片漆黑，也不知道鞋子裏是否藏著什麼，這時候我遲疑了，整座山只有我一個人，眼前微暗燈光下又是一片漆黑，床下方又不知有什麼東西在那邊。這時候忽然間一個疑問浮上來：「我不怕死，為什會怕這個？」

於是我在那裡開始參，細微深刻的，參我在怕什麼？我參了三天三夜，怕，怕什麼？怕冷冷、陰陰、軟軟，蠕蠕滑動？還是怕不知會從那邊鑽出來？已經不怕死了，踩下去大不了被咬死而已，那到底是在怕什麼？我就一直在那邊參我怕什麼，就這樣參了三天三夜。到最後發現：根本沒有怕！沒有能怕，沒有所怕！

忽然之間，就在這一剎那，阿彌陀佛在虛空裡面現出來，整座山都是阿彌陀佛，光明晃耀，看到之後，心裡極為歡喜。但問題是我這人就有點毛病，因為那時候我都是唸藥師佛，我心想：「為什麼是阿彌陀佛，而不是藥師佛？」，但下一念我就生起了懺悔心：自己竟然還有這樣的分別心！

由於當時還是在禪定中，阿彌陀佛的境界並未退散。而當我心念一開時，阿彌陀佛的光明比之前更加光明熾盛。於是對阿彌陀佛的贊嘆不斷從心中、口中源源不斷的湧出，一直不斷的誦贊阿彌陀佛，贊誦到最後，整個西方三聖完全現起，整個無邊無盡的極樂世界現起，實在是太莊嚴了！

但在一瞬間，我又發覺到：為什麼阿彌陀佛在彼，我在此，為什麼還有對立相呢？為什麼不是無分別呢？當這一念生起時，剎那間，整個極樂世界就融入心間，所以就體悟了「自性彌陀」，這「自性彌陀」不是書上寫的東西，而是經驗，是事實。從此之後，我對於蛇，如果不是毒蛇，可以很自在的拿起來放在脖子上，但我不會因為表現自己不怕死而把金剛眼鏡蛇放在脖子上，這樣被咬死了沒有意義，而且沒有必要。

最後還怕什麼呢？怕人言，就是「善名畏」，怕別人說自己不好。「善名畏」這幾年來已慢慢淡掉了，「善名畏」有許多層次，最難的就是這個，一個菩薩行者如果被人家說不好的話，或者被人家說得豬狗不如，心裡很難調適的。所以，沒有恐懼是有好多層次的，要一層一層的剝，最後進入內心，只有到達真正無畏了，才能超越它們。

二〇〇四年，我應邀到美國弘法，發現透過翻譯，還是很難精確表達佛法的意涵，於是我開始學英文，希望能直接用英文講法。二〇〇五年我再到美國，在麻省理工學院及哈佛大學，我都是用英文直接演講。有的人以為我要去美國發展，不是的，我是要去幫助眾生，幫助英文成為解脫的文字，讓佛法在英語世界的發展進程縮短一、二百年，而不需像中國的格義佛教一樣，經過漫長時期的發展。

我去美國，是要去幫助那邊的人得到佛法，而不是要去那邊發展。我是一個無為的人，發展這些事情不重要。但是，無為的人做事情努力嗎？我想很少人像我這樣努力做事情吧！我是拼命的在做事情，但是我對我的所作所為，我並不在乎，我只負責做，只問耕耘，收穫讓眾生去收割，這才是核心的議題。

無畏，是必須心超越所求，但是要努力精進，不努力的話，那是小乘，所以，不要有所畏懼，無求就無畏，無畏就能做事情。因此，在這世間裡，我是一個無畏者，為什麼？因為我無所求，因緣具足了，我就繼續做，因緣不具足，我做的也夠了，我就走了。所以，在這世間裡，我自己最大，我並不是跟人家比大小，而是說我自己能作主，所以說我自己最大，而我自己最大，並不是我比別人大。因為我自己最大，所以我眼睛裡面，沒有權勢，沒有財富……等等，對我來講，都是一樣平等的，你有錢沒有錢對我來說一樣，你有權勢沒有權勢，對我來說平等，但是我會尊重長者，這是人倫義理所當然，只是這樣子而已。我心中，除了佛法，除了眾生成佛之外，這世間沒有什麼事情是重要的。所以，心中無畏，則能施無畏而成就一切。

「一心憶念心如水，融於大海遍等持」，心像水一樣的融入觀世音菩薩的大悲之海，等持是三昧、三摩地，就是定慧等持；平等受持即是等持，這個平等是悲智平等，或定慧平等；以定慧平等的等持來講，若定太強，則慧不能為所用，若慧太強，則心會亂，所以兩者必須平衡乃得等持。一心憶念，則心能融入觀世音菩薩的大悲心海之中，安住於大悲三摩地裡面，「相應尊性大悲種，日月流注淚光含」，以最深刻誠摯的心，向觀世音菩薩祈請，能因大悲種性的相應，而相互融入。「永誓皈依大悲心，千手千眼恆總持」，千手是代表護持，千眼代表智慧，體性大悲王是能總持一切悲智的法教，「具力大悲不動尊，願賜如來同慈力，南無大悲陀羅尼，廣大圓滿無礙心，如尊賜力大注空，智悲圓成水融水」，祈請觀世音菩薩的大慈大悲，注入於我，如同以空入空，以水融水，我們的智悲就跟觀世音菩薩完全一樣，也就是祈請自己也成為觀世音菩薩，「一味現成法性圓，無間流水三摩地」，如同海水一味，現成成就，圓滿法性，而入於法性盡地，也就是到達最後成佛的金剛三昧，無間流水三摩地即是法性盡地，就是成為觀世音菩薩。

經過前面這一連串的皈命、懺悔、發心、祈請觀世音菩薩加持我們成為跟他一樣的千手千眼大悲尊之後，接下來我們要開始觀本尊，就是觀想自己成為觀世音菩薩。

六、自生觀本尊

「**法界大悲密眾身，現前千手觀世音**」，由法界一切諸佛大悲所成聚之身，現起千手觀音。現在，就請大家觀想自己完全現空，完全不執著，這時，一切諸佛的大悲心現成，從自己的心中現起，現起的相就是千手觀音，所以現在想像，觀想你們自己就是千手觀世音菩薩。

「**實相蓮台空自顯，紇利字流大光明**」，接著就觀想自己完全化空之後，從實相的自空境界中，顯現一個蓮花台，蓮花上有一個月輪，月輪上有一個紇利字，放大光明，光明「**遍照一一佛世界，受苦眾生自解脫**」，光明遍照十方世界，一切受苦眾生皆得光明照觸而得解脫，「**乃至圓滿示全佛，光明千手觀自在**」，一切眾生不但得解脫，而且都成佛了。

「**一切如來大悲心，悉集一體觀世音**」，字放大光明，而且可以變大、變小，你們現在就練習從空裡顯現這紇利字，剛開始是「那達」極微明點，然後變大、變大，再變大，不斷的向外擴大，最後遍滿整個法界，這是「廣觀」，然後，反過來，由法界遍滿而返還縮小，縮小，再縮小，最後迴入「那達」微點，這是「斂觀」，變大再變小，名為「廣斂二觀」，廣斂二觀是訓練自己了解大、小互通的能力，從而認識什麼叫大，什麼叫小，大則周遍法界，彌諸六合，小則退藏於密，乃至於空。大家剛開始練習，可以先變大或變小都可以，而你們現在是自觀千手觀音，是施無畏者。如何具足無畏？無所求，無為，做一切事情是為了眾生成佛。

「**施無畏者具妙色，金色暉耀超三界，首髻寶冠紺髮垂**」，紺髮是藍色、紺青的頭髮，「**頂上具足十一面，當前三面慈悲相，右三面具白牙出，左三面現忿怒相，當後一面暴笑相**」，但現在一般來講，都畫成二層或三層；而藏密的則畫成四層，並且有紅白綠，再加上藍色，但這是藏密的畫法。一般的話，有時畫成肉色或其它色，是不一定的。觀想的話，則依你最常觀的本尊就可以。三層的畫法是第一、二層五面，再加上第三層的一面。

「右三面具白牙出」，是有一點半瞋，有一點威嚴的面相，接下來是忿怒相及暴笑相，以上幾個面相意含降伏三界的意思。

「**頂上一面如來相**」，以後你們觀想可依這樣的形相去觀，但也不要太執著於某個特定的造像畫法，只要拿你們手上現有的傳承圖即可，因為同樣的本尊在不同的經典裡，他的傳承是不同的，不同的傳承裡示現不同，因為他示現的相，不同的祖師看到的不一樣，但基本的十一面是那樣的，相雖然很重要，卻是空性的，所以「若以色見我，以音聲求我，是人行邪道，不得見如來」，但也不能不以三十二相，八十種隨形好得見如來，否則也會落入斷滅。

「**菩薩本面具三目**」，千手觀世音菩薩的不同傳承，有的本面有三目，有的沒有，而有的青頸，有的沒有青頸，我們這個傳承的千手觀音本面有三目，「**諸頭寶冠安化身**」，最頂的頭上有一尊化佛，一般漢地的傳承有頂上「化佛手」，藏密的傳承裡，有的頂上有化佛，有的沒有。

現代的藏密造像，有人以為是自古以來即如此，但其實是最近幾百年才定型下來。西藏的古佛圖像，有點像敦煌，因為西藏來的很多造像是學唐代時的五台山，受中國的影響很深，所以你會發現西藏古代佛菩薩的圖像比較豐腴一點，而現代的圖像則是近幾百年才定型下來，比較像西藏人。蒙古系統的造像，會比較圓一點，比較直，西藏的造像則比較瘦，西藏很多古代的壁畫，近似敦煌的造像；所以，造像在很多地方都有不同的變化，同一造像在某個國家久了，就會變成當地人的臉型出現，像中國的佛像後來就變成中國人的造型，日本的佛像剛開始是由中國傳過去的，後來也改變成日本人的長相，沒有像唐代佛像那樣的強健。

「**千手圓足千眼具**」，我們的傳承是千手千眼千足，但現代很少畫千足，千手千眼千足各代表不同意義，千手是代表現在的賢劫千佛，千眼代表過去千佛，千足代表未來千佛，所以是三世千佛，但現在一般很少作這種造像。十一面千手觀音只是千手觀音的一種造像，藏密的十一面千手觀音也只是十一面千手觀音造像之一，造像有太多太多種，大家不要執著某一種造像才是，別的都不是。

「**五部如來八妙手，各破廿五有一千，四十二手為根本，圓攝三世十方佛**」，五部如來各有八妙手，每一手破廿五有，所以總共有一千隻手，四十二手中，根本二手是千手觀音所具，其餘四十手是五部如來加持千手觀音，所顯現救度眾生的四十種妙用，因此，千手觀音是總持五部教法的教主。五部如來代表十方諸佛，三世如來是過去、現在、未來一切如來，所以「圓攝三世十方佛」是表示千手觀音代表三世十方諸佛。

「**右手青蓮次合掌，定印、鉢次三鈷杵，寶印、錫杖、施願手，數珠、瓶、箭、五色雲，次劍、**

白蓮、髑髏、鏡，月、鉤、化佛本寂靜，左手紅蓮次經篋，寶珠、螺次獨金杵，鐸、三鈷杵次釧、索，澡瓶、弓次傍牌、鉞，紫蓮、楊柳、白拂輪，次日、宮殿顯莊嚴，各具妙力濟眾生，圓滿有情悉成佛」，剛開始觀想會不清楚，慢慢純熟時，可以觀想日輪手，等到千手觀音真的現起時，你便可以看清他的各種手，但是不要只記得觀想手，卻忘記了悲心。不同的千手觀音經典裡，手的次序也是不同的。

現在總結自生觀本尊的要義及觀修訣要如下：四十隻手是代表五部如來救濟眾生的功德，現在先讓自己具足誓願救度一切有情的大悲心，然後從空性現起飽滿端麗，百寶光明的千瓣蓮花，蓮花上出現皎潔明亮如秋天滿月的月輪，月輪上出現紇利𑖮𑖿𑖨𑖱𑖾字，𑖮𑖿𑖨𑖱𑖾字放出極大光明，遍照十方法界，十方一切受苦眾生的苦難剎那間都消除了，所有眾生都轉變成佛，而本來十方法界已經存在的三世一切諸佛，以及現在因大悲光明觸照所轉成的一切法界諸佛，這一切法界全佛的大悲心，所顯的大悲光明再迴照於你，加持於你，讓你即時成就千手觀世音菩薩。

也就是一開始從空性蓮月上自現起紇利𑖮𑖿𑖨𑖱𑖾字，放大光明，遍照十方法界，最後再由法界全佛大悲光明迴照加持自身，成就千手觀世音菩薩，這時自觀十一首具足，十一首可以是正三、左三、右三、後一，頂一的方式，也可以是立體正面三排，即五、五、頂一，層疊而上。不管何種排列方式，最重要的是最頂層的佛頭。

「當後一面暴笑相」是表吞噉一切、降伏一切煩惱，猶如馬頭觀音（即馬頭明王）吞噉一切苦難，一切煩惱；正面本具的是慈悲寂靜面，右三面莊嚴而微瞋相，再來左三面的忿怒相是降伏一切眾生，而「菩薩本面具三目」的這三目也是這個傳承的重點。還有一個傳承的觀想重點，是頂上要觀想有一尊化佛，在我們的傳承中，這頂上的化佛是很重要的，「三目」跟「頂上化佛」，大家要特別記得，因為你們會得到特別的加持。

頂上化佛有四尊佛合融在一起，第一尊是千光王靜住如來，是這個法的傳承者，第二尊是極樂世界的阿彌陀佛（觀自在王如來），是觀世音菩薩的師父，第三尊是釋迦牟尼佛，是在這個娑婆世界裡的特別教化，第四尊是正法明如來，即觀世音菩薩已成之佛。所以，這頂上化佛可以有這四層的觀察，但是這由四種佛合成一身的這種教法本身，是我特別的傳承，我特別傳給大家的。這頂上化佛的意義，第一個是代表你的本心，也就是你本具的佛性，第二個代表教法的源頭，教法的總持者，本初的如來；第三個是代表你本來的本師阿彌陀佛及現前的本師釋迦牟尼佛。

就我本身而言，初起時頂上現起的是釋迦牟尼佛，我有一段時間對這個情況是很困惑的，因為我的法本身不一定是從書上來的，常常是直接顯現，但後來發覺到，原來在古傳承裡面，關於觀音頂上的化佛有二種說法，一種是頂上化佛為釋迦牟尼佛，一種是阿彌陀佛。現在又跟過去不同了，對我而言，現在是四尊合融，所以你們可以得到這四尊佛的特別加持。

我現在所講授的千手千眼，都是基於實修的經驗，不是去觀想後才顯現，而是他顯現，我看到，依之而觀想。所以千手觀音浮現時，我看到的手是透明的，而每一隻手自己都會動，並且會結手印，所以不是定在那邊，乃是相應於我們自心來救度眾生。但大家觀想四十手、千手現起時，不要停留在那邊玩弄手印或各種變化的動作，雖然結各種手印有各種力量伴隨生起，但救眾生比較重要，玩弄力量沒什麼用，力量是福德，福德是救眾生用的，而不是玩弄而損人不利己。觀想最主要是要讓你悲心生起，鞏固你的悲心，觀想四十手、千手，十一面首是要讓你具足各種救度眾生的力量，而不是玩弄福德力量。

觀想自生本尊生起後，接著我們要供養。供養很重要，在我們的教法裡是四層供養，是特別獨到的，有它特別的意義。

七、供養

備具供品，如力供養，在自己家裡如力恰當供養。

1 外供

「**外供身器界，外顯諸法界**」，外供是供身界及器界。成佛時具三身，即智正覺世間，器世間及眾生世間，智正覺世間是佛的智慧自身，器世間是法界一切眾器，眾生世間是一切眾生，這三身都圓滿了才是佛，日本奈良東大寺的毗盧遮那佛就是顯現這樣的三身造像，這三世間佛是屬於華嚴海印三昧的系統，但和華嚴三世間佛

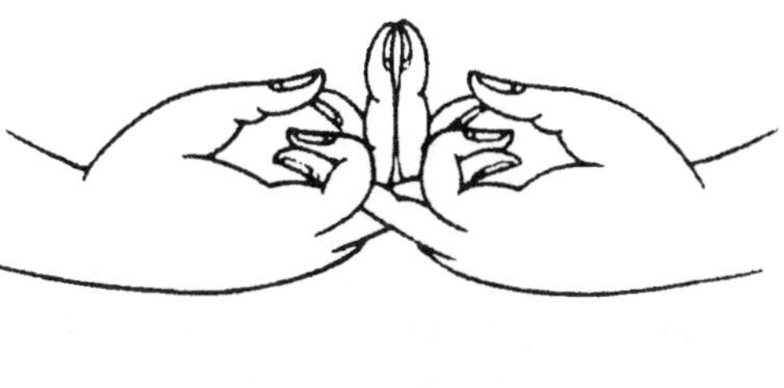

供養印

同樣意思的有中國天台宗的十法界佛，即佛身上有佛法界，菩薩法界，緣覺法界、聲聞法界，及六道法界。三世間佛和十法界佛兩者是同樣的意義，但名稱不同。智正覺成就時，見一切眾生成佛，見一切世間是佛世間，所以奈良東大寺的佛身上具足宇宙眾相，也就是成佛時，全體世間一起成佛。

外供身界器界，在藏密是供曼達，曼達何意？即器世間，在藏密裡是須彌山、四大部洲，即娑婆世界的所有一切。供養時不能空供，一般可以在供養手印上放念珠或米，供養手印是兩手五指交錯，拇指壓住另一手的小指，兩手無名指背對背，食指扣住另一手的中指，手印的表義代表須彌山及四大部洲。供養時，除了結供養手印並放上供品之外，口中並依所供養自生本尊的不同，而持誦該本尊的咒語，如供養千手觀音自生本尊，則誦「唵　跋折囉達磨　紇哩」，供養如意輪觀音本尊則誦「六字大明咒」，供養阿彌陀佛本尊則誦「往生咒」，供養完畢，手印中之米拋散，並沿頭左右兩側釋放手印而下；散印時可從頂上沿頭兩側釋放而下，也可從心輪處散印。若不知本尊之咒語，則可念「嗡阿吽」，或「嗡阿吽梭哈」都可。拋米時觀想米遍滿整個法界而行供養。

外供身器界是把自我的身世間和整個宇宙的器世間，全部供養，所以我們這個外供是比藏密的供曼達還要究竟廣大，還要莊嚴，接下來更重要的是「**無我全獻供**」，我們這個供養是要無我，供養本身即是無我行，而沒有任何執著，所以是「**無著娑婆訶**」，「娑婆訶（svāhā）」是圓滿的意思。

另外，外供還有一種很簡單、很方便的方式，就是合掌，放在頂上，然後唸廿一遍的「嗡」字，即「**嗡、嗡、嗡、嗡、……（廿一遍）**」，同時並觀想整個法界全部供養給本尊，之後再散掌。除了學會前面外供的兩種方式之外，最重要的是我給你們寫的四句偈：「外供身器界，外顯諸法界，無我全獻供，無著娑婆訶」，這四句偈才是真正外供的核心，即真正供養是「無我全獻供，無著娑婆訶」，供養是要無我、無著而修觀。

2 內供

內供是什麼？內供是供你的心，是第二層更深的供養。

「**內供無住心，意識祕密語**」，內供包括供養你的一切的意、識，一切祕密的心語、智慧，一切祕修的真言，一切祕修的諸法，乃及一切你的心，而心要住於無為，入於寂滅，證入寂滅。

我在這裡所證的理趣，你們可以應用於一切的修法，任何師父給你們的任何法門，把這理趣放進去便不一樣了。「**無為全獻供，寂滅娑婆訶**」，內供要無住心，所有的意識，所有祕密的心語，所有的真言，所有的祕修，無住、無為全獻供，乃得寂滅圓滿。

3 密供

「**密供勝甘露，心現千手尊**」，什麼是勝甘露？你的勝義，你的菩提心，你的智慧，你的悲心。剛才內供是供養你的心，現在密供則是進入你的智慧心，大悲心；甘露本來意指不死之藥，但在佛法裡則轉為無死之道，解脫之道，密法中的甘露是不死藥，所謂 Amitabha 不死藥，是阿彌陀佛。不死藥裡，悲智的甘露，達到圓滿次第。

這圓滿次第的悲智甘露在無上瑜伽部密法裡，意義上卻變成很狹窄，意指紅白菩提之類，但這樣講的話，意義就變狹窄了，因為其實紅白菩提是代表智慧跟慈悲，而智慧跟慈悲心是每一個心所本具的，所以女生是智慧尊，但具足慈悲，男生是慈悲尊，而具足智慧，相應在一起就是具足大定，所以是智、悲、定三者具足，因此，就變母續跟父續，即般若道跟方便道。所以我們不要那麼狹隘的看待紅白菩提的意義，其實它的本意就是智慧跟慈悲。

前面是外供身器界，內供供你的心，現在密供則是供修行成就的智慧跟慈悲，此時你的心不只是無為、寂滅而已，現在你的心要顯現千手尊，即千手觀音，千手觀音具足大悲空智法乳甘露，所以密供是供養全部的智慧跟慈悲，因此是「**大悲空智乳，全供娑婆訶**」，圓滿。總之，密供是供養你的智慧，你的悲心，你的定力，及一切修行的勝成就。然而最究竟的供養是接下來要講的第四層供養——法性供。

4 法性供

「**圓頓法界體，誰爾不成佛**」，圓是圓滿，頓是頓超，圓滿頓超的法界體性，誰不是佛？「誰爾不成佛」在這裡是最重要的一句口訣，在圓頓的法界體，不管你是從大圓滿的究竟，從海印三昧的究竟，從金剛三昧的究竟，任何究竟法體裡面，那一個不是佛？有那一個究竟法講眾生不是佛的？沒有！如果有分別的話，那就不是究竟法了。所以，我現在不跟你講說誰是佛，而是說誰不是佛？因此，「**隨心現成就，全佛娑婆訶**」，一切眾生都是佛，這就是最究竟的法性供養。

總言之，四層供養中，第一層「外供身器界，外顯諸法界，無我全獻供，無著娑婆訶」，第二層「內供無住心，意識祕密語」，入於寂滅而供養，第三層是慈悲、智慧、定力全部供養，而顯現千手觀音，最後法性供則是整個法界現前體性，沒有不成佛的，所以是「隨心現成就，全佛娑婆訶」。

由這四層理趣去觀察，你們可以發覺到，一切大圓滿的教法，都含攝在裡面了。

八、觀法爾本尊

「**自觀頂上白嗡（𑖌𑖼）字，喉間紅阿（𑖀）字，胸間藍吽（𑖮𑖳𑖽）字，吽字放光照法界，迎請千手千眼尊，如實莊嚴示究竟，如實住頂首楞嚴**」，嗡字可放在頂上或眉心的位置，開光時可寫𑖌𑖼𑖀𑖮𑖳𑖽𑖭𑖿𑖪𑖯（嗡阿吽梭哈），嗡、阿、吽這三字也代表化身、報身、法身，阿彌陀佛被稱為一切如來語金剛，為什麼？以五方佛體系來看時，阿彌陀佛是紅色，其種子字是（𑖮𑖿𑖨𑖱𑖾），但阿彌陀佛紅（𑖮𑖿𑖨𑖱𑖾）代表語，一切如來身金剛是阿閦佛，一切如來意金剛是大日如來，但有時候阿閦佛跟大日如來會對調，因為你主修的本尊會調到五方佛的中間位置，所以會有許多位置調動的情形；一切如來功德金剛是寶生佛，一切如來事業金剛是不空成就佛。

現在自觀為千手觀音，頂上白色嗡（𑖌𑖼）字放光到整個法界，紅（𑖀）字及藍吽（𑖮𑖳𑖽）字也一樣放光照徹法界，迎請法界的千手觀音，坐到自觀千手觀音的頂上。在密教裡，自觀為金剛持，為什麼還有金剛總持？因為本尊或上師是代表法界，所謂「子母光明」，子光明代表修生，母光明代表是本具，子光明是你修所成，母光明是你體性所具，體性所具對法界來講是法界本具的法界體性光明，子光明是始覺，母光明是本覺，始覺跟本覺是一體的，但對行者而言，子母光明相會是用本尊（藏密裡用上師）代表法界或金剛總持，也就是十方三世一切本尊、空行、護法等全部具足，所以成佛時，智正覺世間看到法界都是毘盧遮那佛，兩者合在一起。

吽（）字放光迎請法界千手千眼尊（母光明，金剛總持，或藏密裡以上師為代表）至於自己頂上，轉過身來，住於自觀千手觀音（子光明）頂上。「如實住頂首楞嚴」，「首楞嚴」是不壞究竟之意，即健相，勇健之相。

九、再供養

1 普供——廣大不空摩尼供

這是再作一個更深一層的供養，是用一個「廣大不空摩尼供」的真言：「**唵　阿謨伽　布惹　摩抳鉢那麼　嚩日囉　怛他蘖多　尾路枳帝　三滿多　鉢囉娑嚩　吽**（oṃ amogha pūja maṇi padma vajra tathāgata vilokite samanta prasara hūṃ）」，amogha 是不空，pūja 是供養，maṇi 是摩尼，padma 為蓮花，vajra 是金剛，再下來的偈頌是這個不空供養摩尼咒的意思：

皈命不空供養寶珠蓮，廣大金剛如來觀普界，
無量無邊微塵廣大數，供養雲海法爾自流出，

法界道場普遍諸海會，一切聖眾無盡皆供養，
特別千手千眼大悲尊，法爾成佛無盡遍法界，
濟度眾生永無間斷時，無量威力自在賜行者，
二利行願圓滿大成就，眾生全佛究竟大供養。

唸誦不空供養摩尼咒時要合掌，且唸偈誦時要觀想，而作無量無邊無盡的供養如寶珠、蓮花……等，這樣供養的功德會更廣大而具力。這裡的「特別千手千眼大悲尊」若在修金剛亥母法，或大日如來法時，就改成特別金剛亥母或大日如來法身尊。這個供養是不共的，過去從來沒有人講過。

2 四層供養

(1)外供——供身器界等有情世間

「**外供身器界，外顯諸法界，無我全獻供，無著娑婆訶**」，外供的根本，究竟是為了達到無我，所以供養本身既是功德，也是智慧，是悲也是智，所以無我全獻供，心中沒有任何的執著。修法時，雙手合掌置於頂上，並口唸供養偈句之後，接唸「嗡」字連續二十一遍。

(2)內供——供無住之心，般若之心

「**內供無住心，意識祕密語，無為全獻供，寂滅娑婆訶**」，外供及內供其實也是另一種觀空次第，外供是把一切東西放掉，沒有任何一物是屬於自己的，供養掉、空了。內供是把心也放掉，全

部無為了，心就寂滅了，這不就是觀空嗎？

(3)密供——悲智雙運之供

「**密供勝甘露，心現千手尊，大悲空智乳，全供娑婆訶**」外供跟內供徹底空掉之後，會有東西從空裡面出來，就是勝甘露——悲智甘露，從法界現空體性裡面，汩汩而出。大悲空智乳乃悲智雙運之乳；亦即在身、心全部放捨之後，悲智會自然具足，而悲智也要供養。

(4)法性供——究竟體性之供

「**圓頓法界體，誰爾不成佛，隨心現成就，全佛娑婆訶**」，大家都成佛了，大家都成就千手觀音。

外供是境如如不執著一切外境；密供是勝義菩提心跟大悲供養，即大悲勝義菩提心供養；法性供是究竟無上菩提心的供養。但修供養時，不是說等我修行到不執著一切外境時，才真正能修外供，也不是心無為時才能作到內供，而是修供養時就供養，不要再留一手，要等到成就時才真正供養，連這個想法也供養掉，連尚未成就的想法也供養掉，就是全部徹底的供養，連我不是佛的想法也把它供養出去，但也不要說，那我就當下清淨的供養好了，連這個當下清淨也供養掉。

「若有一文殊，不名為文殊，文殊非文殊，是名真文殊」，亦名為供養。我以前寫過一副對聯：「以小人自居，以佛陀自許」，我們人一生最大的困難是在不斷的想證明自己不是小人，大部分人花了百分之九十九點九的時間在跟人家講自己不是小人，當人家說你是佛，你卻不敢承擔，而當人家說你不是佛，你又認為人家看不起你，也就是說別人稱讚你的時候，你覺得很不好意思，可是別人罵你時，你卻氣得跳腳，總之，都是在是與不是之間兜圈子，都是在找一個安頓「我」的立場，我們大部分人幾乎都是把精神花在這個上面，這是很辛苦的，可是我們人生大部分都是放在這邊，總是不斷的在跟別人解釋，跟自己解釋，就是一直都在想證明自己的存在，也就是「我執」，生命裡面百分之九十九的力量就是耗費在這邊，在作第二個文殊，就是不肯作自己，活得不自在，所以說，我們不如「以小人自居」，不要作第二個文殊，直接走直線道，而「以佛陀自許」。

十、相攝

「**般若法身三昧耶，入我我入一合相，惹吽鑁霍（jaḥ hūṃ vaṃ hoḥ）圓相攝，無二本然千手尊**」，這裡的觀修就是把法爾千手觀音本尊，跟自觀的千手觀音融成一尊，成為本然的千手觀音，惹吽鑁霍（jaḥ hūṃ vaṃ hoḥ）是相融互入不離之意，是鉤連攝持在一起的相攝咒。

最近台灣很流行出菩薩和活佛，活佛在西藏稱為「呼圖克圖」，即轉世者。另外，台灣也出現很多仁波切。仁波切意為「寶」（ratna），寶生佛是Ratna-sambhava，七寶中有一寶叫車寶，車寶可稱車仁波切，所以仁波切是法寶之意。和尚是親教師，其意和仁波切一樣，都是寶的意思。

但我想跟大家講一下對轉世者應有的認識和基本觀念，從佛法的觀點看，每一個人都是轉世來的，只是轉世的來源不同，像釋迦牟尼佛是過去修行轉世的，他的上一輩子是兜率天的最後身菩薩，名叫白幢天子，也叫善慧天子。

其實當初在印度並沒有轉世制度，因為佛教裡眾生平等，每一個人都是轉世者。但有時候師徒之間會說某人過去是誰的師徒，比如惠果阿闍梨傳法給空海大師，但傳說空海大師又是惠果阿闍黎的師父不空轉世；再比如布袋和尚走的時候，留下一首詩偈：「彌勒真彌勒，化身千百億，時時示時人，時人自不識」，所以在中國，布袋和尚被認為是彌勒菩薩的化身，但你如果到日本，日本有所謂七福神，七福神中有一個肚子大大的那位就是布袋和尚。日本的思惟彌勒是從韓國傳過去的，而韓國則是從中國傳過去的，但不管在印度、西藏或唐代以前的中國，彌勒菩薩的造型都是和文殊、觀音菩薩一樣，都是瘦瘦的，唐代以後才開始變胖的。

另外，日本的七福神裡面，有一個瘦瘦的，拿著槌子，揹著布袋的，那位叫瑪哈嘎拉（Mahākāla），kāla 是「黑」之意，所以 Mahākāla 是大黑，大黑天在西藏是很兇的造型，但在日本就變得很可愛的福神，不過日本也有忿怒相造型的大黑天。大黑天有好幾種特性，第一種是忿怒，戰鬥的護法；第二種是福德神，所以，在印度的廚房裡拜的就是大黑天，代表供養，但如果帶西藏人看印度廚房裡大黑天，他們會說那個不是瑪哈嘎拉，而其實兩者是同一尊，這要透過比較文化史才能完整的了解彼此的關係。

一般而言，懂藏密的不懂東密，懂密教的不懂顯教，極少人能把它們綜合起來，我大概是超級的雜家，而且各國的文化史我也都很清楚，能夠在不同的文化裡，作出正確的比較，對於諸尊在不同的文化裡是如何的演變，可以作出清楚的說明。

回到前面轉世的議題，轉世在後世為什麼會形成轉世制度，這是跟密教有關係，但在印度密教並沒有轉世制度。印度密教有二種傳承，一種是師徒傳承，一種是昆仲傳承。

以藏密體系來看，藏密現有紅、白、黃、花四派，但藏密裡比較古老的噶當派已沒有了；另外，覺囊派是屬於他空派的唯識系統，而唯識系統和中觀系統在印度，自古以來，彼此間是法爭的關係，但到了西藏卻變成生死之爭。

西藏有兩位最有名的佛教史家，一位是布頓大師，另一位就是覺囊派的多羅那他，多羅那他有一本很有名的著作，叫「多羅那他佛教史」，內容敘述阿闍世王以下諸王朝，及佛教傳入錫蘭、西藏之經過，頗見重於世。多羅那他到蒙古弘法，受到蒙古人很大的崇揚，後來他要在蒙古轉世，結果達賴喇嘛不准，若要准許的條件，是要多羅那他改信中觀系統，因此覺囊派的他空唯識系統就被格魯派併吞掉了。多羅那他被蒙古可汗尊為「哲布尊丹巴」。示寂於庫倫，年壽不詳。其轉生者稱為「庫倫活佛」，成為蒙古的第一法王。

所以密教在西藏的傳承是兩極的，一種是師徒傳承，一種是昆仲傳承，出家眾當然是師徒傳承，在家眾則是叔侄傳承，但有時候創教者本身來源不明，像蓮花生大師的父親是因陀羅部底王，簡稱「渣王」，也就是因陀羅布底，而因陀羅是雷神，即帝釋天王，可是因陀羅部底王是六、七世紀時候的人，蓮花生大士一般說是距佛陀時代不久的人，所以時間上講子早父晚是說不通的，因此就有三個因陀羅部底王的說法。另外，有些傳承本身也蠻奇特的，比如噶舉派最早的祖師帝洛巴尊者，乃直接開悟，是金剛持的傳承，這代表更早的傳承是不明的，但開悟後所講的是佛法，然後再傳給那洛巴尊者，往下接著就是瑪爾巴大師、密勒日巴尊者，而這些都是在家人，然後再傳給岡波巴大師，以後就開展出四大八小的噶舉派別。

印度密教傳到西藏之後，西藏最古的傳承是紅教裡的敏林傳承，這個傳承是從很古的時代傳承過來的，而其傳承最主要是血統傳統；而西藏薩迦派（花教）特有的傳承是昆仲傳承，就是索朗孜摩跟扎巴堅贊二位兄弟都是法王，其中一位是掌法法王，掌法法王傳法給姪子（不傳給兒子），等到下一世時，再由姪子把法傳回，意即昆仲傳承乃在家眾傳承，是兄弟傳承，而掌法法王旁邊的四大法王則是出家眾。

西藏的轉世傳承是從第一世的噶瑪巴開始的，因為第二世的噶瑪巴回到自己的寺院後，說他是第一世噶瑪巴轉世來的，所以就此開創了西藏的轉世制度，而這個制度後來就被西藏各派所引用，比如達賴喇嘛、班禪大師等，所以轉世傳承其實是這幾百年來才有的，大概是元代之後，以前沒有這樣的轉世制度。

此外，轉世制度在古代是有規矩的，要經過皇帝冊封的，在元代，有二派在競爭，一派是薩迦派，薩迦派的八思巴祖師是第一代的大寶法王，他曾由忽必烈皇帝封為帝師，比昔日的國師地位還要崇高，皇帝見到帝師一樣要頂禮；但到了明成祖時代，改封八大法王，而把大寶法王轉封給噶瑪巴，並且送給噶瑪巴一頂黑冠。到了清代，轉世制度更加確立。

而對於轉世仁波切，是有等級之分的，像達賴喇嘛、班禪大師、哲布尊丹巴、章嘉活佛等四大法王，是最高的；再來是各派的教主，像是噶瑪巴、薩迦法王、睡覺法王、敦珠法王、頂果欽哲法王，及格魯派各個法王。

我個人對轉世制度並不贊成，因為修行比較重要，尤其是現在外面自稱仁波切的人實在太多了，所以對於仁波切應該是用修行去看待，而不是看他是誰的轉世，比如很有名的卡盧仁波切，他是一位喇嘛轉世來的，但因為那位喇嘛修的很好，所以大家便要他轉世，現在的卡盧仁波切是二世；又如頂果欽哲仁波切是欽哲仁波切的第二世，一世的欽哲仁波切是主張各教綜合的利美教派，所以他在各教派裡都有轉世傳承，比如他在薩迦派裡的轉世就是拍電影的那位三世宗薩仁波切。

我講這些最主要是要讓大家知道，修行才是看待一切轉世所要抉擇的重點。像我這輩子至少看過五個自稱是準提觀音化身的人，我唸大學的時候，有一次有人帶我去看一位自稱是準提觀音轉世的女士，到了那裏，一打坐果然就感覺到那裏的磁場力量很強，那位女士把手隔空遙放在你頭上的時候，你馬上會感覺頂上有一股很強大的力量壓著，一般人在那邊打坐，身體會一直跳動，我雖然沒有跳動，但是感覺一股很大的力量，心裡便覺得這樣不對，據那位女士說，別的地方氣場大概是一百一十伏特，但她這個地方氣場特別強，是二百二十伏特。

而我這個人一直有一個毛病，就是不喜歡被外來的力量控制，就算是佛菩薩的力量，也要經過我自己清淨的抉擇，這時候面對這種情形怎麼辦？我雖然可以作觀想，但也不大這樣作，於是我就把身心完全放空放下——就是觀空，一放空之後，那股力量的感覺突然間就消失了，從此我就領悟到：哦，原來是這樣。那次回家後，還有點感覺，一放空，就沒有了。所以，從那之後，我不再畏懼鬼神。人會怕人，但不用怕鬼神，像西藏很多高僧大德，法很高明，但碰上文革，跳神的護法叫他們快走，他們也只好趕快走了。

佛陀說過：「神通不敵業力」。碰到鬼神的問題，一般像基督教，他們可能的態度就是不信，這是有效的方法；而我們則是有無俱捨，就是空。但若碰到現前有人拿了刀子過來，我們還是先走再說，不要停在那邊觀空。

在臨終的時候，我所講的這一套東西若你還記得的話，鬼神是覓不了你的蹤跡的，因為你一空就消失了，閻羅王還要求你出來的。

我年輕的時候，有一段時間非常囂張，每到一座廟，我就幫裡面所有的鬼神作皈依，結果得罪了一大堆鬼神，把他們氣得跳腳，於是他們就集結了大隊人馬，最厲害的角色都出來了。他們白天不敢找我，就利用晚上睡覺的時候找我，我本來不想對他們動手，就告訴他們不要這樣，但他們聽不懂，以為我講不要是怕他們的意思，他們就偏偏一定要。當時，彌天蓋地的兵馬，飛也似的撲掩過來，我說不要，他們就是一定要，倏然間我「吒！」一聲，他們的身形全部炸碎掉，變成「魔神仔」（台語），也就是禪宗所講的聻（人死為鬼，鬼死為聻），我現在不會這樣做了，因為這樣做很麻煩，他們的身體碎掉以後就成「聻身」，雖然不會死，但要一塊塊的撿回來，然後補回去，有時還不曉得這一塊要跟那一塊搭合，總之，很麻煩就是，我現在想起來，還是覺得不大好意思。

我大學的時候就很有名，尤其這方面是最有名的，你們就知道我那時候有多囂張，現在你們看到我都沒有了，我真的就沒有了。但你們要了解，很多人以為我殺了他們，但我沒有傷過他們，因為我做所有的事情，都是出於悲心，而我現在不會再做這樣的事情。我常開玩笑，若真的要說神話，我那時候所碰到的事情，可以出一部封神榜了，因為一天到晚碰到的都是這樣的事。

回到「觀空」的主題，碰到事情，觀空就好，不要畏懼才有威力，身心觀空就沒事。當然如果你自身有越大的正氣，你隨處一站，他們就是沒辦法對你怎麼樣，但你一恐懼，正氣就消失，很多人說：「我不怕呀！但為什麼他們一直來找我呢？」，因為你一恐懼，你就把他們帶進來了，護法雖然站在旁邊，但你一恐懼，那就不是護法的事情，而是你把他們帶進去，是你自己的問題，護法可以防外敵，不能防內間，所以你要有正氣，先要自己心無恐懼，而悲、智、定三者，便是降魔的最大威勢。

心生智慧，「光輪守寂，魔自撲倒」，這是伏魔最高口訣，你身心完全放空之後，自然進入金剛喻定，而金剛喻定最有名的例子是舍利弗的故事。有一次舍利弗在打坐的時候，有兩個鬼王恰巧經過，其中一個是大力鬼，他的力氣很大，一拳可以將整座山打破，他們來到舍利弗打坐的地方，看到舍利弗剛剃了頭，光光亮亮的，一個人在樹下打坐。大力鬼就想在他的光頭上試一試力道。旁邊另外那個鬼王就勸他不要，因為舍利弗是佛陀的大弟子，必定有大威力。大力鬼不聽，還是一拳用力打了下去，結果就被空性的反彈力打落到地獄裡面去了。

而舍利弗從金剛三昧中出定，四周風平浪靜，一點也看不出方才發生了什麼事。舍利弗整一整衣服，到迦蘭陀竹園拜見佛陀。

佛陀問他：

「舍利弗！你現在身體有任何不適嗎？」

「佛陀！我的身體，一向沒什麼病痛，只是今天有點頭痛。」

「舍利弗！這是因為大力鬼王用拳打你頭的緣故。平時這個大力鬼王以拳擊打巨大的須彌山，都能令其分成二分，你卻毫髮無傷。」

「為什麼舍利弗尊者並未受傷呢？」其他比丘好奇的問。

「這是因為舍利弗入於金剛三昧的緣故。入於金剛三昧時，即使整座須彌山飛來打在頭上，也不能傷其分毫。」

所以，身心放空之後，不只是空而已，而且會出生空的力量，所謂「空則有力」，空的力量最大，出生大空的威力；忿怒護法為什麼有大力？因為大力是大空、大悲而來，所以大悲空智是降魔的最大威勢。

觀空是第一個守護身心的方法，再來第二個方法是：「oṃ vajra dharma hrīḥ」（大悲咒心咒），hrīḥ 大力誦出時，種子紇利（）從雙眼威射而出（或從眉心第三眼處射出），亦或（）由頂

上放光顯出種子字；另外，也可以在手上寫出（）字，再用該手拍打五輪（頂輪、眉心輪、喉輪、臍輪、海底輪）各處，及雙肩作守護，這是佈字法。還有很多很多的方法，有智慧你就會通達了。

所以，智慧是力量，空的威勢極大，空並不是無奈、無力，很軟弱，一副好像很倒霉的樣子，這不是佛法；相反的，你掌握了無常、無我的空智之後，你會有大力，而不是無奈、無常，無我不是無奈，而是涅槃，然而涅槃者具大力，身心會有力量，身體會健康，所以要常常觀空。觀空，並且生起慈悲心，這才是大悲法門。

前面講的故事是讓你們了解空的力量，我現在再講一個故事是讓大家了解空的應用。

故事是發生在民國七十幾年的時候，那時候十六世大寶法王剛往生，我跟一群同修到了一個白教噶舉派的道場，本來是要到二樓他們的壇場禮佛，因為他們恰好在為往生的十六世大寶法王辦法會，所以不方便讓我們上去。那時候我很年輕，心裏很好奇，還是想上去看個究竟，於是就在樓下找個地方專注起來，用觀想方式上二樓。就在那次我才了解什麼叫作「天衣無縫」。因為就在我觀想進入二樓壇場之時，卻發現壇場被一座無形的布幕籠罩著，完全找不到一個空隙可以進入，原來他們的護法真的防守得綿綿密密。我不信邪，幾次試著要進去，可是一靠近，就感覺被那無形柔軟的布幕輕輕的彈回來，屢試不爽。那時候，我那群同修之中，有一些人可以看到這個好玩的情形。

我還是不放棄，心想，到底要怎樣才能看到呢？於是就想到用《華嚴經》的海印三昧，就是此處消失，彼處生起，耳根入定，身根現起，男身入定，佛身現起，佛身入定，女身現起。於是我就在一彈指間，由此處消失，從壇城裡面現起，這種情形之下，沒有人守得住的，因為你是無所從來，無所從去，結果從壇城裡現起後一看，真的是莊嚴無比，有紅色的柱子及金剛杵等，我看了一下就出去了。後來有一個機會，我真的上了二樓去看，真的是當時所看到的那樣子。

講這個故事是要告訴大家，空除了是有力之外，而且是有用的，如果我們能完全掌握空的話，有一天當因緣到了，該放下就放下了，能自在就自在了，閻羅王也掌握不到你的，或許你會停止呼吸，不能再動了，但閻羅王若要抓你的話，你就順便帶他一齊去成佛吧！因為其實當閻羅王是很辛苦的，閻羅王本身也有他自己的業障，他每天在地獄裡面刑罰罪業的眾生，一有空檔的時候，就輪到那些鬼卒刑罰他。

其實六道都是很辛苦的，三惡道就更不用說了。像三善道裏的阿修羅，阿修羅有天福無天德，他們的瞋心熾盛，和天人打仗時很威風，但每天一到中午他們就要躲火箭，因為他們瞋心極重，所以每天一到中午就會有自然的火箭襲擊他們，這是他們自心所形成的業報。大家都很羡慕天人，但是大家知道嗎？天人要入滅的時候，如果下輩子是要投胎作人，旁邊的那些天人就祝賀他：「恭喜！恭喜啊！你要成為一個人！」，為什麼？因為人可以修行。天人不是不想修行，而是他們習慣不修行，為什麼？當他們想打坐時，馬上墊子等什麼都會弄好，背又有靠墊，空氣又有微調，剛坐上去不久，覺得背有點酸，馬上旁邊的天女就擁上來幫你全身按摩。按摩好之後，很舒服了，就想：「嗯，那我休息一下，先去泡個澡好了，等一下再來打坐」，馬上溫泉浴，冷泉水什麼都準備妥當，一邊泡澡之際，又想：「這個時候，聽個音樂也不錯，因為可以放鬆精神且又穩定身心，穩定之後，就很容易打坐」，結果聽完幾首音樂之後，真是很好聽，再聽一下好了。正陶醉在音樂之際，咦，肚子好像有點餓，吃點東西好了。吃了一些天廚妙供之後，嗯，真是太好吃了，再多吃一點好了，抬頭一看，哇，休息時間到了，先去睡一下好了，打坐？明天再說好了。天人的生活就是這樣。

所以，大家不要去作天人，誰最好？你最好！人最好！有時候我看你們一副天人模樣，以後好像會去當天人的樣子，我想起來就覺得很替大家擔心。像我以前有些學生我就替他們很擔心，第一個，人長得很英俊瀟灑，第二個，家裡也很有錢，第三個，女朋友又很漂亮，第四個，家人都很有教養，最後是法緣又特別好，每一個仁波切、老師都對他非常好，我看到這種情形心裡就很擔心。

社會上也常常看到這種情形，有的人家世很好，教養很好、學歷很高，不是名校畢業，就是博士學位，太太美麗賢慧，孩子也乖巧，每次大法會或打禪七，都是坐在前面第一排，出入都是名車接送，到任何地方參訪不是法王親自接見，就是跟達賴喇嘛合照，修法也很有感應，不但感應而且很感動，但一出來，就生活美滿去了；然後，就下輩子再來一次。

這實在很恐怖。有人說他們這樣子很有福報，我說是呀，是呀，太有福報了，很難修行。我這樣講可能有點不近人情，但真正的福報是解脫，解脫才是極樂，也就是如觀自在，這是我的真心話。

前面講到空是有力、有用的，那要如何觀空呢？我用實際的例子告訴大家。現在請舉起你的右手，你的感覺是你控制著你的右手。現在很流行內觀禪法，比如十日禪內觀禪法，怎麼走路觀想等。

而我現在教大家直接的觀照。內觀禪法的四念住：「觀身不淨，觀受是苦，觀心無常，觀法無我」，核心點是不執、無我，當我們右手舉起時，除了感覺到手的外相存在，裡面還有一隻手，那隻手是你的執著（手執），是由你的意念、你的感受所形成，那隻內在的手存在嗎？有，存在！現在如果有一個人手斷掉，你用克里安照相術去照的話，手還存在，那隻手就是你的執著，也就是對於手的控制感，所以，手執執手，手雖然斷了，控制感依然存在。

而這手執的控制感會有什麼樣的作用呢？現在的解剖學可以知道手是由皮膚、肌肉、血管……等等，諸多細項組構而成，而手執的控制感會透過神經而使得手的肌肉、血管、細胞……等等，產生緊張，使得血液流量減少，所以「觀身不淨」是要拿掉你的執著及控制感，直觀手是空，實修次第是放鬆↓放下↓放空，也就是從放鬆到放下，就放空了。

放鬆的方法有從外在的鍛練去放鬆，也可以從內在去放鬆。以內在的放鬆來講，比如我們舉起的這隻右手，你現在想像這右手的皮膚拿掉了，肌肉拿掉了，手指關節一節一節的拿掉了，神經拿掉了，你的執著從這隻手漸漸離開了，放下了，你會發覺這隻手馬上顯現不一樣，因為控制感離開了，緊張消失了，手部的血液流量增加了，所以顏色會變得比較紅潤，體積變大了，手部也變的比較柔軟，並且變得很有力氣，現在這隻手雖然在這邊，但它只是因緣性的存在，它裡面是空的，沒有我執、沒有手執執手，但它雖然是空的，卻變得非常有力量，所以空當然是有力量的。

有人說：「老師，我全身放空之後，那個心還是有一個想法在」，是的，剛開始是這樣，放鬆、放空、放下之後，連那個放下的也要放下，放空之後，連那個放空的也要放空，所以說：「捨之又捨，至於無為；空之又空，至於現成」，這是口訣，而什麼是現成？有用、有力，當然是現成，一切現成，就是現觀！

我們心裡如果還有那一點，那一點會讓我們變得很虛弱無力，但當那一點完全放掉之後，一切現成，不過亦非不及，而是恰恰當當的，現成即空！空即現成！

永嘉大師有一首偈：「恰恰用心時，恰恰無心用，無心恰恰用，常用恰恰無」，這不是現成是什麼？這才是現成的口訣，除了這個之外還有什麼？大禮拜十萬遍、百萬遍、千萬遍，額頭都快叩破了，不就在叩這個嗎？一切大法王，一切十方三世諸佛所講的，都只是在講這個呀！這個口訣要時時用、天天用，用到最後連閻羅王老子拿你也一點兒沒辦法，變成閻羅小弟，這並不是我們自大，而是你可以很有力的對閻羅王說：「來！我帶你遠離困局！」，意思是讓閻羅王，乃至一切地獄眾生都能獲得解脫。

有同修曾問過：「佛是什麼？」，我說對我來講，佛剛好是路邊一條狗。這樣回答乍聽之下，可能會有很大的衝擊。佛本現成！我現在反問大家：「佛不是什麼？」，當我回答佛剛好是路邊一條狗時，很多人基於宗教的神聖感，或宗教的畏懼感，也許會害怕。你怎麼這麼說？！

佛陀從來是希望我們能悟入他的想法，所以說：「開、示、悟、入佛之知見」，但是為了講法的方便，必須架設一種距離感，一種莊嚴感。要知道，佛成佛是一件很悲哀的事，佛成佛的悲哀之處在那裡？我在幾十年前寫過一篇文章：「無可奈何而成佛。」很多人會奇怪：成佛不是大家都很希望達到的事嗎，為什麼是無可奈何？因為，這代表有其他人沒有成佛，是代表眾生沒有成佛，眾生尚處於悲哀之處，所以成佛示現度眾生；因此說成佛乃悲憫之事，悲切之事，是大悲之事，而成佛的體上是智慧之事。

所以，你們問我：「佛是什麼？」，我說：「你想想看，佛會認為他是什麼？」，《金剛經》說，佛如果認為自己是佛的話，那他就不是佛，但佛是不是佛呢？他當然是佛，只有那些不是佛的人，才會認為他自己是佛。佛法為了講清楚這個事情，就衍生了二套邏輯的論法，一套是正面的破，一套是反面的立，以金剛經來講，正面的破是「若以色見我，以音聲求我，是人行邪道，不得見如來」，「不可以三十二相得見如來」，這是正面論法的破；沒有這第一段論法的破，不是佛法。第二套論法是佛具足智慧、證量，但不自認為是佛，所以「乃至無有少法可得，是名阿耨多羅三藐三菩提」，又說「如來不以具足相故，得阿耨多羅三藐三菩提」、「汝若作是念，……說諸法斷滅」，所以要具相。但要注意一下，佛法是要先破，破是破執，所以佛又稱為「破有法王」。佛法要先捨，捨之又捨，至於無為，然後空之又空，翻轉，即是現成。

所以，佛，你稱他是佛，或者你稱他不是佛，他會擔心嗎？一個開悟的人，你說他開悟，他會說：「嗯，你很有智慧！」，或是他會說：「嘸啦，嘸啦，大家都開悟！」，這個時候你看不出來他到底有沒有開悟。你就再問他：「那你這樣沒有開悟囉！」如果他很生氣的回答：「誰說的？」，這時，你就知道答案了。

一個開悟的人，你說他沒有開悟，他不會生氣，為什麼？你不要以為是他修養好，而是一個開悟的人，就沒有開悟的「人」了，所以你說他沒有開悟，基本上，你是在對一個幻影說話，而你能指責一個幻影嗎？我不是一直從頭到尾都告訴大家我是一個幻影嗎？我的存在作用只是讓你們開悟而已，你們開悟，我就像一個影子一樣，很高興的化成雲彩，空掉跑掉了。對我而言，我的生命已經結束了，早就結束了，所以我現在所具足的影子，只是為了你們能開悟而已。

因此，假如有人若因為被說沒有開悟，而要修法修理別人，那大概是發瘋了，但若有人寫書罵遍天下法王說他們都沒有開悟，只有他開悟，那也是胡言亂語，《金剛經》上不是講：「我不作是念：『我是離欲阿羅漢。』，世尊！我若作是念：『我得阿羅漢道』，世尊則不說須菩提是樂阿蘭那行者」，佛自認為是佛，那就不是佛，「無有定法，名為佛陀」，「無有定法，名為阿耨多羅三藐三菩提」，「所謂佛法者，即非佛法，是名佛法」，真體悟這個事了，我們就不用再留在這邊上課，可以一齊到外邊喝茶，大家一拍二散，互不相欠，你們欠我的是開悟，而我欠你們的是說法，你們開悟的話，我就不欠了，而我現在所做的事，只是給個說法而已。

講經講到現在，你們認為我那一句話是當真？如果你們把幻影講的話也當真，那你們也未免太笨了！但是你們若不把這些幻影所講的話當真，恐怕你們也不會知道我只是幻影罷了。金剛經不也一樣跟你們這樣講？「於意云何？如來有所說法不？」須菩提白佛言：「世尊！如來無所說。」，佛陀說法四十九年，未曾說得一字，幻影說法，豈有說耶！

圓相攝是連結，就是透過相攝咒：「惹吽鑁霍（jaḥ hūṃ vaṃ hoḥ）」，把自觀而成的千手觀音自生本尊，跟迎請而來而安住於行者頂上的千手觀音法界本尊，連結在一起，相攝、相入而合一，所以「般若法身三昧耶，入我我入一合相」。

什麼是「入我」？佛入我！什麼是「我入」？我入佛！就是把我們自己調整成跟佛一樣，我們是三業，佛是三密，把我們的身、語、意三業調整成跟佛的身、語、意三密一樣而相應，相應之後，佛入我，因為此時我們心跟佛一樣；而佛是空，我們也是空，因此，我入佛，結合在一起。但在這個相應裡，我們具有一種根本的、圓滿的自主性存在，這跟鬼神進入身體而受控制是不一樣的，此時，本尊跟行者是平等無二，只是在未跟本尊相應以前，我們的身、口、意是三業染污，但現在我們染污去除掉了，所以佛入我、我入佛，即三密相應，如水注水，如月映月，心心相成，如光照光，以空顯空。

所以，對於一個密教成就者，我們不是用神通去檢驗，而是依見地來勘驗，我們是從理趣上去檢視；我現在舉些禪宗的方法來跟大家研究，什麼是「入我我入」？中國禪宗從六祖慧能一路下來，後來開展為五家七宗，其中的曹洞宗（或稱洞曹宗）的祖師，一位叫曹山，一位叫洞山，此宗是由六祖惠能、青原行思一脈而傳下來。洞山禪師開悟時，有一天經過一條河流，他看到了河邊倒影，而說「渠今正是我，我今不是渠」，這個渠字，代表整個法界，整個山河大地，整個宇宙，整個本尊。

中國禪宗五家之中，法眼、雲門、溈仰三家後來都消失了，只剩下最主要的兩系，即臨濟和曹洞兩宗。臨濟宗後來主要是參公案，即是臨濟禪，而曹洞宗後來是默照禪為主。臨濟宗是南嶽懷讓、馬祖……一路下來，強調的是性在作用，即體性作用，所以人家問馬祖：「什麼是佛？」，馬祖眨眨眼，回答了對方。如果用現代話來講，如果人家問我：「什麼是佛？」，我就「嗨！」一聲，回答對方，這叫性在作用，就是你能作用的那個！換作曹洞宗的話，它的表現方式則是「東山水上行」（東山是禪宗五祖的東山法門），用現代的話來講，就是說喜馬拉雅山在長江上流行漂遊，而這是不可思議的事情，那是什麼意思？有時候人家問曹洞宗祖師：「什麼是佛？」，他就拿了根棍子，往牆柱上敲了一敲，這叫「露柱燈籠」。我曾經把這二個法門合在一起，有一次打禪的時候，我用棒子打柱子，然後問一位打禪的同修會不會痛呀？他說：痛！這叫法身流行，即一個是性在作用，一個是法身流行，所以禪宗常講：「金鞭打木馬，羊啼於天下。」因此，「渠今正是我，我今不是渠」的渠字，除了指倒影之外，也代表了整個法界，整個宇宙，整個山河大地，整個本尊。

是以「渠今正是我」是入我，「我今不是渠」則是指雖然我跟法界本尊完全一樣，但卻是自在作主的。如果僅僅是渠今入我，而我不入渠的話，那就變成跳神，被控制了，而這樣就不是佛法，如果這樣是佛法的話，那釋迦牟尼佛是誰來入他跳他呢？所以他是空性，我也是空性，也就是作主釋迦牟尼佛的，就是釋迦牟尼佛！所以不要錯解了佛法，佛陀是要我們作主的，不是要我們放棄理性，盲目跟著他，讓他替我們作主，這樣的法是神法，不是佛法！所以佛法裡面是有智慧，要我們自在作主，而這個我是什麼？還是空！「入我」，我空；「我入」，佛空！這才是核心點。

現在有很多相似的佛法，披著佛法的外衣，事實上是「大梵」的思想，外表看起來是一樣的，但是他們最後是不能自主，也就是不得自在。講這些話，就是希望你們能夠替自己留下一個餘地，一個自由自在的餘地，也就是觀自在。

而什麼是本尊觀？以金剛界大日如來講，手印是智拳印（或者右手拇指置於無名指指根，餘四指握拳亦名為智拳印），此印可攝心而令心不外射，散印時從頂上散；咒為大日如來咒：「唵　鑁　鑁鑁鑁鑁（oṃ vaṃ vaṃ vaṃ vaṃ vaṃ），這個是智水，是大智海毗盧遮那佛，所以（vaṃ）字代表毗盧遮那佛，因此，「唵　鑁　梭哈（oṃ vaṃ svāhā）」也是大日如來的咒；誦此咒時，手結智拳印，並觀想法界是清淨之體，此時自己的身、語、意就觀想成大日如來。

一開始，生起次第的觀想是身體要觀想成固定本尊的樣子，手印是本尊的手印，咒是本尊咒，但如果本尊是你自己的時候，你穿紅衣服時，你不需要先想是你自己才可以穿紅衣服；你也不會是穿紅衣服的時候才是你自己，才可以是你自己，你不可以穿白衣服，或藍衣服嗎？所以，觀想的次第，是你先觀察佛像，如此、如此，這樣、那樣，觀想成就而你變成他時，你就是，你就是時，你需要去管今天你一定要穿什麼衣服嗎？頭髮有沒有理？或是要吃什麼東西才是阿彌陀佛？需要這樣子嗎？所以，當你是你自己的時候，你就完全自在了。

因此，文殊不必想他自己是文殊才是文殊，如果文殊想他自己是文殊才是文殊的話，那就有二個文殊了，亦即「若有一文殊，不名為文殊，文殊非文殊，是名真文殊」。所以當你是佛時，你隨時隨地就是佛，睡覺的時候是，觀想的時候是，做任何事情，行、住、坐、臥都是，因為是這樣，所以安心了，你們有沒有這種安心呢？有沒有這種自在呢？如果能夠有這種自在，那就跳出三界外，不入五行中，而能在三界五行中任意嬉遊，這叫「遊戲王三昧」，這樣的人是遊戲者，即是佛！

了解佛法的空義，放下之後就自在了，徹底的放下，就完全自在了。我的名片上中文名字是自由者，為什麼不寫自由人呢？因為「者」的意義更寬廣，而過不久我就要去俄亥俄大學演講，所以我在想英文名字要怎麼取，但英文沒有 free ness 這個字，結果我今天早上很高興想到一個名字 free from free，就是從自由裡面解脫，這才是真正自由，而你們呢？也不要被自由所控制，亦即 free from free，所以「入我」之後，還要「我入」。

各位，我跟你們講的都是最究竟的，種下無上圓滿的大菩提種子在你們心中，希望你們一念成佛，而你們成就之後，三界一切眾生都成佛的時候，我這個幻影不可能存在，因為這個幻影是依於眾生的需要才有。

經過前面的解說，大家對「般若法身三昧耶，入我我入一合相」相攝相入的理趣就很清楚了。「惹吽鑁霍圓相攝，無二本然千手尊」，「圓相攝」是圓滿相攝，此時確定行者即是千手觀音。

接下來是五方佛灌頂。雖然一切教法本身，並不需要任何的儀式，但有儀式是由於因緣的需要，而在這裡的因緣需要是觀想五方佛灌頂。

十一、五佛灌頂

現在一般看到的五方佛是屬於藏密的形象。但東密金剛界大日如來是結智拳印，而胎藏界大日如來是結定印的。而我們這裡的五佛灌頂是用金剛界的五尊，這五尊是東方阿閦佛，阿閦佛又名不動佛。為什麼叫不動呢？因為他永遠不生氣，因為恆不生氣，所以是忿怒尊，也是金剛部的主尊，他可以降服最大的忿怒，他的威力最大。為什麼恆不生氣，卻可以降服最大的忿怒呢？我舉個例子說明，假如有一座最高的山，山頂放了一顆巨石，巨石擺在那邊不動，這山四邊的人看到巨石懸在那邊，敢不敢亂動呢？絕對不敢！因為巨石滾下來的話，不知滾向那邊，所以大家都摒息以待。所以「懸巨石於九天之上，或東或西，或南或北，人莫之測，眾皆降伏。」，這是真正的威勢，這才叫威力！現實世界上，像泰國最懂得勢力之道的人，應該是泰皇了。為什麼？因為他不動用他的勢力，他平常勤政愛民，累積勢力，但他從來不用，所以他若講話，一定算數。所以說，平常沒事不要妄作危機處理，是讓它沒有危機，而不是作危機處理，但有很多人是沒有危機的時候，便覺得自己快沒勢力了，所以便創造了一點危機來讓自己處理，這就變成內耗。

阿閦佛是一切金剛部的主宰，也是一切十方諸佛的身金剛。本來護法、也有分為五部護法及五部空行，但後來的護法都變成金剛部了，所以頂上都有金剛杵。

五方佛中，南方是寶生佛，寶生佛座下是騎馬，而阿閦佛座下是騎大象。寶生佛金黃色，屬地大；西方是阿彌陀佛，紅色，屬火大，是十方一切如來語金剛；北方是不空成就佛（Amogha-siddhi），amogha 是不空，siddhi 是悉地，悉地乃成就之意，其顏色為綠色，表風大。中央是毗盧遮那佛（Mahāvairocana），即大日如來，白色，屬空大。但實際上應是空色，即周遭應是藍色的，白色的像（白身），而有時理趣雖是這樣，但傳法時並不統一，理趣上就空大來講，大日如來本應是藍色身相才對，但有時會互調，所以有時也會有白色不動佛。

五方佛觀想可以是藏密的五方佛，也可以是東密的五方佛，兩種形式都可以。五方佛中，東方不動佛是降魔印，南方寶生佛是與願印，中央大日如來（毗盧遮那佛或釋迦牟尼佛）是轉法輪印（但在東密中則為智拳印），西方阿彌陀佛是法界定印，北方不空成就佛為無畏印（乃說法印的一種）。觀想五方佛灌頂時，是觀者頭頂上中央坐著大日如來，頂上東方坐著不動佛，頂上西方坐著阿彌陀佛，頂上南方坐著寶生佛，頂上北方坐著不空成就佛。

另外，還有一種修法，即眉心輪置阿閦佛，喉輪置阿彌陀佛，心輪是毗盧遮那佛，臍輪是寶生佛，海底輪是不空成就佛，但問題是心輪應是藍色的，所以心輪的毗盧遮那佛有時會和阿閦佛對調，而造成混淆，但怎樣才是對的呢？都對！這是因為不同傳承間修法系統的不同而造成，只要依各個傳承自己的修法系統去修就可以。類似的狀況是常常可以看到的，比如阿閦佛在藏密裡有時會變成金剛薩埵。

五方佛灌頂的意義是，確認並保證行者經過前面的三密相應，子母光明會之後，印可行者是千

五方佛

手觀音無誤。

「**現觀五佛大灌頂**」，行者觀想頭上戴著前面所述之五佛冠，即受五智如來灌頂，保證行者具足體性和法界相合之千手觀音，故而「**圓成法爾千手尊，千手觀音遍光明，無二本然大悲主**」。

■五方佛及其作用一覽表

方位	佛名	意識轉化作用	轉化之五大	調伏之眾生
南方	寶生如來	第七識→平等性智	地大	慢性
東方	不動佛	第八識→大圓鏡智	水大	瞋性
西方	阿彌陀佛	第六識→妙觀察智	火大	貪性
北方	不空成就佛	前五識→成所作智	風大	愚性
中方	毘盧遮那佛	第九識→法界體性智	空大	痴性

十二、拙火虹身特別修習

這部分是我所傳的法中不共的傳承，跟拙火瑜伽有關，將來拙火瑜伽也會這樣修。我昨天教拙火瑜伽的課教的很累，為什麼呢？因為法講的太大，但由於大家的發心並非如此，所以我就要負責去籌備大家發心不足的部分，要特別去扛很多東西，會比較累。但因為對我來講已經是沒有差別了，所以還是要跟大家講。

我教大家的，都是成佛最快的方法；而因為對我來講，我也沒什麼成佛不成佛的問題，現在跟你們吹牛講這些話，是因為希望你們去聽，能夠把很多東西放進你們心裡就好了，有一天你們會知道，為什麼我會是這樣講。我跟大家講，我是不存在的人了，我如果不教你們，怎麼可以呢！

「**法界同相本解脫**」，基於前面的教授，大家自己具足大悲心而變成千手觀音，法界有法界的千手觀音，自生千手觀音與法界千手觀音，三密相應合而為一，經由五佛灌頂，確證行者是法界本然大悲主，所以說「法界同相本解脫」，即入於海印三昧，金剛三昧，一切寂滅同相。

「**蘊處界身蓮華藏**」，蘊處界是教理講的三科，或稱蘊處界觀。禪宗也有用蘊處界，《六祖壇經》最後一品是教導我們如何成為一位禪師，裡頭提到動用三十六對，即三科十二門。而什麼叫三科呢？即將宇宙的所有現象分類成三個部分，然後再教導如何運用三十六對法來破除一切妄執。這三十六對法是代表八萬四千對法，亦代表無量對、一切對、一切法對，法對即是對法，法與法對，法法相銷，悟入實相。比如色與空對，色空皆破，亦如藥病相醫，除諸病相，病相若除，藥即當捨。

佛法講一切法無自性，即空，但誰了解空？我們的心！我們的心雖然是空的，卻被無明流轉，今欲解除無明流轉，仍須靠心，而當心解除了無明障蔽，此心即當丟捨，所以圓覺經中說：「以幻離幻」，到最後「究竟離幻」，才是證得實相。

五蘊乃色、受、想、行、識，以自我為主體，處是十二處或十二入，即六根（眼、耳、鼻、舌、身、意），加上六塵（色、聲、香、味、觸、法），根塵相對，即以自我為中心所面對的整個宇宙。法界都是空的，所以佛法裡面，非關人我，修法的話，還從人我中來，亦即修持要悟入的話，要人我盡銷，亦即法界盡銷，《心經》也是先講：「色不異空」，再來「空不異色」，「色即是空」，再「空即是色」。同樣的道理，十八界就是十二入加上六識，是以自我為中心的整個法界萬象，也就是蘊處界三科也。了解法界一切性空，一切寂然，此時就法界來講，就沒有成佛與不成佛的問題，即沒有佛與眾生的問題，但是眾生有無明流轉的問題，一旦無明破除開悟之後，雖然是空，但卻是佛，佛是空，但依然是佛，對我們未開悟者而言，有成佛之事，而對「無我、無人、無眾生」，一切現空的法界而言，這個不重要！因為在一切現空裡，我們不在乎神、不在乎佛，諸佛為什麼對我們重要，因為他是我們老師，我們尊敬他。

我們一般人總是在生命的深處，放不掉那一絲想要去討好、去巴結、去貪執的心，總是要巴結佛或如來，看能不能賞我們一點飯吃，你若存著這種心，你就成不了什麼氣候，對於佛如來，我們是尊敬他，因為他是我們導師，我們並不是巴結他。但對於神，只有巴結，為什麼尊敬？為了巴結，用巴結表現尊敬，因為一切都是神所賜予的，在神威之下，人沒有自主性，是要臣服的。但對於佛，少來這一套。佛是空，如果我們對佛尊敬，那就純粹尊敬，因為他不是賜福者，雖然你可以祈請他賜福，但你要了解，他究竟是空性的。當眾生在的時候，就有佛在，為什麼？因為要為眾生示現成佛，而沒有眾生的時候，佛作什麼用？沒有用！所以就入於寂滅。佛的顯現，當然是從主體到客體，當我們自心是煩惱無明眾生的時候，我們的起心動念都是無明眾生，此時我們身處的世界，從我們的身體開始，都是處處阻礙我們的世間，但當我們成佛的時候，自心成就了無邊的智慧，即自心是智正覺世間，眾生也是佛，故眾生世間是佛，整個山河大地都是佛，所以說：蘊、處、界身都是蓮華藏世界海，整個法界都是蓮華藏。

「**平等會注身中圍**」，宇宙沒有中心點，一切皆空，若有中心點的話，就時間而言，時間的中心點就是現在、當下，就空間而言，空間的中心點就在行者自己的中脈，「中圍」即曼荼羅，即行者自身，行者自身中圍即諸佛壇城，行者自心智慧即是諸佛，心的一切念頭即一切諸尊，降伏力量即是護法。「**輪圓具足自尊勝**」，「輪圓」亦是「中圍」義，即是壇城，所以這句話就是講行者自身即是諸佛壇城，即是法界。

「**拙火引燃中脈空**」，現在請各位觀想自己整個中脈是空的。我最擅長的教授是我直接的講法本身，就讓它的實相產生，而不是叫你去想而已，所以你們現在中脈要觀空，怎麼空呢？身體整個完全放鬆，放下、放空，脈才能開，所謂「心如、氣鬆、脈柔、身空、境圓滿」，境幻，再到境圓滿。現在要讓你的身體放鬆下來，脈直起來，就想像你的身體在水中，自然的放鬆。對世間人而言，這是放鬆法，對尋求出世間的人而言，這是解脫法。讓身體像楊柳一樣，很柔很自在，也很放鬆，每一個細胞都鬆開，而且像氣球一樣，每一個細胞都充氣飽滿而放鬆，接著想像頂輪（頂上髮際向後八指之處）有一個透明小小的水晶珠，沿著中脈直線（中脈是身體前後左右剖線交接之正中線位置）掉到眉心輪，再往下掉到喉輪↓心輪↓臍輪↓最後掉入海底輪，這個水晶球往下掉是很放鬆而自然的，因此，就形成一個透明直線，空的中脈，你看清楚它，它就是中脈，不用懷疑，安住它，因為那就是了。你若看不清楚，那就再看清楚就是了，看清楚就是這個。

中脈出來之後，如何引燃中脈拙火呢？什麼叫拙火引燃呢？拙火是從海底輪處引燃，引燃中脈拙火是為了燒掉心、氣、脈、身的阻礙，所謂「焚燒五如來」，即是要讓你的所有雜染變成智慧。我們以前修火供護摩法時，曾經教你把火供的熾烈火焰，觀想成是在海底輪處焚燒，現在也一樣。請你把眼前這盞明燈觀想它就在海底輪放光發熱，或者也可以想像有一顆明亮炙熱的太陽在海底輪裡面熾盛燃燒。

接下來，「**智焰熾烈如燃燭**」，意思是說，智慧的火焰，猶如燭火燃燒，燒掉煩惱，煩惱越多，火焰越大，所以不要害怕煩惱，煩惱若以空的智慧轉化，所獲得智慧便越大。煩惱多即是經驗多，心若染著經驗不放，即是煩惱多，若於經驗無所染執，經驗便轉成智慧，如此，菩薩道的功德便越豐富，煩惱愈大，空智生起，則智慧愈大。若僅是經驗多，而無空智，則煩惱增盛。所以，經驗愈多，結果是煩惱愈多，還是成就智慧愈高，就看我們自己決定。有些人經驗很多，所以煩惱特別大，也有些人經驗很多，所以智慧特別大，為什麼？差別在於空與不空。因此「智焰熾烈如燃燭」，用煩惱薪燃智慧大火。

「**頭手足指密空融**」，這句話的修持教授，可以在日常行、住、坐、臥的生活當中，時時實踐之，應用之，練習之，比如坐捷運、走路、睡眠時，都可以做，這是很方便的特別教授。怎麼做呢？頭、手指、腳趾都是空性的，空性無生，緣起可轉，觀想這三處轉成蠟燭，現在瞬間點燃起這些蠟燭，火焰便從頭部、十手指、十足趾處，一節節往內燒熔進來，火焰沿著每一骨節的中脈中心點串燒而入（中脈除了身體正中央處以外，每一骨脈的中心點也是中脈），中脈沿燒的過程，有熱覺卻是清涼感，這是修拙火之感。拙火如果修得好，即便是大熱天，亦甚感清涼，而即使是冷天，亦溫暖無比。

拙火沿燒，現在已由十指燒至肩膀，所以兩手臂沒有了，而十足趾由腳掌處往上燒，燒至小腿、膝蓋、大腿……。頭部由頂髻燒起，往下燒入頂輪，接著燒至眉心輪、喉輪……，膝部繼續往上燒，上面喉、心輪也繼續往下燒，「**次第流注會中脈**」，最後火焰在海底輪（或密輪）處會合，此時整個身體都燒空了，只剩下最後一個唯一明點──那達（那達是佛陀的白毫相），此那達點極小極細極明亮，乃法界中最小極細亮點，到最後連這最細亮點也空掉了。那達即是「**唯一明點菩提珠**」，乃是與空完全會合，但是有作用力的那個。「**豁然寂密常寂光**」，這那達點空掉了，化空進入法身常寂光，「**法爾自在千手尊**」，即經由此一拙火虹身特別修習，行者轉成千手觀音體性，顯現為法界千手觀音成就。

同樣道理，當我們喝茶飲水時，就直接喝入中脈明點，火是智慧火，可燒入中脈，增盛明點，水亦是甘露水，可飲入中脈，澆注明點，拙火更盛。古代道家是靠吞唾液、還丹，卻沒吞入中脈，但我們光靠喝水即可助修中脈智慧氣，喝水不用擔心會澆息拙火，反而可依觀修而增長中脈明點拙火，因為中脈明點是法界明點，若身體有病欲治，可把水觀想成甘露光明，從中脈飲入，沖灌病的部位。原理都是一樣的，大家可以視不同的因緣運用。

「次第流注會中脈，惟一明點菩提珠，豁然寂密常寂光，法爾自在千手尊」，明點化空之後，就安住在明空當中，此即「無住」，出來之後即是自在千手觀音，亦名「生心」，所謂「三心不可得」，即無住生心之意，是以無住則沒有這個分別心，沒有空的話，一切意識皆是心念分別所出生，任何觀想都還是落在分別意識，所以一定要無所住而生心。化空之後，安住於明空不二定中越久越好。

有人問：唯一明點應該在密輪或海底輪？一般以在海底輪為方便，因為若在密輪，有些人的說法是怕引氣過低而易洩，但若不洩，則亦可觀在密輪處。有些修法之所以不觀在頂上，因為怕跑了出去，也是同樣道理。

十三、讚誦（合掌而誦，其內容乃行者當為之事。）

諸佛大悲勝總集，法界如母觀世音

千手光明普注照，一切眾生得護持

如母大慈育護子，法界有情成佛子
如實覆育得圓滿，佛子金剛薩埵顯
一切眾生成如來，十方三世全如來
頂禮大悲心佛母，永憶皈命悲母恩
如母普度一切眾，如母現成觀世音
如母現前千手眼，普見眾生全成佛

十四、密咒

1 大悲咒

南無喝囉怛那哆囉夜耶一　南無阿唎耶二　婆盧羯帝爍鉢囉耶三　菩提薩埵婆耶四　摩訶薩埵婆耶五　摩訶迦盧尼迦耶六　唵七　薩皤囉罰曳八　數怛那怛寫九　南無悉吉利埵伊蒙阿唎耶十　婆盧吉帝室佛囉楞馱婆十一　南無那囉謹墀十二　醯唎摩訶皤哆沙咩十三　薩婆阿他豆輸朋十四　阿逝孕十五　薩婆薩哆那摩婆伽十六　摩罰特豆十七　怛姪他十八　唵阿婆盧醯十九　盧迦帝二十　迦羅帝二十一　夷醯唎二十二　摩訶菩提薩埵二十三　薩婆薩婆二十四　摩羅摩羅二十五　摩醯摩醯唎馱孕二十六　俱盧俱盧羯懞二十七　度盧度盧罰闍耶帝二十八　摩訶罰闍耶帝二十九　陀羅陀羅三十　地利尼三十一　室佛囉耶三十二　遮羅遮羅三十三　摩摩罰摩囉三十四　穆帝囇三十五　伊醯移醯三十六　室那室那三十七　阿囉嘇佛囉舍利

三十八 罰沙罰嚟三十九 佛羅舍耶四十 呼嚧呼嚧摩囉四十一 呼嚧呼嚧醯利四十二 娑囉娑囉四十三 悉利悉利四十四 蘇嚧蘇嚧四十五 菩提夜菩提夜四十六 菩馱夜菩馱夜四十七 彌帝利夜四十八 那囉謹墀四十九 地唎瑟尼那五十 波夜摩那五十一 娑婆訶五十二 悉陀夜五十三 娑婆訶五十四 摩訶悉陀夜五十五 娑婆訶五十六 悉陀喻藝五十七 室皤囉耶五十八 娑婆訶五十九 那囉謹墀六十 娑婆訶六十一 摩囉那囉六十二 娑婆訶六十三 悉囉僧阿穆佉耶六十四 娑婆訶六十五 娑婆摩訶阿悉陀夜六十六 娑婆訶六十七 者吉囉阿悉陀夜六十八 娑婆訶六十九 波陀摩羯悉哆夜七十 娑婆訶七十一 那囉謹墀皤伽囉嘢七十二 娑婆訶七十三 摩婆利勝羯囉夜七十四 娑婆訶七十五 南無喝囉怛那哆囉夜耶七十六 南無阿唎嘢七十七 婆嚧吉帝七十八 爍皤囉夜七十九 娑婆訶八十 唵悉殿都曼哆囉鉢馱耶八十一 娑婆訶八十二

2 懺悔——合掌而誦

大悲體性懺，寂靜住本然
現前眾成佛，究竟第一懺
如實實相觀，罪業如霜露
自銷自清涼，忽憶生全佛
吉祥金剛定，嗡班雜薩埵
阿體本無生，長阿住明空

大悲體性的懺悔是「寂靜住本然」，這才是究竟的懺悔，而「現前眾成佛」乃最究竟最殊勝的懺悔，是以「忽憶生全佛」亦為究竟之懺；而在「吉祥金剛定」當中，皈命於自性的金剛薩埵，故曰：「嗡班雜薩埵」，「阿體本無生，長阿住明空」，住於明空不二法身界，才是究竟的懺悔，阿是空，所以，「長阿住明空」。

3 誦百字明

百字明有五部，比如金剛部百字明開頭是 oṁ vajra-sattva，蓮花部百字明是 oṁ padma-sattva，寶部百字明是 oṁ ratna-sattva 作開頭。我們現在唸的是金剛部的百字明，這是為了懺悔，但其實不只是懺悔，也是為了鞏固我們的金剛心。vajra-sattva 是金剛心之意，所以金剛薩埵又稱金剛心菩薩，也就是我們的心，就是我們發起的金剛心。這個百字明是金剛薩埵的三昧耶誓句，欲守護行者成就金剛薩埵果位的誓句。金剛薩埵百字明如下：

唵　跋折囉　薩埵　三摩耶　麼奴波邏耶
oṁ　vajra-sattva-　samaya　mānu pālaya
皈命　金剛薩埵　三昧耶　願守護我

跋折囉薩埵哆吠奴烏播底瑟吒　涅哩茶烏銘婆嚩
vajra-sattva tveno patiṣṭha　dṛḍho me bhava
為金剛薩埵位　為堅牢我

素覩沙榆銘婆嚩　阿努囉訖覩銘婆嚩　素補使榆銘婆嚩
sutoṣyo me bhava　anurakto me bhava　supoṣya me bhava
於我可歡喜　令我隨心歟　令我善增益也

薩婆悉地　含銘般囉野綽
sarva-siddhiṃ me prayaccha
授與我一切悉地

薩婆羯磨素遮銘　質多失唎耶
sarva-karmasu ca me citta śriyaḥ
及諸事業　令我安穩

句嚧　吽　呵呵呵呵　護　薄伽梵
kuru hūṃ ha ha ha ha hoḥ bhagavaṃ
作　吽　（四無量心、四身）　喜樂之聲　世尊

薩婆怛他揭多　跋折囉麼迷悶遮
sarva-tathāgata- vajra mā me muñca
一切如來　願金剛莫捨離我

跋折哩婆嚩摩訶三摩耶薩埵　阿
vajribhava mahā-samaya-sattva āḥ
令我為金剛三昧耶薩埵　阿（種子）

（不熟者亦可唸「唵　跋折囉薩埵　啊」或「唵　跋折囉薩埵　啊　吽」oṃ vajra-sattva āḥ 或 oṃ vajra-sattva āḥ hūṃ 亦可。）

十五、迴向

南無大悲千手千眼觀世音菩薩摩訶薩
廣大圓性自性大悲法　法界如來悲心總集前
願尊歡喜如願皆攝受　所行功德現前普迴向
願諸眾生平等普成佛　十法界眾現成如來眾
特別三惡道中眾有情　一切障難迴向祈全消
無礙飽足滿喜全心願　智慧悲心菩提命增長
大菩提道如心皆圓滿　一切迴向祈願咸成滿
五毒三業病魔祈消除　六大災障人禍戰爭無
國土安康喜樂具增長　圓滿法界現成清淨土
具足世出世間大勝福　長壽自在大悲德常住
地球娑婆圓成菩提土　同心共圓眾生全佛陀
願吾密修法行一切眾　傳承勝利如佛無量光
具足大力大福大勇猛　大空大智大悲度眾生

希望大家「具足大力大福大勇猛，大空大智大悲度眾生」，大家要成為觀世音菩薩，度盡一切有情，現在，就把這個法交付給大家了。

課中開示

問：請問老師，在「財、色、名、食、睡」中，如何觀自在，遊戲自在？

答：既然放不下，那就拿起來玩大一點，像「菩薩常遊畢竟空」一樣，在空中玩。千萬不要又想玩，可是又玩得很小氣，玩得很猶豫，瞻前顧後，進退失據，因為玩得不空，結果到最後是什麼都玩不起來。到頭來是被境界所玩，而不是遊戲境界，逍遙法界，若玩得真正空的話，便不會被大大小小的境界所迷。

所以，真正要玩的話，先要能觀自在，不能觀自在的話，到最後便會被境界所轉。但是大部分的人，都不喜歡當觀自在，而喜歡做活化石，所以做起事情來便沒有直觀的決斷力，拖泥帶水，左顧右盼，要他死心去修行，他說放不下，叫他放膽玩，他卻不敢玩，最後就是修也沒修成，玩也沒玩到，叫他放下不要玩，他說他想玩，叫他去玩不要放下，他說他想放下，所以，總是生活在遲疑不決當中。

其實，要拿起來就拿起來，要放下就放下，這就是觀自在也，有緣就去做，無緣就放手，財、色、名、食、睡皆是因緣法，修行人只是不貪著其中，但也無須畏懼迴避，但得自在而已。以世間財一法來說，有智慧的人，慈悲的人，若有緣多賺錢的話，可以用來作布施、度眾、改善生態環保等利益世間的事情。

有一次我到紐約弘法時，有一個年輕人問我一件事情，他說這件事讓他困擾了很久，不知如何抉擇，就是他到底要放下去修行，還是要在世間賺錢又能修行，我那時就寫了一首偈頌送給他：「企業即布施，利潤即福報，輾轉善循環，成就淨世間」，這句偈是什麼意思呢？

《法華經》〈觀世音菩薩普門品〉中，無盡意菩薩以寶珠瓔珞供養觀世音菩薩，觀世音菩薩接受之後，再轉供養釋迦牟尼佛及多寶佛塔，這就是輾轉布施善循環的一個示現，菩薩因為這輾轉布施而成就一切的富貴，但也說明菩薩對於布施與受施等一切法，皆無執著，淨土就是這樣來的，是靠福報來的，但於其中輾轉善循環，乃能成就淨世間，有緣賺錢就賺錢，廣行布施，但於其中無所執著。所以，這是金剛經的企業觀。

在這樣的企業觀中，企業可以有三種布施，一種是布施給使用者，提供價廉而質優的產品或服務給大眾，第二是布施給員工及員工眷屬，供給員工薪資，使其闔家生活安定，第三是布施給自己福德。以上是企業的財施；企業也可以作法施，比如宣導先進的環保觀念，或提出有效率的服務措施；企業同時也可以作無畏施，比如發明新的藥物，令病者無畏。

或許會有人問，那經營大企業跟獲得開悟有何關聯？我告訴大家：如果能用大悲心去經營企業，便能獲得大開悟，因為佛法是在生活當中，而不是留在經典的文字裡，不是你把經打開來，一句一句的唸誦，便能獲得佛法，佛法的大智慧是在生活的每一個當下，每一個環節的語默動靜裡去體悟。因此，如果以大悲心為基礎，聚集了廣大的福德、智慧，大開悟便會在恰當的因緣裡發起了。

就像一棵真正的大樹，當大雨來的時候，它便能一鼓作氣，吸飽全部的水分滋養，然後在一夜之間，奇花滿樹，百紫千紅，萬芳齊放；否則如果是一般的小花小草，大水一來，早就被淹沒了。所以，經營企業如果能以大悲心為動機，當因緣來時，就如同獅子搏兔，全力以赴，積極去從事，如果沒有因緣，也是了無罣礙，無所滯疑。

我所宣說的法是菩提法，是不離世間的法，是世間出世間的法，即是無上菩提妙法，因為佛法是不離世間的，所以菩薩賺錢不但全力以赴，而且專志一意，三小時可以賺到的錢，絕不拖到三十小時才賺到，既有效率，而且毫不遲疑，這樣賺到的錢，不但可以布施法，布施眾生，形成輾轉善循環，聚集資糧，成就淨土，而且有多餘的時間，可以自修自度。

所以，菩薩的人生，絕不在猶豫不決的境地打轉，當行即行，當斷即斷，除了把家庭照顧好之外，也要對自己一生的修行抉擇，作全部的承擔，自己負責。

很多人一講到修行，一開始就想說：「我這麼發心修行，一切的護法，都應該來幫助我！」，或是「我要去山上修行，龍天護法不能讓我死。」我說這是誰講的？有人就會舉例給我聽：「那個密勒日巴、廣欽老和尚在山上不是沒有死嗎？」我說廣欽老和尚差點死過一次而沒有死，是他有福報，而不是把責任都推給護法。

很多人自己想修行，但卻把全部的護持責任推給佛菩薩，其實，修行是要依個人的現前福報去護持，自己負責，自己承擔，而不是看人家得到什麼護持，自己也想同樣得到。以前有一個學人去修行，後來生病了，他就抱怨他的上師竟然不知道這事，不能用神通預知。好像他的老師一方面要負責教他修行，又要負責清除他在修行中的障礙，這都是同樣不能自己負責的心態。

話又說回來，修行人要自己決定走怎樣的路，就要有承擔的準備。在古代，如果要去印度取經，就要有死在戈壁沙漠的打算，如果平安通過取經返國，就成為唐三藏。最重要的是我們自己要有一個發心：「我就是死一百次，也要有一次成功！」，你能有這樣的發心，那就是對自己的決定負責，是偉大的自我承擔。但如果只是有一個小小的發心，然後就把全部的責任丟給佛菩薩，那佛菩薩可能沒空照顧你，佛菩薩已經解脫成就了，他只是發願要度你，但解脫之路是要你自己去走的，解脫是自己的事，跟佛菩薩有什麼關係？

許多事情，應該做的就去做，用現在自己擁有的智慧，去做合乎你當前因緣的判斷跟選擇。然而，因緣總是不斷在變化當中，而且我們的智慧也會隨著時間改變而不同，同一件事情，過去、現在和未來，你所作的判斷都不一樣，所以對於修行本身，也會隨著時間而有所調整，因此，不要問我說：「老師，我可不可用以後我成佛時的判斷，來作為我目前的判斷？」，可以是可以，但是你卻可能粉身碎骨，因為獅子可以跳過的一道懸崖，狐狸跳下去可能就摔死了，而一條世界級賽車手可以開過去的窄路，你開過去卻可能撞車，所以佛陀的判斷若用在你當前的身心上，那你可能垮掉，因為你承受不了，你沒有那種條件。所以你只能依你當前的智慧，去做你現前不會後悔的選擇，這個選擇是與你目前的因緣相應的。幾年之後，你智慧也許更高了，覺得以前所作的選擇，或所做的事，不夠圓滿，那麼，這時你便可以作新的選擇、新的判斷，以及新的決定，不斷的調整自己，讓自己的身心總是處於恰當的因緣當中安住。

「輾轉善循環，成就淨世間」，意思是說，你將企業經營所得的福報利潤，再拿出來佈施回饋給社會及眾生，除了家用自足之外，你可以透過恰當但不逾越的槓桿原理，繼續擴大經營並累積你的財富福報，然後再用累積的福報照顧更多的人，結更廣大的善緣法緣，廣弘佛法。換句話說，我們可以用世間企業經營所創造出來的良好條件，作為弘揚佛法的妙善因緣。但是不要反過來說，為了弘揚佛法，所以我一定要去賺錢，這樣就太執著了，而是應該我有錢則助弘佛法，有福報因緣所以我去賺錢，卻不要說滿腦子都是為了佛法，結果賺錢的時候，人家沒能讓你賺到錢，就怪那個人，好像那人罪惡很大，你發心為佛法賺錢，他竟然不讓你賺到錢。

很多佛教徒就有這種偏差的想法，明明自己不是作生意的料，卻跑去作生意，而不知賺錢也要有賺錢的因緣，要有賺錢的福報；而不是想說，因為你是發心的佛教徒，便非得人家都欠你，都要讓你賺到錢才可以，天下沒有這種事情。當然，你若有福德因緣、有智慧財運，自然可以賺到錢並用來幫助眾生，多多行善，而形成「輾轉善循環」。而這善循環本身也是空的，所謂「空花佛事」就是這個意思，但透過這樣不斷的善循環，久而久之，世間自然清淨了。

世間如何能達到清淨呢？就是大家提倡好的觀念、好的思想，並作對眾生有利的事情。佛法很重視智慧，在佛經裡談到商業經濟的課題，提到菩薩可以創造出巨大的財富，為什麼呢？因為智慧的緣故，空的緣故，菩薩從空慧中，可以湧出無限的創意，具足無窮的創造力，所以可以創造無限的財富，並為諸佛所讚嘆歡喜，佛經裡提到這樣的商人菩薩，稱為商主。

但我們要注意一個問題，有的人雖然想利他，但卻對利他產生執著，到最後便只投注心力在企業的經營上面，再無餘力作其他方面的事情，叫他布施他很大方，但自己的解脫智慧卻不肯修行。真正發大悲心不斷利他的人，最後自己能不能獲得解脫？當然可以！為什麼？如果是真正發心發利他，這個發心必然是空的，發心如果不是空的，你也不可能放下執著，而生起真正的利他大悲發心。所以，大悲利他發心必然是空的，具足般若智慧。是以真利他即是自利，解脫即是自利，有的人不了解這個道理，卻又執著利他布施，但又說要賺多一點錢以後再來布施，結果呢？在需要布施的時候，要他布施，他卻說還沒賺到那麼多，所以不能布施。這些都是不同形式的執著。所以大家要依方便因緣，來發心、圓滿，不要僵化在某一個外相上面。

問：「請老師對『企業即布施，利潤即福報，輾轉善循環，成就淨世間』再闡釋。」

答：「經營企業必須有自省能力，因為人沒辦法全知，沒辦法作對全部眾生都是好的事，有些是世間因緣，比如你蓋一棟大房子，旁邊的房子就可能被你擋住陽光，但你可以不斷的調整自己，在每一個不同時間因緣裡面，抉擇最適合那個時代時空因緣的事情去做，但這時候看起來最好的事情，在未來可能變化，所以修人必須保持敏銳度，不斷的調整，對一個佛教徒而言，永遠要記得「無常」，無常心是心空，為什麼？「無常」就是空的心，也就是隨時接收最好的資訊，作最大可能的調整，在利潤和公益之間得到平衡，就是智慧。

問：「觀一切眾生都是千手觀音，聽一切聲音皆是大悲咒，現前世間即是淨土，這樣的觀想是不是『六根都攝，淨念相繼』？」

答：「這樣的觀想是方便，證入實相就不須要這樣想了，因為本來就是這樣子，但因為現在還是需要這樣想，故名「方便」。

問：「在無始以前，在最初之時，我們都沒有一個一個的個體，我們是與諸佛共同融合在體性的光明當中，也就是法界光明，是以法界的光明為身、為心，當時沒有人類或六道有情，沒有身體的形相，也沒有我執，因為沒有我執，所以那時的快樂、逍遙、自在是難以形容的。只因當初一念不覺，所以演變成如今的三千大千世界，並且有一個一個的眾生自我成為一個據點，又因為有一個自我，就會為自己爭取種種權力利益、名位、恩愛、壽命等等，有種種爭取就產生種種煩惱無明』，請問老師，這段文字是合乎佛法的正知見嗎？」

答：「你們看文章，我教你們破解的方法，文章看起來很漂亮，但是「在最初之時」是時間，落入時間裡面，「沒有一個一個的個體」是沒有小我，而「我們是與諸佛共同融合在體性的光明當中」，大我卻跑出來了，而且這大我會放光，「沒有我執」，那為什麼有大我？空不是這樣的東西。有時候聽人講經會聽到這樣的話，「一切不生不滅，我們元初就是從一個不生不滅的地方變化出來的」，不生不滅的地方不就是大我嗎？破邪見從三處去破，第一個是時間，第二個是空間，第三個是心，破時間用無常，破空間用無我，破心用涅槃，就是用佛法的三法印去破邪見。

為什麼叫三法印？有這印的就是法，無這印的就不是佛法，三法印是法之印。所以有人說他沒有拜觀音，但他拜三法印，一是諸行無常，就是法界一切現象都在運動當中，變化無常；其二是諸法無我，一切法沒有主體；了解了諸行無常，諸我無法之後，心便離煩惱，心離常（時間）、我（空間）之執，心是空的，心得自在，無我，所以是寂靜涅槃，寂靜何意？遠離顛倒夢想名為寂靜。心若顛倒夢想，便會執著時間、空間（主體）而起煩惱。

法界一切諸法皆是無我，沒有主體性，一切無常變化，是故一切皆空，而空不是有一個東西叫做空，也不是了無一物，而是現前一切皆是因緣法，假名安立。比如我手上這支白板筆是你我大家共同的觀念，所建立的因緣假名，沒有自性，但有假名。因此，宇宙任何現象，我們都沒有辦法予以清楚的定義。因為這些現象沒有自體性，而是大家共同的因緣去認識了解的，是依於多元的因緣所建立，是空的，無實自體。如果能如實體悟，這支白板筆就可以讓你開悟。

宇宙一切現象都在說法，現前白板筆也在說法，為什麼？白板筆就是空，白板這二個字就是空，白板，有白板這個字以前沒白板，白以前沒白，現在講白才有白；板，也是同樣的道理。所以，空，不是空無一物，而是一切法因緣立名，皆於無常變化之中，但對於這一切生滅無常變化中的現象，我們卻執著它的存在，就是我們心的無明作用，抓持每一個無常生滅變化的現象，來建立無明假我的存在，而當我們死後，這個無明虛妄執著的假我神識，會再去繼續抓執外物來成立自我。

無明妄心其實本身也在不斷變化當中，但我們卻妄認為我，其實那裡是我？生滅現象，不是你執著就有，不執著就消失了，和這個沒有關係，而是你執著就生煩惱，不執著就不生煩惱，你能不生煩惱，現象雖然生滅，不會妨礙心之自在；自在不是你去到什麼地方得自在，若你說：「我涅槃了要去那裡？」或者說：「我死了要去那裡？」你如果還會想去那裡，就落入分別心裡，還在煩惱當中輪轉。

所以，空不是有無，有無是現象。一切現象是空，但我們卻執著它有，現象有無是因緣性，沒有主體性，也就是現象本身找不到自體性，因為現象是空，並不是有一個叫作自體的主體出發開始而生出現象，而是因緣幻化而出生，事實是空，空故不生，不生的緣故，所以不滅、不可得。所以，不生、不滅是一體兩面；反之，有生則有滅，所以你若執著你活著，那就執著死之可畏，而若不執著有生，則得不滅。生死是眾生之事，其實不生不死，但也不能執著有一個不生不死之我，那又落入有生有死了，解脫即得自在。自在就自在了，不必再生起一個「自在」的想法，所以說：「若有一文殊，不名為文殊，文殊非文殊，是名真文殊」。解脫之後，如果發願要度廣大眾生，由於這個願力的緣故，也就是發廣大菩提心，留惑潤生。什麼是「眾生」？是執著生死之實有，樂生畏死，自陷輪迴，而佛菩薩遠離生死，了生死如幻，但為度眾生的緣故，大作空花佛事，示現有來有去，卻是如來如去。

有人問，「惑」是無明，為什麼說菩薩「留惑潤生」，而不說「留願潤生」呢？因為這個願到最後還是空的，但菩薩這一點還未放下，所以叫「最後無明」，也是惑。回到前面的「最初之時」，佛法那有「最初之時」？什麼叫「最初之時」？現在即是「最初之時」，現在也是「最末之時」，而這裡的「法界光明」又是什麼呢？是大我光明，為什麼會有這樣的文章呢？因為為了維持他的思想，維持他的執著，所以用佛法很多名詞去形容他自己的觀念，自己的體系。

佛法是很簡單的，放下就好了，放下就解脫了，但你若再問說：「真的放下就好了嗎？」，你這句話就墮入險境了，你已經起了疑心，疑心就落入生死，因為不肯相信，就有執著了。「佛法應該不是只有這樣呀！」，不是只有這樣你就完了，因為你還想這想那。永嘉禪師有一句話講的最好：「但向懷中解垢衣，誰能向外誇精進」，捨之又捨，乃至無為，無為是心，現象是空，不生不滅，不生不滅亦無，如此就解脫了。

附錄

Buddhist
Sutra Expounding

附錄一 《金摩尼寶能仁大悲自性觀自在現觀訣要》特別教授

大悲行者 洪啟嵩造

金摩尼寶能仁大悲自性觀自在現觀訣要

自性等量中脈顯　無有法界不觀音
從觀自在脈如空　大悲體生摩尼金
無見頂現金輪圓　肉髻圓滿金剛寶
天冠自顯大悲主　本師能仁頂安住
熙然微笑敕傳承　大悲力尊為自身
如力作用同法界　日月平空住本心
密緣眾生無邊渡　千眼注照千手護
從本自心自觀音　全觀法界全觀音

這是特別要傳給大家的一個法，因為早期我在修持千手觀音法門時，我觀想的千手觀音，頂上的化佛現起的是釋迦牟尼佛，而不同於一般的阿彌陀佛，但現在我了解釋迦牟尼佛、千光王靜住如來、觀自在王如來（阿彌陀佛）和正法明如來，這四尊同具。在剛一開始的時候，其實我也曾迷惑的，因為一般的說法，都說觀世音菩薩頂上的化佛應該是阿彌陀佛，至於西方三聖，在中國一般右側是大勢至菩薩，左側是觀世音菩薩，但我觀想現起的西方三聖，右側則是觀世音，左側為大勢至。

後來我到了印度，看到阿旃塔石窟裏頭，三尊的造像即為：中間為釋迦牟尼佛，右邊是蓮花手菩薩（觀世音菩薩），左邊是金剛手菩薩（或說為大勢至菩薩），所以，之前我觀想所現起的是古傳承。至於頂上為什麼顯現的是釋迦牟尼佛？這也是古傳承裡頭有的。所以說，為什麼我的教法會比較寬廣，因為我看的比較多之後，發覺到，原來很多是祖師在修證過程裡面，有許多經驗的轉換，但理趣是一樣的。

為什麼叫「能仁大悲」呢？能仁是指釋迦牟尼佛，這是我們一個不共特別的傳承。所以你們在我所傳的這個法裡，如果對釋迦牟尼佛不斷的祈請，則你們的大悲力量會不斷出現，因為大悲觀世音菩薩就是釋迦牟尼佛悲心的現起。

「自性等量中脈顯，無有法界不觀音」，跟自性同等的中脈現前，「無有法界不觀音」則是用海印三昧的觀點，全法界皆是觀世音菩薩，「從觀自在脈如空，大悲體生摩尼金」，我在深山閉關的經驗，有一次我不斷在持誦觀世音菩薩的時候，唸到最後，我發覺到我在觀世音菩薩的脈輪裡面轉動，我在觀世音菩薩法界無邊的脈輪裡面走動，即在他的中脈裡走動；普賢菩薩曾在觀世音菩薩的毛孔裡面走了十二年，所以，我們現在在觀世音菩薩身體的中脈裡面。

「摩尼金」，是摩尼金脈。「無見頂現金輪圓，肉髻圓滿金剛寶」，「無見頂」是佛陀頭上的肉髻，肉髻頂是沒有人看的到的，這叫「無見頂相」，而這頂髻有時化成金剛色，即鑽石的顏色，亦即透明而又呈現七彩的顏色，所以說，我們頂髻其實是一顆摩尼珠，我以前這頂髻處常常會現起一顆金色摩尼寶珠，所以這「肉髻圓滿金剛寶」是我的經驗的傳承。「天冠自顯大悲主，本師能仁頂安住」，金色摩尼珠上面就是釋迦牟尼佛，你可以作這樣的觀想；「熙然微笑敕傳承，大悲力尊為自身」，行者觀想釋迦牟尼佛安住自尊千手觀音頂髻之金色摩尼寶珠上，熙然微笑而敕下這個傳承。

「如力作用同法界，日月平空住本心，密緣眾生無邊渡，千眼注照千手護，從本自心自觀者，全觀法界全觀音」，我所有的教法，現在已經沒有任何保留，全部交付給大家了。別的老師也許要祕密或神祕一點才教大家的，我都已經直接的跟你們講了，因為我沒有時間跟大家客套了，所以就全部交給大家，你們就自己直接去承受。這個法門至此就教授圓滿，希望大家都能成為千手觀世音菩薩！

附錄二　大悲咒白話讚詩

大悲行者　洪啟嵩造

皈命三寶　禮敬聖者觀自在菩薩
這位偉大的有情　圓具大慈悲者
嗡！　一切施無畏的至尊　祈請給予歡喜的濟度
現前皈命禮敬這位
安住在清淨海島香山的　聖觀自在菩薩
再次的皈命　賢善順教心髓的廣大光明
能使一切菩薩童真
具足無與倫比無貪無染的莊嚴清淨
更能清淨一切生命的存有之道
因此　就如實的宣說神咒：
嗡！　這位洞見法界真相者　超越世間者
具有蓮華心的大菩薩
請以一切、一切　遠離塵垢的大自在心

來作業成辦一切的眾事
安住啊！安住啊！　勝利的至尊　偉大的勝尊
善能總持、善能總持諸法
甚為勇猛、具足威光自在的勝尊
請行動吧！請行動吧！
成就我　最殊勝離垢　最殊勝的解脫
來吧！來吧！　弘偉的誓願！弘偉的誓願！
賢聖的行動　隨緣生起甚深的歡喜　堅如金剛的至尊
祈請以如意自在的無垢作法　流出無死的甘露
以無念隨心的作法成就大覺之道
賢善堅固的至尊　殊勝吉祥、殊勝吉祥
流出了無死的甘露淨水
覺悟吧！覺悟吧！　已經覺悟了！已經覺悟了！
偉大的慈悲者　大悲賢善的至尊　大堅固的勇猛者
名聞十方的至尊！娑婆訶
成就者！娑婆訶

大成就者！娑婆訶

成就瑜伽自在者！娑婆訶

賢善的尊者！娑婆訶

如意自在上妙的遊戲者！娑婆訶

第一義愛語和合者！娑婆訶

一切大義成就者！娑婆訶

無上的持輪降魔者！娑婆訶

紅蓮善勝成就者！娑婆訶

賢首的聖者！娑婆訶

本具大勇威德的聖尊！娑婆訶

皈命三寶　皈命聖觀自在王！娑婆訶

嗡！令我成就　真言密句祈願成就　娑婆訶！

附錄三　母親是一千隻手的觀世音菩薩

大悲行者　洪啟嵩造

千手觀音有一千隻眼睛　每一個眼睛都觀照著眾生
媽媽也有一千隻眼睛　每一個眼睛都注照著我
千手觀音有一千隻手　每一雙手都撫慰著眾生
媽媽也有一千隻手　每一隻手都安撫著我
千手觀音有一千隻腳　每一隻腳都為眾生奔忙
媽媽也有一千隻腳　每一隻腳都為我磨破
是通身手眼的施無畏者
在母親的懷中　自在的成長了
母親是觀　自在者
看著　自在的我　終將成佛
是佛母照顧的成了佛
母親啊！母親　是三世諸佛的母親
所有的佛　都是母親的佛

母親的孩子佛　從佛寶寶提拔到成佛
曠劫永時　相續無間的金剛心
是母親的菩提心　是三摩地的，是大悲的
是不斷的如實的無上菩提心
母親的心是佛的心　是觀音的心
觀音的心原來是　母親的心
於是　我們決定
讓母親的身體是千手觀音的身體
無老　無病的長壽自在　像青空一樣遠的湛然年輕
是自在的健康覺悟
於是母親的心　決定是千手觀音的心
是觀自在的母親　是快樂的歡喜慈悲　圓滿的智慧
在世間與出世間
佛子一心的供養　讓母親一切自在圓滿
這是母親的節日
印證了母親是千手觀音　現觀母親是千手觀音

印咸了
我們唯一的心境

歸命千光眼　大悲觀自在
具足百千手　其眼亦復然
作世間父母　能施眾生願
——《千光眼觀自在菩薩祕密法經》

附錄四　《千手千眼觀世音菩薩廣大圓滿無礙大悲心陀羅尼經》

唐西天竺沙門伽梵達摩譯

如是我聞：一時，釋迦牟尼佛在補陀落迦山觀世音宮殿寶莊嚴道場中，坐寶師子座，其座純以無量雜摩尼寶而用莊嚴，百寶幢旛周匝懸列。

爾時，如來於彼座上，將欲演說總持陀羅尼故，與無央數菩薩摩訶薩俱，其名曰：總持王菩薩、寶王菩薩、藥王菩薩、藥上菩薩、觀世音菩薩、大勢至菩薩、華嚴菩薩、大莊嚴菩薩、寶藏菩薩、德藏菩薩、金剛藏菩薩、虛空藏菩薩、彌勒菩薩、普賢菩薩、文殊師利菩薩，如是等菩薩摩訶薩皆是灌頂大法王子；又與無量無數大聲聞僧，皆行阿羅漢十地，摩訶迦葉而為上首。又與無量梵摩羅天，善吒梵摩而為上首。又與無量欲界諸天子俱，瞿婆伽天子而為上首。又與無量護世四王俱，提頭賴吒而為上首。又與無量天、龍、夜叉、乾闥婆、阿修羅、迦樓羅、緊那羅、摩睺羅伽、人非人等俱，天德大龍王而為上首。又與無量欲界諸天女俱，童目天女而為上首。又與無量虛空神、江海神、泉源神、河沼神、藥草神、樹林神、舍宅神、水神、火神、地神、風神、土神、山神、石神、宮殿等神，皆來集會。

時，觀世音菩薩於大會中密放神通，光明照曜十方剎土及此三千大千世界，皆作金色；天宮、龍宮、諸尊神宮，皆悉震動；江河、大海、鐵圍山、須彌山、土山、黑山，亦皆大動；日月、珠火、星宿之光，皆悉不現，於是總持王菩薩見此希有之相，怪未曾有，即從座起，叉手合掌，以偈問佛：「如此神通之相，是誰所放？」以偈問曰：「

誰於今日成正覺，普放如是大光明，
十方剎土皆金色，三千世界亦復然？
誰於今日得自在，演放希有大神力，
無邊佛國皆震動，龍神宮殿悉不安？
今此大眾咸有疑，不測因緣是誰力？
為佛菩薩大聲聞？為梵魔天諸釋等？
唯願世尊大慈悲，說此神通所由以。」

佛告總持王菩薩言：「善男子！汝等當知，今此會中有一菩薩摩訶薩，名曰觀世音自在，從無量劫來，成就大慈大悲，善能修習無量陀羅尼門，為欲安樂諸眾生故，密放如是大神通力。」

佛說是語已，爾時，觀世音菩薩從座而起，整理衣服，向佛合掌，白佛言：「世尊！我有大悲心陀羅尼咒，今當欲說，為諸眾生得安樂故，除一切病故，得壽命故，得富饒故，滅除一切惡業重罪故，離障難故，增長一切白法諸功德故，成就一切諸善根故，遠離一切諸怖畏故，速能滿足一切諸希求故。惟願世尊，慈哀聽許。」

佛言：「善男子！汝大慈悲，安樂眾生，欲說神咒，今正是時，宜應速說！如來隨喜，諸佛亦然。」

觀世音菩薩重白佛言：「世尊！我念過去無量億劫，有佛出世，名曰千光王靜住如來。彼佛世尊憐念我故，及為一切諸眾生故，說此廣大圓滿無礙大悲心陀羅尼，以金色手摩我頂上，作如是言：『善男子！汝當持此心咒，普為未來惡世一切眾生，作大利樂。』

我於是時，始住初地，一聞此咒故，超第八地。我時心歡喜故，即發誓言：『若我當來堪能利益安樂一切眾生者，令我即時身生千手千眼具足。』

發是願已，應時身上千手千眼悉皆具足，十方大地六種震動，十方千佛悉放光明，照觸我身及照十方無邊世界。從是已後，復於無量佛所、無量會中，重更得聞，親承受持是陀羅尼，復生歡喜，踊躍無量，便得超越無數億劫微細生死。從是已來，常所誦持，未曾廢忘。

由持此咒故，所生之處，恆在佛前，蓮花化生，不受胎藏之身。若有比丘、比丘尼、優婆塞、優婆夷、童男、童女欲誦持者，於諸眾生起慈悲心，先當從我發如是願：

南無大悲觀世音，願我速知一切法！

南無大悲觀世音，願我早得智慧眼！

南無大悲觀世音，願我速度一切眾！

南無大悲觀世音，願我早得善方便！

南無大悲觀世音，願我速乘般若船！
南無大悲觀世音，願我早得越苦海！
南無大悲觀世音，願我速得戒定道！
南無大悲觀世音，願我早登涅槃山！
南無大悲觀世音，願我速會無為舍！
南無大悲觀世音，願我早同法性身！
我若向刀山，刀山自摧折。我若向火湯，火湯自消滅。
我若向地獄，地獄自枯竭。我若向餓鬼，餓鬼自飽滿。
我若向修羅，惡心自調伏。我若向畜生，自得大智慧。

「發是願已，至心稱念我之名字，亦應專念我本師阿彌陀如來，然後即當誦此陀羅尼神咒，一宿誦滿五遍，除滅身中百千萬億劫生死重罪。」

觀世音菩薩復白佛言：「世尊！若諸人天誦持大悲章句者，臨命終時，十方諸佛皆來授手，欲生何等佛土，隨願皆得往生。」

復白佛言：「世尊！若諸眾生誦持大悲神咒，墮三惡道者，我誓不成正覺。誦持大悲神咒者，若不生諸佛國者，我誓不成正覺。誦持大悲神咒者，若不得無量三昧辯才者，我誓不成正覺。誦持大悲神咒者，於現在生中一切所求，若不果遂者，不得為大悲心陀羅尼也；唯除不善，除不至誠。

若諸女人厭賤女身，欲成男子身，誦持大悲陀羅尼章句，若不轉女身成男子身者，我誓不成正覺；生少疑心者必不果遂也。

「若諸眾生侵損常住飲食、財物，千佛出世不通懺悔，縱懺亦不除滅，今誦大悲神咒，即得除滅。若侵損、食用常住飲食、財物，要對十方師懺謝，然始除滅，今誦大悲陀羅尼時，十方師即來為作證明，一切罪障悉皆消滅。一切十惡五逆、謗人謗法、破齋破戒、破塔壞寺、偷僧祇物、污淨梵行，如是等一切惡業重罪悉皆滅盡。唯除一事：於咒生疑者，乃至小罪輕業亦不得滅，何況重罪！雖不即滅重罪，猶能遠作菩提之因。」

復白佛言：「世尊！若諸人天誦持大悲心咒者，得十五種善生，不受十五種惡死也。其惡死者：一者、不令其飢餓困苦死，二者、不為枷禁杖楚死，三者、不為怨家讐對死，四者、不為軍陣相殺死，五者、不為豺狼惡獸殘害死，六者、不為毒蛇蚖蠍所中死，七者、不為水火焚漂死，八者、不為毒藥所中死，九者、不為蠱毒害死，十者、不為狂亂失念死，十一者、不為山樹崖岸墜落死，十二者、不為惡人厭魅死，十三者、不為邪神惡鬼得便死，十四者、不為惡病纏身死，十五者、不為非分自害死。誦持大悲神咒者，不被如是十五種惡死也。」

「得十五種善生者：一者、所生之處常逢善王，二者、常生善國，三者、常值好時，四者、常逢善友，五者、身根常得具足，六者、道心純熟，七者、不犯禁戒，八者、所有眷屬恩義和順，九者、資具財食常得豐足，十者、恆得他人恭敬扶接，十一者、所有財寶無他劫奪，十二者、意欲所求皆悉稱遂，十三者、龍天善神恆常擁衛，十四者、所生之處見佛聞法，十五者、所聞正法悟甚深意。若有誦持大悲心陀羅尼者，得如是等十五種善生也。一切天人應常誦持，勿生懈怠。」

觀世音菩薩說是語已，於眾會前合掌正住，於諸眾生起大悲心，開顏含笑，即說如是廣大圓滿無礙大悲心大陀羅尼神妙章句，陀羅尼曰：

南無喝囉怛那哆囉夜耶一　南無阿唎耶二　婆盧羯帝爍鉢囉耶三　菩提薩埵婆耶四　摩訶薩埵婆耶五　摩訶迦盧尼迦耶六　唵七　薩皤囉罰曳八　數怛那怛寫九　南無悉吉利埵伊蒙阿唎耶十　婆盧吉帝室佛囉楞馱婆十一　南無那囉謹墀十二　醯唎摩訶皤哆沙咩十三　薩婆阿他豆輸朋十四　阿逝孕十五　薩婆薩哆那摩婆伽十六　摩罰特豆十七　怛姪他十八　唵阿婆盧醯十九　盧迦帝二十　迦羅帝二十一　夷醯唎二十二　摩訶菩提薩埵二十三　薩婆薩婆二十四　摩羅摩羅二十五　摩醯摩醯唎馱孕二十六　俱盧俱盧羯懞二十七　度盧度盧罰闍耶帝二十八　摩訶罰闍耶帝二十九　陀羅陀羅三十　地利尼三十一　室佛囉耶三十二　遮羅遮羅三十三　摩摩罰摩囉三十四　穆帝囇三十五　伊醯移醯三十六　室那室那三十七　阿囉嘇佛囉舍利三十八　罰沙罰嘇三十九　佛羅舍耶四十　呼嚧呼嚧摩囉四十一　呼嚧呼嚧醯利四十二　娑囉娑囉四十三　悉利悉利四十四　蘇嚧蘇嚧四十五　菩提夜菩提夜四十六　菩馱夜菩馱夜四十七　彌帝利夜四十八　那囉謹墀四十九　地唎瑟尼那五十　波夜摩那五十一　娑婆訶五十二　悉陀夜五十三　娑婆訶五十四　摩訶悉陀夜五十五　娑婆訶五十六　悉陀喻藝五十七　室皤囉耶五十八　娑婆訶五十九　那囉謹墀六十　娑婆訶六十一　摩囉那囉六十二　娑婆訶六十三　悉囉僧阿穆佉耶六十四　娑婆訶六十五　娑婆摩訶阿悉陀夜六十六　娑婆訶六十七　者吉囉阿悉陀夜六十八　娑婆訶六十九　波陀摩羯悉哆夜七十　娑婆訶七十一　那囉

謹墀皤伽囉哪七十二　娑婆訶七十三　摩婆利勝羯囉夜七十四　娑婆訶七十五　南無喝囉怛那哆囉夜耶七十六　南無阿唎哪七十七　婆嚧吉帝七十八　爍皤囉夜七十九　娑婆訶八十　唵悉殿都曼哆囉鉢馱耶八十一　娑婆訶八十二

觀世音菩薩說此咒已，大地六變震動，天雨寶華繽紛而下，十方諸佛悉皆歡喜，天魔外道恐怖毛豎，一切眾會皆獲果證。或得須陀洹果，或得斯陀含果，或得阿那含果，或得阿羅漢果者；或得一地、二地、三地、四地、五地，乃至十地者。無量眾生發菩提心。

爾時，大梵天王從座而起，整理衣服，合掌恭敬，白觀世音菩薩言：「善哉！大士！我從昔來經無量佛會，聞種種法、種種陀羅尼，未曾聞說如此無礙大悲心大悲陀羅尼神妙章句。唯願大士為我說此陀羅尼形貌狀相，我等大眾願樂欲聞。」

觀世音菩薩告梵王言：「汝為方便利益一切眾生故，作如是問。汝今善聽，吾為汝等略說少耳。」

觀世音菩薩言：「大慈悲心是，平等心是，無為心是，無染著心是，空觀心是，恭敬心是，卑下心是，無雜亂心是，無見取心是，無上菩提心是，當知如是等心即是陀羅尼相貌，汝當依此而修行之。」

大梵王言：「我等大眾，今始識此陀羅尼相貌，從今受持不敢忘失。」

觀世音言：「若善男子、善女人誦持此神咒者，發廣大菩提心，誓度一切眾生，身持齋戒，於諸眾生起平等心，常誦此咒莫令斷絕。住於淨室，澡浴清淨，著淨衣服，懸旛、然燈、香華、百味飲食，以用供養，制心一處，更莫異緣，如法誦持。是時，當有日光菩薩、月光菩薩與無量神仙，來為作證，益其効驗；我時當以千眼照見，千手護持。從是以往，所有世間經書悉能受持，一切外道法術、韋陀典籍亦能通達。誦持此神咒者，世間八萬四千種病悉皆治之，無不差者；亦能使令一切鬼神，降諸天魔，制諸外道。若在山野誦經坐禪，有諸山精、雜魅、魍魎、鬼神橫相惱亂，心不安定者，誦此咒一遍，是諸鬼神悉皆被縛也。若能如法誦持，於諸眾生起慈悲心者，我時當勅一切善神、龍王、金剛密跡常隨衛護，不離其側，如護眼睛，如護己命。說偈勅曰：『

我遣密跡金剛士，烏芻君荼鴦倶尸，
八部力士賞迦羅，常當擁護受持者。
我遣摩醯那羅延，金剛羅陀迦毘羅，常當擁護受持者。
我遣婆馺娑樓羅，滿善車鉢真陀羅，常當擁護受持者。
我遣薩遮摩和羅，鳩闌單吒半祇羅，常當擁護受持者。
我遣畢婆伽羅王，應德毘多薩和羅，常當擁護受持者。
我遣梵摩三鉢羅，五部淨居炎摩羅，常當擁護受持者。
我遣釋王三十三，大辯功德婆怛那，常當擁護受持者。
我遣提頭賴吒王，神母女等大力眾，常當擁護受持者。

我遣毘樓勒叉王，毘樓博叉毘沙門，常當擁護受持者。
我遣金色孔雀王，二十八部大仙眾，常當擁護受持者。
我遣摩尼跋陀羅，散支大將弗羅婆，常當擁護受持者。
我遣難陀跋難陀，婆伽羅龍伊鉢羅，常當擁護受持者。
我遣脩羅乾闥婆，迦樓緊那摩睺羅，常當擁護受持者。
我遣水火雷電神，鳩槃荼王毘舍闍，常當擁護受持者。』

是諸善神及神龍王、神母女等，各有五百眷屬，大力夜叉常隨擁護誦持大悲神咒者。其人若在空山曠野獨宿孤眠，是諸善神番代宿衛，辟除災障。若在深山迷失道路，誦此咒故，善神、龍王化作善人，示其正道。若在山林曠野乏少水火，龍王護故化出水火。」

觀世音菩薩復為誦持者，說消除災禍清涼之偈：

若行曠野山澤中，逢值虎狼諸惡獸，
蛇蚖精魅魍魎鬼，聞誦此咒莫能害。
若行江湖滄海間，毒龍蛟龍摩竭獸，
夜叉羅剎魚黿鼈，聞誦此咒自藏隱。
若逢軍陣賊圍繞，或被惡人奪財寶，
至誠稱誦大悲咒，彼起慈心復道歸。

若為王官收錄身，囹圄禁閉杻枷鎖，
至誠稱誦大悲咒，官自開恩釋放還。
若入野道蠱毒家，飲食有藥欲相害，
至誠稱誦大悲咒，毒藥變成甘露漿。
女人臨難生產時，邪魔遮障苦難忍，
至誠稱誦大悲咒，鬼神退散安樂生。
惡龍疫鬼行毒氣，熱病侵陵命欲終，
至心稱誦大悲咒，疫病消除壽命長。
龍鬼流行諸毒腫，癰瘡膿血痛叵堪，
至誠稱誦大悲咒，三唾毒腫隨口消。
眾生濁惡起不善，厭魅咒詛結怨讎，
至心稱誦大悲咒，厭魅還著於本人。
惡生濁亂法滅時，婬欲火盛心迷倒，
棄背妻婿外貪染，晝夜邪思無暫停，
若能稱誦大悲咒，婬欲火滅邪心除。
我若廣讚咒功力，一劫稱揚無盡期。

爾時，觀世音菩薩告梵天言：「誦此咒五遍，取五色線作索，咒二十一遍，結作二十一結繫項。此陀羅尼是過去九十九億恆河沙諸佛所說，彼等諸佛為諸行人修行六度未滿足者，速令滿足故；未發菩提心者，速令發心故；若聲聞人未證果者，速令證故；若三千大千世界內，諸神仙人未發無上菩提心者，令速發心故；若諸眾生未得大乘信根者，以此陀羅尼威神力故，令其大乘種子法芽增長，以我方便慈悲力故，令其所須皆得成辦。

又大三千大千世界幽隱闇處三塗眾生，聞我此咒，皆得離苦。有諸菩薩位階初住者，速令得故，乃至令得十住地故。又令得到佛地故，自然成就三十二相、八十隨形好。若聲聞人聞此陀羅尼，一經耳者、修行書寫此陀羅尼者、以質直心如法而住者、四沙門果不求自得。若三千大千世界內，山河、石壁、四大海水能令涌沸，須彌山及鐵圍山能令搖動，又令碎如微塵，其中眾生悉令發無上菩提心。若諸眾生現世求願者，於三七日淨持齋戒誦此陀羅尼，必果所願，從生死際至生死際，一切惡業並皆滅盡。三千大千世界內，一切諸佛菩薩、梵、釋、四天王、神仙、龍王，悉皆證知。

若諸人天誦持此陀羅尼者，其人若在江河、大海中沐浴，其中眾生，得此人浴身之水霑著其身，一切惡業重罪悉皆消滅，即得轉生他方淨土，蓮華化生，不受胎身、濕、卵之身，何況受持讀誦者！若誦持者行於道路，大風時來吹此人身毛髮、衣服，餘風下過諸類眾生，得其人颺身風吹著身者，一切重罪惡業並皆滅盡，更不受三惡道報，常生佛前，當知受持者福德果報不可思議！誦持此陀羅尼者，口中所出言音若善若惡，一切天魔、外道、天龍、鬼神聞者，皆是清淨法音，皆於其人起恭敬心，尊重如佛。

誦持此陀羅尼者，當知其人即是佛身藏，九十九億恆河沙諸佛所愛惜故。當知其人即是光明身，一切如來光明照故。當知其人是慈悲藏，恆以陀羅尼救眾生故。當知其人是妙法藏，普攝一切諸陀羅尼門故。當知其人是禪定藏，百千三昧常現前故。當知其人是虛空藏，常以空慧觀眾生故。當知其人是無畏藏，龍天、善神常護持故。當知其人是妙語藏，口中陀羅尼音無斷絕故。當知其人是常住藏，三災惡劫不能壞故。當知其人是解脫藏，天魔、外道不能稽留故。當知其人是藥王藏，常以陀羅尼療眾生病故。當知其人是神通藏，遊諸佛國得自在故。其人功德讚不可盡。

善男子！若復有人厭世間苦，求長生樂者，在閑淨處清淨結界，咒衣著，若水、若食、若香、若藥皆咒一百八遍，服必得長命。若能如法結界，依法受持，一切成就。其結界法者，取刀咒二十一遍，劃地為界；或取淨水咒二十一遍，散著四方為界；或取白芥子咒二十一遍，擲著四方為界，或以想到處為界，或取淨灰咒二十一遍為界，或咒五色線二十一遍圍繞四邊為界皆得。若能如法受持，自然剋果，若聞此陀羅尼名字者，尚滅無量劫生死重罪，何況誦持者！

若得此神咒誦者，當知其人已曾供養無量諸佛，廣種善根。若能為諸眾生拔其苦難，如法誦持者，當知其人即是具大悲者，成佛不久，所見眾生皆悉為誦，令彼耳聞與作菩提因，是人功德無量無邊，讚不可盡。若能精誠用心，身持齋戒，為一切眾生懺悔先業之罪，亦自懺謝無量劫來種種惡業，口中駁駁誦此陀羅尼聲聲不絕者，四沙門果此生即證。其利根有慧觀方便者，十地果位剋獲不難，何況世間小小福報！所有求願無不果遂者也。若欲使鬼者，取野髑髏淨洗，於千眼像前設壇場，以種種香華飲食祭之，日日如是，七日必來現身，隨人使令。若欲使四天王者，咒檀香燒之。由此菩薩大悲願力深重故，亦為此陀羅尼威神廣大故。」

佛告阿難：「若有國土災難起時，是土國王若以正法治國，寬縱人物，不枉眾生，赦諸有過，七日七夜身心精進，誦持如是大悲心陀羅尼神咒，令彼國土一切災難悉皆除滅，五穀豐登，萬姓安樂。又若為於他國怨敵數來侵擾，百姓不安、大臣謀叛、疫氣流行、水旱不調、日月失度，如是種種災難起時，當造千眼大悲心像，面向西方，以種種香華、幢旛、寶蓋或百味飲食，至心供養。其王又能七日七夜身心精進，誦持如是陀羅尼神妙章句，外國怨敵即自降伏，各還政治不相擾惱，國土通同，慈心相向，王子百官皆行忠赤，妃后婇女孝敬向王，諸龍鬼神擁護其國，雨澤順時，果實豐饒，人民歡樂。又若家內遇大惡病，百怪競起，鬼神邪魔耗亂其家，惡人橫造口舌以相謀害，室家大小內外不和者，當向千眼大悲像前設其壇場，至心念觀世音菩薩，誦此陀羅尼滿其千遍，如上惡事悉皆消滅，永得安穩。」

阿難白佛言：「世尊！此咒名何？云何受持？」

佛告阿難：「如是神咒有種種名，一名廣大圓滿，一名無礙大悲，一名救苦陀羅尼，一名延壽陀羅尼，一名滅惡趣陀羅尼，一名破惡業障陀羅尼，一名滿願陀羅尼，一名隨心自在陀羅尼，一名速超上地陀羅尼，如是受持。」

阿難白佛言：「世尊！此菩薩摩訶薩名字何等，善能宣說如是陀羅尼？」

佛言：「此菩薩名觀世音自在，亦名撚索，亦名千光眼。善男子！此觀世音菩薩不可思議威神之力，已於過去無量劫中，已作佛竟，號正法明如來。大悲願力，為欲發起一切菩薩，安樂成熟諸眾生故，現作菩薩。汝等大眾諸菩薩摩訶薩、梵、釋、龍神皆應恭敬，莫生輕慢，一切人天常須供養，專稱名號，得無量福，滅無量罪，命終往生阿彌陀佛國。」

佛告阿難：「此觀世音菩薩所說神咒真實不虛，若欲請此菩薩來，咒拙具羅香①三七遍燒，菩薩即來。若有貓兒所著者，取弭哩吒那②燒作灰，和淨土泥，捻作貓兒形，於千眼像前，咒鑌鐵刀子一百八遍，段段割之，亦一百八段，遍遍一咒，一稱彼名，即永差不著。若為蠱毒所害者，取藥劫布羅③和拙具羅香各等分，以井華水一升和煎取一升，於千眼像前咒一百八遍，服即差。若為惡蛇蠍所螫者，取乾薑末咒一七遍，著瘡中立即除差。若為惡怨橫相謀害者，取淨土或麵或蠟，捻作本形，於千眼像前，咒鑌鐵刀一百八遍，一咒一截，一稱彼名，燒盡一百八段，彼即歡喜，終身厚重相愛敬。

若有患眼睛壞者，若青盲眼暗者，若白暈赤膜無光明者，取訶梨勒果、菴摩勒果、鞞醯勒果三種各一顆，擣破細研。當研時唯須護淨，莫使新產婦人及豬狗見。口中念佛，以白蜜若人乳汁和封眼中，著其人乳要須男孩子母乳，女母乳不成。其藥和竟，還須千眼像前咒一千八遍，著眼中滿七日，在深室慎風，眼睛還生，青盲、白暈者光奇盛也。若患瘧病著者，取虎、豹、豺、狼皮，呪三七遍，披著身上即差，師子皮最上。若被蛇螫，取被螫人結膞，呪三七遍，著瘡中即差。若患惡瘧入心悶絕欲死者，取桃膠一顆，大小亦如桃顆，清水一升，和煎取半升，呪七遍，頓服盡即差，其藥莫使婦人煎。若患傳屍鬼氣、伏屍連病者，取拙具羅香呪三七遍，燒熏鼻孔中，又取七丸如兔糞，呪三七遍、吞即差，慎酒肉、五辛及惡罵。

若取摩那屎羅④和白芥子印成鹽，呪三七遍，於病兒床下燒，其作病兒即魔掣迸走，不敢住也。若患耳聾者，呪胡麻油，著耳中即差。若患一邊偏風、耳鼻不通、手腳不隨者，取胡麻油煎青木香，呪三七遍，摩拭身上，永得除差；又方，取純牛酥，呪三七遍，摩亦差。若患難產者，取胡麻油，呪三七遍，摩產婦臍中及玉門中，即易生。若婦人懷妊子死腹中，取阿波末利伽草⑤一大兩，清水二升，和煎取一升，呪三七遍，服即出，一無苦痛；胎衣不出者，亦服此藥即差。若卒患心痛不可忍者，名遁屍疰，取君柱魯香⑥，乳頭成者一顆，呪三七遍，口中嚼咽，不限多少，令變吐即差；慎五辛、酒肉。若被火燒瘡，取熱瞿摩夷⑦，呪三七遍，塗瘡上即差。若患蛔蟲齩心，取骨魯末遮⑧半升，呪三七遍，服即差；重者一升，蟲如綟索出來。

若患丁瘡者，取凌鎖葉擣取汁，呪三七遍，瀝著瘡上，即拔根出立差。若患蠅螫眼中，骨魯怛佉⑨濾取汁，呪三七遍，夜臥著眼中即差。若患腹中痛，和井華水和印成鹽三七顆，呪三七遍，服半升即差。若患赤眼者，及眼中有努肉及有翳者，取奢奢彌葉⑩，擣濾取汁，呪三七遍，浸青錢一宿，更咒七遍，著眼中即差。若患畏夜，不安恐怖，出入驚怕者，取白線作索，咒三七遍，作二十一結繫項，恐怖即除；非但除怖亦得滅罪。若家內橫起災難者，取石榴枝寸截一千八段，兩頭塗酥酪蜜，一咒一燒，盡千八遍，一切災難悉皆除滅，要在佛前作之。若取白菖蒲，咒三七遍，繫著右臂上，一切鬪處、論義處皆得勝他。

「若取奢奢彌葉枝柯寸截，兩頭塗真牛酥、白蜜牛酥，一咒一燒，盡一千八段，日別三時，時別一千八遍，滿七日，咒師自悟通智也。若欲降服大力鬼神者，取阿唎瑟迦柴⑪，咒七七遍，火中燒，還須塗酥酪蜜，要須於大悲心像前作之。若取胡嚕遮那一大兩，著瑠璃瓶中，置大悲心像前，咒一百八遍，塗身、點額，一切天、龍、鬼神、人及非人皆悉歡喜也。若有身被枷鎖者，取白鴿糞，咒一百八遍，塗於手上用摩枷鎖，枷鎖自脫也。若有夫婦不和，狀如水火者，取鴛鴦尾，於大悲心像前，咒一千八遍，帶彼即終身歡喜相愛敬。若有被蟲食田苗及五果子者，取淨灰淨沙或淨水，咒三七遍，散田苗四邊，蟲即退散也；果樹兼咒水灑者，樹上蟲不敢食果也。」

佛告阿難：「若為富饒種種珍寶資具者，當於如意珠手。若為種種不安求安隱者，當於羂索手。若為腹中諸病，當於寶鉢手；若為降伏一切魍魎鬼神者，當於寶劍手；若為降伏一切天魔神者，當於跋折羅手。若為摧伏一切怨敵者，當於金剛杵手。若為一切處怖畏不安者，當於施無畏手。若為眼闇無光明者，當於日精摩尼手。若為熱毒病求清涼者，當於月精摩尼手。若為榮官益職者，當於寶弓手。若為諸善朋友早相逢者，當於寶箭手。若為身上種種病者，當於楊枝手。若為除身上惡障難者，當於白拂手。若為一切善和眷屬者，當於胡瓶手。若為辟除一切虎狼豺豹諸惡獸者，當於旁牌手。若為一切時處好離官難者，當於斧鉞手。若為男女僕使者，當於玉環手。若為種種功德者，當於白蓮華手。若為欲得往生十方淨土者，當於青蓮華手。若為大智慧者，當於寶鏡手。若為面見十方一切諸佛者，當於紫蓮華手。若為地中伏藏者，當於寶篋手。若為仙道者，當於五色雲手。若為生梵天者，當於軍遲手。若為往生諸天宮者，當於紅蓮華手。若為辟除他方逆賊者，當於寶戟手。若為召呼一切諸天善神者，當於寶螺手。若為使令一切鬼神者，當於髑髏杖手。若為十方諸佛速來授手者，當於數珠手。若為成就一切上妙梵音聲者，當於寶鐸手。若為口業辭辯巧妙者，當於寶印手。若為善神、龍王常來擁護者，當於俱尸鐵鉤手；若為慈悲覆護一切眾生者，當於錫杖手。若為一切眾生常相恭敬愛念者，當於合掌手。若為生生之眾，不離諸佛邊者，當於化佛手。若為生生世世常在佛宮殿中，不處胎藏中受身者，當於化宮殿手。若為多聞廣學者，當於寶經手。若為從今身至佛身，菩提心常不退轉者，當於不退金輪手。若為十方諸佛速來摩頂授記者，當於頂上化佛手。若為果蓏諸穀稼者，當於蒲桃手。如是可求之法有其千條，今粗略說少耳！」

日光菩薩為受持大悲心陀羅尼者，說大神咒而擁護之：

南無勃陀瞿那迷　南無達摩莫訶低

南無僧伽多夜泥　底哩部畢薩咄檐納摩

「誦此咒滅一切罪，亦能辟魔及除天災，若誦一遍禮佛一拜，如是日別三時誦咒禮佛，未來之世所受身處，當得一一相貌端正可喜果報。」

月光菩薩亦復為諸行人，說陀羅尼咒而擁護之：

深低帝屠蘇吒　阿若蜜帝烏都吒　深耆吒　波賴帝

耶彌若吒烏都吒　拘羅帝吒耆摩吒　沙婆訶

「誦此咒五遍，取五色線作咒索，痛處繫。此咒乃是過去四十恆河沙諸佛所說，我今亦說，為諸行人作擁護故，除一切惡障難故，除一切惡病痛故，成就一切諸善法故，遠離一切諸怖畏故。」

佛告阿難：「汝當深心清淨受持此陀羅尼，廣宣流布於閻浮提，莫令斷絕。此陀羅尼能大利益三界眾生，一切患苦縈身者，以此陀羅尼治之無有不差者。此大神咒咒乾枯樹，尚得生枝柯華果，何況有情有識眾生，身有病患治之不差者，必無是處！善男子！此陀羅尼威神之力，不可思議，不可思議，歎莫能盡，若不過去久遠已來廣種善根，乃至名字不可得聞，何況得見！汝等大眾、天人、龍神聞我讚歎，皆應隨喜。若有謗此咒者，即為謗彼九十九億恆河沙諸佛。若於此陀羅尼生疑不信者，當知其人永失大利，百千萬劫常淪惡趣，無有出期，常不見佛，不聞法，不覩僧。」

一切眾會菩薩摩訶薩、金剛密跡、梵、釋、四天、龍、鬼神聞佛如來讚歎此陀羅尼，皆悉歡喜，奉教修行。

〈注釋〉

①拙具羅香：安息香也。

②弭哩吒那：死貓兒頭骨也。

③藥劫布羅：龍腦香。

④摩那屎羅：雄黃是也。

⑤阿波末利伽草：牛膝草也。

⑥君柱魯香：薰陸香。

⑦瞿摩九：烏牛屎也。

⑧骨魯末遮：白馬尿也。

⑨骨魯怛佉：新驢屎也。

⑩奢奢彌葉：苟杞葉也。

⑪阿唎瑟迦柴：木患子。

⑫胡嚧遮那：牛黃。

附錄五　梵文大悲咒

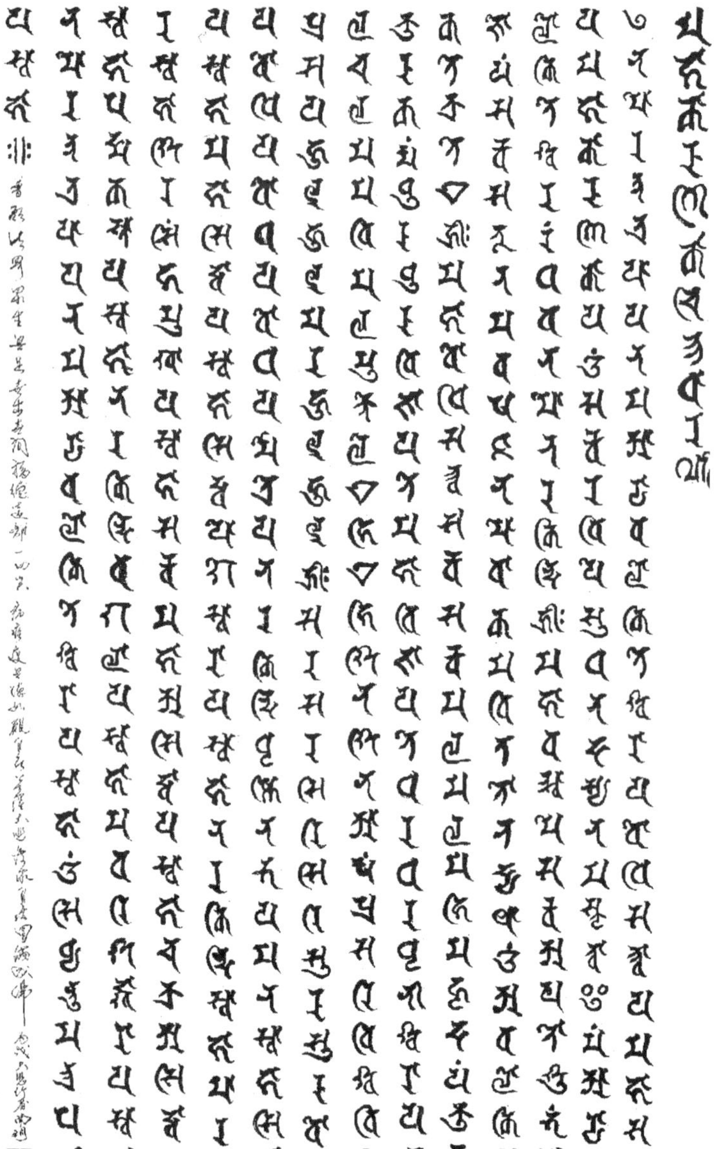

大悲行者　洪啟嵩書法

附錄六　大悲咒國語注音

南無喝囉怛那哆囉夜耶　南無阿唎耶

婆盧羯帝爍鉢囉耶　菩提薩埵婆耶

摩訶薩埵婆耶　摩訶迦盧尼迦耶　唵

薩皤囉罰曳　數怛那怛寫

南無悉吉利埵　伊蒙阿唎耶

婆盧吉帝室佛囉楞馱婆　南無那囉謹墀

醯唎摩訶皤哆沙咩　薩婆阿他豆輸朋

阿逝孕　薩婆薩哆那摩婆伽

摩罰特豆　怛姪他

唵　阿婆盧醯　盧迦帝　迦羅帝　夷醯唎

摩訶菩提薩埵　薩婆薩婆　摩羅摩羅

摩醯摩醯唎馱孕　俱盧俱盧羯懞
度盧度盧罰闍耶帝　摩訶罰闍耶帝
陀羅陀羅　地利尼　室佛囉耶
遮羅遮羅　摩摩罰摩囉　穆帝囇
伊醯移醯　室那室那　阿囉嘇佛囉舍利
罰沙罰嘇　佛羅舍耶　呼嚧呼嚧摩囉
呼嚧呼嚧醯利　娑囉娑囉　悉利悉利
蘇嚧蘇嚧　菩提夜菩提夜
菩馱夜菩馱夜　彌帝利夜　那囉謹墀
地唎瑟尼那　波夜摩那　娑婆訶
悉陀夜　娑婆訶　摩訶悉陀夜　娑婆訶
悉陀喻藝　室皤囉耶　娑婆訶
那囉謹墀　娑婆訶　摩囉那囉　娑婆訶
悉囉僧阿穆佉耶　娑婆訶

娑婆摩訶阿悉陀夜　娑婆訶
者吉囉阿悉陀夜　娑婆訶
波陀摩羯悉哆夜　娑婆訶
那囉謹墀皤伽囉哪　娑婆訶
摩婆利勝羯囉夜　娑婆訶
南無喝囉怛那哆囉夜耶　南無阿利哪
婆嚧吉帝　爍皤囉夜　娑婆訶
唵　悉殿都　漫哆囉　鉢馱耶　娑婆訶

附錄七　千手觀音四十手眼圖像及真言

（摘自《千手千眼觀世音菩薩大悲心陀羅尼》）

1 甘露手

若為一切飢渴有情及諸餓鬼得清涼者，當於甘露手。

真言：唵引素嚕素嚕鉢羅二合素嚕鉢羅二合素嚕素嚕素嚕野薩嚩二合賀。

2 施無畏手

若為一切時一切處怖畏不安者，當於施無畏手。

真言：唵引嚩日羅二合曩野吽泮吒。

3 日精摩尼手

若為眼暗無光明者，當於日精摩尼手。

真言：唵引度比迦野度比鉢羅二合嚩哩儜薩嚩二合賀。

4 月精摩尼手

若為患熱毒病求清涼者，當於月精摩尼手。

真言：唵引蘇悉地揭哩二合薩嚩二合賀。

5 寶弓手

若為榮官益職求仕官者，當於寶弓手。

真言：唵引阿左尾㘑薩嚩二合賀。

6 寶箭手

若為諸善朋友早相逢遇者，當於寶箭手。

真言：唵引迦摩攞薩嚩二合賀。

7 軍持手

若為求生諸梵天上者，當於軍持手。

真言：唵引嚩日囉二合勢佉囉嚕吒𤙖吒。

8 楊柳枝手

若為身上種種病難者，當於楊柳枝手。

真言：唵引蘇悉地迦哩嚩哩哆喃哆目哆曳嚩日囉二合嚩日囉二合畔馱賀曩賀曩吽泮吒

9 白拂手

若為除滅一切惡障難者，當於白拂手。

真言：唵引鉢娜弭儜婆誐嚩帝謨賀野惹誐謨賀儜薩嚩二合賀。

10 寶瓶手

若為一切善和眷屬者，當於寶瓶手。

真言：「唵引揭隸二合糝滿焰薩嚩二合賀」。

11 傍牌手

若為辟除一切虎狼諸惡獸者，當於傍牌手。

真言：唵引藥葛釤曩那野戰捺羅二合達羺播哩野二合跛舍跛舍薩嚩二合賀。

12 **鉞斧手**

若為一切時一切處離官難者，當於鉞斧手。

真言：唵引味囉野味囉野薩嚩二合賀。

13 **髑髏寶杖手**

若為使令一切鬼神不相違拒者，當於髑髏寶杖手。

真言：「唵引度曩嚩日囉二合唦」

14 **數珠手**

若為十方諸佛速來授手者，當於數珠手。

真言：曩謨引囉怛曩二合怛囉二合夜野唵引阿那婆帝尼惹曳悉地悉馱喋簪薩嚩二合賀。

15 **寶劍手**

若為降伏一切魍魎鬼神者，當於寶劍手。

真言：唵引帝勢帝惹覩尾儜覩提娑馱野吽泮吒。

16 **金剛杵手**

若為摧伏一切怨敵者，當於金剛杵手。

真言：唵引嚩日囉二合祇儜鉢囉二合儞鉢多野薩嚩二合賀。

17 **俱尸鐵鉤手**

若為善神龍王常來擁護者，當於俱尸鐵鉤手。

真言：唵引阿嚕嚕二合哆囉迦囉毘沙曳曩謨引薩嚩二合賀。

18 **錫杖手**

若為慈悲覆護一切眾生者，當於錫杖手。

真言：唵引那㗚智那㗚智那㗚吒鉢底那㗚帝娜夜鉢儜吽泮吒。

19 **白蓮華手**

若為種種功德者，當於白蓮華手。

真言：唵引嚩日囉二合味囉野薩嚩二合賀。

20
青蓮華手
若為求生十方淨土者，當於青蓮華手。
真言：唵引枳哩枳哩嚩日囉二合部囉畔馱吽泮吒。

21
紫蓮華手
若為面見一切十方諸佛者，當於紫蓮華手。
真言：唵引薩囉薩囉嚩日囉二合迦囉吽泮吒。

22
紅蓮華手
若為求生諸天宮者，當於紅蓮華手。
真言：「唵引商揭嚟二合薩嚩二合賀」。

23
寶鏡手
若為成就廣大智慧者，當於寶鏡手。
真言：唵引尾薩普囉那囉葛叉嚩日囉二合曼荼攞吽泮吒。

24 寶印手

若為成就口辯言辭巧妙者，當於寶印手。

真言：唵引嚩日囉二合儜擔惹曳薩嚩二合賀。

25 頂上化佛手

若為十方諸佛速來摩頂授記者，當於頂上化佛手。

真言：唵引嚩日哩二合尾嚩日藍二合藝薩嚩二合賀。

26 合掌手

若為令一切鬼神龍蛇、虎狼獅子人及非人，常相恭敬愛念者，當於合掌手。

真言：唵引尾薩囉尾薩囉吽泮吒。

27 寶篋手

若為求地中種種伏藏者，當於寶篋手。

真言：唵引嚩日囉二合播設迦哩揭曩鉿囉吽。

28

五色雲手

若為速成就佛道者，當於五色雲手

真言：唵引嚩日囉二合迦哩囉吒唅吒。

29

寶戟手

若為辟除他方逆賊怨敵者，當於寶戟手。

真言：唵引糝昧野祇儜賀哩吽泮吒。

30

寶螺手

若為呼召一切諸天善神者，當於寶螺手。

真言：唵引商揭𠼝二合摩賀糝滿焰薩嚩二合賀。

31

如意寶珠手

若為富饒種種功德資具者，當於如意寶珠手。

真言：唵引嚩日囉二合嚩哆囉吽泮吒。

32 **羂索手**

若為種種不安求安隱者，當於羂索手。

真言：唵引**枳哩攞囉謨捺囉**二合**吽泮吒**。

33 **寶鉢手**

若為腹中諸病苦者，當於寶鉢手

真言：唵引**枳哩枳哩嚩日囉**二合**吽泮吒**。

34 **玉環手**

若為男女及諸僕使者，當於玉環手。

真言：唵引**鉢娜䈀味囉野薩嚩**二合**賀**。

35 **寶鐸手**

若為成就一切上妙梵音聲者，當於寶鐸手。

真言：曩謨引**鉢娜䈀播拏曳唵**引**阿密㗚擔儼陛室哩曳寶哩䟦哩儜薩嚩**二合**賀**。

36
跋折羅手
若為降伏一切天魔外道者，當於跋折羅手。
真言：唵引**儞陛儞陛儞跛野摩訶室哩曳薩嚩**二合**賀。**

37
化佛手
若為生生之處不離諸佛邊者，當於化佛手。
真言：唵引**戰娜囉婆給吒哩迦哩娜祇哩娜祇哩柅吽泮吒。**

38
化宮殿手
若為生生世世常在佛宮殿中不處胎藏中受身者，當於化宮殿手。
真言：唵引**微薩囉微薩囉吽泮吒。**

39
寶經手
若為聰明多聞廣學不忘者，當於寶經手。
真言：唵引**阿賀囉薩囉嚩尾儞野馱囉布儞帝薩嚩**二合**賀。**

40 不退轉金輪手

若為從今身至佛身，菩提心當不退轉者，當於不退轉金輪手。

真言：唵引**設那弭左薩嚩**二合**賀**。

41 蒲桃手

若為果蓏諸穀稼者，當於蒲桃手。

真言：唵引**阿摩攞劍帝儞儜薩嚩**二合**賀**。

附錄八 《千光眼觀自在菩薩祕密法經》（節錄）

聖行沙門 三昧蘇嚩羅 譯

歸命千光眼，大悲觀自在，具足百千手，其眼亦復然，
作世間父母，能施眾生願，是故婆伽鑁，祕說此勝法。
先發大誓願，欲度一切眾，至誠稱念彼，西方無量壽，
所以念本尊，誦根本大咒，隨智而修行，是法速成就。

如來一時住白華山觀自在宮殿中，與諸大眾俱，於是世尊與觀自在說陀羅尼，名「無礙大悲」，大眾聞已無不歡喜，即得種種殊勝上地。

爾時世尊告阿難言：「是觀自在菩薩為眾生故，具足千臂，其眼亦爾。我說彼者，其有千條，唯今略說四十手法。其四十手今分為五，何等為五？一者，如來部，二者，金剛部，三者，摩尼部唐言寶，四者，蓮華部，五者，羯嚕磨部唐言事業，一部之中各配八手合為四十，其五部中亦有五法。

以何為五？一者息災法用佛部尊，所以有化佛手、羂索手、施無畏手、白拂手、搒排手、鉞斧手、戟矟手、楊柳手是為八法。

二者，調伏法，用金剛部尊。是故有跋折羅二合手唐言金剛是三鈷金剛、金剛杵手猶鈷金剛、寶劍手、宮殿手、金輪手、寶鉢手、日摩尼手、月摩尼手是為八法。

三者，增益法用摩尼部，是故有如意珠手、寶弓手、寶經手、白蓮手、青蓮手、寶鐸手、紫蓮手、蒲桃手是為八法。

四者，敬愛法，用蓮華部，所以有蓮華合掌手、寶鏡手、寶印手、玉環手、胡瓶手、軍持手、紅蓮手、錫杖手是為八法。

五者，鉤召法用羯磨部，所以有鐵鉤手、頂上化佛手、數珠手、寶螺手、寶箭手、寶篋手、髑髏手、五色雲手是為八法，隨其所欲，無不成辦。

復次，阿難！菩薩住無畏地，得二十五三昧，壞二十五有。善男子！是觀自在菩薩，昔於千光王靜住如來所，親受大悲心陀羅尼已，超第八地，心得歡喜，發大誓願，應時具足千手千眼，即入三昧，名「無所畏」，於三昧光中涌出二十五菩薩，是諸菩薩身皆金色，具諸相好，如觀自在，亦於頂上具十一面，各於身上具足四十手，每手掌中有一慈眼二十五菩薩各具四十手目，合為千手千眼諸如是等化菩薩眾圍繞而住。觀自在菩薩纔出三昧，告諸化菩薩言：「汝等今者蒙我威力，應往二十五界破其憂有。」於是二十五菩薩，異口同音而說偈言：「

我是第一義，本來自清淨，筏喻於諸法，能得勝清淨，

今遊諸世界，破二十五有，唯願聽我說，祕密陀羅尼。

唵縛日羅二合**達磨**金剛法**尾輸馱**清淨**跛跢磨**二合蓮華**薩怛嚩**二合有情**係多**利益**娑頗**二合**羅拏**周遍**娑嚩**二合**賀。**」

諸大菩薩說是陀羅尼已，告諸大眾：「是陀羅尼乃是過去諸佛之所同說，能受持者，必得利樂。」說是語已，入于三昧，或一菩薩入無垢三昧，於四十手現出四十菩薩破地獄有，或一菩薩入無退三昧，於四十手化出四十菩薩，壞畜生有，或一菩薩入心樂三昧，從四十手顯現四十菩薩，壞餓鬼有，或一菩薩入歡喜三昧，從四十手現出四十菩薩，壞阿修羅有四惡趣竟，或一菩薩入日光三昧，於四十手化出四十菩薩，破東勝身洲有。或一菩薩入月光定，於四十手出現四十菩薩，斷西牛貨洲有。或一菩薩入熱炎定，從四十手涌出四十菩薩，破北上勝洲有。或一菩薩入如幻三昧，亦於四十手現四十菩薩，斷南瞻部洲有四洲竟。

或一菩薩入不動定，從四十手顯出四十菩薩，破四天處有。或一菩薩入難伏三昧，於四十手化出四十菩薩，破斷忉利天處有。或一菩薩入悅意定，於四十手出四十菩薩，斷炎摩天有。或一菩薩入青色三昧，於四十手現四十菩薩，破兜率天有。或一菩薩入黃色三昧，從四十手顯四十菩薩，破化樂天有。或一菩薩入赤色三昧，於四十手出四十菩薩，斷他化自在天有六欲天竟已上欲界十四有或一菩薩入白色三昧，從四十手化出四十菩薩，斷初禪有。或一菩薩入種種三昧，於四十手現四十菩薩，破梵王有。或一菩薩入雙三昧，於四十手顯現四十菩薩，破二禪有。或一菩薩入雷音三昧，從四十手出四十菩薩，破三禪有。或一菩薩入注雨定，於四十手現四十菩薩，斷四禪有四靜慮竟或一菩薩入如虛空定，從四十手出四十菩薩，壞無想有。或一菩薩入照鏡三昧。於四十手現出四十菩薩，破淨居阿那含有已上色界七有。

或一菩薩入無礙三昧，從四十手顯四十菩薩，斷空處有，或一菩薩入常三摩地於四十手化出四十菩薩，壞識處有。或一菩薩入樂三摩地，從四十手現四十菩薩，破無所有處有。或一菩薩入我三摩地。於四十手現出四十菩薩，壞非想非非想處有（四空處竟已上無色四有）。

如上大悲所現二十五菩薩，各具十一面四十手，得二十五三昧，斷二十五有（一有當配四十手四十目合為千手千眼）。善男子！如是二十五三昧名三昧王。諸菩薩摩訶薩入如是等諸三昧王，若欲吹壞須彌山等，隨意即能欲知三千大千世界所有眾生心之所念亦能悉知，欲分一身以為多身，復合多身以為一身。雖作如是，心無所著，猶如蓮華。是故觀自在菩薩成就諸三昧王，以一法身現二十五。亦以二十五現多菩薩。其一千菩薩，一一各於頂上具十一面，於其本面而有三目，一一如是具二十五。各於一界有四十菩薩。一一界中各配千眼，皆是觀自在大悲所為。

於時阿難白佛言：「我等今者蒙佛威力，得聞如是菩薩大神通力及無畏力，我有所疑，唯願世尊演說。如上二十五菩薩名號，我等眾會願樂欲聞。」

佛言：「止！善男子，不須作問，今觀世音自在欲說其法。今正其時，汝等善聽。我念往昔時，觀自在菩薩於我前成佛，號曰正法明，十號具足。我於彼時為彼佛下作苦行弟子，蒙其教化今得成佛，十方如來皆由觀自在教化之力故，於妙國土得無上道轉妙法輪。是故汝等勿生疑惑，常應供養，但常稱名號，等供養六十二億恒河沙數如來功德，何況至誠供養，其福無量！」說是語已，佛默然坐。

爾時觀自在菩薩熙怡微咲，放大光明。頂上顯現五百頭面，具足千眼，每於天冠各有化佛亦放光明，菩薩身上現出一千寶臂各執寶物，即從座起告諸大眾：「大聖！世尊所出言語真實不虛，欲知我等二十五名者，諦聽我今說之次第如上：南謨沒馱耶，南謨達磨耶，南無僧伽耶，南謨無壽量如來，至真等覺世尊。」

禮如是已，汝等當禮我等名字，所謂：南謨聖者，千光眼尊，代苦觀自在，與智觀自在，施滿觀自在，除戟觀自在，除愚觀自在，進道觀自在，觀正觀自在，施無畏觀自在，施光觀自在，與甘露觀自在，見天觀自在，施妙觀自在，見樂觀自在，降魔觀自在，靜慮觀自在，作文觀自在，見禪觀自在，愍定觀自在，調直觀自在，空惠觀自在，護聖觀自在，清淨觀自在，正法觀自在，離欲觀自在，不動觀自在。菩地薩埵婆耶摩訶薩埵婆耶，摩訶迦盧尼迦那。

如是稱念已，應請救護，願我常蒙觀自在尊大悲威光之所護念娑婆賀。」

爾時金剛藏菩薩為諸大眾，白觀自在菩薩言：「善哉！善哉！聖觀自在，從無量劫來。成就大悲法門利益眾生，於生死苦海為作船筏，於無明闇常為法燈，唯願大聖普為大會及當來一切眾生故，隨我等問能說其法。如來於此如上演說四十手法，謂如意珠及蒲桃手法，是為何界所現身耶？」

菩薩答言：「善哉大士！作如是問，如來所說今四十法，是施無畏觀自在菩薩，為南贍部洲所現身也，我今欲說其真言法及四十菩薩形像法儀。」（後略）

附錄九　擁護觀音法門修持者的觀音二十八部眾尊相

1 密跡金剛士

2 八部力士賞迦羅

3 摩醯那羅延

4 金剛羅陀迦毘羅

5 婆馺娑樓羅

6 滿善車鉢真陀羅

7 薩遮摩和羅

8 鳩闌單吒半祇羅

9 畢婆伽羅王

10 應德毘多薩和羅

11 梵摩三鉢羅

12 五部淨居炎摩羅

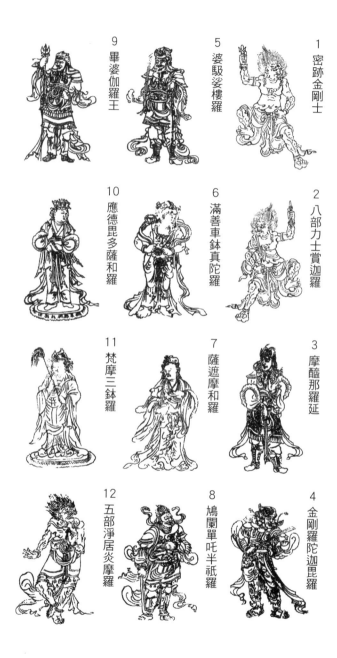

13 釋王三十三

14 大辯功德婆怛那

15 提頭賴吒王

16 神母女等大力衆

17 毘樓勒叉王

18 毘樓博叉毘沙門

19 金色孔雀王

20 二十八部大仙衆

21 摩尼跋陀羅

22 散支大將弗羅婆

23 難陀跋難陀

24 婆伽羅龍伊鉢羅

25 脩羅乾闥婆

26 迦樓緊那摩睺羅

27 火雷電神

28 水雷電神

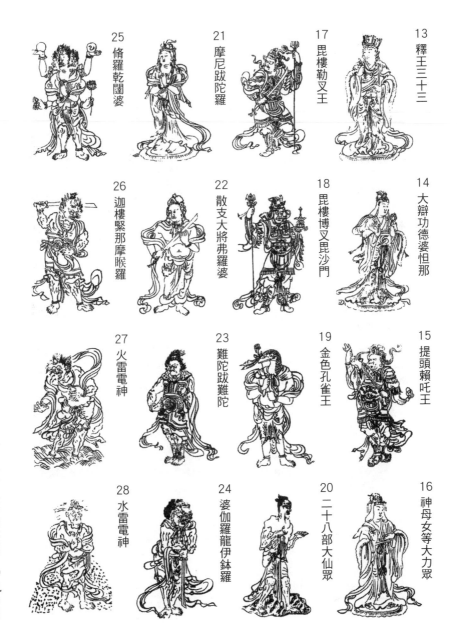

講佛經01

如觀自在—千手觀音與大悲咒的實修心要（增訂典藏版）

作　　者　洪啟嵩
封面畫作　洪啟嵩
編　　輯　彭婉甄、許文筆、胡鴻達
執行編輯　莊慕嫺
美術編輯　張育甄
校　　對　江明蓁、林公孚、許諺賓、傅雪婷、詹瑞起、詹育涵、蔣靜靜、蘇怡玟
出　　版　全佛文化事業有限公司
訂購專線：(02)2913-2199　傳真專線：(02)2913-3693
匯款帳號：3199717004240　合作金庫銀行大坪林分行
戶　　名：全佛文化事業有限公司
http://www.buddhall.com
門　　市　新北市新店區民權路108之3號10樓
門市專線：(02)2219-8189
行銷代理　紅螞蟻圖書有限公司
台北市內湖區舊宗路二段121巷19號（紅螞蟻資訊大樓）
電話：(02)2795-3656　傳真：(02)2795-4100
增訂版一刷　二〇一七年五月
增訂版二刷　二〇二一年六月
精裝定價　新台幣六八〇元
ＩＳＢＮ　978-986-6936-94-4（精裝）

國家圖書館出版品預行編目資料

如觀自在：千手觀音與大悲咒的實修心要／洪啟嵩著. -- 增訂一版.--
新北市：全佛文化, 2017.05
面；　公分. －(講佛經系列；1)
ISBN 978-986-6936-94-4(精裝)

1. 佛教修持
225.7　　106006329

Buddhall

Published by BuddhAll Cultural Enterprise Co.,Ltd.